OBSERVATIONS

DES

TRIBUNAUX CRIMINELS

SUR

LE PROJET DE CODE CRIMINEL.

DÉPARTEMENS

Contenus dans ce volume.

OBSERVATIONS

DES

TRIBUNAUX CRIMINELS

SUR

LE PROJET DE CODE CRIMINEL.

TOME I.er

A PARIS,

DE L'IMPRIMERIE IMPÉRIALE.

An XIII.

OBSERVATIONS

DU TRIBUNAL CRIMINEL

DE L'AIN,

SUR

LE PROJET DE CODE CRIMINEL.

OBSERVATIONS
DU TRIBUNAL CRIMINEL
DE L'AIN,
SUR
LE PROJET DE CODE CRIMINEL.

La communication du projet de Code criminel, correctionnel et de police aux tribunaux, est une nouvelle preuve de la sollicitude du Gouvernement pour la réunion de tout ce qui peut tendre à l'amélioration des lois, et lui assurer de plus en plus la reconnaissance publique. Pénétrée du desir de remplir le devoir honorable que cette marque de confiance lui impose, la cour de justice criminelle de l'Ain a considéré le projet dans son ensemble et dans ses détails ; elle divise en conséquence ses observations en deux classes : *observations générales*, qui portent sur la masse et les principaux points du travail communiqué ; *observations particulières*, qui sont relatives aux articles dans leur ordre numérique, et démontrent les inconvéniens ou les rectifications dont ils paraissent susceptibles.

OBSERVATIONS GÉNÉRALES.

Avant de présenter celles qui concernent les dispositions et le fonds du projet, il en est de préliminaires sur son plan et sa forme.

On a non seulement réuni dans un même Code tout ce qui concerne les matières criminelles, correctionnelles et de police ; mais encore on a cumulé dans les mêmes chapitres les délits et les crimes, ensorte que leurs lignes de démarcation ne sont point suffisamment distinguées ; que souvent il en résulte de la confusion, des longueurs, de l'obscurité, des doubles emplois et des omissions ; on en sera convaincu par la lecture des *observations de détail*. En lisant un Code de cette espèce, tous les citoyens doivent être à portée de bien connaître *la prohibition* et *la peine*, et tous les juges, de bien saisir, au premier coup-d'œil, la classification du fait et la disposition pénale qui lui est applicable. Un pareil monument législatif doit être d'une exposition simple et très-subdivisée, contenir des définitions courtes et claires, qui puissent facilement rester dans la mémoire et devenir en quelque sorte une chaîne d'axiomes ou d'adages dont on ne soit jamais dans le cas d'étudier ou d'interpréter le sens.

Si la commission, dans son travail utile et intéressant, a surmonté des préjugés, amélioré plusieurs institutions, conçu des idées neuves et avantageuses, on ne peut néanmoins s'empêcher de remarquer qu'il eût été à desirer que son plan eût rassemblé dans le même corps de Code, mais en parties distinctes et dégagées les unes des autres, soit quant à la procédure, soit quant aux peines, ce qui pouvait être relatif au criminel, au correctionnel et à la police.

Son intention a été sans doute d'abréger et de rassembler dans des cadres généraux, tous les délits qui pouvaient appartenir à chacune de ces trois classes : mais en voulant atteindre ce but, elle a été obligée de rendre plusieurs articles très-longs, d'y agglomérer une foule de cas, de rapprocher des points très-éloignés ; conséquemment il a pu lui échapper des omissions, elle a pu laisser des incertitudes ; et en voulant simplifier, elle a dû rendre l'usage de son Code plus embarrassant et plus compliqué, les recherches plus multipliées et les applications plus difficiles. Enfin elle n'a peut-être pas assez remarqué que toute disposition législative qui enfante le doute, est dès-lors incomplète.

Parmi les exemples qui en seront produits dans les *observations particulières*, on peut citer dans la 1.re partie les articles concernant les complices des crimes, ceux de la section 3 du livre 3, concernant les dégradations, destructions, dommages, &c., où l'on ne trouve point plusieurs des cas prévus par la loi du 2 septembre 1791 ; les contradictions qui semblent sortir de la comparaison des articles 275 et 278, relatifs aux blessures faites de *guet-à-pens*, de celle de l'article 306, tant avec les deux qu'on vient d'indiquer, qu'avec les articles 279 et 288 ; des doubles emplois, tels qu'entre l'article 368 et 399 ; les omissions de certains délits, tels que les vols commis dans les églises et autres édifices publics qui ne sont pas habités ; l'usure ; les moyens de prévenir l'infanticide par des déclarations ; certains attentats aux mœurs qui font outrage à la nature, mais sur lesquels les tribunaux se trouvent malheureusement dans le cas de prononcer quelquefois, &c.

Ire PARTIE.

Il est extrêmement important, dans les lois pénales, de concilier ce qui est nécessaire pour le maintien de la société avec le maintien de la liberté des citoyens et la conservation de leurs droits légitimes. Ce principe paraît compromis dans le paragraphe 8 des dispositions préliminaires de la 1.re

partie, qui soumet à la juridiction militaire tout citoyen qui aura commis un délit envers des militaires *remplissant actuellement des fonctions militaires*, ou *en état de service militaire*. Si ces expressions ne signifient pas la même chose, alors l'expression devient indéfinie et conséquemment dangereuse. Cette assertion est démontrée dans les observations particulières à cet article. On trouvera, à la suite, des réflexions sur les sépultures publiques et infamantes proposées pour certains coupables; on est prié de peser les considérations présentées sur l'insuffisance, les frais, la destruction facile et les inconvéniens moraux de ces monumens. Il en est de même de ce qui est dit sur l'exposition intolérable d'un condamné pendant une heure sur l'échafaud avant son exécution.

PEINES.

Quant aux peines, le tribunal observe que, quoique leur distribution, leur nature et leur graduation dans le projet, soient des gages certains de perfectionnement en cette partie, néanmoins il en est encore, selon lui, d'insuffisantes, de trop sévères et d'inégales.

Insuffisantes.

Au nombre des peines *insuffisantes*, en raison de la gravité des délits, il range celles proposées dans le cas de rebellion prévue dans les articles 161, 162, 163, celles relatives à l'infanticide, au viol commis par certaines personnes, admises par la confiance dans certaines maisons, telles que les médecins, chirurgiens, artistes, &c. à la supposition et suppression de part, au faux témoignage, même en matière civile; aux circonstances aggravantes du vol, lesquelles il estime devoir être réduites à la réunion de quatre seulement des cinq indiquées dans l'article 343; aux faussaires mentionnés dans l'article 167, aux dilapidations de deniers publics, à l'empoisonnement de bestiaux, destruction de récoltes, &c.

Trop sévères.

Il regarde comme trop sévères la responsabilité indéfinie des hôtelliers, pour délits commis dans l'étendue de l'arrondissement de leur résidence, dans le cas prévu par l'article 78; la détention prolongée à trois années pour les frais à l'égard des insolvables; les peines encourues pour simples coups (sur-tout relativement aux habitans des campagnes); celles énoncées contre certains fonctionnaires publics, pour le fait vague et non suffisamment spécifié d'inexécution des lois, négligence, faveur ou partialité; celles qui attendent les gardiens dans les cas de l'article 576, &c.

A 2

Inégales.

Le tribunal n'a pas été moins frappé de l'inégalité qui se rencontre dans les peines portées par plusieurs articles, notamment le 138.ᵉ, dans lequel le fonctionnaire ou employé public, qui a détourné des fonds dont il est comptable ou dépositaire, est puni de la déportation, si l'objet détourné monte à 3001 fr., et de la détention seulement, s'il n'est que de 2999 fr., comme si la peine devait être tarifiée d'après la valeur de l'objet enlevé, ou si une différence d'*un franc* devait constituer celle qui existe entre la déportation et la simple détention. Il pourrait aussi faire remarquer, entre autres exemples, qu'il n'y a pas de proportion entre la peine de *reclusion* pour enlèvement de fumier et marne, et la détention pour dévastation de récoltes en verd et de plants enracinés.

Ces différens points seront développés dans les observations de détail : celles-ci feront spécialement sentir si les dispositions relatives aux complices sont préférables à celles exprimées dans le titre 3 de la 2.ᵉ partie du Code pénal de 1791, en y ajoutant la provocation par conseil ; elles ne laisseront pas échapper que le mot *sciemment* a été omis à l'article 68, et que la volonté et la connaissance de l'acte auquel on participe, doivent être bien constatés pour l'application de la peine.

En indiquant les principaux points du projet sur lesquels l'opinion du tribunal appelle une révision qu'il croit nécessaire, il s'empresse de manifester avec la même franchise le vœu de voir consacrer par le législateur un grand nombre de vues et de dispositions consignées dans la première partie. L'établissement de la marque, la substitution du carcan au poteau, l'amputation de la main assassine, l'excellente mesure de la mise en surveillance ou à la disposition du Gouvernement, suivant les cas, les travaux dans la détention, les peines contre le vagabondage et la mendicité ; les chapitres concernant la banqueroute frauduleuse, les maisons de prêt et nantissement, la latitude de *minimum* à *maximum*, donnée aux tribunaux, sont autant de moyens puissans qui concourent à la sûreté et à la tranquillité de la société. Il en est de même de beaucoup d'autres articles plus ou moins susceptibles de modifications, amendemens ou développemens, que les observations particulières feront remarquer successivement.

DEUXIÈME PARTIE.

Police et Justice.

Peu d'observations générales sont à faire sur le livre 1.ᵉʳ, concernant la police, la manière de procéder et les fonctions des divers officiers en cette partie : les remarques que le tribunal estime applicables à divers articles, se trouveront dans les notes de détail ; les chapitres 9 et 10, concernant les cautionnemens et les propréteurs, exigent néanmoins qu'il s'en occupe un instant, sous le rapport de leur liaison avec le maintien de l'ordre général et de l'organisation judiciaire.

Des effets dangereux peuvent être la suite de l'admission des cautionnemens. En général, un cautionnement ne devrait jamais être reçu pour des délits capables d'entraîner l'infamie, et pas même pour vols. L'article 599 fournit la preuve de ce danger, puisque, d'après sa disposition, le voleur d'une somme de *trois francs* serait mis en liberté, en fournissant caution ou conseing d'une somme triple de l'objet volé, c'est-à-dire de 9 francs. L'article 600 fixe le cautionnement à 1,000, s'il s'agit d'un crime.

L'établissement des *propréteurs*, dont il est parlé au chapitre X, tient à celui des préteurs, et semble dépendre du sort qu'éprouvera la proposition de cette dernière magistrature. Cependant, on ne doit pas perdre de vue qu'une grande partie des fonctions attribuées par le projet aux propréteurs, subsistera, quelle que soit l'organisation des tribunaux, et que, quelle que soit la dénomination de celui qui en sera chargé, il est important qu'elles soient désormais, et suivant le projet à cet égard, confiées à un magistrat institué à vie dans chaque arrondissement. La marche de la justice en sera plus rapide entre ses mains qu'entre celles de juges tournaires plus ou moins versés ou attachés à ce genre de travail. L'établissement des magistrats de sûreté milite en faveur de celui d'un juge permanent ; mais, en admettant cette opinion, la cour criminelle de l'Ain ne peut dissimuler qu'elle voit plusieurs inconvéniens à introduire ce nouveau magistrat dans le tribunal civil. Il doit être tout entier à sa partie ; ses fonctions sont trop chargées et trop différentes des fonctions civiles, pour que l'exercice des unes ne soit pas nuisible à celui des autres.

LIVRE II.

DE LA DEUXIÈME PARTIE.

Ce livre est d'abord consacré à l'organisation des tribunaux de police correctionnelle et criminelle.

L'institution des tribunaux de police, mi-partie séant tous les mois dans chaque canton, offre des avantages supérieurs à quelques inconvéniens partiels auxquels il est facile de remédier, tels que l'insuffisance des indemnités, l'injustice de la main-mise ou contrainte par corps, pour opérer le remplacement d'un membre du tribunal, l'intervention des agens forestiers, comme partie publique, la signature dans les vingt-quatre heures.

Ces deux dernières mesures sont également appliquées, dans le projet, aux tribunaux correctionnels, et les mêmes motifs doivent les écarter. On en sera convaincu, en réfléchissant qu'il y a inutilité et inconvenance d'appeler les agens forestiers à des fonctions accidentelles, où ils seraient à la fois juges et parties, et dont le petit nombre de ces agens et leurs devoirs ordinaires et urgens, rendraient l'exercice physiquement impossible de leur part.

Leur intervention en cette circonstance les détournerait absolument de l'objet véritable de leur établissement, pour le service duquel ils sont déjà trop peu nombreux. Les audiences ayant lieu une fois par mois dans chaque canton, comment pourront-ils se trouver dans trente à quarante cantons tous les mois, et dans quatre à cinq tribunaux correctionnels ! Ils seraient donc toujours à l'audience, et jamais dans les bois ou dans leurs bureaux ! Ils seraient occupés à requérir des condamnations dont la loi leur distribue le montant, et à les requérir dans des tribunaux où le ministère public est déjà confié à un autre fonctionnaire.

Le tribunal, passant aux dispositions comprises dans les chapitres 5, 6, 8, 9 et 10, concernant les jurys d'accusation et les tribunaux criminels, observe que l'opinion à en porter tient à l'examen de deux points capitaux de l'organisation et de l'administration de la justice criminelle, les jurés et le prétorat.

Ces deux institutions tirent leur origine de la législation anglaise, et l'on excipe beaucoup de leurs succès chez nos rivaux : mais le temps, l'habitude, le respect pour d'anciens usages dans un pays, ne sont pas toujours des garans infaillibles de leur excellence dans un autre, dont le climat, les mœurs, le caractère sont très-différens. Qui nous assure d'ailleurs que si les jurés n'eussent jamais existé en Angleterre, ils y seraient admis dans le cas d'une nouvelle organisation de la justice criminelle ! L'expérience, comme l'ont déclaré au Gouvernement les autorités les plus respectables de l'ordre judiciaire, n'a pas déposé jusqu'ici, en France, en faveur des jurés. La faculté de les suspendre en certains cas, la nécessité d'établir des tribunaux spéciaux, seraient déjà de puissans argumens contre eux, quand des acquittemens scandaleux trop fréquens, des décisions souvent marquées au coin de la partialité et de l'ignorance, ne leur seraient pas très-défavorables. Les moyens d'amélioration et les modifications indiquées par divers écrivains, ceux proposés par le projet du nouveau Code sont plutôt palliatifs que spécifiques ; et on ne peut se dissimuler qu'il est à craindre que les efforts qui seront tentés pour leur perfectionnement, n'aient pas les suites heureuses qu'une théorie philosophique peut s'en promettre.

Mais on peut objecter, pour le maintien de cette institution, qu'elle n'a été encore éprouvée qu'au milieu des orages, du choc des passions et des partis ; qu'elle a pour elle son existence chez un peuple réfléchi, le suffrage d'esprits éclairés, d'amis de l'humanité ; qu'elle honore les hommes par la bonne opinion qu'elle suppose de leur moralité : la cour pense qu'elle ne doit pas être proscrite avec précipitation, et qu'il est de la sagesse d'attendre que de nouveaux essais fassent décidément prononcer sur son sort. En conséquence, le tribunal croit devoir soumettre ici quelques réflexions sur son amélioration :

1.° Il ne regarde point comme suffisante la mesure de ne choisir dorénavant les jurés que parmi les plus imposés de chaque département. Elle procurera sans doute de l'avantage dans ceux qui, par leur étendue, leurs ressources, leur richesse, leur commerce ou leur population, fournissent une grande latitude pour les choix ; mais dans les départemens sans grandes villes, où l'on est inscrit sur les listes des plus imposés avec une contribution très-modique, on retombera, à peu-près, sur les mêmes individus appelés jusqu'ici ; en sorte que, dans la moitié de l'Empire, on ne sera pas plus avancé sur ce point ;

2.° Le plan de convoquer à chaque cession un corps entier de jurés, de faire exercer les récusations des trois quarts d'entre eux en leur présence et publiquement, de ne leur accorder aucune indemnité, de les contraindre par main-mise sur leurs personnes, ne saurait conduire au but qu'on se propose. Ces moyens amèneraient le dégoût, multiplieraient les efforts pour s'y soustraire, entraîneraient les jurés à considérer leur mission comme une charge pénible, à en accélérer inconsidérément le terme, à ne point apporter dans leurs délibérations la maturité convenable.

Il semble qu'une partie de ces inconvéniens pourrait être prévenue en circonscrivant la composition des jurés dans un cercle étroit, en lui donnant pour bases, l'âge, la contribution, l'instruction présumée, et certaines professions ;

En ajoutant à la médaille de satisfaction mentionnée dans le projet, une indemnité raisonnable ; la position, le commerce, les affaires, les embarras d'un citoyen, rangé par l'opinion et les rôles aux nombres des propriétaires aisés, ne lui permettent pas toujours de se déplacer au loin, et pendant plusieurs jours, sans une surcharge onéreuse ;

En entravant et réprimant avec fermeté les excuses bannales et mal justifiées, mais en s'abstenant de la violence qui irrite, rebute, et fait détester l'institution. La privation ou l'éloignement de certaines fonctions publiques ou emplois, une amende, une note sur un registre qui serait périodiquement mis sous les yeux du Gouvernement, suffiraient pour prévenir les refus ou les absences.

Jury d'Accusation.

Le projet conserve les jurys d'accusation et de jugement, et donne au premier une composition plus étendue ; réussira-t-elle toujours à contenir les jurés d'accusation dans les limites de leur attribution ! les empêchera-t-elle efficacement de s'ériger presque toujours en jurés de jugement ! Préviendra-t-elle les renvois scandaleux dont les tribunaux sont souvent témoins ! Les jurys d'accusation, opérant sans publicité, n'ont point de responsabilité morale comme ceux de jugement, dont le public partage, pour ainsi d re, les fonctions dans l'auditoire, et dont l'œil et l'opinion sont un frein pour celle des jurés. Ceux d'accusation ne sont ni en présence de leurs concitoyens, ni en celle du public. Ils ne voient souvent qu'une procédure naissante, des preuves encore incomplètes, et, par ces divers motifs, ils tombent souvent dans l'arbitraire ou dans l'erreur ; souvent aussi ils cèdent plus facilement à la prévention et à des impressions extérieures.

Ces puissantes considérations ont fait regarder, par beaucoup de magistrats bien intentionnés, le jury d'accusation comme dangereux, sur-tout s'il n'est exercé par des hommes investis de la confiance publique ou versés dans les affaires. Si la nature du délit entraîne une peine afflictive ou infamante, s'il existe des charges ou de fortes présomptions contre le prévenu, la compétence, l'accusation ou la mise en liberté pourraient être décidées, selon ces magistrats, par les mêmes juges. La cour criminelle de l'Ain estime que, sans supprimer le jury d'accusation d'une part, et sans le composer de l'autre d'un grand nombre d'individus, comme par le projet, il serait aussi sûr que simple et peu dispendieux d'en conférer les fonctions aux tribunaux d'arrondissement, auxquels seraient réunis, dans ce cas, deux suppléans et deux citoyens notables, renouvelés chaque trimestre ; on aurait ainsi un jury composé de huit à neuf personnes exercées aux affaires, instruites de leurs véritables pouvoirs, et en état de discerner la ligne de démarcation que les jurés d'accusation ne savent ou ne peuvent souvent reconnaître.

Jury de Jugement.

Quant au jury de jugement, le tribunal croit, comme les auteurs du projet, qu'ils subsisteront, si on conserve ceux d'accusation. C'est lors du jugement, que les fonctions de jurés se réduisent précisément à l'examen du fait, qu'elles sont rassurantes pour l'accusé et satisfaisantes pour les juges. La cour ne peut donc, à leur égard, qu'insister sur l'amélioration des choix.

Unanimité.

A l'égard de l'unanimité des suffrages, le tribunal l'a souvent regardée comme

comme le triomphe de l'obstination ou de la force , et non comme celui d'un sentiment véritablement libre. Les auteurs du projet, en l'exigeant, ne lui donnent point de terme ; en sorte qu'une délibération pourrait avoir une durée indéfinie ; qu'un seul juré , bien décidé , ou gagné , pourrait toujours , par une opiniâtre résolution, arriver à son but. Le délai de vingt-quatre heures, prescrit par la loi du 3 brumaire serait préférable; mais il est évidemment trop long , et l'opinion émise sur ce point par le grand-juge, qui fixe à six ou douze heures au plus le terme où l'unanimité serait requise, est trop fondée en raison et en équité , elle concilie trop bien toutes les idées , pour qu'on ne s'empresse pas de s'y ranger.

Prétorat.

De tous les établissemens proposés dans le projet, le prétorat mérite le plus sérieux examen.

Pour juger si une institution de cette nature peut opérer le bien, il faut considérer ,

1.º Si elle est assortie à l'esprit, au caractère et aux habitudes du pays où on veut l'introduire ;

2.º Si elle peut accélérer le cours de la justice ;

3.º Si elle contribue à la rendre meilleure ;

4.º Si elle est économique pour le trésor public et les particuliers ;

5.º Enfin , si elle n'est point dangereuse....

1.º L'établissement des préteurs est copié , comme on l'a dit ; de la législation anglaise, ce qui est bien loin d'être un sûr garant de leur avantage , quand on n'en jugerait que par la multiplicité et l'audace des voleurs en Angleterre. Cette institution conviendrait peu au caractère du français. Celui-ci aime des juges qu'il connaît , qu'il surveille par la force de l'opinion , et qu'il paie par la confiance quand ils en sont dignes. Ce sentiment honorable serait-il le tribut assuré qu'obtiendrait un magistrat éloigné , toujours en course, qu'on ne verrait que de loin en loin , dans un département où il ne reparaîtrait plus au bout d'un an! Un magistrat ne connaissant personne ou connaissant mal , nécessairement entouré par l'intrigue , sans cesse occupé à presser son ouvrage et songeant à partir au moment où il arrive ! Quelque mérite, quelques talens qu'on lui suppose, sa considération sera-t-elle réelle ! Qu'on ne s'y trompe pas, elle se réduira aux simples mouvemens de la curiosité ou de l'intérêt personnel... La considération ne s'obtient véritablement, par un homme en place, que par l'exemple habituel des vertus , des talens et des sentimens qu'on est à portée d'estimer et d'apprécier journellement en lui.

Ain. B

2.° Mais en écartant, un instant, ce premier motif de défaveur, il faut vérifier si le cours de la justice recevra, par cette institution, plus de rapidité et de perfection. Elle sera administrée plus lentement, puisque l'individu qui, dans l'ordre actuel, peut être jugé dans le mois, ne le serait qu'après l'expiration de plusieurs; qu'à la veille des *grands-jours,* des obstacles imprévus, mais naturels, pourraient faire renvoyer l'affaire aux suivans; que l'innocent comme le coupable languirait plus long-temps dans les fers; que les prisons encombrées deviendraient de plus en plus le séjour des maladies et de la mort; que les tentatives d'évasion seraient plus multipliées, et que des hommes dangereux pourraient rentrer dans la société avant d'avoir été épurés par la justice.

Le tribunal, en chaque département, offrirait, pour ainsi dire, un tribunal sans juges, puisqu'il ne serait, pour les jugemens, composé que du préteur, *toujours ambulant,* et d'un propréteur, distrait de ses fonctions ordinaires pour être assis au criminel, à côté d'un magistrat dont la voix serait prépondérante.

Celui-ci, attaché à sa division pour une année seulement, apparaissant par intervalles dans les départemens dont elle serait formée, n'en connaissant ni l'esprit ni les mœurs, ni même le langage local, notamment des campagnes; dépourvu de moyens pour démêler les ressorts secrets des passions, et empêcher leur action, n'aura que des notions incertaines sur les hommes et sur les choses. Ce serait une erreur de le comparer, à cet égard, aux préfets, qui sont, comme lui, étrangers aux départemens où ils sont en activité : mais ils n'administrent qu'un seul département, dont le genre d'administration et de travail est si différent de celui du préteur; leur résidence y est continuelle, illimitée; tandis que le préteur serait toujours un fonctionnaire passager, et que ses occupations et ses voyages ne lui permettraient pas d'avoir des relations suivies et utiles avec tous les propréteurs de sa division; qu'il n'en recueillerait que des renseignemens imparfaits; et qu'il ne pourrait même exercer la surveillance que le projet lui attribue, puisqu'enfin il quitterait cette division au moment où il commencerait à la connaître.

Si les séances ou grands-jours sont trop rapprochés, le préteur ne peut suffire à son service et à ses courses; s'ils sont trop éloignés, l'administration de la justice et les accusés en souffrent.

On a fait des calculs pour établir, par l'exemple de deux années, que le nombre des procédures criminelles permettra aux préteurs de tenir les grands-jours dans chaque département au moins une fois par trimestre. Mais outre que pour avoir un terme moyen sur le nombre des affaires criminelles dans un grand État, il faudrait prendre dix années et non deux seulement, il ne paraît pas qu'en supposant qu'un préteur n'ait que trois départemens dans sa division, il ait moins de quinze affaires à juger par trimestre dans chacun (1); quelques-unes de ces affaires pouvant tenir plusieurs jours, les deux tiers du mois seraient occupés par les grands-jours; l'autre tiers pourrait-il suffire aux voyages, à l'examen préliminaire des affaires, aux notes à prendre, aux procédures particulières, à la rédaction des procès-verbaux et jugemens, à la surveillance confiée au préteur, à sa correspondance, et enfin aux détails nombreux d'une place de cette nature !

Un tel service marcherait donc avec peine en le poussant trop vîte, et plus mal encore si on lui consacrait tout le temps qu'il exigerait. Que deviendraient les grands-jours, par exemple, en cas d'interruption ou vacance par mort, démission, maladie ou empêchement du préteur, avant que son collègue remplaçant eût été désigné et fût arrivé! Comment se ferait à son tour le service de celui-ci dans sa propre division, pendant ce temps!

La mobilité annuelle des préteurs d'une division à une autre, ne pourrait que nuire à l'administration de la justice. On appuie cette idée de changement annuel sur l'inconvénient qu'il y aurait, non-seulement à prendre ces fonctionnaires sur les lieux, mais encore à les y laisser trop long-temps, quoique étrangers. Ce qui peut être bon en administration, ne l'est pas en organisation judiciaire; ce système est inexécutable à l'égard des juges instructeurs, de toute espèce, et des jurés, qui ont tous l'influence la plus immédiate et la plus décisive sur l'honneur et la vie des citoyens. Pourquoi l'appliquer de préférence à des magistrats ambulans et temporaires, dégagés de toutes les affections locales, et ne pas l'étendre aux juges et aux jurés! Mais n'est-il pas démontré par l'expérience de tous les temps, que le juge à vie ne saurait être fixé plus avantageusement que sous les yeux de ses concitoyens; que là, bien plus qu'un étranger, il a essentiellement besoin de l'opinion publique et de l'estime; et qu'il y est retenu par le respect humain, quand il ne le serait pas par les principes et par ce desir naturel d'acquérir ou conserver sa réputation. Ainsi, il ne serait pas nécessaire que le préteur, qui ne ferait qu'appliquer la loi, d'après une déclaration de jurés, fût un magistrat perdant son temps en déplacemens et établissemens continuels. Quelle serait d'ailleurs l'existence d'un juge sans cesse ambulant, ne connaissant que les routes, les auberges et le prétoire! L'administration de la justice exige la retraite, le méditation et le silence: l'ambulance est incompatible avec sa dignité. Où logerait ce magistrat! où s'établirait-il dans les villes *de grands-jours !* Faudrait-il qu'il résidât dans les hôtels-garnis, au milieu d'hommes de toute espèce, souvent intéressés à l'objet de sa mission, dans le bruit, le tumulte et la confusion de ces habitations! Un tel séjour s'accor-

---

(1) Dans le département de l'Ain, il a été jugé depuis quatre ans plus de soixante affaires criminelles par année, non compris plus de quarante par appel en police correctionnelle et celles qui ont été soumises au tribunal spécial.

derait-il avec la considération qui doit environner son ministère! s'accorde-rait-il même avec la décence! Toujours errant, où serait son domicile, celui de sa famille! Incapables de supporter un pareil genre de vie, jamais la vénérable vieillesse, jamais le mérite et les talens, placés dans un corps débile, ne pourraient siéger sur ce tribunal; il serait donc le domaine exclusif de la jeunesse, de la santé et de la force....

Sous tous les rapports, on peut donc conclure que cette institution ne serait pas avantageuse, et qu'elle aurait de grands inconvéniens.

3.° L'un des plus majeurs, c'est qu'au lieu d'être économique, elle serait très-dispendieuse. En effet, il faudrait à un tel magistrat une rétribution considérable pour couvrir ses dépenses de toute espèce, et le mettre en état de paraître d'une manière convenable. Le Gouvernement souffrirait-il que ses préteurs délégués pour divers départemens, fussent réduits à une parcimonieuse existence! Ne sait-il pas que les hommes mesurent leurs tributs de respect et de considération, sur l'éclat extérieur! qu'un grand pouvoir doit être environné d'appareil; que l'abjection amène la déconsidération, et qu'un homme public déconsidéré ne peut faire aucun bien! Le traitement nécessaire aux préteurs ne serait pas couvert par l'économie résultant de la suppression de deux ou trois fonctionnaires dans chaque département d'une division prétorale: si les préteurs sont nombreux, la dépense sera très-importante; s'ils le sont trop peu, le service en cette partie ne pourra se faire....

D'un autre côté, cette institution nécessiterait des constructions de prisons plus vastes, multiplierait les frais de garde, nourriture, &c., entraî-nerait beaucoup de frais et de détails, et n'en diminuerait aucun pour l'instruction, les procédures, les témoins, &c.

4.° Elle ne serait pas sans danger relativement à l'ordre général: tout système législatif qui ne remplit pas le but du législateur, qui ne présente aucun avantage pour l'administration de la justice, les justiciables et le trésor public, qui concentre des pouvoirs étendus dans des mains qui sont obligées d'en faire un usage précipité, est nécessairement imparfait et dangereux.

5.° C'est ici le cas de répéter que le défaut de connaissance des hommes et des choses, la difficulté de se garantir des efforts de l'intrigue ou des passions, la nullité du concours des propréteurs dans les fonctions qu'ils exercent avec le préteur, la prépondérance de sa voix dans les jugemens, la grande influence qu'il exercerait par sa place, sont des obstacles puissans qui paraissent devoir s'opposer à l'établissement de cette magis-trature.

Mais si, par des vues générales, qui tiendraient à un ensemble, que le Gouvernement seul peut saisir, il pense que les observations nombreuses qui, sans communication ni concert quelconque, concorderont probablement sur ce point, ne sont pas suffisantes pour faire renoncer à cette idée, s'il croit dans sa sagesse que l'adaptation de ce ressort peut être utile au jeu de la vaste machine dont il dirige les mouvemens avec tant de gloire et de succès, sa prudence lui suggérera certainement des mesures pour prévenir les inconvéniens qui viennent d'être développés ; alors, vraisemblablement, un tribunal composé d'un certain nombre de membres suffisant sera formé dans chaque département sous la direction du préteur, si son établissement est adopté.

Quelle que soit au surplus la détermination suprême, quant aux jurés et à leur composition, au prétorat et à son rejet ou ses modifications, il est encore plusieurs points du projet de code, indépendans de ces institutions, sur lesquels le tribunal présente des observations particulières qui s'appliquent à des articles relatifs à la forme de procéder , aux nullités, à la cassation, à la prescription, &c.

En terminant ses observations générales, il ne peut en omettre une, qui a été probablement faite par tous ceux qui ont lu le projet ; c'est qu'on y remarque un trop grand esprit de fiscalité. Un code, hérissé de peines pécuniaires, souvent trop fortes , établit en quelque sorte un tarif des délits, les condamnations emportant toujours celles des dépens, la partie des amendes devrait être adoucie.

Dans cette seconde partie , il est des institutions dont la conservation est évidemment utile, telle que celle du tribunal de police (sous quelques modifications) et celle du jury de famille ; il en est de même de ce qui concerne la forme de procéder en police judiciaire, en matière correctionnelle et criminelle, le ministère public, et la plus grande partie des articles compris depuis le chapitre 5 jusqu'au chapitre 31 , sauf les rectifications indiquées dans les observations particulières.

On doit conclure de celles qu'on vient de proposer, que le projet dont il s'agit, quoique renfermant des idées neuves et des vues sages, ne saurait être conservé tel qu'il est ; que sa forme doit éprouver des changemens ; que plusieurs de ses bases sont dans le cas d'être écartées ; et qu'étant rectifié et réformé dans les points qui en paraissent susceptibles, il présentera un Code clair, précis et juste, dont l'étude et les applications seront faciles, et qui remplira les vœux des citoyens et de la magistrature suprême, comme les intentions du chef immortel de l'Empire français.

OBSERVATIONS PARTICULIERES.

N.os 2, 3 et 4 de l'article 8. Cette disposition paraît trop extensive de la juridiction militaire ; elle donne ouverture à distraire trop souvent les citoyens des tribunaux où ils ont leurs juges naturels.

Les militaires ne peuvent être distraits de ceux qui sont établis pour eux pour quelle cause que ce soit : la loi devant toujours être égale, on devrait donc aussi abandonner constamment à la justice des tribunaux ordinaires les délits commis envers des militaires par les citoyens qui ne le sont point.

Si néanmoins on pense que cette disposition doive être conservée, il paraît qu'elle doit être restreinte aux délits commis envers le soldat en faction ; et l'officier ou sous-officier commandant actuellement sa troupe.

N'est-il pas nécessaire de préciser les faits qui caractérisent l'espionnage, afin d'éviter les interprétations arbitraires qui pourraient quelquefois faire méconnaître aux tribunaux leur compétence ou incompétence sur la matière!

Art. 13. L'exposition au carcan, pendant une heure, ne se concilie ni avec le fruit que peut retirer le condamné des secours religieux qui lui sont administrés dans ses derniers momens, ni avec l'humanité.

Le trouble et le désespoir peuvent s'emparer de lui dans cette longue attente du supplice, tandis qu'il a besoin de sa raison et de toutes les forces de son ame pour le sacrifice de sa vie.

Que l'exécuteur, après avoir élevé le condamné sur l'échafaud, le montre au peuple pendant qu'il proclamera son nom, son crime et sa condamnation, cette ampliation de peine est satisfaisante, mais on croit qu'elle doit suffire.

Art. 15. Le crime ayant été publiquement expié, il est bien douteux qu'il soit utile d'en maintenir ostensiblement la mémoire : les mœurs ont peut-être plus à perdre qu'à gagner à ce souvenir.

Les monumens que consacre cet article, flétriraient, en quelque sorte, les familles des suppliciés et accréditeraient d'injustes préjugés contre elles. L'intérêt qu'elles auraient de faire disparaître ces monumens, rendrait presque toujours inutiles les frais qu'on aurait faits pour les établir.

Mais si, contre tout ce qu'il y a lieu d'attendre, les familles intéressées à les supprimer, ou les oisifs, les laissaient exister, les routes, en cet état, offriraient perpétuellement aux voyageurs des tableaux dont il faudrait détourner les yeux, car ils serviraient plus à attrister ou effrayer les citoyens paisibles qu'à retenir les méchans.

Art. 29. Il est nécessaire d'exprimer en quoi doit consister le châtiment du condamné irrévérent, et quelle sera la peine attachée à la responsabilité de l'exécuteur.

Cette lacune ferait jour à un dangereux arbitraire.

Art. 31. Il semble que les exécutions ne doivent jamais être faites que sur les places publiques, et que, dans tous les cas, les magistrats qui ont rendu les jugemens, ou qui sont chargés de les faire exécuter, sont plus à portée que les préfets de déterminer, avec une véritable connaissance de cause, les lieux où il est le plus convenable que ces exécutions soient faites.

Art. 54. L'acquittement d'un homme, accusé pour la première fois, peut être le fruit de l'aveuglement ou de la partialité des jurés : combien n'a-t-on pas déjà vu d'exemples de ce genre !

D'ailleurs, un individu acquitté de sa première accusation, parce que les preuves directes n'ont pas opéré une entière conviction, peut se trouver sous le poids de l'immoralité; il est donc nécessaire que celui-là puisse être mis en surveillance, tout aussi bien que l'accusé qui a subi l'épreuve de deux accusations distinctes.

Art. 60. Il semble que le défaut de paiement des frais ne devrait pas donner lieu à une détention si longue du condamné insolvable; c'est en quelque sorte le punir encore de sa misère; il est néanmoins certain que ne pouvant acquitter la peine pécuniaire qu'il a encourue, il doit y satisfaire de quelqu'autre manière, mais ici on doit user envers lui plutôt d'indulgence que de sévérité. On croit que ce qu'il y aurait de plus juste à établir contre le condamné insolvable, serait une détention égale au *dixième* de la durée de la peine déjà subie; moyennant que ce dixième ne serait jamais au-dessous *d'un an* quand la peine aurait été afflictive, et au-dessous de *deux mois* lorsqu'elle aurait été correctionnelle.

N.° 5. de l'art. 68. On peut recevoir un prix ou retirer un profit de l'action criminelle d'autrui sans être soi-même criminel; par exemple, la succession d'une personne homicidée passe à ses héritiers; ceux-ci retirent ainsi un profit du crime et ne sont pas cependant criminels. Il est donc nécessaire d'expliquer qu'on n'entend comprendre dans cette disposition que ceux qui auront reçu un prix ou retiré un profit de l'action *pour la favoriser sciemment avant son exécution, ou pour la céler après qu'elle aura été consommée.*

N.° 7. *Idem.* On peut donner ou faire donner l'asile à des coupables sans les connaître : or il est juste que cette disposition ne puisse être applicable qu'à ceux qui les auront recélés ou fait recéler *après les avoir connus.* Il faut donc ajouter à cette disposition la condition qui ne s'y trouve point.

Partie de l'art. 78. Celui dont le nom n'aura pas été inscrit par l'aubergiste ou hôtellier chez lequel il aura logé, peut au bout d'un mois, six mois, ou d'un plus long terme, commettre un délit dans le *même arrondissement.* La responsabilité de l'aubergiste ou hôtellier ne doit cependant pas être éternelle, delà la conséquence qu'il est nécessaire d'insérer dans cet article, l'espace de temps pendant lequel durera cette responsabilité.

Art. 114. Les gardiens et concierges n'ont pas, en général, les connaissances suffisantes pour juger si le mandat ou jugement est *en forme.* Il conviendrait mieux de dire qu'ils seront coupables de détention arbitraire, et punis de la peine portée en cet article, lorsqu'ils recevront un prisonnier sans *l'ordre positif et signé* d'une autorité quelconque.

Partie de l'article 115. La revendication et le défaut de renvoi d'office d'une affaire soumise à la compétence de la haute-cour, peuvent être, l'un et l'autre, la suite d'une erreur, et ne doivent, en ce cas, entraîner aucune peine, parce qu'il ne peut y avoir de délit que là où il y a eu volonté de le commettre. Il est donc essentiel que cette disposition soit rectifiée, par la distinction de ceux qui auront agi *méchamment*, et de ceux qui ne seront tombés dans cette contravention que par *méprise*.

Art. 132. Lorsqu'un huissier aura certifié, dans son exploit, qu'il s'est transporté au domicile de celui à qui il avait à le notifier, et qu'il en a remis la copie à la personne intéressée, ou à quelqu'un de sa maison, tandis qu'il se sera servi d'un piéton pour cette commission : voilà, d'après cet article, un véritable crime de faux.

Le punira-t-on de la déportation !

Cette peine paraît trop rigoureuse, lorsqu'on considère que ce faux peut n'être suivi d'aucun préjudice, et que la tolérance dont les huissiers ont joui, pendant le relâchement des principes, les a rendus, presque tous, très-peu exacts à porter eux-mêmes leurs copies.

On sent néanmoins les dangers qui résultent de ce criant abus, et qu'il doit être réprimé : mais ne serait-il pas convenable de lui destiner un article particulier, qui porterait une forte peine pécuniaire et la suspension, contre l'huissier qui se serait rendu coupable d'un premier délit de cette espèce, et le carcan et la destitution, contre celui qui serait convaincu de récidive !

Art. 133. Cet article fait double emploi avec le 138.ᵉ Il doit être supprimé.

Art. 135. Il est des cas où il serait desirable que le *maximum* de la détention pût être étendu à quatre ans, sur-tout en matière de faux certificats et de faux noms.

Art. 149. C'est encore le cas de répéter ici qu'il n'y a pas de délit, lorsqu'il n'y a pas eu volonté de mal-faire ;

Ainsi il est essentiel d'excepter, par une disposition formelle, celui qui ne serait tombé qu'involontairement dans cette négligence.

Art. 151. La première partie de cet article ne peut servir qu'à ouvrir le champ le plus vaste à la calomnie et à l'arbitraire. Tous ceux qui seraient intéressés dans un jugement et qui en seraient mécontens, pourraient accuser les juges de s'être décidés par faveur ou par inimitié. Ces accusations seraient toujours un scandale public et toujours sans succès ;..... car, comment prouver la faveur ou l'inimitié qui ne sont que des sentimens secrets ! Les parties n'ont-elles pas, dans le droit de récuser, une garantie suffisante pour se préserver du résultat de la faveur ou de l'inimitié des juges, s'ils pouvaient être soupçonnés de s'y laisser entraîner !

Cet article fait encore double emploi avec les 133.ᵉ et 138.ᵉ, qui punissent de la déportation le fonctionnaire qui aura soustrait une pièce dont il était dépositaire à raison de ses fonctions ; ainsi il paraît, sous tous les rapports, que celui-ci doit être retranché.

Art. 161, 162 et 163. Ces peines ne paraissent pas proportionnées à

la

la gravité du crime. Il serait à desirer que chacune d'elles fût portée au degré qui la précède. Il faudrait, sur-tout, prévoir pour chaque genre de rebellion le cas où elle serait accompagnée de voies de fait, parce qu'alors la peine doit être encore plus forte.

Art. 174. Comme on comprend dans ces réunions rebelles celles qui seront formées par les prisonniers, prévenus, accusés ou condamnés, il paraît nécessaire de comprendre aussi *nominativement les gardiens et geoliers,* parmi ceux contre lesquels les rebellions auront été formées.

Art. 178. L'outrage dont il est fait mention dans cet article, ne paraît pas suffisamment puni par une détention d'un mois à six mois, s'il s'agit d'un juge, d'un administrateur, d'un maire, d'un officier public, ou d'un officier de police, frappé dans l'exercice de ses fonctions, ou à l'occasion de cet exercice. La peine, en l'un de ces cas, devrait être au moins d'une détention de six mois à un an ; et à l'égard des autres, de trois à six mois.

Art. 183. Il semble que cet article renferme une disposition contraire au droit naturel. Il est effectivement dans la nature de défendre sa personne et sa vie.

On n'entend pas déduire de ce penchant nécessaire, qu'on soit autorisé à repousser, par la force, la force publique à l'instant où elle est légalement agissante. Mais un agent de cette force publique peut, dans l'exercice de ses fonctions, attenter, sans motifs légitimes, à la vie de celui contre lequel l'autorité l'a dirigé. Alors, il doit être permis de repousser cet attentat ; et personne ne peut se dissimuler que le meurtre, en pareil cas, serait justifiable, ou tout au moins digne d'excuse. Cet article doit donc être rectifié.

Art. 187. Il est bien intéressant pour la juste application de cet article, de définir ce qu'on entend ici par le mot *ordres,* et de préciser le cas où il y aura désobéissance ; sans quoi on pourrait donner à cette disposition une extension arbitraire et dangereuse.

Art. 194. La saine équité exige qu'il y ait une exception en faveur de celui que cette loi concerne, lorsqu'il justifiera, d'une manière évidente, qu'il a fait tous ses efforts pour faire rejoindre le réquisitionnaire ou conscrit.

L'amende quotidienne doit aussi avoir son terme ; ces lacunes paraissent donc devoir être remplies.

Art. 195. Même observation que sur l'article précédent, quant à la durée de l'amende quotidienne ; et la justice nécessite, dans cet article, une exception en faveur de celui qui aura donné l'asile au réquisitionnaire ou conscrit, sans connaître sa qualité.

Art. 236. Cette disposition ne doit être applicable qu'à la destruction ou mutilation d'un signe *légal* de liberté. Il est donc nécessaire d'exprimer nominativement cette condition.

Art. 245. Comme il s'agit ici, d'après le titre de la section, de délits commis par des écrits ou par la voie de la presse, il serait convenable que la rédaction du commencement de l'article fût ainsi : « Quiconque, par discours *lus.* » Au lieu de ceux-ci : « Quiconque , par discours *tenus.* »

SECTION VII.

On observe , sur cette section , que le crime de bestialité n'est prévu par aucun article du Code actuel , ni par ce projet. Il est, à la vérité, si affreux , que le législateur serait presque excusable de présumer qu'il ne peut venir à l'idée de personne de s'en rendre coupable. Cependant, il a été commis publiquement , il y a environ quatre ans , dans ce département. On ne peut lui appliquer d'autre peine que celle portée contre l'attentat public aux mœurs. Comme cette peine se trouve réduite ici à six mois de détention, on pense qu'elle est trop inférieure à la gravité du crime de bestialité ; et qu'il serait nécessaire de proposer un article qui porterait au moins la peine de reclusion contre celui qui en serait convaincu.

Art. 262. La légitime défense s'exerce contre un seul , comme contre plusieurs. Il semble donc qu'on ne devrait pas exiger dans cet article , afin de légitimer la défense, la réunion de deux ou de plusieurs personnes , escaladant ou brisant les clôtures d'une maison ou d'un appartement pour s'y introduire. La nuit , sur-tout, il est impossible de distinguer s'il n'y a qu'un ou plusieurs individus qui fassent l'invasion.

Art. 275. Ce cas est le même que celui qui est prévu par l'article 278 ; et il y a contradiction pour la peine. Ici ce sont les travaux forcés à perpétuité ; l'autre ne porte que les travaux forcés à temps. Cette dernière peine paraît mieux proportionnée au crime ; c'est donc celle qui doit être adoptée , ensorte que le présent article paraît devoir être supprimé.

Art. 279. Cet article offre trop de rigueur , lorsqu'on considère que le cas qui y est prévu est très-fréquent parmi la classe grossière des villes et le peuple des campagnes.

Pour peu que ces hommes soient aigris ils menacent, et lorsqu'ils en trouvent ensuite l'occasion ils frappent, sans que néanmoins , pour la plûpart du temps , il en résulte aucune suite dangereuse. Cependant les coups ont été dans cette hypothèse précédés de la préméditation , et il faudra d'après cet article appliquer au coupable une peine afflictive ou infamante. Cette disposition mérite d'être réfléchie ; et on se convaincra que la peine de détention d'un an à cinq ans serait suffisante.

Art. 287. Les crimes d'infanticide se sont multipliés depuis la révolution d'une manière effrayante. On ne peut se dissimuler que la corruption des mœurs y a le plus contribué; leur restauration sans doute contribuera aussi à en diminuer le nombre. Mais ce qui doit y concourir le plus efficacement, c'est le maintien de la peine de mort , sur-tout lorsque le crime aura été effectué par des violences.

Celle de la déportation n'est point assez frappante ; les filles disposées à commettre ce crime ne tiennent point en général aux liens de famille : la plupart sont comme sans domicile et sans patrie ; il leur importe fort peu d'exister dans un lieu ou dans un autre. La déportation est donc insuffisante pour les effrayer et les retenir.

Il paraît aussi qu'un des moyens qui pourraient prévenir les infanticides, serait d'obliger expressément toutes les filles enceintes à faire leur déclaration de grossesse avant la fin du sixième mois, sous peine, par exemple, d'une détention de trois mois pour leur simple silence. Le crime d'infanticide ne se conçoit pas toujours à l'avance ; ce n'est le plus souvent que la persuasion où est une fille que sa grossesse est ignorée, et l'occasion d'un instant favorable pour en faire disparaître les traces, qui la déterminent à faire un accouchement clandestin et à détruire le fruit de son libertinage. On est fondé à croire qu'elle serait préservée de cette pensée, si elle avait fait une déclaration authentique de son état dans un temps déterminé avant l'accouchement. Cette déclaration pourrait se faire sans témoins devant un ministre du culte ou tout autre officier public ; mais il serait nécessaire qu'elle fût transmise de suite au magistrat de sûreté.

Art. 288. Les peines portées dans l'article 280 peuvent s'appliquer à ce genre de délit qui est de même nature. Il ne serait question que d'y introduire une exception en faveur des tuteurs et instituteurs qui useront d'une correction qui n'excédera pas les bornes légitimes, au moyen de quoi celui-ci pourrait être supprimé.

Art. 291. Il paraît convenable de réunir dans cette disposition les *médecins, chirurgiens, officiers de santé* et *pharmaciens,* lorsque le viol aura été commis par eux dans une maison où ils auront été introduits pour l'exercice de leur état. Où il y a parité de raisons, il doit y avoir parité de principes.

Art. 292. Si la castration est la suite *immédiate* d'une attaque violente à la pudeur, telle qu'une *tentative de viol,* elle doit être entièrement justifiée et n'entraîner aucun châtiment.

Art. 293. Cette peine n'est point assez forte, sur-tout pour les médecins, chirurgiens, officiers de santé et pharmaciens, qui peuvent abuser des connaissances de leur art pour prouver l'avortement. Il semble que ceux-là devraient être punis de la déportation ou des travaux forcés perpétuels, et les autres de la peine du degré immédiatement inférieur.

Art. 297. Un mineur peut courir des dangers, soit pour ses mœurs, soit pour sa personne, dans la demeure de son tuteur ou de celui à qui il aura été confié. Un membre de sa famille qui dans cet état de choses l'en ferait sortir, ne commettrait, à coup sûr, point de délit. De là, la conséquence que la peine consignée dans cet article ne doit être applicable qu'à celui qui aurait détourné ou fait enlever un mineur *sans cause légitime.* L'article doit donc porter l'exception du cas où se rencontrerait cette cause.

Art. 300. Ce mariage illicite ne peut pas se contracter sans avoir été précédé du rapt de séduction ; or ce crime est puni, suivant l'article 298, des travaux forcés à temps. Le mariage illicite prévu par cet article doit donc entraîner au moins la même peine : celle de la reclusion ne paraît pas en rapport avec le principe.

2.ᵉ Alin. de l'art. 306. Il est indispensable de supprimer cette dernière disposition, parce qu'elle est absolument destructive de toutes les peines portées contre les *blessures* aux articles 275, 278, 279, 280 et 283.

Art. 310. Le principe qui a dicté cette disposition rend convenable qu'elle soit aussi appliquée aux *médecins, chirurgiens, officiers de santé, pharmaciens et ouvriers salariés,* lorsqu'ils auront profité des instans de leur service pour opérer la séduction.

Art. 314. On est bien loin de vouloir favoriser la débauche du mari dans la maison conjugale ; mais on ne peut s'empêcher 1.° de demander à qui appartiendront les dommages-intérêts résultant de cette offense, puisque la loi ne le dit point ; 2.° d'observer que la femme, qui est seule offensée, peut aussi être la seule à qui la voie de la plainte doive être ouverte ; que l'exercice public de son action serait aussi contraire et plus funeste aux mœurs que la débauche clandestine de son mari ; et qu'enfin il est des femmes tellement tourmentées par la jalousie, qu'on doit craindre que la voie que leur ouvrirait cet article, ne soit bien plus propre à faire naître gratuitement des scandales qu'à opérer un vrai bien. Le résultat d'une action de ce genre, quel qu'il fût, amènerait tôt ou tard le divorce des époux, ou entretiendrait perpétuellement entre eux la dissension.

Art. 315. Suivant l'article 313, l'amende imposée au complice de la femme adultère, est de deux cents francs au moins, et de deux mille francs au plus. La connivence de ce complice avec le mari aggrave d'autant plus le délit qu'elle outrage davantage la morale ; c'est pourquoi, sans doute, on a porté ici l'amende contre les coupables, au *maximum* de dix mille francs ; mais on réduit le *minimum* à cent francs. N'y a-t-il donc pas justice, en suivant les proportions, de l'élever à mille francs, et de doubler encore, en ce cas, la durée de l'emprisonnement exprimée par l'article 313 !

Art. 316. La substitution d'un enfant à un autre, et la supposition d'un enfant à une femme qui n'a point accouché, paraissent devoir être assimilées au faux en écriture authentique auquel on applique la peine de déportation.

Art. 322. On s'en réfère aux observations qui ont été faites sur l'art. 15.

Art. 323 et 325. Le faux témoignage a été considéré dans tous les temps comme un crime. La loi des douze tables condamnait les faux témoins à être précipités du haut de la montagne tarpéïenne. Nos anciennes ordonnances, celles de 1531, 1680 et 1720 les condamnaient à la peine de mort; notre dernière jurisprudence enfin, sur le faux témoignage en matière civile, a toujours été de condamner les faux témoins à une peine afflictive et infamante, telles que les galères et ensuite les fers : on ne connaît aucune raison plausible pour faire changer la nature de cette peine. Il est infiniment facile à de faux témoins de compromettre la fortune et l'honneur des citoyens, et il est très-difficile de les convaincre de leur faux témoignage. Ainsi, plus ils ont de facilité à commettre le crime et plus il y a de difficulté de les atteindre, plus aussi les peines doivent être rigoureuses. · Ce n'est qu'en punissant des travaux forcés perpétuels ceux dont parlent l'article 323, et des travaux forcés à temps ceux qui sont compris sous ce numéro, qu'on peut se promettre un effet salutaire de la loi repressive. La peine de *déportation* n'est pas de nature à leur faire, en général, une impression assez forte; et celle de la *détention* que prononce cet article est infiniment au-dessous de la gravité du crime qu'ils commettent.

Art. 326. Cet article devient inutile, si on adopte les observations sur l'article précédent.

Art. 338. En laissant subsister cet article, il serait aussi bien avantageux pour la société d'émettre une disposition qui fît une obligation aux *médecins, chirurgiens* et *officiers de santé*, de révéler les crimes d'empoisonnement, lorsqu'ils en auraient acquis par eux-mêmes la connaissance; et qui leur imposât encore le devoir, ainsi qu'aux sages-femmes, de révéler les crimes d'avortement, le tout sous les peines portées en cet article. La facilité de commettre ces crimes dans les ténèbres, l'intérêt qu'ont souvent à les cacher ceux qui en sont les victimes, et l'impunité que se promettent les coupables, à l'instant où ils les conçoivent et les commettent, rendent ces dispositions nécessaires.

Art. 341. On ne conçoit pas parfaitement le sens de la dernière partie de cet article, ou si on le conçoit, on remarque qu'il peut avoir un interprétation dangereuse.

Par exemple, une voie de fait exercée par méchanceté pour faire écrouler un bâtiment; des dispositions pratiquées pour l'incendier, ou pour incendier des arbres sur pied, ou des récoltes, sont des attentats à la propriété. Si ces entreprises sont faite par l'un des époux envers l'autre, par un veuf ou une veuve envers les héritiers du prédécédé, par un fils envers son père, ou par le père envers son fils, par des alliés enfin aux mêmes degrés, la société n'aurait-elle donc aucune action à exercer pour la vindicte publique ! Ce système serait étrange et subversif d'une partie de l'ordre social. Cependant c'est celui qui paraît devoir être la conséquence du principe établi à la fin de cet article. On demande donc que cette partie soit revue pour être supprimée, ou rendue dans le véritable sens qu'on a voulu lui donner.

Art. 343. La réunion de *quatre* des cinq circonstances comprises en cet article, paraît caractériser assez le dessein de tuer de la part des coupables s'ils éprouvaient de la résistance, et si ce crime leur était nécessaire pour effectuer le vol.

De-là il semble naître aussi la conséquence que la peine de mort devrait être applicable aux auteurs des vols qui seraient accompagnés de quatre de ces circonstances, au lieu d'exiger la réunion des cinq.

Au surplus, il serait peut-être plus avantageux de laisser subsister la disposition actuelle qui autorise les jurés, dans les accusations de vol à force ouverte ou par violence, à prononcer sur cette question intentionnelle : *y a-t-il eu dessein de tuer !* Ce dessein, en effet, peut avoir été conçu par celui qui vole seul, comme par des voleurs réunis ; par celui qui exécute le crime le jour, comme par celui qui l'exécute la nuit, par celui qui est porteur d'armes, comme par celui qui n'en a point porté, lorsqu'il était sûr d'en trouver dans la maison où il s'est introduit.

On observe encore qu'il convient de comprendre les édifices publics dans le n.º 4 de cet article.

Art. 347. Les vols exprimés dans les quatre premiers numéros de cet article ne sont commis, pour l'ordinaire, que par des hommes déjà corrompus, et dont la société doit redouter les actions. Il est à desirer qu'on ajoute à la peine qui est proposée, la mise à la disposition du Gouvernement.

Quant à l'enlèvement ou déplacement de bornes compris au 5.ᵉ n.º, on croit qu'il est indispensable d'expliquer que la peine proposée n'aura lieu que lorsqu'elles auront été enlevées ou déplacées à dessein de détruire la limite du terrain dont on est propriétaire, usufruitier, fermier ou métayer. Cette explication est d'autant plus nécessaire que la peine serait trop rigoureuse contre celui qui n'aurait enlevé ou déplacé une borne que par malice ou dépravation, sans y avoir aucun intérêt. Ce cas est sûrement celui qui a été prévu par l'article 415, qui prononce aussi une peine d'un mois à un an d'emprisonnement, contre l'auteur de l'enlèvement ou déplacement de borne. Si l'on ne donnait pas ici l'explication dont on parle, il resterait une contradiction entre ces deux articles.

Art. 357. On pense qu'on doit encore comprendre dans cette classe l'enlèvement des ballots *sous toile et corde.* Cette enveloppe représente la caisse, boîte ou meuble fermé contenant des objets.

Art. 367. Le *maximum* de l'amende porté en cet article à cent francs, ne doit-il pas être au contraire le *minimum.* L'ensemble de la disposition fait croire qu'il n'y a eu ici qu'une faute de l'imprimeur qui a lu sur le manuscrit le mot *au-dessus* pour le mot *au-dessous.*

Art. 368. Cet article, quant à destruction des *billets, quittances* et autres écrits contenant *obligation ou décharge*, fait encore double emploi avec le 399.ᵉ qui porte la peine de reclusion pour la destruction ou suppression des actes de l'autorité publique, des effets de commerce ou de banque ; et la peine de *détention*, depuis deux ans jusqu'à cinq, pour la destruction ou suppression des *autres actes privés.*

Il paraît donc que l'article dont on s'occupe ne doit être maintenu que relativement à celui qui détournera des meubles, deniers ou marchandises dont il aura été dépositaire.

Art. 379. Il n'y a que des faits qui doivent servir à caractériser des délits de cette nature.

Les propos sont souvent vagues, tenus sans mauvais dessein, et celui qui s'y livre, n'est le plus souvent que l'écho de celui qui a parlé avant lui et qui n'avait non plus aucun but criminel. La saine justice semble donc exiger qu'on sorte *les discours* de cette disposition pénale.

Art. 385. Celui qui trompe sur le titre des matières d'or et d'argent, ainsi que sur la qualité d'une pierre fine, a plus de facilité à commettre cette supercherie, parce que les acheteurs en général n'ont pas les connaissances nécessaires pour la vérifier. Ce dol tend aussi à procurer plus rapidement des bénéfices importans ; il doit donc être puni plus sévèrement que les autres, prévus par cet article. Il paraît juste que la peine soit, pour ces deux espèces de délits, le double de celle qui y est exprimée.

Art. 398. On peut, en réparant ou démolissant un bâtiment, détruire ou renverser involontairement celui du voisin. Ce serait là un événement malheureux qui ne constituerait point le crime. Il est donc nécessaire qu'on rende cette disposition plus claire en ne la rendant propre qu'à celui qui aura renversé ou détruit *avec dessein de nuire.*

Art. 399. On s'en réfère aux observations qui ont été faites sur l'article 368, avec lequel celui-ci fait double emploi relativement à la destruction des *billets, quittances* et autres écrits contenant *obligation* ou *décharge.*

Art. 403. Suivant l'art. 362, celui qui enlève sur le fond d'autrui les marnes et fumiers, est puni de la reclusion.

Celui qui dévaste des récoltes sur pied ou des plants venus naturellement ou faits de main d'homme, est certainement plus coupable, puisqu'au lieu d'enlever au propriétaire l'espoir de la chose, il détruit la chose même.

Il serait donc bien juste d'appliquer au second, au moins, la même peine qu'au premier.

Art. 407. Ce délit est un vol presqu'aussi répréhensible que celui des objets confiés à la foi publique. La peine qu'on propose de lui appliquer parait insuffisante ; il convient de la porter à une détention au moins de trois mois à un an.

Art. 408. Celui qui coupe du blé en vert appartenant à autrui, ne nuit pas seulement au propriétaire, il préjudicie à la société dont il détruit la subsistance. Ici on pense que la détention devrait être de six mois à deux ans.

Art. 410. Suivant l'art. 362, celui qui vole du poisson dans l'étang, ou des bestiaux à corne, &c. est puni de la *reclusion.*

Ici, celui qui les empoisonne n'est puni que d'une *détention* de six mois à deux ans. La graduation de ses peines est mal établie pour les deux cas, ou plutôt il ne devrait pas y avoir de différence ; le second délit est pour le moins aussi grave que le premier. On demande donc la peine de reclusion pour l'empoisonnement du poisson et du bétail ; on insiste d'autant plus sur cette demande, que ce délit n'est malheureusement que trop commun, et qu'il importe d'être sévère pour en prévenir l'existence.

Art. 411. D'après les motifs exprimés à l'article précédent, il convient d'étendre de six mois à deux ans la détention pour l'empoisonnement des pigeons ou volailles.

Art. 418. Il est certains cas de cette nature où il serait utile que la détention pût être jointe à l'amende.

On demande donc que les tribunaux aient la faculté, quand ils le jugeront convenable, de prononcer une détention de onze jours à deux mois.

OBSERVATIONS

Sur des Lacunes que l'on croit devoir être remplies dans le Livre III.

1.re Le prêt d'argent à intérêt est, sans contredit, utile pour aider le propriétaire dans ses entreprises, lui faciliter les paiemens que nécessite l'ordre de ses affaires, et pour favoriser l'activité du commerce.

De son côté, le prêteur se prive de l'emploi qu'il pourrait faire de ses deniers, ou pour un négoce particulier, ou pour des acquisitions de fonds qui accroîtraient ses revenus ; ainsi il est juste qu'il participe aux avantages qu'obtient l'emprunteur, et qu'il soit indemnisé de la privation qu'il éprouve.

Il n'y a donc pas de doute que le prêt d'argent à intérêt ne doive être autorisé.

Mais cette autorisation doit avoir ses bornes. Le législateur intéressé au maintien de toutes les parties de la morale publique, ne doit pas tolérer, que des hommes oisifs et avides de richesses, fassent métier de profiter des besoins de leurs concitoyens pour se créer, par le moyen de prêts à intérêts excessifs, une fortune scandaleuse sur la ruine d'honnêtes propriétaires ou de malheureux négocians. De là, la conséquence que le taux de l'intérêt doit être réglé par la loi, et que ceux qui l'excéderont dans leurs perceptions, doivent être réprimés.

Les

Les anciens romains regardaient les usuriers comme une peste publique; ils les punissaient plus rigoureusement que les larrons.

Majores nostri, dit Caton, *sic habuere et ita in legibus posuere, ut cum fures quidem duplici pœnâ luerunt, feneratores in quadruplum condemnarent.* En France, la législation a varié sur la nature du châtiment réservé à ceux qui percevaient des intérêts usuraires; mais parmi les ordonnances qui ont été successivement en vigueur sur cette matière, les peines les moins rigoureuses auxquelles elles ont donné lieu, ont toujours été pécuniaires et infamantes.

Des causes politiques qui se liaient au cours et au but de la révolution ont pu porter le législateur à détourner les yeux, pour un temps, du fléau de l'usure; mais aujourd'hui que la révolution est terminée, que les mœurs doivent reprendre tout leur empire, et qu'un juste équilibre doit protéger toutes les relations, l'intérêt de la société exige que l'attention du Gouvernement se fixe sur cette classe d'hommes qui la rongent et la déshonorent. Tel est le vœu qu'on s'empresse d'exprimer; telle est une des lacunes de ce projet qu'on propose de remplir.

Le Gouvernement peut avoir encore des motifs pour que la fixation du taux de l'intérêt soit suspendue; peut-être est-il même nécessaire que cette fixation n'ait jamais lieu que pour un temps déterminé, parce que les bases peuvent en être variables. Mais n'importe, l'intérêt général exige tôt ou tard une régle en cette matière, et la loi pénale peut toujours être rendue, sauf à ne lui donner d'exécution qu'à l'époque où le taux de l'intérêt aura été réglé; elle serait au moins un avertissement utile à ceux qui ne mettent point de borne aux profits qu'ils peuvent faire avec les emprunteurs; elle ferait naître en eux quelques sentimens de honte, et ils se rapprocheraient, sans doute, insensiblement de la justice et de l'honnêteté qui doivent présider à tous les contrats. Le propriétaire pourrait alors se livrer à des emprunts pour améliorer ses fonds.

L'agriculture y trouverait un avantage réel; le négociant courrait aussi des chances moins trompeuses dans ses spéculations, et nous ne verrions plus s'ouvrir ces nombreuses faillites qui ralentissent le commerce et le tuent.

2.me On ne trouve aucune disposition pénale dans le livre qu'on vient de parcourir, ni dans le suivant, pour la répression des mésús commis sur le terrain d'autrui par des bestiaux *gardés à vue.* Ce genre de délit mérite cependant d'être distingué d'une simple négligence; la disposition qui y serait relative pourrait être placée immédiatement après l'article 414, et contenir la même peine.

3.me Plusieurs autres cas prévus par la loi du 28 septembre 1791, et notamment ceux compris aux articles 13, 18, 22, 24, 25, 26 et 34 du titre II, ont été aussi oubliés dans ce projet.

Enfin, on rappelle encore comme omis le maraudage dans les bois

Ain. D

des particuliers ou communautés *exécuté avec voiture*, tel qu'il est prévu par l'article 37 de la même loi ; les dégats causés dans les bois taillis par les bestiaux, punis suivant le nombre de têtes, leur espèce et l'âge du taillis, conformément à l'article 38, et les dégradations et usurpations sur les chemins, prévues par l'article 40.

Art. 431 et 432. Il peut se rencontrer dans toutes les contraventions qui viennent d'être prévues dans l'article 430 des nuances propres à augmenter le degré de culpabilité de ceux qui en seront convaincus, et il paraît qu'on doit à ce sujet s'en rapporter, pour l'application de la peine, au discernement et à la prudence du magistrat. Il ne serait donc pas au détriment de l'ordre public de lui laisser indistinctement, dans tous ces cas, la faculté d'appliquer la peine de trois à dix jours de détention à ceux qui seraient condamnés une première fois ; et de six à vingt jours de détention en cas de récidive.

Art. 436 et 437. Par les mêmes motifs que ceux qui précèdent immédiatement, on demande que le juge puisse, suivant les circonstances, prononcer dans tous les cas qui viennent d'être spécifiés à l'article 435, la peine de cinq à quinze jours de détention lors d'une première condamnation ; et celle de six jours à un mois pour la récidive.

Art. 439, n.° 6. Il est inutile de rectifier cette disposition en disant : « qui auraient inscrit. . . . . sous des noms *qu'ils* » *savaient* supposés ou des qualifications *qu'ils savaient* fausses. »

Art. 439, n.° 12. Il semble que la possession seule de ces poids et mesures ne doit pas constituer une contravention, mais seulement l'usage qu'on en ferait. Il est donc nécessaire que la disposition porte : « ceux » qui *auront usé* des poids, &c. » . . . au lieu de ces mots : ceux qui *auront* des poids, &c. . . .

Art. 440 et 441. Toujours par le même motif que celui exprimé sur les articles 431 et 432, on demande que le juge puisse, suivant les circonstances, faire, dans tous les cas indistinctement, l'application de dix jours à un mois de détention lors d'une première condamnation ; et de vingt jours à deux mois lors de la récidive.

Art. 4-7. Les fonctions du commissaire du Gouvernement près le tribunal criminel sont tellement multipliées et chargées de détails pour l'instruction des affaires, leur developpement aux audiences, l'exécution des jugemens et la correspondance avec le Gouvernement et les officiers de police judiciaire, qu'il est de toute impossibilité qu'ils puissent remplir encore les fonctions de magistrat de sûreté dans l'arrondissement du chef-lieu de département, qui est ordinairement le plus peuplé et le plus étendu. L'une et l'autre de ces fonctions ne peuvent être bien remplies que par deux magistrats distincts, tels qu'ils existent. On est d'autant plus convaincu de cette vérité, que dans ce département et l'ordre actuel, ils ont constamment des efforts à faire pour qu'aucune partie de leurs travaux ne demeure arriérée.

Art. 513. Il y a sûrement erreur dans cette disposition.

L'instruction peut bien être commencée dans le lieu où le prévenu est rencontré ; mais l'officier du ministère public et les juges vraiment compétens , sont ceux du lieu où le délit a été commis.

Si on changeait ce principe, le jugement d'un prévenu arrêté à cent lieues du délit nécessiterait un déplacement considérable et dispendieux des témoins , qui emploieraient vraisemblablement tous les moyens qui pourraient les dispenser de ce déplacement ; et les traces de la vérité échapperaient.

C'est donc dans le lieu où le délit a été commis, comme cela s'est constamment pratiqué , que les procédures doivent être renvoyées. Cet article porte l'inverse : on demande qu'il soit rectifié.

Art. 530. On a sûrement entendu ici par le mot *preuves*, ceux-ci : *pièces de conviction*. Mais comme la première expression présente un sens plus étendu que la seconde , il paraît nécessaire de n'employer que celle-ci.

Art. 539. Le motif qui a déterminé la commission à proposer le renvoi de ces sortes de délits devant les tribunaux civils, consiste (ainsi que nous l'apprend M. le Magistrat Oudard à la fin de ses observations préliminaires) en ce que « l'instruction suivant les formes prescrites par le Code crimi-
» nel ou correctionnel, violerait le plus souvent cette précieuse règle du
» droit civil, qui ne permet pas d'admettre les parties *à la preuve testimo-*
» *niale*, contre et outre le contenu aux actes, ou lorsqu'il s'agit d'une
» somme qui excède cent francs. »

On est bien éloigné de pouvoir adopter la conséquence qu'on a tirée ici de cette règle.

La commission n'a pas fait attention que la règle invoquée n'a été établie que pour les contestations ordinaires , mues devant les tribunaux jugeant civilement. Mais toutes les fois qu'une partie a été lésée dans un contrat ou une convention par l'effet de la fraude ou de la violence , elle a toujours pu choisir la voie criminelle pour l'exercice de sa demande en réparation , et alors la règle qui a servi de base à cet article n'était plus applicable à la matière. Les principes et la jurisprudence qui ont toujours été en vigueur sur ce point de droit, sont trop connus , pour qu'il soit nécessaire de les rappeler.

Quelle est donc la conséquence qui résulterait du maintien de l'article que l'on combat !

La voie salutaire , qui a toujours été et qui est la seule égide contre ceux qui ont usé de manœuvres illicites pour extorquer verbalement ou par écrit tout ou partie de la fortune d'autrui , se trouverait anéantie..........
oui anéantie : et c'est ce que le législateur ne saurait décréter.

Il ne reste pas pour l'ordinaire de preuves écrites de l'escroquerie, du dol et de la violence. Ceux qui ont à en redouter les traces, se donnent bien de garde de fournir de telles armes contre eux, ou au moins ils ont le soin de les faire disparaître à la consommation du délit. C'est aussi à cause de la difficulté de fournir à la justice la preuve écrite du dol ou de la violence, que la preuve testimoniale a toujours été admise en cette matière, en prenant la voie criminelle. Or renvoyer, en pareil cas, la partie lésée devant les tribunaux civils, par la raison qu'ils ne peuvent admettre la preuve par témoins, *contre et outre le contenu aux actes*, *ou lorsqu'il s'agit d'une somme qui excède cent francs,* c'est la priver de l'avantage de la preuve testimoniale, c'est lui enlever le seul moyen qui puisse donner du fondement à sa demande, c'est enfin anéantir son action ; donc la loi qui renverrait les délits dont s'agit à la connaissance des tribunaux civils, loin d'empêcher la violation d'une règle, consacrerait elle-même, d'une manière indirecte, la violation de ce principe éternel d'équité : *æquum est damnum sarciri ab eo qui dedit.*

Que l'on considère d'ailleurs la longueur des procédures en matière civile, l'immensité des frais qu'elles occasionneraient avant d'obtenir justice, la distance que les parties intéressées auraient à parcourir pour aller chercher un arrêt en cause d'appel ; on sera de plus en plus convaincu que celui qui aurait été victime d'un fait du nombre de ceux qui sont prévus dans cet article, serait sûrement plus intéressé à garder le silence, qu'à intenter une action qui lui présenterait tant de sacrifices, et point de *sûreté* à l'exercer.

Ainsi on assurerait sans le vouloir, si cet article était maintenu, l'impunité de désordres qui ont besoin plus que jamais d'être réprimés, tant l'esprit d'astuce, de perfidie et de cupidité est venu dominer certains hommes depuis la révolution.

Le seul avantage que le Gouvernement pourrait rencontrer dans la disposition qui a été proposée, serait d'éviter au trésor public les frais des poursuites. Mais on peut atteindre ce but d'une manière qui se concilie avec l'intérêt du trésor public et l'intérêt privé. On y parviendra en déclarant que ces délits ne seront jamais poursuivis d'office devant les tribunaux jugeant correctionnellement, et que la poursuite n'aura lieu que lorsque la partie lésée se rendra elle-même, dès le principe, partie civile et poursuivante. C'est avec cette modification qu'on demande expressément que l'action résultant des délits énoncés en cet article, soit portée devant les tribunaux correctionnels et les cours de justice criminelle.

Art. 566. Cette indemnité est insuffisante ; elle ne peut pas même satisfaire aux dépenses de voiture. Il vaudrait peut-être mieux n'allouer aucuns frais de ce genre, que de les fixer au-dessous de leur vraie quotité.

Art. 568. Cet article semble contrarier l'article 560.

Ne serait-il pas à propos d'y établir une exception, pour le premier acte que fera le propriéteur, quand il jugera convenable de compléter ou recommencer l'instruction qui aura été faite par le magistrat de sûreté?

Art. 576. La dernière partie de cet article n'exprime point assez les cas de responsabilité du magistrat auteur du *mandat*, ainsi que ceux qui concernent la responsabilité du gardien.

Le magistrat ne doit pas être responsable d'une erreur *involontaire* ; et le gardien ne pouvant pas être présumé avoir la connaissance des lois criminelles, ne doit pas répondre non plus de l'*erreur* du magistrat à qui il doit obéissance.

Art. 577. Ou le prévenu est un vagabond, ou il est domicilié.

S'il est vagabond, la copie doit bien lui être remise par la voie que prescrit cet article. Mais s'il est domicilié, il semble qu'il serait préférable que la copie du mandat lui fût remise par affiche à sa porte, après le *visa* de l'officier public.

Art. 594. Même observation que sur l'article 576, en ce qui concerne ici l'exécuteur et le gardien.

Art. 595. La mise en liberté provisoire ne semble point devoir être accordée à celui qui aura encouru l'infamie, ou la peine de forfaiture : cet avantage doit être réservé pour celui dont l'action ne lui imprime pas une tache aussi déshonorante.

Art. 599 et 600. En matière de vols et de crimes, il répugne de voir admettre une liberté provisoire moyennant un versement d'argent ou un cautionnement : un coupable pourrait acheter ainsi le moyen de se soustraire à l'exécution du jugement dont il doit être frappé. D'ailleurs ceux qui ont commis des vols ou autres crimes, sont des hommes qui doivent être sequestrés, parce qu'ils sont suspects à la société, jusqu'à ce que l'expiation de la peine qu'ils ont encourue ait pu les rendre meilleurs.

Art. 618, 619 et 620. Cette organisation du tribunal de police peut nuire au service du tribunal civil, en ce que c'est le priver constamment d'un juge suppléant dont la présence peut être bien souvent nécessaire. Quel inconvénient y aurait-il donc d'établir un juge inamovible, qui, si ce projet se met à exécution, irait chaque mois dans un canton tenir ses assises, et à qui on ferait annuellement un traitement convenable pour toute sa dépense! Il n'y a rien de plus pénible et en même temps de moins relevé pour un juge que d'être obligé de fournir chaque mois la quotité de ses jours de voyage, pour ne recevoir, sur-tout à quatre livres par jour, qu'une partie de cette dépense.

626. On n'a pas entendu exclure de la composition du tribunal de police ceux qui sont devenus propriétaires de bois nationaux, et ceux qui pourraient encore le devenir : on n'a sûrement voulu faire porter l'exclusion que sur les adjudicataires des *coupes* de bois qui sont actuellement dans les mains de la nation ou des communautés.

La loi devant être claire et ne laisser aucune ambiguité, il est nécessaire de faire cesser celle que présente cet article.

627. Il est des cantons où parmi les cent plus imposés qui y résident, on trouvera plusieurs individus qui ne sont pas dans l'aisance, tels que de petits cultivateurs ou artisans. Cette classe ne peut pas être payée d'illusion; et lorsque quelques-uns d'entre eux auront abandonné leurs travaux pour trois sessions du tribunal de police, la pièce d'argent ne sera point une indemnité du temps précieux qu'ils auront perdu.

Art. 636. S'il ne se trouvait pas dans la commune un des cent plus imposés du canton, on choisira un des plus imposés de la municipalité; mais on s'expose à n'avoir pour juge qu'un homme ignorant, peut-être illitéré, peut-être immoral.

N'expose-t-on pas aussi à la risée et au mépris des justiciables qui seront à l'audience, le juge que les gendarmes auront forcé d'y venir siéger par main-mise sur sa personne?

Art. 638. Si ce projet d'organisation est adopté, on prendra en considération ce qui a été dit dans les observations générales, dans lesquelles il est démontré que l'exercice du ministère public près les tribunaux est entièrement incompatible avec les fonctions dont sont chargés les inspecteurs et sous-inspecteurs forestiers.

Art. 661. S'il y a plusieurs jours consécutifs d'audience, le nombre des jugemens à rédiger ne permettra pas qu'ils puissent être signés dans les vingt-quatre heures.

Lorsque la loi est obligatoire sous une peine, elle ne doit rien exiger qui ne soit possible.

Art. 672. On s'en réfère à l'observation présentée à l'article 638 pour ce qui est relatif à l'exercice du ministère public par *les agens forestiers.*

Art. 683. Même observation qu'à l'article 638, en ce qui concerne l'exercice du ministère public par *les agens forestiers.*

Art. 718, 719, 720, 721, 722 et 723. On s'en réfère ici, et on insiste de plus fort sur les observations qui ont été faites aux articles 539 et 540.

CHAPITRE III.

Du premier Jury et de l'Accusation.

On invite à ne pas perdre de vue les réflexions qui ont été faites dans les observations générales sur les inconvéniens du jury d'accusation, si on le place hors des attributions ordinaires des juges de première instance.

Art. 761. On rappelle encore les observations qui ont été présentées plus haut aux art. 595, 599 et 600, sur les mises en liberté provisoires.

CHAPITRE IV.

Des Tribunaux criminels.

Voici les observations générales sur le projet d'organisation, et notamment sur l'établissement des préteurs.

Art. 771. Il ne paraît pas d'une exacte justesse qu'on dise ici que les propréteurs du département, les juges suppléans et substituts criminels, feront partie du tribunal criminel.

En effet, suivant ce projet, on ne verra jamais siéger au tribunal criminel d'autre propréteur que celui du chef-lieu, encore n'aura-t-il aucune voix délibérative aux jugemens par jurys. Les autres propréteurs sont tous éloignés du tribunal, et n'y ont aucune fonction directe.

Les juges suppléans n'y doivent assister que par remplacement.

Les substituts criminels sont établis près les tribunaux de première instance, leur ministère ne s'exerce jamais dans le sein du tribunal criminel.

De là, la conséquence que cet article implique contradiction avec le surplus du projet; car, quoiqu'il semble d'après cette disposition que le tribunal criminel va former une compagnie nombreuse, la vérité est qu'il n'y a qu'un seul juge, le préteur.

Si ce magistrat est établi avec le mode proposé, il est nécessaire que cet article soit plus conforme au véritable état des choses.

Art. 772. On rappelle ici l'observation présentée à l'art. 477, et on en induit la conséquence que l'établissement d'un substitut spécial serait nécessaire dans presque tous les arrondissemens où siégent des tribunaux criminels.

Art. 773. Il paraît d'après la connaissance qu'on a du nombre des affaires dans ce département, que l'exercice du préteur qui y serait envoyé, ne pourrait pas s'étendre au-delà de deux départemens, sans nuire d'une manière essentielle à l'activité que doit avoir la justice criminelle.

Art. 778. A-t-on entendu parler dans cet article de l'ouverture de chaque session périodique, ou seulement du jour où le préteur siégerait pour la première fois! Au premier cas, tous les inconvéniens de ces réunions sont si sensibles, qu'on les aperçoit assez sans les indiquer. Au second cas, à quoi servira, après le serment prêté, la présence de tous les propréteurs, suppléans et substituts criminels! Il est plus convenable que chacun d'eux se retire pour son travail particulier.

Art. 779. Le temps de l'assistance du propréteur aux débats et jugemens, pourrait, puisqu'il n'a pas voix délibérative, être employé plus utilement pendant les sessions, en s'occupant de l'instruction des affaires qui seront pendantes.

Art. 780. Cette disposition expose le cours de la justice criminelle à être interrompu dans une division prétoriale, pendant un temps qui peut se prolonger à deux, quatre ou six mois.

En effet, le préteur tombe malade en route, ou à son arrivée dans un département, ou pendant sa session ; tout le service est suspendu ; il faut en instruire le Gouvernement ; son choix pour le remplacement exige quelques considérations, peut être même des renseignemens : voilà bien du temps perdu. Il faut encore du temps pour que le préteur remplaçant, soit instruit de sa mission, et qu'il arrive à sa destination. Il ne serait pas extraordinaire que celui-ci fût aussi retenu pour cause de session ouverte ou de maladie ; alors nouvelle demande à faire, nouveau délai, nouveau retard, et toujours au préjudice des accusés. Enfin, le service que fera le préteur remplaçant, ne sera jamais qu'au détriment du sien propre et des accusés de sa division.

D'autre part, la présidence qu'on défère au propréteur dans les jugemens sur appel en matiere correctionnelle, lorsque le préteur sera absent, paraît contrarier les convenances.

Ce magistrat ne doit siéger au tribunal civil qu'à la suite du président, et il vient au tribunal criminel réformer les jugemens auxquels ce président aura participé : il y a dans cet ordre quelque chose qui blesse.

Enfin, comment les autres propréteurs qui ne sont point au chef-lieu du département, pourront-ils venir remplacer en cas d'urgence, celui qui y exerce ses fonctions : tous ces détails prouvent de plus en plus la défectuosité de cette organisation.

Art. 784. Les trois suppléans peuvent être occupés à former le tribunal criminel dans une cause d'appel, lorsque le préteur et les propréteurs seront empêchés. Alors si le commissaire a aussi quelqu'empêchement, et *s'il n'a pas de substitut spécial*, par qui sera-t-il remplacé !

Art. 786. Il n'y a rien là de possible, pour l'ordinaire, que la délégation.

Art. 788 et 789. L'attribution de cette surveillance paraît vaine.

Le préteur n'aura de relations et de rapports qu'avec le propréteur du chef-lieu du département. Il n'en aura point avec ceux des autres arrondissemens. Pourra-t-il donc stimuler leur zèle sur la poursuite des délits et l'instruction des affaires, lui qui ne les connaîtra que lorsque les procédures auront été remises au greffe du tribunal criminel !

Art. 790. Le propréteur sera, en quelque sorte, le collègue du préteur, puisqu'ils siégeront au même tribunal ; il n'est pas convenable qu'un magistrat puisse réprimander le magistrat qui est à ses côtés, et sur-tout qu'il puisse prononcer une condamnation contre lui ; c'est tendre, sans le vouloir, à faire du premier, dans le sein du tribunal criminel, un dominateur arbitraire, et du second, un esclave. L'article 803, en cas de récidive de négligence, donne pour juges, aux simples officiers de police

judiciaire,

judiciaire, le tribunal criminel entier ; il paraît que le propréteur devrait bien au moins avoir le même avantage.

Art. 792. Le pouvoir donné au préteur, dans la dernière partie de cet article, pourra-t-il être exercé au milieu des débats ! pourra-t-il les suspendre ! c'est ce qu'il est nécessaire d'expliquer ou de limiter.

Art. 797. Cette précaution paraît multiplier les travaux sans nécessité.

Si les réquisitions sont faites dans le cours de l'instruction, elles forment une des minutes de la procédure ;

Si elles se font à l'audience, elles sont couchées dans le procès-verbal ou le jugement.

Ainsi, à quoi bon le registre dont il est ici parlé, qui ne serait qu'une double minute !

Art. 805. Il semble qu'il serait bien juste à l'égard des propréteurs, en pareil cas, de faire précéder la citation d'une instruction en police judiciaire, qui serait faite par le commissaire du Gouvernement et le propréteur. Cette instruction préliminaire pourrait arrêter quelquefois la publicité d'une action qui aurait été mal-à-propos exercée.

Art. 811. Les autres magistrats, d'après ce projet, seraient tous poursuivis par des supérieurs ou des égaux. Cependant le commissaire du Gouvernement près le tribunal criminel étant soumis ici à la poursuite du commissaire près le tribunal de première instance, serait poursuivi par son subalterne. Cette inégalité de mesure ne doit pas subsister ; on pense qu'on doit suivre envers le magistrat qui remplit le ministère public au tribunal criminel la même règle que pour le préteur, ou que, tout au moins, il ne doit être poursuivi que par le commissaire et le préteur du tribunal criminel le plus prochain.

Art. 812 et 813. On s'en réfère, sur ces articles, à l'observation présentée sur l'article précédent. .

Mais il est nécessaire de faire remarquer qu'en établissant le mode suivant lequel seraient poursuivis les officiers de police judiciaire et les membres des tribunaux criminels, on a omis d'en prescrire un qui fût relatif aux membres des tribunaux civils.

Art. 817. L'exécution de cet article est impossible, lorsqu'il arrive le même jour un grand nombre d'affaires ou un grand nombre d'accusés ; cette disposition devrait être moins impérative, pour ne pas être considérée comme de rigueur.

Art. 824. Par qui sera rédigé ce nouvel acte d'accusation !

Doit-il être présenté à un nouveau jury d'accusation !

Quel est, en ce cas, l'arrondissement où le prévenu sera renvoyé !

L'article laisse toutes ces incertitudes ; elles doivent être levées.

Art. 827. Il paraît que l'accusé, pour avoir les moyens de repousser l'accusation, devrait toujours, indépendamment de la communication dont parle

Ain. E

cet article, avoir copie, tant des procès-verbaux constatant le délit que des informations, et que cette copie devrait lui être remise par le greffier, aux frais du Gouvernement ou de la partie civile, s'il s'en trouve; sauf à les recouvrer en cas de condamnation.

Art. 838. Cette disposition doit être impérative et sans exception ; autrement lorsque l'avertissement serait donné, il pourrait être pris à injure. On desire donc que ces mots·: *s'il est besoin*, soient retranchés de l'article.

Art. 855. L'expérience à prouvé qu'il devrait être permis de lire les déclarations des témoins qui sont morts depuis l'information.

4.ᵉ alin. de l'art. 858. On ne croit pas que cette prohibition puisse être fondée sur des raisons bien solides, sur-tout quand il y aurait un consentement contraire donné par le ministère public et l'accusé. Quoi qu'il en soit, on observe qu'il y a des départemens, notamment celui de l'Ain, dans lesquels règnent cinq ou six idiomes ou *patois* différens qui ne sont bien compris que par les habitans des localités où ils sont en usage : exclure les témoins et les jurés sortis de ces localités de la qualité d'interprète, c'est·exposer le cours de la justice à être interrompu au milieu des débats d'une affaire, parce que très-souvent on ne trouverait pas d'autre interprète dans le lieu où siége le tribunal.

Art. 864. Il nous a paru que la nécessité absolue *et sans fin* de l'unanimité des suffrages est une condition déraisonnable pour la validité d'une délibération.

En général, tout ce qui est délibéré à la majorité des suffrages est présumé être le résultat de la justice et de la vérité : cependant quand il s'agit de l'honneur et de la vie des hommes, il n'est pas inutile d'avoir une garantie encore plus certaine; mais l'expérience nous a prouvé que nous en jouissons dans le mode de délibération actuellement établi.

Exiger l'unanimité des suffrages sans fixer le terme de la délibération, c'est ouvrir la porte à l'indécision d'un procès ; en effet, un juré dont l'opinion serait erronnée, mais néanmoins puisée au fonds de sa conscience, pourrait et devrait même ne jamais céder à l'opinion de ses collègues, car ce qui est vraiment le cri de la conscience, l'est aujourd'hui, l'est demain, l'est ensuite et toujours.

Un juré de mauvaise foi pourrait aussi empêcher à jamais le terme d'une délibération.

Ces considérations déterminent donc à penser que l'unanimité des suffrages peut être exigée pendant l'espace des premières vingt-quatre heures de la délibération; mais que, passé ce terme, la majorité des voix ou les deux tiers au plus doivent former le résultat définitif. Peut-être serait-il encore plus convenable et plus avantageux d'adopter l'opinion du grand-juge, qui a pensé que le résultat des suffrages doit-être définitivement recueilli, après douze heures ou six heures de délibération.

Art. 874. On est bien éloigné de combattre la disposition par laquelle on laisse au tribunal la faculté d'annihiler la déclaration des jurés, lorsqu'ils se seront trompés au préjudice de l'accusé ; mais il semble que la société soit bien digne du même avantage, lorsque la négative du crime sera donnée en faveur d'un accusé évidemment coupable.

Art. 890. On fait ici la même observation que sur l'art. 661.

Art. 891. Il semble qu'on devrait retrancher de cet article le mot *généreuse*, il n'y a pas de générosité à appliquer les dispositions des lois : c'est un devoir.

Art. 894. On pense qu'il ne devrait pas être prononcé d'élargissement en cas de pourvoi de la part du ministère public ; parce que c'est soustraire indirectement l'accusé à l'effet personnel de la condamnation qui peut être la suite du pourvoi.

La disposition de l'article 442 de la loi du 3 brumaire an 4, semble mériter la préférence.

Art. 902 et 903. On s'en réfère à ce qui a été dit dans le cahier des observations générales.

Art. 911. L'institution de la médaille serait vraisemblablement avantageuse, mais le défaut d'indemnité pécuniaire pourrait bien aussi nuire au service.

3.ᵉ alin. de l'art. 914. La main-mise sur la personne ne peut faire qu'un très-mauvais juré.

Art. 918. On ne dit point par qui les amendes seront prononcées contre les greffiers : cette compétence doit être réglée.

2.ᵉ alin. de l'art. 922. Même observation qu'à l'article 914.

Art. 991. Le concours de trois hommes de lettres pour décider, avant les poursuites, si un écrit contient provocation à un crime, semble préjudiciable à l'activité du cours de la justice, et inutile.

D'une part, ce préliminaire suspendrait l'exercice de l'action du ministère public et l'instruction du procès ; de l'autre, les magistrats à qui sont confiés les poursuites, l'instruction et le jugement, doivent être présumés avoir les connaissances suffisantes pour juger la nature d'un tel écrit.

Art. 994 et 995. Il semble qu'on pourrait induire de ces articles qu'un crime de faux ne pourrait jamais être poursuivi sans la représentation de la pièce fausse, et sans le procès-verbal qui en constaterait.

Il est cependant des cas où on peut acquérir la preuve qu'un crime de faux a été commis, sans qu'on puisse se procurer la pièce.

En voici un dont on a connaissance et qui a été jugé :

Un huissier chargé de procéder à une saisie-arrêt de deniers antidata son exploit de trois jours, afin de donner à celui pour lequel il agissait une priorité sur le premier saisissant. Le faux fut découvert ; mais lorsque la justice voulut faire des poursuites, l'original et la copie de l'exploit disparurent, en sorte qu'il ne put pas etre fait représentation de la pièce fausse, ni dresser procès-verbal à l'effet de constater le crime. Néanmoins il y eut préuves de l'existence de cette pièce, tant par l'extrait de la relation de l'enregistrement, que par la représentation d'un acte authentique consenti sur cette saisie par le créancier saisissant, et dans lequel elle était rappelée ; d'autre-part, le faux fut établi par une preuve testimoniale et par l'aveu de l'huissier dont on avait employé le ministère. Les choses en cet état, le tribunal spécial rendit un jugement de compétence dans lequel tous les faits furent développés, et ce jugement fut confirmé par le tribunal de cassation. Il y a eu ensuite condamnation au fond.

Delà, on doit induire qu'il est des cas où on est dans la nécessité de poursuivre un crime de faux, sans la représentation de la pièce arguée de faux et sans le procès-verbal qui en constate ; d'où l'on conclut que ces articles doivent porter une exception, afin qu'ils ne puissent pas servir de prétexte à laisser un crime de faux impuni, toutes les fois que la pièce fausse ne serait pas représentée.

Art. 1039. N.º 7. Mèmes observations que sur l'article 151 en ce qui concerne *la faveur* ou *l'inimitié personnelle.*

Art. 1164. Cet article présente quelqu'obscurité : il est nécessaire d'expliquer clairement quels sont les cas où il ne peut pas y avoir lieu *au plein exercice de la police judiciaire.*

Art. 1169. On demande si la prescription établie pour les délits forestiers par la loi de 1791 se trouve réservée par cet article, parce qu'en ce cas il paraît nécessaire de proroger à six mois au moins la durée de l'action, qui se trouve prescrite aujourd'hui par le laps de trois mois.

Les Membres composant le Tribunal criminel du département de l'Ain. THOMAS RIBOUD, *président;* CHALAND, C. TARDY, PUTHOD, *procureur général.*

OBSERVATIONS

DU TRIBUNAL CRIMINEL

DE L'AISNE,

SUR

LE PROJET DE CODE CRIMINEL.

OBSERVATIONS
DU TRIBUNAL CRIMINEL
DE L'AISNE,
SUR
LE PROJET DE CODE CRIMINEL.

LE tribunal criminel réuni en la chambre du conseil où se sont trouvés les citoyens *Legrand-Delaleu*, président, *Lebrun* et *Laurent*, juges, et *Leleu*, commissaire du Gouvernement, a arrêté que, pour obtempérer à la lettre du grand-juge ministre de la justice, en date du
dernier, il lui serait adressé les observations dont la teneur suit :

Le tribunal criminel de l'Aisne aurait desiré, pour remplir les vues du Gouvernement auxquelles il s'empressera toujours de satisfaire, pouvoir lui offrir, tant sur les détails que sur l'ensemble du projet présenté, des observations générales et particulières qui fussent le résultat d'un examen impartial et approfondi. La maladie de deux de ses membres ne lui ayant pas permis de se livrer à un aussi long travail, il se bornera à soumettre sa pensée sur l'inconvénient qui l'a le plus frappé, et qui ne tarderait pas à se faire sentir par toute la France, si l'institution proposée en remplacement des tribunaux criminels existans pouvait être adoptée.

On doit être assez convaincu aujourd'hui par l'expérience, qu'en matière d'administration ou de législation, toute innovation dont la nécessité n'est pas démontrée, est dangereuse. Chercher un mieux idéal, lorsqu'on n'y est nullement excité par le sentiment présent d'un mal réel, c'est renoncer à être jamais bien. Tant de tâtonnemens et d'essais successifs ne feraient voir ici qu'une instabilité décourageante, un esprit de légèreté incompatible avec la sagesse et la fermeté du gouvernement d'un grand État, et que repousse sur-tout la solidité de réflexion qui caractérise le génie du héros appelé par nos vœux à l'empire de cette République.

Depuis quatre ans que les tribunaux criminels établis par la loi sur l'organisation judiciaire sont en activité, nulle plainte fondée ne s'est élevée qui puisse motiver leur suppression; au contraire, le grand-juge

*Aisne.*A

ministre de la justice , dans son compte rendu au Gouvernement, le 3.ᵉ
complémentaire an 11 , en fait l'éloge, et ne dissimule pas que s'il en est
que l'impunité de quelques grands coupables semble accuser de faiblesse ,
la faute leur est moins imputable qu'à un jury qui , par une déclaration
quoiqu'erronée sur le fait, enchaîne irrévocablement le juge du droit,
dont, si l'on en excepte-le président , le ministère passif se borne à l'application de la loi pour laquelle il suffit de savoir lire.

On peut dire encore que si les tribunaux spéciaux créés par la loi du
23 floréal an 10, n'ont point atteint par-tout le but proposé, cela ne vient
nullement du fait des juges criminels, mais de leur amalgame avec les juges
civils, dont la conscience moins éclairée par l'expérience, et toujours ombra-
geuse lorsqu'il s'agit de prononcer des peines capitales , trouve souvent du
doute dans les affaires les plus claires.

Si donc il n'existe aucun sujet de reproche contre les tribunaux criminels,
pourquoi les changer ! Pourquoi priver de leur état des fonctionnaires
publics qui n'ont pas cessé de se rendre dignes de l'estime de leurs concitoyens ! que les présidens, qui courent la double chance ou d'être nommés
préteurs, ou de rentrer dans les tribunaux d'appel dont ils sont tirés, n'aient
point à se plaindre , à la bonne heure ; mais peuvent-ils ne pas plaider la
cause des deux collègues qui siégent avec eux dans chaque tribunal criminel ! Que deviendra le sort de ces magistrats ! le projet n'en dit rien.
Si chacun des chefs de ces tribunaux est doué d'une énergie qui réponde
aux sentimens de justice et d'humanité qui doivent l'animer dans sa place,
ne s'empressera-t-il pas de les défendre auprès du Gouvernement, avec
autant de générosité , qu'eux-mêmes mettent de délicatesse à se taire sur
leur intérêt ! et le premier magistrat de la République pourrait-il s'offenser
du langage franc d'un fonctionnaire honoré de son choix qui lui parlerait
ainsi : « Oui, Premier Consul, je tenais de vous une autorité annuelle,
» vous l'avez prorogée plusieurs années, aujourd'hui d'autres vues vous
» font juger qu'il n'est pas utile de me donner une nouvelle marque de
» confiance ; vous me rappelez à des fonctions moins éclatantes , mais
» moins pénibles. Soumis aux ordres du Gouvernement, je me retire avec
» l'estime de mes concitoyens et la vôtre , si dans les détails d'une immense
» administration vous avez pu descendre jusqu'à moi ; mais en quittant le
» poste où vous m'aviez placé d'abord, permettez que je remplisse auprès
» de vous un devoir sacré, celui de réclamer votre attention en faveur des
» deux collègues que vous m'aviez donnés , qui ont partagé mes travaux,
» qui m'ont aidé, soutenu de leurs conseils et que rien ne dédommage
» d'une suppression inattendue. Plus de deux cents magistrats utiles et qui
» ne demandent à la loi que des moyens de l'être plus encore, sont enve-
» loppés dans la même mesure. Cependant, pleins de confiance dans la
» bonne foi du Gouvernement qui les nommait à vie, ils n'avaient accepté

» leurs fonctions que dans l'espoir de consacrer au service de la patrie leurs
» derniers jours. Votre caractère connu, votre loyauté, Premier Consul,
» était leur garantie , et c'est vous à qui l'on propose d'imprimer à vos
» propres institutions ce sceau de l'inconstance, au moment même où toute
» la France se lève pour rendre plus stable, dans vos mains, l'empire qui
» doit affermir ses destinées ! »

Sans doute cette considération serait peu décisive , si elle était balancée
par l'utilité sentie de la nouvelle organisation proposée. Sans doute s'il
s'agissait d'un préteur par département, qui , résidant dans le chef-lieu,
correspondant avec les pro-préteurs ou directeurs de jury, instruit à l'avance
des affaires par une facile et prompte communication des procédures, pourrait se transporter , quand le besoin le requerrait, dans les chefs-lieux d'arrondissement pour y tenir les assises pour lesquelles il se trouverait suffisamment préparé; sans doute si tel était le plan de la commission, il y aurait fort
peu d'objections à lui opposer, et il faudrait être d'une bien grande ineptie
ou d'une insigne mauvaise foi, pour se refuser à l'évidence des avantages
résultant d'une mesure qui , en rapprochant le jugement du lieu du délit,
rendrait plus frappante aux yeux du peuple l'action de la justice , qui , en
donnant à l'accusé des jurés pris dans son propre arrondissement, lui constituerait pour juges ses véritables pairs, qui, d'une autre part , diminuerait
de beaucoup les frais de justice, par un déplacement moins considérable
des témoins et des jurés, et qui enfin ferait cesser l'éloignement d'un très-
grand nombre de citoyens pour des fonctions qui leur ont paru jusqu'ici
moins importantes qu'onéreuses ;

Mais ce n'est point là ce qu'on propose; ce n'est point un préteur par
département , mais par division de plusieurs départemens , en sorte que
les affaires criminelles ne pourront, comme par le passé , se juger que
dans les villes où siégent les tribunaux criminels ; ce qui ne présente aucune économie à faire sur les taxes des témoins et des jurés, que l'on
continuera de faire venir de tous les points d'un département , quelle
que soit son étendue et la distance des extrémités au chef-lieu ; ce qui
encore perpétue la difficulté d'arriver à la découverte de la vérité par les
obstacles qu'on rencontre trop souvent dans la réticence de témoins égoïstes
et froids , qui , craignant d'être plusieurs jours distraits de leurs affaires ,
ne disent rien de ce qu'ils savent devant le magistrat instructeur, afin d'éviter d'être assignés lors du jury de jugement.

A la différence du préteur par département qui momentanément ambulant, et plus souvent sédentaire , libre d'apporter à ses fonctions dans
un cercle plus circonscrit une attention plus suivie , ne ferait que donner
à la justice une marche plus active sans jamais la précipiter ; au contraire,
le préteur par division de départemens dans lesquels il ne pourrait être
domicilié, ni rester en fonctions plus d'une année , toujours voyageant ,

toujours courant , passant la plus grande partie de son temps dans une chaise de poste, contractant même , par ce genre de vie, une mobilité incompatible avec la gravité patiente du magistrat, le préteur toujours plus pressé de partir qu'occupé de bien juger, bien secondé en cela par les jurés qui , remplissant leurs fonctions par contrainte , n'aspirent qu'au moment d'être chez eux ; ce préteur, disons-nous , se hâterait, sans examen préalable ; d'expédier tant bien que mal toutes les affaires , et bien loin d'adopter la devise *sat citò si sat benè*, pour lui ce serait toujours *sat benè si sat citò*.

Il est vrai que dans le nombre des affaires criminelles il en est quelquefois qui , soit par leur nature , soit par la confession de l'accusé, soit par un concours de plusieurs genres de preuves réunies , présentent un fait si simple et si évident, qu'il n'est pas besoin pour les connaître de se livrer à un long examen, et qu'un coup d'œil rapide jeté sur les procédures, quelques momens avant l'audience, suffit pour se préparer à en diriger le débat; mais lorsqu'il s'agit d'affaires compliquées, telles que les crimes de faux, de banqueroutes, de concussion, de péculat et de tant d'autres qui sont le fruit d'un escélératesse combinée ; lorsqu'il s'agit de ces accusations où la preuve est toujours une conquête à faire sur la mauvaise foi ; que de soins alors, que d'étude ne faut-il pas apporter pour ne rien laisser échapper de tout ce qu'on peut recueillir de renseignemens de l'instruction préparatoire, afin de partir d'un point fixe, qui mette en état de conduire le débat à son unique but, l'éclaircissement de la vérité : tout cela demande du temps et de l'application , et ne peut pas se faire en poste.

Mais , dit-on, le préteur trouvera de grandes ressources dans les lumières du commissaire du Gouvernement et du propréteur chargé des actes préparatoires , qui le soulageront dans son travail et le mettront aisément au courant des affaires ; c'est-à-dire , que le préteur sera comme un aveugle conduit par deux hommes clair-voyans , qui pourront le mener où ils voudront. Or c'est cette confiance forcée du préteur dans le commissaire et le propréteur , c'est cette espèce de dépendance nécessaire où il sera d'eux, qui est un des plus graves inconvéniens de l'institution proposée. En effet, s'il est vrai de dire que ces magistrats doivent n'avoir tous qu'une même intention, celle de bien remplir les fonctions qui leur sont confiées, il faut convenir aussi que par la diverse nature de leurs fonctions, leur esprit est fort différent, si bien qu'il est de la plus dangereuse conséquence que l'un voie et juge par celui de l'autre. Le commissaire, et le propréteur à qui appartient l'instruction première, plus rapprochés par la nature de leurs fonctions, dont l'objet direct et immédiat est la recherche et la poursuite des délits, ne peuvent se défendre l'un et l'autre d'une tendance à la prévention , qui ne leur permet pas de saisir toujours à travers les charges les atténuations dont elles sont susceptibles. Si le préteur reçoit leurs impressions, s'ils lui communiquent leur manière de voir, comment s'acquittera-t-il alors du ministère impartial que la loi lui impose! La balance de la justice, trop incertaine dans ses mains, penchera toujours du côté où la feront incliner ces deux magistrats qui gouverneront son esprit. On veut dans le projet lui donner une grande puissance morale, qui influe dans tous les départemens où il paraîtra, et fasse taire l'esprit de parti et les affections locales. Mais où aboutira cette grande puissance, si elle est nécessairement mue par des hommes qui ne seront pas comme le préteur, étrangers à ces départemens! et si ceux-là sont entraînés par des intrigues locales, le crédit du préteur, dont ils seront couverts, ne donnera-t-il pas bien plus de force au développement de ces passions sourdes, mais actives, contre lesquelles il ne sera point prémuni! Cette institution, loin de remédier aux abus, ne fait qu'ouvrir la porte à de plus grands encore. Si le préteur est un homme accessible à la séduction, avec quelle facilité il pourra faire le mal impunément; et quelle garantie trouvera-t-on contre la faiblesse et la vénalité! Sera-t-il contenu par l'opinion publique celui dont l'autorité lui imposera silence pendant le cours d'une mission passagère, à l'expiration de laquelle il s'inquiétera peu des souvenirs qu'il laisse après lui!

Par quels si grands avantages croit-on donc compenser ces inconvéniens! Tout se réduit au chimérique espoir de donner par ce moyen à la justice plus de dignité, et c'est en quoi on se trompe, ce n'est point une vaine représentation personnelle qui peut rendre la magistrature plus respectable. Qu'importe le luxe d'un nombreux domestique! qu'importe la pompe d'un brillant équipage! Tout ce fastueux cortège donne-t-il la science et l'incorruptibilité! Droiture d'esprit, fermeté d'ame, voilà ce qui constitue essentiellement le caractère propre aux fonctions de la justice criminelle, et c'est par-là que le ministre de la loi obtient, sur l'esprit de ses concitoyens, une autorité d'autant plus grande, que sa moralité est mieux connue. Ne cherchons point dans la vanité ce qui ne peut être accordé qu'au mérite. Le magistrat devient bientôt méprisable, lorsqu'on veut lui donner une autre considération que celle qu'il tire de ses vertus.

Combien, sous ce rapport, la magistrature sédentaire est préférable à celle que nous combattons! Celui qui se trouve habituellement sous les yeux de ses concitoyens, toujours surveillé par leurs regards, et d'autant plus observé qu'il se trouve dans un poste plus éminent, n'en est que plus attentif à ne point donner de prise sur lui à la malignité; et pour se faire respecter, commence par se respecter lui-même. Ce n'est pas lui qu'on verra volontairement se compromettre dans l'exercice de ses fonctions, il en serait puni toute sa vie, par la privation de l'estime qu'on ne regagne point, quand on l'a perdue.

C'est ce desir de conserver leur réputation, qui seul maintiendra dans le devoir les commissaires du Gouvernement et leurs substituts, ainsi que les propréteurs. Nous voyons avec plaisir que le projet ne leur fait pas l'injure de craindre leur partialité, puisqu'il les rend sédentaires même dans leur propre pays. Mais nous ne pouvons nous empêcher de remarquer combien est peu motivée la distinction qu'il établit à cet égard, entre eux et le préteur. En effet, personne n'ignore qu'avant que l'accusation soit admise, la poursuite et l'instruction se font en secret, ce qui regarde exclusivement les commissaires, magistrats de sûreté et propréteurs; que ce n'est que du moment où l'accusation est admise, que l'instruction devient publique, et que c'est celle-là seule dont le préteur est chargé. Quoi! on ne craint rien de magistrats qui opèrent en secret, et on craint tout de celui qui ne peut agir qu'au grand jour! Quoi! on rend sédentaires ceux qui peuvent le plus facilement abuser de l'autorité, et on suspecte celui qui n'en a pas les moyens! La partialité, les préventions locales sont-elles donc moins dangereuses d'un côté que de l'autre! Certes, il faut l'avouer, où la confiance d'une part est excessive, ou de l'autre la défiance est mal fondée.

Mais la vérité est qu'il n'y a point à se défier ici de personne. Qu'on cesse enfin de calomnier la probité des juges, et de ne voir en eux que des hommes sans principes ou sans caractère, toujours disposés à sacrifier leur conscience à leur intérêt, ou à l'esprit de parti; que signifie d'ailleurs aujourd'hui l'esprit de parti, et qu'entend-on par ces affaires d'opinion dont on se fait un phantôme! Ne semble-t-il pas que nous soyons toujours en révolution! Grâces aux soins infatigables du chef de l'Etat, et à la nature des choses qui tendent toujours à reprendre leur cours, personne n'a plus la fantaisie de révolutionner, et chacun ne desire que de voir sa personne et ses propriétés à l'abri des attentats du crime; c'est à ce seul objet que se borne l'action de la justice criminelle dans les départemens. Or, si l'on qualifie d'esprit de parti le desir de n'être ni volé ni assassiné, il faut convenir qu'il est bien général, et qu'il n'y a que les malfaiteurs qui puissent s'en plaindre.

Qu'ainsi donc les tribunaux criminels restent tels qu'ils sont; que le président, si l'on veut, se transporte dans les arrondissemens pour y tenir seul les assises; mais que les juges sédentaires siégent avec lui pour juger les appels en matière de police correctionnelle, et pour tous les jugemens qui se rendent sans le concours des jurés. Peut-être même devrait-on, à cet égard, s'en tenir uniquement à ce qui est, et ne pas trop s'arrêter à l'idée d'utilité que présente la tenue des assises par arrondissemens. Moins on multipliera les essais en ce genre, mieux vaudra. Il sera temps assez de s'occuper des tribunaux lorsque l'impossibilité reconnue de maintenir plus long-temps l'institution des jurés, dont le rétablissement a été fait sans prudence, fera sentir la nécessité d'une nouvelle organisation: ce qui, malheureusement, ne peut pas être éloigné; car, quelques améliorations que l'on fasse à cette institution, les mêmes causes, qui déjà l'ont fait tomber en France et qui l'ont conservée en Angleterre, subsistent encore ; et la haine de la révolution, auprès de l'ignorance qui confond tout, ne fait que leur donner plus de force.

En terminant notre opinion sur la préture, par division de départemens, que nous regardons comme une magistrature parasite, qui ne serait qu'une surcharge pour les finances de l'Etat, sans aucun profit pour la justice, cette idée nous en fait naître une autre, qui nous paraît d'une véritable utilité et d'une exécution plus praticable. On se plaint généralement que les jugemens sont exécutés beaucoup trop long-temps après qu'ils sont prononcés. L'exemple ne produit point d'effet, parce que, au bout de deux ou trois mois, la cause de la condamnation est oubliée. Si le tribunal de cassation, au lieu d'une chambre sédentaire qui ne peut suffire à tout, avait des juges, pris dans son sein, qui parcourussent les départemens aussitôt que les sessions sont terminées ; qui y reçussent et jugeassent, sur-le-champ, une foule de demandes en cassation, dont l'unique objet est de gagner du temps ; et qui ne renvoyassent au tribunal que celles en matière capitale, ou qui sont susceptibles, d'ailleurs, de discussion : on sent que la justice aurait une marche plus expéditive. Il en résulterait un autre avantage : ces commissaires délégués étant sur les lieux seraient bien moins dans le cas d'être trompés que le tribunal de cassation qui, quelquefois, se détermine par des moyens du fonds, qu'il lui est toujours impossible de connaître, puisqu'il n'a jamais le débat sous les yeux, ni aucuns renseignemens locaux équivalens. Ce n'est pas tout, ils seraient, en quelque sorte, des inspecteurs nationaux, placés entre les tribunaux et le Gouvernement ; et par eux s'établirait, du centre aux extrémités, une communication qui tendrait à imprimer par-tout à la justice un mouvement régulier et uniforme, en augmentant seulement de quelques juges le tribunal de cassation. Il semble que rien ne serait plus aisé que l'exécution de ce projet, bien préférable, à notre avis, à celui des préteurs, par division de département, qui, devant s'occuper non pas simplement de la forme, mais bien plus essentiellement du fond, ne pourraient jamais suffire à toute l'étendue de leurs fonctions.

Telles sont les réflexions et les vues que nous soumettons à la sagesse du Gouvernement ; et si elles n'obtiennent pas son assentiment, au moins espérons-nous qu'il ne se méprendra point sur la pureté d'intention qui les a dictées.

Pour extrait conforme :

Signé BELIN, *greffier.*

OBSERVATIONS

DU TRIBUNAL CRIMINEL

DE L'ALLIER,

SUR

LE PROJET DE CODE CRIMINEL.

OBSERVATIONS
DU TRIBUNAL CRIMINEL
DE L'ALLIER,
SUR
LE PROJET DE CODE CRIMINEL.

LA foule des hommes ignore le rapport important des formes criminelles et d'un code pénal avec la liberté d'une nation, avec ses mœurs, avec son bonheur. Cependant les règles les plus sûres qu'on puisse tenir dans les jugemens criminels, intéressent le genre humain plus qu'aucune chose qu'il y ait au monde. Un si puissant motif a déterminé les observations que le tribunal criminel de l'Allier soumet au Gouvernement, sur le Projet d'un nouveau code criminel. Ces observations seront générales et particulières ; les premières contre le principe élémentaire du nouveau système, les autres contre les parties de détail dont les inconvéniens ont paru plus saillans.

OBSERVATIONS GÉNÉRALES.

Une procédure criminelle doit être considérée sous deux rapports également essentiels. D'une part, elle doit être telle qu'elle ne puisse perdre l'innocent ni sauver le coupable ; l'autre aspect non moins intéressant sous lequel il faut la voir, c'est que par son heureuse combinaison, elle ne puisse jamais devenir une arme pour opprimer les citoyens.

Le meilleur système de législation criminelle sera donc celui qui atteindra mieux le double but indiqué. Nous ne pouvons accorder cet avantage au code criminel proposé, qui a pour base principale un établissement de grands-juges, de préteurs.

Un préteur, chez les Romains, au temps de leur république, avait les plus grands pouvoirs, puisqu'il créait lui-même ses procédés judiciaires : mais son pouvoir était contrebalancé par des institutions républicaines protectrices de la liberté des citoyens ; liberté toutefois qui fut mal connue chez ce peuple, tout grand qu'il a été.

Préteurs.

Allier.   A

Un grand-jugé, chez les Anglais, a aussi de très-grands pouvoirs ; mais si bien combinés avec les autres lois tutélaires de leur liberté, qu'ils sont à l'abri de l'oppression.

La préture, telle qu'on la propose aujourd'hui en France, quoique moins redoutable en apparence que celle de Rome et d'Angleterre, présente néanmoins beaucoup de dangers ; elle a trop d'éclat pour des yeux accoutumés à une lumière douce ; sa force dépasse de trop celle des institutions dont l'action doit concourir avec la sienne : sa puissance sera plus effrayante que protectrice ; sa dignité inspirera encore plus de crainte que de respect.

Se reporter à l'art. 839 du Projet.

Le préteur est si grand dans la loi proposée, qu'il efface tout. Ses coopérateurs au grand œuvre de la justice ne figurent là que pour supporter le fardeau du travail ; et l'humiliation d'une subordination trop prononcée. Fort de la confiance exclusive du Gouvernement, rayonnant de pouvoirs, entouré de tout ce qui en impose aux hommes, qui garantira les justiciables d'une terreur avilissante, d'un déspotisme magistral ! Comment se persuader qu'il ne cédera pas à des préventions ! que les prestiges de l'autorité ne l'aveugleront pas ! que l'habitude de voir des forfaits ne lui donnera pas le mépris de l'humanité, ne lui fera point préjuger le crime ! Quand de cruelles expériences n'auraient pas appris que ces choses peuvent arriver, une sage défiance doit les craindre, et la prudence les prévenir.

Juge transitoire. Juge local.

Est-on bien sûr que les passions auront moins d'empire sur un juge étranger que sur un juge local ! Mais si celui-ci est plus susceptible d'être dirigé par ce qu'il sent personnellement, celui-là est plus exposé à être entraîné par de fausses impressions. Quoi qu'on en puisse dire, un préteur communiquera avec des habitans du pays où il exercera ses redoutables fonctions, et il n'est que trop présumable que ceux qui l'approcheront auront des vues, des intérêts d'après lesquels ils insinueront les modifications de leurs ames. Les riches du lieu auront le plus d'accès auprès de cet homme puissant, et les riches, sur-tout ceux d'aujourd'hui, sont d'une moralité bien mauvaise.

En un mot, les passions personnelles du juge local sont contre-balancées par les bienséances les plus fortes ; les passions suggérées au juge étranger ont le triple inconvénient d'être calculées sur ce qu'on n'en connaîtra pas la source, sur ce que l'opinion publique la plus saine, ne leur opposera qu'une barrière impuissante, sur ce qu'enfin le remords atteindra faiblement un juge fugitif qui pourra se dire toujours : j'ai été trompé.

Le peuple a le droit et le besoin de connaître ses juges, pour leur donner toute sa confiance ; sera-t-il sans inquiétude sur les choix que fera le Gouvernement d'un étranger pour chaque territoire ! Sans doute les intentions de notre Gouvernement sont bonnes ; mais l'intrigue, qui a tant de moyens de tromper , n'arrachera-t-elle pas des nominations qui convenaient au seul mérite !

L'on a paru se méfier des affections locales d'un juge qui remplit ses fonctions dans l'endroit qu'il habite, qui l'a vu naître. Qui ne sait qu'autant ces affections peuvent influer dans les discussions d'intérêts civils , autant elles sont faibles dans la poursuite et l'examen des crimes ! L'honneur et la vie des hommes sont d'un trop haut prix , pour ne pas faire taire la partialité dans des ames communes , à plus forte raison dans le cœur d'un juge qui a l'estime de son pays.

Combien est satisfaisante l'idée d'un juge qui laisse au milieu de ses concitoyens des gages de sa probité, de sa moralité , de ses lumières ! L'esprit de famille, une considération soutenue, garantissent des écart s des passions; un juge passager est la foudre qui frappe, et le juge concitoyen est la chaleur tempérée qui vivifie ce que la terre produit de bon, d'utile, en détruisant ce qui s'y trouve d'impur.

La surveillance réciproque des magistrats sédentaires et permanens , produit de meilleurs effets que celle d'un chef ambulant et impérieux , qui écrase tout par une supériorité démesurée ; un chef ne doit être en organisation judiciaire, que ce qu'on a sagement appelé *primus inter pares*. Le partage trop inégal du pouvoir et de la considération, donne à certains juges l'idée d'une grande supériorité à exercer , tandis que tous les juges doivent avoir principalement l'idée d'une fonction à remplir.

Le moyen qui assure mieux l'impartialité dans l'administration de la justice , spécialement dans les cas où le Gouvernement devient partie intéressée , est l'indépendance des juges ; c'est dans les tribunaux que les citoyens doivent trouver une protection tutélaire contre toutes atteintes illégales faites à leurs droits : la liberté civile se rattache à ce principe , qu'affaiblirait trop le nouvel ordre judiciaire.

Indépendance convenable du pouvoir judiciaire.

Plus il y a de tendance à l'homogénéité dans les fonctions judiciaires, plus elles se maintiennent dans une indépendance convenable. Pour rendre, au surplus, cette indépendance ce qu'elle doit être , il faut que les juges puissent compter sur la fixité de leur état et sur un honoraire avantageux. Alors leur juridiction est préservée du mépris, et leur caractère garanti du soupçon. Alors cet emploi devient digne de l'ambition des hommes les plus habiles, les plus méritans, et les plus distingués dans le barreau.

Le système proposé produira immanquablement plus de force dans l'autorité judiciaire concentrée ; cet accroissement de force ira au détriment de la liberté privée, qui ne peut être sagement maintenue que sous l'impénétrable égide d'une bonne procédure criminelle. Dès-lors que les hommes ne peuvent être jugés par des Dieux , mais bien par d'autres hommes, il convient de donner à la justice des formes paternelles et non pas tranchantes.

Notre Gouvernement craindrait-il des corps judiciaires ! Certes, il a assez de force pour être hors de leurs atteintes, assez de puissance pour les réprimer. Ces corps peuvent être imposans sans être des parlemens. Circonscrits dans d'étroites enclaves, réunis en petit nombre, les juges criminels ne formeront jamais des corporations dangereuses; ils demeureront en groupes épars aux places qui. leur auront été assignées, et une centaine de ces groupes n'est pas susceptible de cette correspondance, de cette réunion facile à réaliser pour des tribunaux trop grands.

Ambulance.

Le système proposé donne lieu à une ambulance, à un déplacement de juges. Ce principe, quoique présenté avec retenue et restriction, peut encore être écarté par de bonnes raisons. Indépendamment de ce que des esprits très-réfléchis ont aperçu, dans un déplacement de juges quelconque, un affaiblissement de la dignité du magistrat, il est constant que cette fonction ambulatoire, qui oblige à vivre hors de chez soi, à éprouver, après le désagrément des courses, tous ceux d'une habitation incommode et souvent peu décente, ne peut pas convenir à un grand nombre de juges. On le priverait par là des services de beaucoup de sujets précieux, que leurs goûts, leurs habitudes prises, leurs positions domestiques, éloigneraient absolument de ce genre de vie.

Les citoyens les plus dignes d'être appelés à la magistrature sont, sans contredit, ceux qui ont exercé des fonctions dans les tribunaux, des pères de famille, des propriétaires : or, on pense bien que de tels hommes accepteraient difficilement un emploi qui, en les éloignant de leurs affaires, briserait pour eux des rapports d'amitié et de parenté, si flatteurs en tout temps, et qui, pour un certain âge, sont d'une indispensable nécessité.

Jugemens par jurés.

Il convient sans doute que l'opinion du juge ait de l'influence sur celle des jurés, mais il ne faut pas les mettre trop à sa discrétion : si l'opinion du tribunal doit absolument régler l'issue des procès criminels, l'examen des jurés est inutile.

L'institution du jury est un des plus sûrs appuis de la liberté publique : mais comme celle-ci, la première ne se maintient que par beaucoup de sacrifices, qui sont le prix que toutes les nations libres paient pour leur liberté dans ce qu'il y a de plus substantiel.

Il n'est que trop vrai, l'expérience en est faite, que les jugemens par jurés sont entachés de graves inconvéniens. La seule chose à faire, en pareil cas, est de bien calculer les avantages avec ces inconvéniens; et si ceux-ci font pencher la balance, pourquoi ne supprimerait-on pas franchement cette institution, plutôt que de la rendre illusoire par des mesures indirectes de politique !

Quelques publicistes ont proposé à différentes époques, des formes raides et expéditives pour la justice des grands États. Les gouvernemens ne sauraient trop se prémunir contre de tels principes, puisqu'ils n'ont cessé de faire le malheur des hommes ; c'est par des formes vigoureusement expéditives, que des innocens ont péri, que l'indépendance individuelle a été souvent asservie, que l'honneur a été violé, que l'aisance, que la fortune, ont été réduites à la pitié. Il ne faut jamais que le citoyen tremble devant les formes quand il est par-devant la loi.

Puisse la Justice, que des soupçons ne doivent pas même atteindre, prévenir le malheur de perdre la confiance des peuples, et se montrer toujours la mère et l'appui de la Liberté.

OBSERVATIONS PARTICULIÈRES *sur la partie du Projet intitulée :* Délits et Peines.

D'abord la rédaction de cette partie ne nous a pas paru avoir la clarté et la précision convenables (l'on croit être fondé à étendre ce reproche à l'ensemble du projet). Cependant un tel Code doit être le plus possible à la portée de tout le monde. C'est-là que les divers crimes doivent être si bien définis, et les peines si bien graduées et déterminées, qu'il ne faille aux juges que des yeux pour les appliquer ; et qu'il soit seulement besoin à chaque citoyen d'ouvrir le livre de la loi, ou d'en entendre la lecture, pour savoir à quoi il est exposé en faisant ce qui est défendu, ou en ne faisant pas ce qui est ordonné.

L'expérience de quatorze années a démontré que la division actuelle du Code pénal en deux parties, l'une criminelle, l'autre de police correction-nelle et de simple police, était d'un grand soulagement pour la mémoire, facilitait beaucoup les recherches et l'application de la loi. La réunion que fait le projet de toutes les peines, quoique divisée en chapitres et en sections, détruit cet avantage sans présenter plus d'utilité ; et pour les personnes à qui l'étude des lois n'est pas aussi familière qu'aux juges, il en résultera confusion et dégoût.

Le projet présenté crée des délits nouveaux, des peines nouvelles ; dans le nombre, il en est que l'on peut sagement et politiquement conserver, néanmoins avec quelques modifications. Il en est d'autres qu'on ne saurait adopter sans de graves inconvéniens.

La mise à la disposition du Gouvernement, de quelques individus dans certains cas, est une mesure bonne, et dont les tribunaux ont senti quelquefois la nécessité envers des sujets incorrigibles ; mais elle paraît ici trop généralisée ; on l'adopte dans des circonstances de trop peu d'importance.

On pense que cette main-mise ne devrait avoir lieu que contre ceux

Défaut de clarté, de précision.

Main-mise à la disposi-tion du Gouvernement.

A 3

qui sont véhémentement soupçonnés d'avoir trempé dans quelques complots contre la sûreté intérieure ou extérieure de l'État ou de ses chefs ; contre les vagabonds, gens sans aveu et mendians, et encore contre ceux qui ont subi plusieurs jugemens correctionnels pour vols et filouteries, ou qui auraient été mis plusieurs fois en accusation, sans avoir été atteints par une condamnation, et même, dans ces deux derniers cas, on desirerait une délibération de la commune, qui constatât que ces individus sont dangereux ou des fripons d'habitude.

Ne peut-on pas être accusé injustement, même plus d'une fois, sans être pour cela un être malfaisant et nuisible ! Au surplus, toute mesure qui donne des suspects, ne saurait être employée trop sobrement.

Poing coupé.

Le poing qui doit être coupé à certains condamnés à mort, avant de leur ôter la vie, est un surcroît de souffrance qui ne produira pas l'effet qu'on semble s'en promettre. On ne se rappelle encore qu'avec horreur la torture dont étaient saturés quelques suppliciés : malgré ces actes de cruauté, les hommes n'étaient pas en général meilleurs qu'aujourd'hui. A l'exception de quelques délits, suite des événemens révolutionnaires, dont les traces s'effacent journellement, les grands crimes ne sont pas plus fréquens qu'autrefois ; et si les supplices épouvantables d'alors ne retenaient pas plus les grands scélérats que la simple privation de la vie, qu'espérer d'un renouvellement de cruautés ! Si l'homme n'est point détourné du projet d'un crime par la crainte de perdre la vie, peut-on espérer qu'il sera plus touché par l'idée secondaire qu'il aura le poing coupé ! L'exemple sera donc perdu pour les méchans.

A l'égard du public, il faut craindre de dépraver sa sensibilité, de détruire cette sympathie avec laquelle chacun doit envisager les souffrances de ses semblables. Si l'ame du spectateur n'est point endurcie à la vue d'un supplice atroce, ce spectacle barbare contredit, en quelque sorte, le but de son institution, en changeant l'horreur que doit inspirer le crime en commisération pour le coupable.

La seule innovation à apporter aux exécutions serait qu'elles fussent faites sur le lieu où le crime a été commis.

Dans le 3.ᵉ paragraphe de la 3.ᵒ section du chapitre 3, on lit : « que » la seule désobéissance aux ordres donnés par le Gouvernement ou par » les diverses autorités, chacune dans le cercle de ses attributions, est un » délit, et punie, &c.

Punition de la désobéissance.

Sans doute la subordination est l'ame et le soutien de toutes les institutions politiques et civiles, et celui ou ceux qui ont le droit de donner des ordres, doivent avoir les moyens de les faire exécuter ; mais il faudrait mieux distinguer le dégré de la désobéissance, en préciser les cas, calculer sur-tout le caractère légal et moral de la personne subordonnée. Tout citoyen, le magistrat, le fonctionnaire public, doivent rester soumis à la hiérarchie des pouvoirs organisés, sans que leurs inférieurs soient exposés trop brusquement aux caprices, à l'humeur des chefs.

Priver indistinctement de la liberté, et presque de l'honneur, celui qui n'obtempérera pas *ad nutum* à l'ordre d'un supérieur, a paru une sévérité qui produira de funestes résultats. Si celui qui est frappé, en pareil cas, d'un mandat d'arrêt, est un bon administrateur, un magistrat intègre, investi d'ailleurs de l'estime publique, il pourra donc être déconsidéré pour une erreur, une faute légère ! car, quel respect aura-t-on pour les ordres donnés par celui qui aura subi lui-même la peine de la désobéissance !

Il faut craindre de détruire une abstraction bien convenable à toute espèce de gouvernement, cette heureuse fiction qui accorde aux hommes promus à des places constituées ou dignités quelconques, une perfection analogue à leur importance.

En deux mots, ou les places sont à vie, alors la loi a dû prévoir des fautes légères, des imperfections contre lesquelles une forte répression serait déplacée ; ou les places sont révocables à la volonté du Gouvernement, et alors il destitue, suivant qu'il avise bon être, l'agent désobéissant ; quand aux peines, elles doivent être réservées aux malversations formelles et aux prévarications.

L'infanticide est puni par l'art. 287 ; mais il est démontré presque impossible de convaincre une mère dénaturée d'avoir détruit son fruit. Les dangers auxquels sont exposés les enfans venant au monde, la difficulté que l'art éprouve pour distinguer les causes naturelles d'avec les causes forcées de la mort d'un nouveau-né, font autant de moyens d'impunité à la mère barbare qui sacrifie son enfant pour couvrir son déshonneur. Ces motifs, fondés sur une funeste expérience, ont été développés dans les comptes que le commissaire de l'Allier a rendus au Gouvernement ; et le tribunal réuni provoque une peine sévère contre les filles qui deviennent mères sans faire déclaration de grossesse devant l'officier public.

Les art. 314 et 315 prononcent des amendes contre le mari qui entretient une concubine dans la maison conjugale, et contre celui qui connive ouvertement avec sa femme adultère ; dans ce dernier cas, les poursuites peuvent avoir lieu d'office de la part du ministère public.

En applaudissant aux lois qui tendent à protéger, conserver ou épurer les mœurs, on est forcé de convenir qu'elles ne peuvent atteindre par des peines que les actions déshonnêtes qui se commettent publiquement ou dans des maisons reconnues pour lieux de débauches. L'inconduite du mari dans l'intérieur de sa maison est donc hors du domaine de la loi ; l'opinion publique doit être le seul juge de l'irrégularité de sa conduite, et le Code civil a donné à la femme des moyens de se soustraire à la domination du mari déréglé.

Le ministère public qui se permetrait de poursuivre le mari qui connive avec sa femme débauchée ne retirerait, pour fruit de son zèle, que la risée publique, parce que, quelque mauvaises que fussent les mœurs du mari et de sa femme, aucune personne ne pourrait ou ne voudrait en déposer, et le remède devenu un scandale public, ferait un plus mauvais effet que le mal même.

Séduction envers des fonctionnaires.

L'art. 143 prononce des peines « contre celui qui séduit, corrompt, » ou tente de séduire et corrompre un administrateur, régisseur, com- » missaire, juge, &c. » On ne pense pas que la loi ait à infliger de châti- ment à un séducteur de cette espèce, tout méprisable et coupable qu'il puisse être ; il doit trouver son châtiment dans la manière avec laquelle il sera reçu, dans les reproches amers et honteux que lui fera le fonction- naire auquel il s'adressera ; et si un fonctionnaire était faible ou assez peu délicat pour céder à la séduction, lui seul doit être puni.

Rédaction peu mé- thodique.

Indépendamment du défaut de clarté et de précision que l'on a cru applicable assez généralement au Code projeté, sa rédaction n'a pas paru suffisamment méthodique, il y a trop de renvois d'articles à d'autres articles ; on en trouve beaucoup où des délits sont cumulés et passibles des mêmes peines, quoiqu'il apparaisse une différence sensible entre ces délits. Nous citerons seulement pour exemples les articles 132 et 415.

L'art. 132 porte « que le fonctionnaire ou officier public est considéré » comme faussaire, soit par fausses signatures, altérations des actes, écri- » tures, &c. soit par omission des faits qu'il est formellement obligé par » son ministère de constater. »

Faux en omission de la part d'un officier pu- blic.

On ne pense pas que ce dernier cas doive être assimilé aux précédens. Combien n'arrive-t-il pas que, par distraction ou autrement, mais sans motifs coupables, un officier public omet une formalité, une circonstance qui tient essentiellement à la nature ou à la substance d'un acte ! Il faudra donc par le fait même, le poursuivre criminellement ! Si l'on ob- jecte que l'intention de nuire n'étant point reconnue, le tribunal s'em- pressera de reconnaître son innocence ; mais ne comptera-t-on pour rien le désagrément de subir l'appareil d'une procédure criminelle, les frais qu'elle entraîne, et l'espèce de flétrissure que l'opinion publique attache toujours à la personne accusée, quoique acquittée !

Il paraîtrait plus convenable, dans ce cas, de n'accorder à la partie lésée que l'action en dommages et intérêts contre l'officier public.

Comblement de fos- sés.
Destruction de haies, Assimilés à un enlè- vement de bornes.

L'article 415 place sur la même ligne, « le comblement d'un fossé, la » destruction de clotures ou de haies quelconques, avec la suppression et » le déplacement de bornes, » et leur assigne la même peine ; mais il existe une différence sensible entre tous ces actes ; une haie est souvent construite, un fossé pratiqué par un voisin tracassier ou ambitieux ; le premier mouve- ment du propriétaire sur qui la nouvelle œuvre est entreprise, est de détruire cette haie ou de combler ce fossé pour s'opposer à l'usurpation ; il se défend et n'attaque pas, et lui seul est puni, et l'agresseur ne sera exposé qu'à des dommages et intérêts.

Cependant qu'a donc de plus répréhensible la conduite de celui qui s'oppose à l'agression ! pourquoi l'action ouverte contre lui, serait-elle autre que contre cet agresseur ? il est bien plus naturel de la résoudre en dommages et intérêts poursuivis à fins civiles. Dans le cas supposé, il est moins que douteux que l'intention puisse être criminelle ; tandis que celui qui supprime ou déplace une borne, commet véritablement un vol, ou annonce l'intention de le commettre ; on ne peut guères lui prêter d'autres desseins. Dès lors il convient d'établir une peine qui ne paraît pas applicable à celui qui arrache une haie morte, ou comble un fossé ; s'il en doit être autrement, faut-il au moins indiquer des circonstances plus aggravantes et moins générales que dans le projet.

Tout ce que nous venons d'observer, a été dicté par le plus pur amour du bien public ; nous le soumettons avec une respectueuse confiance, au Gouvernement le plus capable de conduire la France à ses hautes destinées de gloire et de bonheur.

Les membres composant le tribunal criminel de l'Allier. DUBIN *président ;* GONTIER, P. B. DUFLOQUE, VERNIN.

OBSERVATIONS

DU TRIBUNAL CRIMINEL

DES BASSES-ALPES,

SUR

LE PROJET DE CODE CRIMINEL.

OBSERVATIONS

DU TRIBUNAL CRIMINEL

DES BASSES-ALPES,

SUR

LE PROJET DE CODE CRIMINEL.

ARTICLE 8.

LA rédaction de cet article laisse à desirer cette disposition-ci : *dans l'exercice de leurs fonctions militaires ou en état de service militaire ;* s'applique-t-elle également aux militaires de terre et de mer, et aux personnes attachées aux armées de terre et de mer, ou bien ne regarde-t-elle que ces dernières ?

Dans le premier cas, il convient, pour éviter des conflits toujours dangereux, de préciser ce qu'il faut entendre par ces mots : *En état de service militaire.*

Dans la seconde hypothèse, il suit de la disposition générale, concernant *les militaires de terre et de mer*, que si, hors les cas prévus dans les autres numéros de l'article 8, un ou plusieurs individus non militaires viennent à être prévenus d'un délit avec un ou plusieurs individus militaires, les premiers seuls seront justiciables des tribunaux ordinaires.

Il importe, pour la découverte de la vérité, que les personnes prévenues d'un même délit, soient poursuivies en même temps, autant qu'il est possible, et sur-tout par-devant les mêmes juges. On en sent les motifs ; on exposerait autrement à mal juger les uns ou les autres et peut-être tous.

Ce qu'il y a de plus essentiel dans la poursuite et la répression des délits, c'est la découverte de la vérité ; voilà le but. La manière de procéder n'est qu'accessoire ; elle doit obéir.

Ces considérations avaient dicté l'article II de la loi du 22 messidor an 4 ; il paraît convenable de maintenir cette disposition. Voici cet article :

« Si, parmi deux, ou plusieurs prévenus du même délit, il y a un ou
» plusieurs militaires, et un ou plusieurs individus non militaires, la connais-
» sance en appartient aux juges ordinaires. »

Basses-Alpes.   A

Art. 15. Le monument qui atteste la punition d'un coupable n'a d'effet qu'autant qu'il frappe les yeux lorsqu'on forme le dessein du crime, ou lorsqu'on est au point de le commettre; ainsi la mesure proposée peut être employée avec fruit à la suite de l'exécution d'un brigand, si le poteau est placé dans les endroits d'une grande route, où les voyageurs sont le plus souvent arrêtés.

Il n'en est pas de même dans les autres crimes, tels que le parricide et le conjugicide, qui, pour l'ordinaire, sont projetés et commis dans l'intérieur des habitations; le poteau ne servirait qu'à attrister sans fruit les passans, et à perpétuer l'opprobre d'une famille malheureuse.

Art. 21. L'exécution rigoureuse, mais nécessaire de cet article, exige une disposition dans le Code, qui impose au juge, après avoir prononcé un jugement portant peine de déportation, l'obligation de le lire au condamné en langage qui lui soit familier, et d'en faire mention dans le procès-verbal, à peine de nullité.

Observation générale sur le Chapitre I.er

Le chapitre I.er, intitulé : *Des peines de la première classe*, renferme plusieurs dispositions qui ne sont relatives qu'aux peines d'une autre classe. Il paraîtrait plus méthodique de faire un chapitre séparé de chaque peine, et de n'y insérer que les dispositions qui s'y rapportent.

Art. 52. La réhabilitation faisant cesser *tous les effets de la condamnation*, doit être le terme de la mise sous surveillance spéciale du Gouvernement, autrement il y aurait contradiction entre cet article et le 1159.e; il convient d'ailleurs de donner cet avantage à la réhabilitation pour encourager plus sûrement les condamnés à s'en rendre dignes.

Art. 63. L'expérience nous a démontré que les prévenus en justice vendent frauduleusement leurs biens, ou contractent des obligations simulées pour frustrer les droits de la République ou des parties lésées. Pour prévenir cet abus, il conviendrait d'ajouter à l'article 63 une disposition tendant à annuller, comme frauduleuses et simulées, toutes ventes ou obligations consenties par un coupable depuis l'époque du mandat d'amener décerné contre lui, et même tous autres actes, sauf le cas où ils seraient autorisés par le tribunal pour cause nécessaire.

Art. 78. Il serait convenable de fixer un intervalle de l'hospitalité donnée, au crime commis, pendant lequel les aubergistes et les hôteliers seront civilement responsables.

Art. 84. Si la peine de mort paraît trop rigoureuse contre ce délit qui peut néanmoins causer ou avoir causé celle de plusieurs individus, il serait juste que dans le cas où la guerre aurait résulté de ce délit, la peine emportât encore confiscation des biens à titre de dommages-intérêts envers l'État à qui ce délit peut occasionner de grandes pertes. C'est-là une conséquence nécessaire du principe sur lequel repose le droit de confiscation en faveur de l'État.

Art. 273. Quoique la peine de l'assassinat soit la même que celle du meurtre, il serait convenable que cet article en fît mention.

Art. 287. L'infanticide est un meurtre commis avec préméditation; or, l'article 273 porte la peine de mort contre tout coupable de meurtre, pourquoi l'infanticide ne serait-il puni que de la déportation? Le crime d'infanticide est plus commun depuis quelques années; c'est-là une raison de plus pour ne rien diminuer de la sévérité de la peine. S'il fallait placer ce crime dans une classe d'exception, cette exception devrait être celle établie contre le parricide : la civilisation doit honorer la nature.

Art. 294. Cette peine est trop douce, elle n'est pas en proportion des effets volontaires que peuvent et que doivent avoir l'exposition et le délaissement d'un enfant de cet âge en un lieu solitaire. Cet article n'est pas en harmonie avec ce principe établi dans l'article 257.

Art. 295. Celui qui a donné l'ordre de porter un enfant abandonné ailleurs qu'à l'hospice le plus voisin, qui n'a pas révoqué cet ordre et qui a dû le croire exécuté, est coupable, soit que l'enfant ait été exposé, soit qu'il ne l'ait pas été; le délit est consommé pour lui : lorsqu'il n'est pas exécuté, c'est par des circonstances indépendantes de la volonté, ainsi il est punissable dans un cas comme dans l'autre.

Art. 323. Il semble que le faux témoin en matière criminelle devrait être puni plus sévèrement qu'en matière correctionnelle.

Cette peine est trop douce, d'après les principes établis dans le rapport du C.en Target, page 7, §. 3, la peine de la déportation est indiquée pour ce crime.

Art. 366 et 373. Il paraîtrait convenable d'ajouter à ces articles sans préjudice des dommages-intérêts, *s'il y a lieu.*

Art. 415. Il paraît convenable d'appliquer la même peine à tous ceux qui auraient détruit ou dégradé les digues ou autres fortifications le long des rivières et des torrens.

Art. 418. Même observation que pour l'article 473.

Art. 458. L'expérience nous apprend qu'il y a des communes de campagne dont les maires et adjoints peuvent à peine donner leur signature; il serait utile, pour prévenir cet inconvénient, de donner l'attribution énoncée en l'article au juge de paix, concurremment avec les maires et adjoints.

Art. 466. Il sera difficile de trouver par-tout des gardes champêtres qui sachent signer, on a beaucoup de peine à trouver des gens illitérés qui veuillent l'être.

Art. 468. Même observation que pour l'article 458.

Basses-Alpes. A 2

Art. 477. Depuis la réunion des fonctions d'accusateur public à celles de commissaire près le tribunal criminel, ces derniers fonctionnaires sont assez occupés pour ne devoir pas l'être davantage.

On pense, et avec raison, que l'établissement des substituts magistrats de sûreté est utile ; on veut les conserver : on propose même d'en rendre les fonctions plus pénibles, en les assujettissant à se transporter sur les lieux où il aura été commis un délit dont l'existence pourra être constatée : cela étant ainsi, pourquoi poser en principe la suppression d'un de ces fonctionnaires dans chaque département !

Si l'on trouve que les fonctions de substitut peuvent être exercées par d'autres, pourquoi ne serait-ce point par les commissaires près les tribunaux d'arrondissement ! ils les remplissaient avant la loi de 7 pluviôse : ils les remplissent encore aujourd'hui en absence ou en empêchement des substituts ; mais on a jugé nécessaire par l'importance de ces fonctions qu'elles fussent exercées exclusivement par un individu ; pourquoi donc les cumuler dans un arrondissement sur un autre fonctionnaire, et, sur-tout, par une confusion de hiérarchie qui faisant du commissaire son substitut, l'abaisse ainsi au niveau de ses subordonnés !

Art. 498. La rédaction de la deuxième partie de cet article ne paraît pas assez précise.

Art. 566. On ne peut faire de meilleure observation sur cet article que celle du grand-juge, dans son rapport, page 211 du projet.

Art. 618 et 619. Les suppléans attachés à un tribunal, sont de droit juges à ce tribunal : cela posé, ou il faut donner un autre président au tribunal de police, ou ne pas soumettre l'appel des jugemens de police aux tribunaux d'arrondissement. D'après la distinction nécessaire de deux degrés de juridiction dans les affaires, le juge en appel ne peut être en même temps juge de première instance ; c'est pourtant ce qui arriverait si le suppléant du tribunal d'arrondissement était président du tribunal de police.

Il semble d'abord qu'on rend hommage au principe et qu'on pare à l'irrégularité de la cumulation, en prescrivant que l'individu qui a présidé le tribunal de police ne pourra connaître en appel dans le tribunal d'arrondissement, des causes dans lesquelles il aura prononcé. Cette disposition fait ressortir l'irrégularité, mais elle ne la corrige pas, parce que le vice est moins dans la personne que dans la chose.

Dès qu'une qualité est inhérente à l'autre, de quelque manière que ce soit, la présidence du tribunal de police et la suppléance au tribunal d'arrondissement en seraient toujours une seule et même chose. Il y aurait nécessairement confusion de qualités, de juridiction, et conséquemment confusion de hiérarchie.

Cette raison dispense d'exposer les inconvéniens qu'il y aurait à soumettre les jugemens prononcés par un fonctionnaire à la révision d'un corps auquel ce fonctionnaire appartiendrait.

Art. 771. L'observation faite sur la présidence du tribunal de police, par un suppléant du tribunal d'arrondissement, s'applique au propréteur en sa qualité de juge de droit au tribunal criminel, et c'est avec d'autant plus de force, que le propréteur serait juge ordinaire au tribunal criminel, tandis que le suppléant au tribunal d'arrondissement n'exerce qu'accidentellement.

La propréture serait magistrature de première instance, puisque le propréteur ferait les premières poursuites et qu'il présiderait le jury d'accusation, puisqu'il jugerait au tribunal d'arrondissement les affaires correctionnelles. La propréture serait encore magistrature d'appel, puisque le propréteur jugerait avec le préteur sur la déclaration du jury de jugement, puisqu'il jugerait sur les appels des jugemens correctionnels.

La propréture serait donc en même temps magistrature d'appel et magistrature de première instance ; il y aurait deux juridictions et une seule magistrature.

Des exemples semblent d'abord justifier cette contradiction ; les tribunaux établis par la loi du 23 floréal an 10 réunissent et confondent la magistrature d'appel et celle de première instance.

Mais si la loi du 23 floréal réunit la magistrature d'appel et celle de première instance, elle réunit aussi les deux juridictions ; elle confond les juridictions ; elle doit donc confondre les magistratures : il n'y a rien d'inconséquent.

Les tribunaux de district jugeaient en première instance dans leur ressort et en cause d'appel des uns aux autres ; mais aussi a-t-on fait, et tout récemment encore, à la Constitution de 1791, le reproche fondé de renfermer des germes d'anarchie qui devaient inévitablement la pousser à sa fin. Lors de la Constitution de l'an 8 qui a été le signal du retour à l'ordre, après avoir créé les tribunaux d'arrondissement qui, sous le rapport de la juridiction de première instance, représentent ceux de district, on a établi au-dessus d'eux, des tribunaux pour juger en appel ; les magistrats de ces tribunaux ne sont que juges d'appel. Ce retour aux principes a eu l'approbation générale. Pourquoi donc ne pas suivre le même ordre pour la justice criminelle ! serait-elle moins précieuse à l'État que la justice civile ! les principes ne sont-ils pas toujours les mêmes !

Lors de l'organisation actuelle des tribunaux criminels, il fut sérieusement discuté de composer, comme sous la Constitution de 1791, les tribunaux criminels de juges qui seraient pris alternativement dans les tribunaux de première instance. On desirait le faire par économie pour l'État ; le conseiller d'état le déclara dans son rapport ; mais l'honneur des principes l'emporta, et l'on pensa que rien ne pouvait autoriser l'irrégularité de rendre un juge de première instance en même temps juge d'appel : les principes sont toujours les mêmes.

Les juges des tribunaux civils, sous la Constitution de l'an 3, étaient, au criminel comme au civil, juges de première instance et juges d'appel en même temps, ainsi que les juges des tribunaux de district; mais aussi ce faux système judiciaire a été repoussé sous la Constitution de l'an 8.

Les lois doivent être en harmonie avec la nature du Gouvernement : on sent que sous un gouvernement populaire, tel que celui de la Constitution de l'an 3, on pouvait forcer avec moins d'inconvénient le système judiciaire, à suivre la trop forte teinte d'égalité qu'on donnait à la direction des esprits; mais cette organisation judiciaire, qu'on sent vicieuse en elle-même, serait de plus en contradiction avec le principe adopté du Gouvernement d'un seul, où tous les degrés doivent être sévèrement marqués.

Tout conduit à penser que les tribunaux criminels doivent être composés de juges qui ne soient que magistrats d'appel. Si nous n'avions pas la procédure par jurés, on ne proposerait point de faire rendre des jugemens irrévocables par la même magistrature qui aurait prononcé en première instance; or le jury est étranger à la nature du tribunal; il ne lui est associé que comme juge du fait; il ne peut donc influer que sur le nombre des juges et non sur la nature de leur organisation.

L'idée d'établir des proprétures est heureuse par le plus grand effet de la police judiciaire, elle est le complément de la loi du 7 pluviôse sur la création des substituts; mais il faut se borner à n'en faire que des magistrats de première instance, pour les mettre en rapport exact avec les substituts destinés à être placés auprès d'eux; alors l'harmonie sera parfaite : mais il paraît contradictoire, nous le répétons, et absolument irrégulier, de créer les propréteurs juges d'appel dans les causes où les magistrats du même ordre et de leur propre corps auraient prononcé en première instance; d'en faire en même temps des juges de première instance, et de leur donner rang inférieur aux présidens de ces tribunaux, dont la magistrature serait néanmoins subordonnée à celle des propréteurs. Ces fonctionnaires seraient moins des magistrats que des suppléans communs et par là irréguliers, tour-à-tour supérieurs à leurs égaux, égaux de leurs inférieurs, et inférieurs de leurs subordonnés.

Art. 776. Le magistrat qui aurait exercé la préture pendant quelques années et qui n'aurait pas été parfois distrait de ces saintes mais terribles fonctions par la jouissance de sa famille, de ses amis et d'un domicile fixe, serait forcé de s'en retirer par le besoin naturel à l'homme de vivre au milieu des siens. Ainsi, on rend inévitable l'inconvénient de voir les préteurs quitter l'exercice de leurs fonctions lorsqu'ils seraient le mieux

en état de les remplir, car la magistrature gagne par l'expérience, sur-
tout dans la justice criminelle.

Cette sorte de présidence est établie en Angleterre; mais l'exemple n'est
pas concluant pour la France.

Toutes les institutions doivent être appropriées au pays pour lequel
elles sont établies ; ce qui convient en Angleterre, qui est peu étendue,
peut bien ne pas convenir à la France, qui est un État très-vaste. Les
comtés d'Angleterre sont moindres que nos départemens. Les délégués
pour la présidence criminelle ne le sont pas constamment ; ils ne font
leurs tournées que deux fois par an, ce qui ne serait pas assez. Leur tenue
d'assises ne sont que des tournées ; leurs tournées dans les comtés ne sont
que des absences, et non des stations d'une année. Le rayon du centre,
qui est la cour du roi, aux comtés les plus éloignés, est toujours petit.
Ces circonstances, qui sont déterminantes pour l'Angleterre, ne nous
sont point applicables.

Art. 779. La prépondérance légale d'opinions qu'on propose serait un
excès et un abus du pouvoir de la loi. Attribuer la prépondérance d'opinion
au préteur sur le propréteur, c'est établir en principe, que par là même
qu'un citoyen serait préteur, il y verrait toujours mieux que le propréteur.
Mais la loi qui est souveraine dans la création et la distribution des pouvoirs, est impuissante pour donner un degré d'intelligence de plus. La
préture n'assurerait pas à celui qui en serait revêtu, plus de rectitude
de jugement.

On place le préteur à une grande distance des propréteurs ; pourquoi
donc lui associer dans les jugemens, le propréteur du chef-lieu ! Il est
subversif de faire concourir au même jugement le supérieur et son subordonné.

Etablir deux juges et donner la prépondérance d'opinion à l'un sur
l'autre, c'est n'en établir qu'un ; qu'on supprime l'autre, il ne faut rien
d'essentiellement inutile.

Mais, d'un autre côté, est-il dans l'intérêt de la société de confier au
jugement d'un seul homme les affaires les plus délicates et les plus importantes ! Dans le sens du projet, le tribunal ne sera pas réduit à l'application passive d'un tarif de peines pour chaque délit. Lorsque le jury
aura prononcé que l'accusé est coupable, le tribunal aura encore à décider, pour certains délits, le degré de culpabilité de l'accusé. Cette question est mise toute entière dans le domaine du juge. La loi pénale établit
un *minimum* et un *maximum* pour certaines peines ; le tribunal devra prononcer dans cet intervalle suivant la culpabilité. La prolongation de
quelques années de peine doit-elle être laissée à l'opinion d'un seul, tandis
que d'un autre côté on exige le concours de trois juges sur les préventions en simple police !

Est-il sage encore de confier au jugement d'un seul, le droit de prononcer en dernier ressort sur les dommages-intérêts résultant d'un délit, tandis qu'on veut le concours de plusieurs pour prononcer sur ces mêmes dommages lorsque la partie lésée se pourvoit civilement !

Les jugemens correctionnels auxquels le préteur ne concourra pas, devront être rendus par trois propréteurs ou suppléans, tandis qu'il suffira pour les jugemens criminels, qu'il soit assisté d'un propréteur. L'opinion du préteur vaudra-t-elle donc toujours celle de deux juges ! ou ce qui est mieux encore celle de trois juges ! car il faut considérer le propréteur qui assistera le préteur, comme n'ayant que voix consultative, puisqu'il ne contribuera jamais que de cette manière aux jugemens, et qu'il serait toujours impuissant pour arrêter une mauvaise décision : un seul juge statuera en appel sur les jugemens rendus par trois, c'est donner trop à la considération du préteur, et trop peu de garantie pour l'administration de la justice. Il semblera qu'on a eu moins en vue, dans cette organisation, l'administration de la justice que la création d'une puissante magistrature.

Art. 837 et suivans. Cet article et ceux qui suivent, supposent que les préteurs parleront, ou du moins comprendront facilement l'idiome de tous les départemens, et cette supposition est peu vraisemblable. La grande majorité des habitans de campagne dans ce département entendent peu le français, et ne le parlent point du tout. Dans l'instruction et dans les débats, nous sommes obligés de nous servir ordinairement de l'idiome provençal, tant à l'égard des accusés que des témoins ; il peut en être de même dans les départemens où l'on a un idiome particulier, tels que le provençal, le languedocien, le basque, le breton, l'allemand, le piémontais, &c. &c.

On peut exiger que les affaires civiles se traitent en français ; mais on ne peut obliger une personne qu'on accuse, ou dont on requiert le témoignage, à parler une langue qu'elle ne connaît point ; il faut nécessairement se prêter à l'idiome qui lui est familier. Comment le préteur qui devra prononcer une peine plus ou moins longue, suivant que l'accusé lui paraîtra plus ou moins coupable, acquerra-t-il la conviction, s'il ne peut saisir parfaitement l'idée et la déclaration des témoins et des accusés !

Aurait-on recours à un interprète ! mais alors la procédure par interprète, qui est toujours, et chez tous les peuples un cas d'exception, deviendrait la procédure ordinaire pour une partie des départemens de la République, ce qui ne peut pas être. La procédure par interprète n'est pas d'une justice exacte ; on ne doit l'employer que lorsqu'il n'y a pas d'autre moyen de rendre la justice.

Art. 864. Pour exiger l'unanimité dans la déclaration du jury, il faut admettre que tous les jurés pourront toujours y voir d'une même manière. Cela peut n'être pas toujours ainsi. Lorsqu'il est question de décider un point de droit, on peut supposer que, dans une réunion d'hommes, les uns amèneront les autres à leur opinion, et qu'il sortira ainsi de la discussion un résultat unanime ; mais la conviction sur les points de fait ne s'établit point ainsi ; telle circonstance qui est déterminante pour former l'intime conviction dans l'âme d'un juré, ne fait souvent qu'une impression légère dans un autre.

La conviction qu'on exige des jurés n'est pas une conviction légale, composée de tel genre ou de tel nombre de preuves ; c'est une conviction de conscience qui n'est assujettie à aucune règle, pour laquelle il ne peut pas y avoir de principes certains, qui ne peut être déterminée par la discussion dans la chambre des jurés ; on la sent toujours mieux qu'on ne peut s'en rendre compte. Il suffit pour cette conviction que du résultat des débats, il s'élève dans la conscience du juré une voix secrète qui lui dise : l'accusé est, ou n'est pas coupable.

On sent qu'il peut y avoir ainsi, et de bonne foi, conviction chez les uns, tandis qu'elle n'existe pas pour les autres. Or, dans ce cas, ou chacun des jurés persistera dans sa conviction, et alors il ne pourra y avoir de délibération ; ou les uns, malgré leur conviction, déféreront à l'opinion des autres, et alors ils manqueront à la promesse solennelle qu'ils ont faite au commencement des débats, de prononcer suivant leur conscience et leur intime conviction, avec impartialité et fermeté.

Fait à Digne, en chambre du conseil du tribunal criminel du département des Basses-Alpes, le 4 prairial an 12 de la République.

Signé THOMAS, *président ;* FRUCHIER, GUIEU.

OBSERVATIONS

DU TRIBUNAL CRIMINEL

DES HAUTES-ALPES,

SUR

LE PROJET DE CODE CRIMINEL.

OBSERVATIONS

DU TRIBUNAL CRIMINEL

DES HAUTES-ALPES,

SUR

LE PROJET DE CODE CRIMINEL.

LE tribunal criminel du département des Hautes-Alpes a l'honneur de présenter au Gouvernement le tribut de ses méditations sur le projet de Code criminel, correctionnel et de police.

Ce projet suppose la conservation de la procédure par jurés ; il ne s'agit que de l'améliorer.

On a remarqué, avec raison, que les nombreuses incompatibilités établies par la loi, éloignaient les hommes les plus capables ; cet inconvénient est bien plus grand dans la majeure partie des départemens qu'à Paris ; dans les départemens, presque tous les hommes qui, dans une éducation plus soignée, ont reçu de l'instruction ; remplissent quelque place ou quelque emploi qui ne permet pas, sous l'empire de la loi actuelle, de les appeler aux fonctions de jurés.

Mais une autre considération se joint à celle-là, pour écarter ceux dont les lumières eussent pu réaliser tout ce que cette institution semblait promettre d'utile ; les élémens des listes sont livrés à l'arbitraire d'une autorité locale, qui choisit autour d'elle, dans un cercle extrêmement resserré. On ne réfléchit pas assez pour apercevoir que la sécurité des citoyens repose sur la bonne composition de ces listes ; chacun agit pour en être excepté ; aussi sont-elles presque toujours composées des mêmes hommes : ce sont ceux qui ont le moins d'influence et de considération dans leur canton et qui ont le moins de moyens personnels.

Ces deux vices disparaîtront, si, d'un côté, les incompatibilités sont très-réduites ; si, de l'autre, on laisse un champ moins vaste à l'arbitraire, en n'appelant aux fonctions de jurés que ceux qui sont inscrits au nombre des six cents le plus imposés du département.

L'avantage qui naîtra de ces changemens ne peut être douteux ; ceux

Hautes-Alpes.   A

qu'on propose d'opérer dans la composition du tribunal criminel sont-ils aussi nécessaires!

L'institution des jurés a eu pour principal objet d'écarter tout établissement qui mettrait en activité pour la vie des hommes revêtus du droit redoutable de juger, et que l'habitude de punir rendait souvent peu favorables à l'innocence.

La création d'un préteur n'est-elle pas en opposition avec cette institution!

On dira que les véritables juges d'un prévenu sont les jurés, qui le déclarent coupable ou innocent.

Cela est vrai, s'ils jouissent de cette indépendance d'opinion, de ce calme de l'ame, de cette attention de l'esprit, nécessaires pour donner une décision réfléchie;

Mais conserveront-ils ces avantages en présence d'un préteur qui leur offrira un spectacle nouveau, dont le langage, auquel ils ne sont pas accoutumés, leur inspirera plus de crainte que de confiance, dont l'appareil ne manquera pas de les troubler!

Le préteur à vie, entouré par la loi, de tous les moyens influens, redouté même par les jurés à cause du crédit dont il jouira, à cause de ce compte qu'il rendra chaque année au Gouvernement, et dont la volonté ne sera pas balancée, puisque le propréteur est obligé de lui soumettre la sienne, ne présente-t-il pas tous les inconvéniens d'un ancien tribunal!

Il convient de balancer deux besoins pour assurer la liberté civile et la sûreté générale, celui de rendre l'administration de la justice imposante, et de ménager à l'accusé tous les moyens de faire entendre sa justification.

Pour remplir ce dernier objet, ce n'est pas assez de la faculté qu'on donne au prévenu, d'appeler à sa défense un homme instruit et exercé;

Il est nécessaire sur-tout qu'il parle devant des hommes favorablement disposés à l'écouter, devant des jurés que nul autre soin n'occupe, que celui de découvrir la vérité.

Pour remplir l'autre objet, il suffit du pouvoir discrétionnaire confié au président.

On a redouté la faiblesse de ce président, on a pensé que, pouvant donner plus de prise à la vengeance par sa résidence et ses propriétés, il serait lui-même plus susceptible de la crainte.

Mais il ne suffit pas que le magistrat soit ferme, il faut encore qu'il inspire ce courage aux jurés, que la malveillance attaquerait plus directement que les juges; et le préteur peut bien moins y réussir, lui qui disparaît le lendemain du jugement, et dont la fermeté ne produit plus d'effet, parce qu'il ne partage pas avec eux les périls d'une décision dans les circonstances délicates; parce qu'il n'est pas là pour répondre à l'opinion publique, ou pour concourir à la former sur un jugement prononcé.

Le président du tribunal criminel peut être changé chaque année ; il est possible de le placer dans un département où il n'avait pas des relations ; il est éligible parmi tous les juges du tribunal d'appel : avant qu'il arrive, les citoyens sont accoutumés à voir en lui un magistrat qui prononce en dernier ressort sur leur fortune.

Le choix d'un homme qui mérite la confiance du Gouvernement, qui soit à l'abri d'être intimidé, est donc facile ; d'ailleurs s'il ne soutenait pas l'idée qu'on a eue de lui, il serait promptement remplacé : il présente cet avantage, qu'il porte dans la nouvelle place la considération dont il jouissait déjà.

Le préteur inconnu dans le département où il arrive, fera une plus grande sensation ; mais tout ce qui l'entoure servira moins à la considération qu'à la crainte, et le propréteur destiné à le remplacer souvent, n'éprouvera-t-il pas quelque atteinte dans cette considération, du rôle qu'il a, à côté du préteur, de la place subordonnée qu'on lui assigne au tribunal de première instance !

De ces vues générales sur le projet, nous passons aux détails.

L'article 31 veut que l'exécution des jugemens ne se fasse pas toujours au même lieu ; cette disposition est très-avantageuse : la crainte salutaire que donne une exécution, ne produit un grand effet que lorsqu'elle frappe les yeux, et lorsqu'elle ne les frappe pas trop souvent.

Mais ne vaudrait-il pas mieux confier aux tribunaux qu'aux préfets la faculté de désigner le lieu de l'exécution !

Il semble que les rapports que cette mesure nécessite entre l'autorité judiciaire et l'autorité administrative, entravera la marche.

L'article 63 suffit il pour remplir l'objet qu'on se propose !

Rien n'est plus nécessaire, plus évidemment juste, que de condamner l'auteur d'un délit à dédommager la partie civile : dans la plupart des crimes cette indemnité est même impossible ; mais au moins faut-il faire tout ce qu'on peut à cet égard.

Or il est de fait que la famille d'un coupable s'occupe sur-tout à garantir ses biens : on n'emploie pas dans ce cas le moyen direct des actes de disposition gratuite ; on les dissimule sous la forme de la vente ou de l'emprunt ; il serait peut-être dangereux de les rejeter indistinctement : mais au moins paraît-il convenable d'autoriser les tribunaux à ne pas admettre ceux de ces actes que les circonstances leur feront regarder comme frauduleux.

L'article 68, nombre 3, assimile à l'auteur d'un crime ceux qui auraient procuré des armes, des instrumens, ou tout autre moyen qui aura servi à l'action.

On peut avoir procuré des armes à un assassin sans en connaître la destination; ce fait seul, et isolé de la connaissance de l'intention du coupable, ne peut être un délit.

Il établira la complicité, si celui qui a fourni le moyen qui aura servi à l'action, était instruit de l'emploi qui devait en être fait; et c'est ce que la disposition de l'article ne caractérise pas.

Cette précision est d'autant plus nécessaire, que l'on trouve le mot *sciemment*, dans le nombre 8 du même article, ce qui ne permet pas de le suppléer au nombre 3.

La même réflexion s'applique au nombre 4, il serait facile de faire disparaître l'équivoque qui résulte de cette omission, si on faisait précéder la disposition par ces mots :

« Ceux qui connaissant l'intention de l'auteur de l'action, lui auraient
» procuré des armes, l'auraient aidé ou assisté, &c. »

Le nombre 1.er de l'article 129 prononce la peine de mort contre celui qui aura fait usage des papiers, effets, billets contrefaits ou falsifiés, ou qui les aura introduits dans l'enceinte du territoire français.

On peut de très-bonne-foi, faire usage d'effets nationaux contrefaits ou falsifiés : on n'est coupable que lorsque l'on sait que ces effets sont falsifiés ou contrefaits ; cette omission doit être réparée dans l'article.

La même omission a eu lieu encore à la fin de l'article 134.

L'article 140 ne paraît pas contenir une nomenclature complète ; la force armée a été omise.

On a vu des gendarmes prévenus d'avoir arrêté des jeunes gens sous le prétexte de la conscription ; après les avoir retenus quelque temps et s'être convaincus qu'ils n'étaient pas dans ce cas, ils les ont relâchés en exigeant d'eux quelque argent, n'est-ce pas là exiger des salaires qui ne sont pas dus !

Cependant on ne pense pas que les gendarmes aient été compris dans la dénomination de *fonctionnaire*, d'*officier public*.

L'article 155 punit les officiers de l'état civil, lorsqu'ils auraient inscrit sur de simples feuilles volantes les actes qui leur sont confiés.

Sans doute l'intention du législateur est que la peine atteigne également ceux de ces officiers qui n'ont rien écrit ; car d'un côté la faute est au moins aussi grave, et de l'autre l'officier public échapperait toujours à la condamnation en cachant les feuilles volantes.

L'article 243 exempte de toute peine les crieurs, afficheurs, vendeurs ou distributeurs d'écrits contenant provocation à quelque crime ou délit, lorsqu'ils auraient fait connaître l'imprimeur ou celui dont il aurait reçu l'écrit.

Cette disposition paraît juste, lorsque ce dernier est passible du châtiment ; s'il était étranger ou vagabond, il semble que dans ce cas il faudrait atteindre le distributeur, car s'il en était autrement, il lui serait facile de rendre toujours illusoire la disposition de la loi.

L'article 247 fait naître les mêmes réflexions.

On n'a pas aperçu dans le projet du Code la mention d'une voie de fait qui mérite répression, lors même qu'elle n'est accompagnée d'aucune circonstance qui caractérise un autre délit.

C'est le cas où la force armée s'introduirait, contre les dispositions de la loi, dans la maison d'un citoyen; l'article 152 ne paraît pas s'y rapporter, car il ne s'agit que des juges, commissaires près des tribunaux, magistrats de sûreté, ou tout autre officier de police; et cette nomenclature ne comprend pas la force armée.

C'est le cas encore où un citoyen s'introduit dans une maison par violence et contre le gré de celui qui l'habite, même sans frapper ou se rendre coupable de vol; cette voie de fait doit être réprimée, puisqu'elle viole l'asile, et que si elle n'a pas été suivie d'un délit plus grave, ce peut être parce que celui qui est entré ne croyait pas rencontrer les obstacles qui ont arrêté ses projets.

Voici une espèce qui a été en instance dans les tribunaux et qui n'est pas prévue.

Une source d'eau qui sert à une ou plusieurs familles, traverse l'écurie ou un autre sol clos d'un particulier; celui-ci fait une fosse dans cette écurie et y enterre un cheval ou toute autre charogne; il en résulte une corruption de l'eau qui a nui aux hommes et aux bêtes qui en ont bu, et qui a obligé le propriétaire à s'en procurer d'ailleurs pendant quelque temps.

Cette action ne peut être considérée comme un empoisonnement; l'article 172 du projet ne semble pas s'y appliquer; d'ailleurs la peine de mort qu'encourt l'empoisonneur serait trop grave pour le cas que l'on vient de spécifier, et qui en mérite cependant une assez sévère.

Nous avons proposé nos observations sur l'ensemble du projet relatif à la création d'un préteur; les articles qui organisent cette nouvelle forme de rendre la justice criminelle, en font naître quelques autres que le même zèle du bien public nous impose d'exposer.

L'article 779 dispose que le préteur rendra les jugemens assisté d'un propréteur, et que le préteur aura voix prépondérante.

Dès qu'il n'y a que deux juges, il était nécessaire sans doute, pour éviter le partage, de donner la prépondérance à l'un d'eux, et il était naturel de l'accorder au préteur;

Mais, comme on l'a déjà remarqué, la nullité à laquelle on condamne le propréteur, contribuera à le déconsidérer, et cependant il lui arrivera de remplacer le préteur: on doute qu'un tel tribunal présente plus de dignité et des formes plus imposantes que celles qui existent aujourd'hui.

S'il ne s'agissait que d'une application matérielle de la loi, il ne serait peut-être pas dangereux de l'abandonner au préteur seul, ou au propréteur lorsque le préteur serait absent;

Mais le nouveau projet en établissant avec raison un *maximum* et un *minimum* de peines, laisse beaucoup à l'arbitraire du magistrat ; cet arbitraire est nécessaire ; mais il ne l'est pas, peut-être n'est-il pas convenable, de le livrer à la volonté d'un seul homme.

L'article 780 veut que le premier Consul fasse remplacer le préteur en cas d'absence ou d'empêchement.

Dans tous les départemens cette mesure qui est néanmoins nécessitée par la nature de l'établissement, fera languir les affaires, prolongera les détentions, augmentera les dépenses du Gouvernement, et compromettra même l'innocence.

Dans les départemens des montagnes tels que celui des Hautes-Alpes, ce cas sera ordinaire ; les communications y sont si difficiles dans les mois d'hiver, que le préteur n'y arrivera pas au temps indiqué ; cette précision, la concordance des citations avec les jours de travail, ne peuvent s'établir qu'au moyen de la résidence habituelle des juges au chef-lieu.

L'article 785 établit des suppléans pour remplacer les propréteurs.

Cette théorie peut être belle, mais l'expérience n'y répond pas : les fonctions de suppléans ne donnent pas un état ; l'espérance de remplacer un jour les propréteurs, n'est pas une certitude ; le fût-elle, l'éloignement du temps où cet espoir peut être réalisé n'attachera jamais les suppléans ; tous les actes de l'administration de la justice criminelle sont tellement importans que l'humanité ne permet pas de les confier à d'autres qu'à des magistrats dont ils occupent sans cesse la pensée ; on ne peut attendre cette application d'un suppléant ; il n'aura pas de fonctions habituelles ; il ne s'assujettira donc pas, osons le dire, étant peu salarié, il appliquera ailleurs son talent, son industrie ; et s'il était mieux salarié, il en résulterait une dépense énorme.

Nous avons remarqué sur l'article 779 un motif de déconsidération dans la nullité à laquelle on vouait le propréteur, les articles 789 et 790 fortifient cette idée, en donnant au préteur le droit de mander le propréteur et de lui enjoindre d'être plus circonspect à l'avenir, et cependant le propréteur est destiné à s'asseoir à côté du préteur, à le remplacer même dans plusieurs cas ; ainsi un membre du tribunal pourrait infliger une peine morale à un membre du même tribunal !

Après cet évènement, il faudrait chasser le propréteur ; car l'harmonie entre eux serait irrévocablement rompue ; car l'estime publique, si nécessaire au magistrat pour faire le bien, s'éloignerait pour toujours de lui.

L'article 806 attribue au préteur des fonctions qui ne peuvent être remplies que par lui ; mais ce magistrat ne paraît qu'une fois par trimestre dans chaque département, et combien d'accidens peuvent l'en éloigner pour un plus long temps !

Que deviendra le prévenu dans cet intervalle ! il peut être innocent ;

il doit être présumé tel alors qu'il n'est pas encore accusé; l'humanité permet-elle cette longue détention?

Elle commande la plus prompte expédition dans l'administration de la justice criminelle; toute celle qui est compatible avec le temps nécessaire pour établir le délit et pour justifier l'innocence : toute autre longueur va directement contre le but de la punition.

Aussi est-il nécessaire que la loi désigne avec assez d'étendue le magistrat présent qui doit remplacer de suite le magistrat empêché, pour qu'il n'y ait pas de suspension dans les affaires de cette nature.

Le nombre 2 de l'article 935 déclare que le tribunal criminel se rend coupable d'excès de pouvoir toutes les fois qu'il aura cité ou autrement poursuivi des administrateurs ou d'autres agens du Gouvernement pour raison de leurs fonctions.

Il fallait concilier deux objets : prévenir ces discussions scandaleuses qui ont existé entre les pouvoirs sous l'ancien Gouvernement, et qui, sous prétexte de bien public, ne présentaient souvent qu'un moyen de satisfaire des haines ou des jalousies particulières, et assurer la punition de ces administrateurs ou de ces agens.

La législation actuelle satisfait à ce double intérêt, en ne permettant de les poursuivre que lorsqu'ils sont renvoyés devant les tribunaux par leurs chefs dans la hiérarchie : il paraît nécessaire de conserver ces dispositions dans le nouveau Code.

Nous ajoutons une nouvelle mesure qui paraît essentielle pour écarter l'impunité.

C'est de ne pas abandonner entièrement à l'arbitraire de l'autorité administrative la traduction au tribunal criminel des administrateurs coupables, en les mettant néanmoins à l'abri des atteintes de l'inquiétude.

Cet objet sera rempli, si l'on autorise les magistrats de sûreté ou le commissaire du Gouvernement à recevoir les plaintes et les dénonciations, à la charge de les transmettre de suite, et sans en pouvoir faire un autre usage, au grand-juge ministre de la justice.

L'article 1020 est en opposition avec les articles 28 et 29 de la loi du 17 ventôse an 11, sur la jouissance et la privation des droits civils.

Le projet de Code criminel ne distingue pas le cas où l'accusé se représente dans les cinq ans de la contumace, de celui où il ne se représente pas dans les cinq ans.

Il ne limite pas le temps de la jouissance qu'aura la République, des biens du contumax, de sorte que cette jouissance ne doit pas cesser si le condamné ne reparaît pas.

La loi du 17 ventôse avait posé ce principe dans l'article 25, que la succession d'un condamné à une peine emportant mort civile, est dévolue à ses héritiers de la même manière que s'il était mort naturellement et sans testament.

Cette loi, dans l'article 17, dispose que les condamnations par contumace emportent la mort civile après les cinq ans qui suivent l'exécution du jugement par effigie.

De là il faut conclure qu'après ces cinq ans les biens du contumax doivent être partagés entre ses héritiers comme s'il était mort naturellement et sans testament.

Il paraît que la disposition de la loi du 17 ventôse est juste, que l'abandon des biens aux héritiers, après les cinq ans de la contumace, est conséquent à ce principe, que le condamné est mort dès ce jour aux yeux de la loi, et que le Code criminel doit adopter ce que le Code civil a réglé à cet égard.

On ne peut regarder le mot *préteur*, qui se trouve dans l'article 1075, à la huitième ligne, que comme une faute d'impression, il doit y avoir *pro-préteur* pour que l'article soit intelligible.

Telles sont les observations que le tribunal criminel a l'honneur de soumettre au Gouvernement; il desire qu'elles présentent quelques vues utiles; au moins attesteront-elles son zèle et son amour pour le bien public, qui sont les sentimens qui l'ont animé dans cet examen.

Les membres composant le tribunal criminel du département des Hautes-Alpes. Signé LABASTIE, BLANC, CEAR; PROVANSALLOMPRÉ, *commissaire;* MEIGRET, *greffier.*

OBSERVATIONS

DU TRIBUNAL CRIMINEL

DES ALPES-MARITIMES,

SUR

LE PROJET DE CODE CRIMINEL.

OBSERVATIONS

DU TRIBUNAL CRIMINEL

DES ALPES-MARITIMES,

SUR

LE PROJET DE CODE CRIMINEL.

« C'est de la bonté des lois criminelles, que dépend principalement la
» liberté du citoyen. » *Montesquieu.*

Le Gouvernement pénétré de cette vérité, et desirant donner au nouveau Code toute la perfection dont peut être susceptible un ouvrage sorti
de la main des hommes, a fait un appel à l'expérience des magistrats
qui, occupés journellement de l'application des lois pénales, sont dans
le cas d'en découvrir les vices, et d'en suggérer les améliorations.

Jaloux de justifier la confiance du Gouvernement, nous aurions desiré
un espace de temps moins circonscrit, pour méditer un ouvrage de cette
importance, celui qui nous a été accordé, ayant à peine suffi pour en
faire une lecture rapide ; nous nous en sommes cependant occupés avec
le zèle qu'inspire le bien public, et nous faisons au Gouvernement l'hommage de nos observations. La sûreté de la société, la tranquillité et la
liberté des citoyens, ont été le but que nous n'avons jamais perdu de vue
dans nos discussions. Nous espérons donc qu'on jugera nos observations
moins par leur utilité que par le zèle qui les a dictées.

PREMIÈRE PARTIE.

DISPOSITIONS PRÉLIMINAIRES.

Art. 8. C'est la nature du délit, et non la qualité de la personne qui
devrait établir la compétence. Un militaire qui commet un délit, qui n'a
aucun rapport à son état, doit être jugé par les tribunaux ordinaires, ainsi
que celui qui a commis un délit envers les militaires.

Les militaires ne cessent point d'être citoyens, et ne doivent être soumis
à des tribunaux d'exception, que pour tout ce qui est relatif au service

Alpes-Maritimes. A

militaire. Ce principe doit être appliqué, à plus forte raison, à celui qui manque à un militaire, et qui ne fait point partie de l'armée.

LIVRE I.er

CHAPITRE. I.er

Art. 13. La peine de mort est une peine que la seule nécessité peut justifier. Tout ce qu'on pourrait y ajouter pour la rendre plus cruelle, ne servirait qu'à révolter l'humanité, plutôt qu'à la corriger.

Faire couper le poing droit aux coupables de parricide, conjugicide, assassinat, empoisonnement, incendie et meurtre exécuté avec tortures,, n'est qu'une cruauté inutile, une vengeance contre des malheureux, que la mort va bientôt séparer de la société; et la loi, comme le remarquent sagement les auteurs du Code, ne doit avoir aucune idée de vengeance. L'indignation qu'inspire le crime d'un coupable, se changera en pitié pour lui, si on le torture avec des souffrances non nécessaires.

Nous croyons inutile, et même inconvenant, de faire demeurer le coupable d'un des délits ci-dessus désignés, exposé pendant une heure aux regards du peuple, attaché à un carcan, avant d'être exécuté.

Si c'est un scélérat déterminé, il emploira ce temps à insulter la justice et le public; si c'est un homme faible, il offrira le triste spectacle d'un mourant dont l'humanité doit se refuser à prolonger l'agonie et l'existence.

Art. 15. La mort doit mettre une barrière éternelle entre la société et le condamné.

Il paraît immoral de le poursuivre jusqu'au tombeau. Le poteau qu'on propose de placer sur sa sépulture rejaillirait sur sa famille, ce qui serait injuste; et quoique l'inscription ne porte point le nom du condamné, on ne connaît pas moins dans son pays, et dans les environs, la famille dont il était membre.

Art. 21. Le déporté qui sort du lieu de sa déportation, et rentre sur le territoire européen de la République, devrait être condamné à la peine des travaux forcés à perpétuité, et non à la peine de mort.

Art. 23. Le *minimum* de la peine des travaux forcés à temps, doit être réduit à cinq ans au lieu de dix.

On laisserait ainsi au juge plus de latitude pour graduer la peine, suivant les différentes circonstances que le législateur ne peut prévoir ni définir.

Art. 24. La flétrissure est un accessoire aux autres peines afflictives. Pourquoi l'accessoire serait-il perpétuel, lorsque la peine principale n'est que temporaire ! pourquoi admettre dans la société des hommes portant le signalement du crime et de la honte ! La flétrissure ne doit donc être appliquée qu'aux condamnés à des peines perpétuelles ; et , dans ce cas même , il suffit que l'empreinte soit appliquée sur une seule épaule.

En matière pénale, tout ce qui est inutile est injuste et cruel.

Art. 25. Il serait à desirer que le *minimum* de la peine de la reclusion fût réduit à trois ans au lieu de cinq.

Art. 28. L'exécuteur ne doit pas être l'organe de la loi ni du tribunal : la proclamation dont on veut le charger dans cet article, pourrait être suppléée par un huissier, ou par une inscription attachée au poteau, au-dessus de la tête du condamné.

Art. 29. Le contenu dans cet article est un objet réglementaire qui ne devrait point trouver place dans le Code ; d'ailleurs, il paraît injuste que l'exécuteur châtie un condamné pour des irrévérences qu'on ne spécifie d'aucune manière. L'exécuteur pourrait croire une irrévérence ce qui ne le serait pas aux yeux du public ; et comme il serait le seul juge à cet égard, il pourrait maltraiter arbitrairement le condamné , ce que la loi ne doit point permettre, encore moins autoriser.

Art. 31. Pourquoi donner au préfet le pouvoir exclusif de changer le lieu des exécutions ! Il ne devrait être autorisé à le faire que d'après l'avis du tribunal.

Art. 37. Il serait utile de réduire le *minimum* de la peine de la relé-gation à trois ans.

Art. 38. Si le relégué , durant le temps de sa relégation , rentre sur le territoire européen de la République , il devrait être puni de la peine de la reclusion , et non de la déportation : la peine serait plus en proportion avec l'infraction faite au jugement de relégation.

CHAPITRE II.

Art. 45. Réduire le *maximum* de la détention à trois années. Il est difficile de se familiariser avec une peine correctionnelle , dont la durée se prolonge au-delà de ce terme.

Art. 47. Nous sommes d'avis que les tribunaux, jugeant correctionnel-lement, ne doivent jamais avoir le pouvoir d'interdire, en tout ou en partie, l'exercice des droits civiques, civils et de famille. La privation de ces droits, dans un pays où l'opinion est comptée pour quelque chose , attaque l'honneur, et l'honneur doit être respecté par les lois correctionnelles , dont le but est de corriger l'homme égaré , et non encore corrompu , et jamais de le couvrir de honte et d'ignominie; et dans tous les cas, pourquoi prononcer une telle interdiction pendant dix ans, lorsque le *maximum* de la détention est fixée, par le Code, à cinq ans, et que nous proposons de réduire à trois !

CHAPITRE IV.

Art. 66. La disposition de cet article est trop rigoureuse. Un simple coup de poing ou un soufflet emporte une peine correctionnelle. Celui qui aurait commis une seconde fois un délit de cette nature doit être condamné, d'après l'article 65, au double de la peine portée par la loi, cette peine est suffisante ; le mettre en outre sous la surveillance du Gouvernement, depuis cinq années jusqu'à dix, et l'interdire pendant le même nombre d'années, de l'exercice des droits civiques, civils et de famille, c'est détruire toute proportion entre la peine et le délit.

LIVRE II.

CHAPITRE I.er

Art. 68, N.° 2. La loi qui punit comme coupable d'un crime ou d'un délit celui qui aura donné des *conseils positifs* pour le commettre, doit préciser ce qu'elle entend par ces conseils, pour ne laisser rien de vague et d'arbitraire.

Il paraît qu'un conseil isolé de toute provocation et de toute instruction, peut difficilement avoir le caractère d'un crime punissable comme le crime même ; en laissant subsister cette rédaction, on pourrait ouvrir la porte à des vexations sans nombre.

Idem. N.° 7. Parmi les personnes qui ne seront point punies, pour avoir recélé ou fait recéler les coupables de crimes de nature à mériter la peine de mort, la déportation, les travaux forcés à perpétuité ou à temps, ou la reclusion, on doit y comprendre le frère et la sœur. La loi ne peut point détruire les affections naturelles ni rompre les liens de famille ; et dans l'ordre de la nature, le frère et la sœur l'emportent sur un beau-fils et une belle-fille.

Idem. N.° 8. Il est naturel que les recéleurs des choses enlevées à l'aide d'un crime ou d'un délit, ne sont coupables qu'autant qu'ils savent que ces choses proviennent d'un crime ou d'un délit. On pense donc que le mot *sciemment* doit être retranché, pour ne point laisser des doutes sur les dispositions des N.°ˢ 3, 4, 5 et 7 où le mot *sciemment* n'existe pas ; tandis que les faits dont ils font mention ne peuvent être des délits sans la science, car on peut procurer des armes, sans savoir qu'elles doivent servir à commettre un crime ; on peut assister l'auteur d'une action criminelle, sans avoir d'intention criminelle ; on peut retirer un profit d'un crime sans avoir connaissance de ce crime ; on peut enfin recéler un coupable sans le connaître. Si on laisse subsister le mot *sciemment*, au n.° 8, il faut l'ajouter aux autres n.°ˢ de ce même article, pour qu'un tribunal ne puisse être induit en erreur, en pensant que *inclusio unius est exclusio alterius*.

CHAPITRE II.

Art. 78. Rendre un père responsable des crimes et des délits de ses enfans, c'est détruire tous les principes, c'est introduire l'aversion pour le mariage, qu'on doit au contraire encourager dans un État où l'on a besoin de mœurs.

On a beau dire que les enfans ne se livrent à des excès, que par la faute des pères; l'expérience détruit cette objection. On voit souvent des enfans rebelles aux avis de leurs pères, repoussant leurs conseils, abandonnant la vertu dont ils leur ont donné les préceptes et l'exemple, pour suivre leur penchant au crime. Pourquoi, dans ce cas, ajouter au désespoir d'un père, par une responsabilité civile, qui peut le réduire à l'indigence et le mettre dans l'impossibilité de pourvoir à la subsistance de ses autres enfans, vertueux comme lui, et comme lui malheureux!

La seule responsabilité civile qui puisse être conservée dans cet article, est celle des pères et maîtres pour les délits ruraux, commis par ceux à qui ils ont confié des bestiaux; celle des personnes chargées de la garde des individus en démence ou en fureur, qui, faute de vigilance, auraient causé des dommages; et celle des aubergistes, hôteliers à l'égard de celui qui, ayant logé chez eux, sans qu'ils eussent inscrit ses noms, sa profession et son domicile sur leurs registres, aurait commis un crime ou un délit dans le même arrondissement, *dans un délai cependant que la loi doit déterminer.*

LIVRE III.

TITRE PREMIER.

CHAPITRE I.er

Art. 87. Point de proportion entre le crime et la peine. Le traître qui aura livré le plan d'une place, fortification ou port à l'ennemi, sera d'intelligence avec lui; la relégation le mettra dans le cas d'aller jouir tranquillement chez l'ennemi même du fruit de sa trahison; elle n'est donc pas un frein suffisant.

Art. 97. On ne peut déclarer coupables *pour des discours tenus,* s'ils ne sont pas accompagnés de circonstances telles qui prouvent que ceux qui les ont tenus avaient réellement l'intention de provoquer à la révolte et à la sédition. On propose de supprimer ces mots, *par des discours tenus,* comme trop vagues.

L'article prévoit le cas où les provocations indirectes dont il parle auraient été suivies, *dans un temps prochain,* de révoltes ou mouvemens populaires. Il faudrait fixer *le temps prochain;* il serait dangereux de le laisser à l'arbitraire des tribunaux.

Art. 101. Le frère et la sœur, et les alliés au même dégré, ne peuvent être forcés à dénoncer leur frère sans blesser tous les principes de la morale et de l'honnèteté publique : ils ne peuvent donc jamais être coupables de réticence incivique.

Art. 102. En soumettant pour la vie à la surveillance spéciale du Gouvernement ceux qui auraient donné connaissance des crimes dont il est question dans cet article, on les éloigne au lieu de les encourager.

CHAPITRE II.

Art. 117. Point de proportion entre la peine établie dans cet article et celle de l'article précédent.

CHAPITRE III.

Art. 127. La peine de mort est trop forte pour le crime de fausse monnaie. Si des circonstances extraordinaires ont forcé le Gouvernement à provoquer, dans ces derniers temps, la peine de mort contre cette espèce de crime, un Code criminel qui n'est fait que pour des temps ordinaires, ne doit point la consacrer en principe : toutes les fois que des circonstances malheureuses feront apercevoir la nécessité de sévir avec plus de rigueur contre ceux qui se livreraient à cette infâme spéculation, le Gouvernement pourra toujours provoquer une loi pour réprimer le mal qui exigerait un remède extraordinaire.

Art. 129. N.° 1.er La peine de mort peut subsister contre celui qui aurait contrefait le sceau national ; mais elle ne doit pas avoir lieu contre ceux qui auraient contrefait ou falsifié des effets nationaux, portant obligation ou décharge, ou des billets de banque. Ce serait confondre les idées si l'on punissait de la même peine des crimes d'une nature différente, et dont la gravité et les conséquences ne sont pas les mêmes.

Idem. N.° 2. On propose de substituer la peine des travaux forcés à temps à la déportation.

Art. 132. Il paraît qu'on devrait retrancher de cet article les mots : *ou des faits que, même sans réquisition, il était formellement de son ministère de constater.* Cette omission ne peut, sous aucun rapport, être considérée ni punie comme un faux.

Art. 134. Point de proportion entre le délit et la peine : pourquoi punir de la même peine, et le simple citoyen qui commet un faux, et le fonctionnaire qui se rend coupable du même crime dans l'exercice de ses fonctions.

Art. 138. Il n'y a point de gradation dans la peine, un sou de plus ou de moins peut faire condamner le coupable à une détention ou à la déportation. La distance d'une peine à l'autre est trop grande.

Art. 145. La peine de l'infamie devrait suffire.

Art. 151. Comment prouver qu'un juge a jugé par faveur pour une partie ou par inimitié contre elle ? A quels caractères distinguera-t-on dans un jugement, quoiqu'évidemment injuste, l'erreur, de la faveur et de l'inimitié ?

Art. 158. On ne devrait point consacrer en principe dans un Code criminel, la violation du sceau des lettres venant de l'étranger. Le Gouvernement n'aurait pas moins le droit de prendre toutes les précautions qu'il jugerait à propos pour le salut de l'État.

Art. 194. Les fautes sont personnelles, et les seuls coupables doivent être punis.

Art. 198. L'officier de santé qui a délivré au témoin un faux certificat de maladie, devrait être puni de la peine établie par la loi contre les coupables du crime de faux.

Art. 199. Même observation qu'à l'article précédent à l'égard de l'officier de santé.

Art. 200. Le refus doit être plus sévèrement puni que la négligence. La différence est trop grande entre l'un et l'autre.

Art. 270. On propose de supprimer les mots *garroteurs*, *chauffeurs*, termes de circonstance et inconnus dans le langage de la loi, à moins qu'on n'en donne la définition. Le mot *malfaiteur* explique tout et suffit.

Art. 271. Les coups et les blessures dont il est question dans cet article, ne devraient être réputés assassinat, que lorsque celui qui a porté ces coups, ou fait ces blessures, avait l'intention de tuer.

Art. 273. Le meurtre ne devrait pas être puni de mort.

Art. 274. Même observation qu'à l'article 13.

Art. 275. Cet article paraît détruit par l'article 278.

On pense que les coups et les blessures dont il est fait mention dans ces deux articles, mériteraient une peine moins sévère.

Art. 276. Le terme dans lequel on devra présumer que les coups ou les blessures auront causé la mort, ne doit pas être indéfini ; il est nécessaire de le fixer.

Art. 277. Cette peine est trop forte, et en disproportion avec le délit qui en est l'objet.

Art. 278. Même observation qu'à l'article 275.

Art. 285. La définition est inexacte, parce qu'une mère engagée dans les liens du mariage, peut aussi causer l'homicide de son enfant nouveau-né. Cet homicide était désigné dans la loi romaine sous le nom générique de parricide ; mais l'article 265 du projet du code, n'a voulu qualifier parricide que le meurtre contre les ascendans.

Art. 288. Quel est le juge qui pourra décider si on a excédé les bornes d'une correction légitime, si ces bornes ne sont pas fixées par une loi ?

Pourquoi les concierges et gardiens pourraient-ils excéder ces bornes envers les détenus qui sont condamnés à des peines afflictives ! Le condamné est puni par la loi; personne n'a le droit d'aggraver sa peine. Cet article, tel qu'il est, donnerait aux concierges et gardiens le droit de vie et de mort sur les détenus condamnés. Les sages dispositions de l'article 1116 ont pourvu aux moyens de contenir les détenus. On propose de s'en tenir à ces dispositions.

Art. 300. La peine prononcée par cet article est trop forte; on propose de la faire rentrer dans la classe des peines correctionnelles.

Art 305. De simples menaces, résultat presque toujours d'un moment de colère, et jamais de la réflexion, parce qu'ordinairement celui qui veut commettre un crime, n'en donne pas l'avis préalable, seraient assez punies de la détention de onze jours à six mois, suivant les circonstances.

Art. 307. Les dispositions de cet article paraissent superflues, étant comprises dans les dispositions générales de l'article précédent, disant, *soit par toute autre espèce d'imprudence, d'inattention ou de négligence.*

Art. 315. Les affaires domestiques doivent être à l'abri des inquisitions étrangères, lorsqu'il s'agit sur-tout de la tranquillité et de l'honneur.

Il paraît immoral qu'un magistrat de sûreté puisse troubler une famille et l'exposer à la honte publique, toutes les fois qu'il croira qu'une femme s'est rendue coupable d'adultère, et que le mari y a connivé *ouvertement.* Il est presque impossible d'établir des règles fixes, d'après lesquelles on puisse définir si le mari a connivé *ouvertement* ou non, cela dépendra de l'imagination plus ou moins frappée du magistrat de sûreté. Il est donc prudent et moral de ne pas ouvrir facilement la porte à des dénonciations scandaleuses, dont les suites pour la société seraient plus dangereuses que le mal même qu'on voudrait empêcher.

Art. 322. Dans les observations, à l'article 13, on a proposé la suppression de ces poteaux. Dans tous les cas, ceux qui les auraient détruits, renversés ou enlevés, ne seraient pas coupables de violation de tombeaux ou de sépultures, mais d'un délit contre le respect dû à l'autorité qui aurait ordonné l'érection de ces poteaux, compris dans l'article 234, et punissables des peines y établies.

Art. 323. Celui qui s'est rendu coupable de faux témoignage en matière correctionnelle, devrait être moins puni que celui qui s'est rendu coupable du même crime en matière criminelle.

Art. 329, 330, 331, 332, 333. Ne devrait être déclarée calomnie que la fausse dénonciation, ou plainte faite devant une autorité quelconque, qui donnerait lieu à des poursuites contre la personne dénoncée. La simple articulation d'un fait faux, soit verbale, soit écrite, ne peut sous aucun rapport être considérée comme calomnie ; l'imputation verbale sur-tout est presque toujours l'effet d'un moment de ressentiment et de colère, et quelquefois de légèreté ; c'est une espèce d'injure qui est très-commune parmi les personnes dont l'éducation n'a pas été soignée. Il n'y a presque pas de dispute parmi ces personnes, qu'elles ne se permettent des imputations réciproques de cette nature ; mais elles n'ont aucune conséquence ; elles seraient donc mieux classées parmi les injures verbales. La calomnie suppose toujours l'intention de nuire à celui qui en est l'objet ; elle est un délit, dont la gravité ne peut se reconnaître dans les imputations dont il est parlé dans ces articles.

Art. 342. La peine de mort paraît trop dure pour ce crime.

Art. 347. Il existe une trop grande différence entre les délits compris dans les n.ºs 1, 2 et 3 et ceux désignés dans les n.ºs 4 et 5 de cet article, pour être punis de la même peine ; les derniers n'ont pas le même degré de gravité, la peine devrait donc être moins sévère.

Art. 360. On propose de réduire le *maximum* de cette peine à trois ans, et le *minimum* à deux mois.

Art. 362. La peine en général est trop forte, mais sur-tout pour le vol de marne, fumier, et autre espèce d'engrais.

Art. 381. La défense faite dans cet article ne devrait avoir lieu que dans des circonstances extraordinaires : elle pourrait faire l'objet d'un loi transitoire, lorsque le Gouvernement le jugerait nécessaire ; mais elle ne devrait point faire partie d'un code criminel, qui ne doit punir que les actions qui sont des délits de tous les temps.

Art. 395. Même observation qu'à l'article 13.

Art. 397. Ce délit devrait être puni de la peine portée par l'article 305, étant de la même nature.

DEUXIÈME PARTIE.

DISPOSITIONS PRÉLIMINAIRES.

Art. 444, 3.e alinéa. L'action civile peut résulter d'un crime, comme d'un délit ou d'une contravention. On propose donc la rédaction suivante : Il peut aussi résulter *d'un crime*, ou d'un délit ou d'une contravention, une action privée et civile.

LIVRE Ier

CHAPITRE V.

Art. 522. L'officier de santé devrait être puni, ainsi qu'il a été observé à l'article 198.

Art. 532. Que deviendra la famille du prévenu, si les scellés sont apposés sur ses meubles et effets ! Privera-t-on sa femme et ses enfans d'un lit ; leur refusera-t-on un morceau de pain ; les condamnera-t-on à mourir dans la misère et le désespoir, avant même que le mari , le père soit déclaré coupable ? D'après l'horreur et l'indignation dont un des auteurs du projet a été saisi, en parlant de la confiscation, on aurait desiré la voir disparaître du Code. En effet, les lois criminelles ne doivent pas être des lois bursales. Les revenus de l'État doivent avoir une source plus pure , et le trésor public ne doit pas s'enrichir du malheur d'une épouse désolée, des larmes de l'enfant infortuné d'un coupable.

Si cependant on croit pouvoir conserver cette peine , qui devrait être effacée dans tous les codes criminels, on proposerait du moins qu'elle n'attaquât que les immeubles , et tout ce qui est réputé immeuble. Il est plus facile de sentir que d'exprimer les sentimens que ferait naître l'expulsion subite d'une malheureuse famille innocente , de la maison dans laquelle elle a reçu l'existence, la nourriture et l'éducation.

CHAPITRE VI.

Art. 557. On pense que le propréteur doit être exclusivement chargé de tout ce qui a rapport à la partie criminelle , et l'on propose en conséquence qu'il n'ait point séance et voix délibérative dans le tribunal de 1.re instance, pour les procès civils.

CHAPITRE VII.

Art. 566. L'indemnité de 4 francs par jour en cas de déplacement ne paraît point suffisante.

CHAPITRE VIII.

Art. 593. On remarque dans cet article une erreur qu'on croit d'impression ; il y est dit que l'officier chargé de l'exécution d'un mandat d'arrêt, et le gardien de la maison d'arrêt à qui il aura remis le prévenu , seront tenus de se conformer aux dispositions des chapitres XXXI et XXXII du livre de la justice , et cependant ce livre ne contient que trente-un chapitres, dont le dernier parle de la prescription , et n'a aucun rapport avec les mandats d'arrêt et leur exécution.

CHAPITRE IX.

Art. 595. Au lieu de ces mots *ou une détention au-dessous de dix jours*, on doit dire *ou une détention au-dessus de dix jours* ; l'article 575 ne donnant pas le pouvoir au propréteur de décerner un mandat d'arrêt pour un délit emportant la peine de détention au-dessous de dix jours.

LIVRE II.

CHAPITRE Ier

Art. 620. Quatre francs par jour pour frais de voyage sont insuffisans.

CHAPITRE IV.

Art. 779. D'après l'article 771 les tribunaux criminels sont composés d'un préteur, des propréteurs du département et de trois suppléans, et cependant lorsqu'on vient à l'acte le plus solennel, au jugement de l'accusé, on voit disparaître ce tribunal, et l'on ne voit plus que le préteur.

Le propréteur qui siégera avec lui, ne doit pas être compté pour un juge, la voix du préteur étant prépondérante.

D'ailleurs les propréteurs seront sous la surveillance du préteur, d'après l'article 553, et l'on doit convenir qu'ils ne pourront avoir l'indépendance nécessaire à ceux qui prononcent sur l'honneur et la vie des citoyens, en siégeant avec le préteur.

On croit donc dangereux de concentrer tout le pouvoir judiciaire dans la personne du seul préteur ; les citoyens n'auraient pas une garantie suffisante, quelles que fussent les qualités éminentes de ce magistrat ; et lorsque les tribunaux civils qui ne prononcent que sur les intérêts pécuniaires, et dont les jugemens sont en grande partie sujets à l'appel, sont composés de plusieurs membres, on doit sentir combien il importe davantage de ne pas confier à un seul homme l'administration de la justice criminelle, sur-tout en réfléchissant que tous ses jugemens seront en dernier ressort.

Il est bien vrai que les jurés modifieront cette puissance excessive, mais il n'est pas moins vrai que les jurés n'interviennent point dans la décision des affaires correctionnelles, et que dans les affaires criminelles même, après la décision des jurés, le préteur aura, dans la graduation et l'application des peines, une latitude effrayante, si elle n'est tempérée par le concours d'autres magistrats indépendans comme lui.

Une autre considération est aussi de quelque importance. Les jugemens correctionnels seront rendus, en première instance, par trois magistrats. Un seul juge sera-t-il chargé de les réformer en appel ? Le second jugement pourra-t-il inspirer autant de confiance et de respect que le premier ?

Pour éviter ces inconvéniens, l'on proposerait de composer le tribunal criminel d'un préteur et de deux juges fixes, ayant voix délibérative : les jugemens seraient rendus à la majorité des voix. L'on pourrait nommer deux suppléans pour remplacer les juges en cas d'absence ou d'autres empêchemens, et le premier juge remplacerait le préteur absent ou autrement empêché.

CHAPITRE VII.

Art. 884. La prononciation du jugement en présence des condamnés a souvent donné lieu à des scandales, et ne peut être d'aucun avantage pour la société.

On proposerait de faire prononcer le jugement en présence du public, et que le greffier fût ensuite chargé d'en faire la lecture au condamne, dans la maison de justice, et de le prévenir du délai que la loi lui accorde pour se pourvoir en cassation. La loi a établi cette marche pour les conseils de guerre ; il n'y aurait aucun inconvénient à l'adopter pour les tribunaux criminels.

Art. 891. On s'en rapporte à l'observation faite à l'article 884.

CHAPITRE XI.

Art. 939 et 940. L'avertissement officiel, en cas d'annullation d'une procédure, au magistrat qui l'aura instruite, ne devrait point être inséré dans le jugement d'annullation. Cette publicité ferait perdre au magistrat la considération, et le découragerait dans l'exercice de ses fonctions, aussi pénibles que délicates. L'on doit sentir combien il sera difficile, à la publication du nouveau Code, de ne pas omettre quelques formalités, ou de ne pas errer sur la compétence, sur-tout si on laisse subsister la classification actuelle, sur laquelle nous nous réservons de faire des observations générales. Ce sera au Grand-juge à rappeler les magistrats à leur devoir, lorsqu'il pourra croire qu'ils s'en sont écartés ; mais toute publicité à cet égard serait dangereuse, à moins qu'il n'y eût lieu de croire que la violation ou le défaut d'observation de quelques dispositions de la loi, ne fût pas le seul effet de l'erreur.

CHAPITRE XVII.

Art. 1009, 4.ᵉ alinéa. Lorsqu'il s'agira d'un contumax étranger, on ne pourra point déclarer, dans l'ordonnance prescrite par cet article, qu'il sera privé *des droits de citoyen français*. On propose, dans ce cas, de **le** déclarer simplement rebelle à la loi.

OBSERVATIONS GÉNÉRALES.

DÉLITS.

LES violations des lois qui donnent lieu à l'application des peines, sont divisées, dans le projet de Code, en crimes, délits et contraventions.

Les premiers sont punis des peines afflictives ou infamantes, de la relégation, ou de la peine de forfaiture;

Les seconds sont réprimés par des peines correctionnelles;

Les troisièmes, par des peines de simple police.

L'ordre et la simplicité paraissent exiger qu'on classifie dans un seul livre tous les crimes, et qu'on traite des délits dans un livre séparé.

La différente nature de ces délits et des peines qui en sont la suite, s'oppose à les voir confondus de manière qu'on rencontre souvent une simple peine correctionnelle à la suite de la peine de mort, ou de la déportation, et suivie elle-même d'une autre peine afflictive ou infamante.

Les auteurs du Code de 1791 avaient eu le plus grand soin de ne point confondre ensemble les crimes et les délits ; et cependant malgré l'heureuse simplicité de ce Code, les magistrats n'ont pas toujours pu se garantir de quelque méprise.

La nécessité d'éviter toute confusion doit se faire sentir bien davantage dans le nouveau Code d'après lequel la moindre erreur exposera les juges à des avertissemens officiels, à des réprimandes, et même à supporter les frais des procédures qui seront annullées.

On remarque aussi des crimes et des délits d'une différente nature confondus dans les mêmes chapitres. La brièveté du temps ne nous permet pas de grands développemens, nous nous bornerons à un seul exemple.

Le faux en écriture privée est classé au chapitre des crimes et délits contre la paix publique : sa place devrait être parmi les crimes contre la propriété.

Il n'y a pas plus de raison de regarder comme un crime contre la paix publique, le faux en écriture privée, que le vol, le meurtre et tous les autres crimes qui attaquent la sûreté et la propriété des citoyens.

On desire donc une rédaction plus simple et plus méthodique.

PEINES.

Confiscation.

« Les confiscations, dit Montesquieu, rendraient la propriété des biens » incertaine ; elles dépouilleraient des enfans innocens ; elles détruiraient » une famille, lorsqu'il ne s'agirait que de punir un coupable. »

Ces réflexions sont d'accord avec les sentimens d'un des auteurs du projet, qui, en parlant de la confiscation, la qualifie de tache honteuse, qui déshonore les lois criminelles. « Dans les codes criminels de la plu- » part des nations, dit-il, les dispositions pénales, qui ne devraient avoir » pour fondement que l'intérêt de tous, et le maintien de la paix publique, » ont été souillées par l'avidité fiscale. »

D'après ces principes, auxquels on ne peut qu'applaudir, et auxquels il serait difficile d'ajouter des raisons plus solides et plus convaincantes, on desirerait de voir disparaître du nouveau Code la confiscation générale. Elle frappe toujours les innocens ; elle ne peut être un frein pour le coupable. La confiscation est prononcée, dans le projet, pour des crimes qui emportent la peine de mort, ou d'autres peines afflictives et infamantes ; et celui que la crainte de la mort, ou d'autres peines afflictives n'éloigne pas du crime, ne sera pas retenu par la crainte de perdre sa fortune.

Si cependant on croyait utile de conserver cette peine, on proposerait de la restreindre à des cas très-rares. Une loi romaine ne l'admettait que dans le cas de crime de lèse-majesté au premier chef. On proposerait encore qu'elle ne portât jamais sur le mobilier, d'après l'observation faite à l'article 532.

Amendes.

Tous les délits correctionnels sont punis, dans le projet de Code, d'une détention et d'une amende. En obligeant les tribunaux à prononcer toujours l'une et l'autre, l'on détruit toute proportion entre la peine et le délit.

Une amende qui sera presque indifférente pour l'homme riche, sera, dans tous les cas, très-préjudiciable aux pauvres, si l'on réfléchit, surtout, que le délinquant étant toujours condamné aux frais du procès, cette seule condamnation opérera souvent l'expoliation des gens peu fortunés ; il serait plus facile d'obtenir une juste graduation dans la punition des délits, en laissant aux magistrats la faculté de prononcer ou la détention ou l'amende, ou l'une et l'autre, selon l'exigence des cas.

Quant aux amendes pour crimes, on proposerait de les retrancher du Code. Les peines afflictives ou infamantes sont d'un tel degré qu'il paraîtrait inconvenant de les associer avec des amendes, qui ne satisfont pas la société et qui retombent toujours sur la famille innocente du condamné.

Surveillance spéciale.

Le renvoi des condamnés sous la surveillance spéciale et à la disposition du Gouvernement, paraît trop multiplié.

On pense que les seuls vagabonds et gens sans aveu, condamnés pour crimes ou délits, devraient être mis à la disposition du Gouvernement, et que les seuls condamnés aux travaux forcés à temps devraient être renvoyés sous sa surveillance spéciale, après avoir subi leur peine.

A l'égard des condamnés pour délits correctionnels, même en récidive, comme ces délits ne sont point de nature à compromettre essentiellement la société, on proposerait de ne pas ajouter à la peine qui y est attachée la surveillance spéciale, à moins qu'il ne fût question de vagabonds et gens sans aveu qui, ainsi qu'il a été dit ci-dessus, devraient être mis à la disposition du Gouvernement ; la société ne pouvant avoir d'autre garantie envers ces êtres dangereux.

Tel est le résultat de nos observations dont nous avons l'honneur de présenter l'hommage au Gouvernement; ainsi que celui de notre profond respect et de notre entier dévouement.

A Nice, le 15 Floréal an 12. *Signé* LOMBARD, *président;* CRABALONA, VOLIVER, *juges;* TREMOIS, *commissaire.*

OBSERVATIONS

DU TRIBUNAL CRIMINEL

DE L'ARDÈCHE,

SUR

LE PROJET DE CODE CRIMINEL.

LETTRE

DU PRÉSIDENT

DU TRIBUNAL CRIMINEL

DE L'ARDÈCHE,

Au Citoyen Regnier, Grand-Juge Ministre de la Justice.

Citoyen Grand-Juge,

Vous avez demandé à tous les tribunaux de la République, de vous faire parvenir, avant le 1.er prairial prochain, leurs observations sur le nouveau projet de Code des délits et des peines, qui a été soumis au Gouvernement par le tribunal de cassation; les occupations nombreuses du tribunal que je préside, ne lui ont pas permis, dans le court délai qui s'est écoulé entre le moment où votre circulaire lui est parvenue (fin de germinal) et l'époque très-rapprochée du 1.er prairial suivant, de mûrir ses réflexions, et de vous présenter un travail digne d'un si important objet. Il eût néanmoins abordé l'examen de ce projet, dans les derniers jours de ce mois, si les nouvelles circonstances politiques dans lesquelles se trouve la France, ne l'avaient porté à penser qu'il était convenable de suspendre toute discussion sur des plans ou des systèmes d'organisation du pouvoir judiciaire, conçus en des temps et sous l'influence d'idées et de principes qui paraissent aujourd'hui devoir souffrir diverses modifications, et d'ajourner l'examen de tous projets de cette nature jusques après l'organisation du pouvoir exécutif, tout prêt à se recréer sur de nouveaux élémens, auxquels il faudra sans doute approprier toutes les institutions et toutes les lois.

Me permettrez-vous, cependant, citoyen grand-juge, de vous offrir quelques idées rapides et générales sur l'organisation du pouvoir judiciaire!

En premier lieu, je pense, citoyen grand-juge, qu'il y aurait de l'avantage à faire marcher, pour ainsi dire, de front, la réorganisation des tribunaux criminels et la réorganisation des tribunaux civils, au moins celle des

Ardèche.   A

tribunaux de première instance, vicieuse et imparfaite, à ce qu'il me paraît, dans l'opinion universelle. Je n'examinerai pas quels nombreux rapports peuvent s'établir entre les tribunaux civils et les tribunaux criminels, dans le double objet de simplifier l'administration de la justice et d'augmenter la considération dont les tribunaux ont besoin ; mais convaincu que la raison et l'expérience en indiqueront d'essentiels, je crains qu'une organisation partielle et isolée ne laisse bientôt apercevoir des changemens à faire, des lacunes à remplir, perspective funeste ; et de-là, je conclus qu'on doit embrasser de nouveau, dans son ensemble, l'organisation du pouvoir judiciaire, afin de l'asseoir sur des bases qui garantissent sa durée et sa coopération puissante aux vues libérales et bienfaisantes du Gouvernement.

En second lieu, les efforts honorables sans doute, parce que leurs intentions sont pures et philosophiques, de ceux qui veulent, en dépit de l'expérience, acclimater en France l'institution des jurés, ne doivent plus retarder, s'il m'est permis de parler ainsi, l'assiette du pouvoir judiciaire qui convient à nos mœurs. Interrogez tous les tribunaux criminels : ils vous diront que les jurés, quelque sage que soit la combinaison qui préside à leur choix, ne pourront jamais se rendre supérieurs à l'esprit de parti, qui, quoiqu'on en dise, ne s'éteint pas dans une nation aussi facilement qu'il y prend naissance, et dont le Gouvernement le plus fort ne peut extirper qu'à la longue toutes les racines ; que c'est vouloir fermer les yeux à l'évidence, que de ne vouloir pas reconnaître l'insouciance, la répugnance même de toutes les classes de citoyens à remplir les fonctions de jurés : que des juges choisis par le Gouvernement, mais toujours indépendans de lui, seront moins sujets à erreur, à prévention, à toutes les passions qui pèsent sur les hommes, que des citoyens jurés, dont les fonctions sont passagères, dont le nom ne s'attache pas aux jugemens que leurs déclarations déterminent ; dont l'élection ne peut être que l'ouvrage d'un sort aveugle. Si les juges sont chargés de prononcer sur le fait, sur l'intention, et d'appliquer la loi ; j'ai pour garants de leur justice, le discernement du Gouvernement qui les a choisis, la responsabilité morale et directe qui les pressent, le besoin de la réputation et de la gloire ; enfin l'amour de la justice : quel concours de moyens pour former un tribunal recommandable ! qu'il est difficile d'arriver à la formation d'un jury, qui ne soit pas au-dessous de ses fonctions ! ainsi se fait sentir la nécessité d'un plan nouveau, en ce qui concerne l'organisation des tribunaux criminels.

La marche de la justice criminelle, citoyen grand-juge, me paraîtrait se simplifier et débarrasser d'une foule d'entraves, si l'on donnait aux juges de paix établis dans chaque canton, le droit de connaître exclusivement en premier ressort de toutes les affaires de simple police et de police correctionnelle, en les faisant assister dans leurs jugemens par deux ou quatre assesseurs.

Si l'on formait un tribunal unique par département, tout-à-la-fois civil et criminel, qui, juge souverain en matière civile, jusqu'à une somme déterminée, jugerait par appel toutes les affaires de police correctionnelle, et souverainement et en dernier ressort aussi toutes les affaires criminelles, sauf le recours au tribunal de cassation, pour violation des formes ou fausse application des lois;

Ce tribunal serait divisé en deux sections : chacune de ces sections serait présidée par un juge du tribunal d'appel, élu chaque année, et toujours rééligible. L'une des sections s'occuperait exclusivement, durant six mois, des affaires civiles; l'autre, des matières criminelles : les membres seraient successivement appelés à passer de l'une dans l'autre section, ce qui préviendrait l'inconvénient d'habituer les mêmes juges à toujours prononcer en matière criminelle, habitude qui peut endurcir le cœur de l'homme et affaiblir en lui les plus doux et les plus honorables sentimens, ceux de la pitié et de l'humanité. Des magistrats de sûreté, dans chaque arrondissement communal, seraient chargés de tous les actes fondamentaux et préparatoires de l'instruction criminelle jusques au mandat d'arrêt inclusivement. La poursuite des affaires serait ensuite continuée, suivant les formes usitées, par les commissaires du Gouvernement près les tribunaux jusques au jugement définitif : l'augmentation des membres composant les tribunaux d'appel, deviendrait alors indispensable, à moins qu'on ne préférât les réduire, opérer la fusion de deux en un, et donner de cette manière à ces cours judiciaires plus d'importance, plus de lumières et une physionomie plus convenable au nouveau régime. Pardonnez, citoyen grand-juge, si j'ose vous offrir mes idées particulières : mais puisqu'une réforme se prépare, puisse-t-elle être la dernière ! aucun système de législation n'est durable, s'il n'est combiné avec la position du peuple qui le reçoit ; car alors le peuple ne croit pas à sa durée, et par cela même, on le voit chaque jour tomber en ruine. Il importe sur-tout que les juges ayent la conviction de la stabilité des institutions judiciaires : cette conviction peut naître essentiellement de l'interêt personnel qui croit aisément ce qu'il desire; ainsi le système des cautionnemens pourrait être étendu utilement aux juges : s'il présente des garanties au Gouvernement de l'attachement de l'individu à l'ordre établi, il présente aussi à l'individu des garanties de l'attention du Gouvernement à le maintenir dans la place qu'il occupe dans l'ordre établi. Ce système semble donner aux familles un droit de propriété, qui n'a rien d'exclusif ni d'humiliant pour autrui, puisque la place ne peut jamais passer d'un individu à un autre qu'avec l'élection du Gouvernement : ce système, dis-je, semble donner aux familles un droit de propriété aux places qu'elles ont une fois obtenues, toutes les fois que le choix du Gouvernement n'est pas détourné par le démérite des prétendans : cette sorte d'hérédité encourage les enfans à se rendre propres aux places qu'ont honorées leurs pères , et leur éducation est dirigée par des soins et dans un but non moins utile aux individus qu'à la société.

J'ajouterai encore, que si le même traitement attend le juge laborieux et le juge négligent, l'émulation n'a pas un ressort suffisant (je parle pour notre temps) et de là un relâchement funeste aux tribunaux et à la justice. On doit exciter les jugès-rapporteurs par le double attrait de l'amour de la gloire, et d'un traitement éventuel qui s'accroisse dans la proportion de leur travail journalier, indépendamment du traitement fixe que l'on doit faire concorder avec la dignité de la place et les besoins de la vie.

Il n'est pas moins juste de présenter le repos de la retraite au magistrat qui a vieilli dans la carrière pénible des fonctions judiciaires ; qu'il puisse montrer à ses enfans la balance d'honneur que ses services lui auront méritée ; que la misère ne puisse jamais harceler la vieillesse du magistrat qui a dignement servi son pays ; alors les tribunaux reprendront leur splendeur première, et circonscrits dans les bornes des fonctions judiciaires , ils ne pourront être par leurs travaux et leurs lumières, que les plus solides appuis du Gouvernement.

Citoyen Grand-juge ,

Salut et respect, GAMON.

OBSERVATIONS

DU TRIBUNAL CRIMINEL

DES ARDENNES,

SUR

LE PROJET DE CODE CRIMINEL.

DÉTERMINER la nature des délits, et la qualité des peines qui doivent leur être infligées, prescrire les formes nécessaires pour parvenir à la preuve des délits, et en assurer la punition; en deux mots, le délit et sa peine, l'instruction du délit et sa preuve, tel doit être le double objet d'un code criminel, tel est celui du Projet présenté au Gouvernement.

Tout acte défendu par la loi, comme troublant l'ordre extérieur de la société, toute omission de ce que la loi prescrit pour le maintien de cet ordre, est un délit.

Les dénominations *délit, crime,* pourraient donc être regardées comme synonymes.

Cependant les délits de nature à entraîner peine afflictive ou infamante, ou autre peine qui, sans être telle, est cependant plus grave que celles établies pour la répression des simples délits, reçoivent seuls la qualification de *crimes* : celle de *délits* demeure aux actes punissables de peines correctionnelles, et celle encore plus adoucie de *contraventions* est donnée aux actes qui ne méritent que des peines de simple police.

Cet ordre raisonnable de qualifications que présentent les dispositions préliminaires du Projet, annonce qu'il n'est pas uniquement relatif aux crimes proprement dits.

Et un code criminel ainsi circonscrit et limité, serait incomplet; il doit concerner les simples délits et les contraventions de police, de même que les crimes.

Aussi on trouve ces trois classes de délits réunies dans le Projet, qui porte le titre de Code *criminel, correctionnel* et de *police.*

Il est divisé en deux parties principales, intitulées, l'une : *Délits et peines,* l'autre , *police et justice;* et chacune de ces parties a des subdivisions qui lui sont propres et particulières.

La première partie est subdivisée en quatre livres , dont le premier , *des peines criminelles et correctionnelles , et de leurs effets.*

Les dispositions de ce livre concilient heureusement les droits également saints et précieux de la justice et de l'humanité.

La peine de mort subsiste; mais il est des crimes pour l'expiation desquels la sûreté publique exige le sacrifice de la vie du coupable.

Dans le cas de certains crimes particulièrement atroces , cette peine est précédée d'une rigueur sans doute considérable; mais l'atrocité particulière de ces crimes nécessite dans leur punition une rigueur qui , sans outrager l'humanité par son excès, soit propre cependant à imprimer une terreur salutaire dans l'ame de ceux qui seraient tentés de les commettre.

Quelques-unes des peines sont perpétuelles ; mais il est des hommes tellement pervers et corrompus jusque dans le plus intime de leur substance , qu'ils doivent être rejetés pour toujours de la société : d'ailleurs, ces peines ne sont appliquées qu'à des crimes presqu'aussi graves que ceux dont la loi frappe de mort les coupables.

La marque ou flétrissure accompagne les peines des travaux forcés à perpétuité ou à temps et de la déportation ; mais cette peine accessoire est encore un frein salutaire que sollicite l'intérêt de la société.

Seulement il semble que la peine des travaux forcés à temps, étant moins sévère que celle de ces travaux à perpétuité et de la déportation , cette peine moins sévère devrait entraîner une marque ou flétrissure moins rigoureuse; et que l'exactitude des proportions serait mieux observée, en n'imprimant dans ce cas la flétrissure que sur une seule épaule.

Les peines temporaires n'ont plus nécessairement, et dans tous les cas, la même durée à l'égard de tous les coupables du même crime; mais un *minimum,* un *maximum* sagement déterminés, laissent aux juges le pouvoir d'appliquer l'un ou l'autre, ou, entre ces limites , tel autre terme moyen qu'ils estiment convenir.

Ainsi la dignité du magistrat n'est plus avilie , son cœur n'est plus affligé, sa conscience n'est plus tourmentée par la circonscription, également impolitique et immorale, de son ministère dans l'application purement matérielle et passive de la loi.

L'exécution des condamnations n'est plus concentrée dans la ville où le tribunal criminel est établi; mais elle se fait dans le chef-lieu de l'arrondissement communal dans lequel le crime a été commis ; ainsi elle n'est plus comme perdue pour l'exemple que sa publicité a pour objet; du moins, ce mode assure mieux, sous ce rapport, l'effet auquel elle est destinée.

Dans le cas de ces crimes particulièrement atroces, dont la peine ne consiste pas dans la simple privation de la vie, les corps des suppliciés ne sont pas rendus à leurs familles, pour recevoir les honneurs de la sépulture commune ; mais ils sont inhumés le long des grands chemins , dans l'endroit le plus voisin du lieu du crime, avec une solennité infamante, dont l'opprobre et l'ignominie sont susceptibles de produire aussi pour l'exemple le plus heureux effet.

Le juste intérêt de la République et des parties lésées réclame des mesures propres à assurer leurs droits contre les coupables.

Mais, d'un côté, il est peut-être trop rigoureux d'étendre ces mesures aux coupables de simples délits ; d'un autre côté , l'annullation de tout acte de disposition gratuite par un coupable de crimes , depuis l'époque de son crime, serait peut-être une mesure illusoire, rien n'étant plus facile que de donner à un contrat de bienfaisance la forme d'un contrat intéressé de part et d'autre.

Ainsi il nous semble qu'un moyen plus sûrement efficace serait de considérer comme frauduleuse toute disposition généralement quelconque faite par un coupable de crime, depuis l'époque soit de l'accusation admise , soit même du mandat d'arrêt décerné contre lui.

Le second livre concernant les personnes punissables ou responsables pour crimes ou pour délit, inflige, avec juste raison, aux complices les mêmes peines qu'aux auteurs.

Mais le fait seul d'avoir procuré des armes à l'auteur d'un crime, ou de l'avoir assisté, ou d'avoir retiré un profit quelconque d'un crime , suffit-il pour rendre coupable de complicité celui qui a commis, soit l'un, soit l'autre de ces faits ! il nous semble qu'il ne peut être réputé complice qu'autant qu'il a agi en connaissance de cause , et qu'il importe que la loi s'en explique formellement.

Une distinction que commandent également la justice et l'humanité, est établie relativement à ceux qui auraient acheté, vendu , reçu, recelé, en tout ou en partie, des choses enlevées , détournées ou obtenues à l'aide d'un crime emportant , par ses circonstances , la peine de mort, des travaux forcés à perpétuité, ou de la déportation ; il ne punit de tels complices de la même peine que leurs auteurs, qu'autant qu'ils sont convaincus d'avoir eu, au temps du recelé, connaissance des circonstances auxquelles les peines de ces trois genres sont attachées : autrement ils ne demeurent passibles que de la peine qui, dans la graduation, est immédiatement inférieure à la moins grave de celles de ces trois genres.

Un motif, sans doute respectable, la haute importance que l'on doit attacher à la vie des hommes, avait déterminé à punir d'une peine afflictive et infamante, le meurtre, quoique reconnu et déclaré excusable, comme commis à la suite d'une provocation violente ; mais, pour être respectable dans son motif, une telle rigueur n'est pas moins un abus, contre lequel la raison et la justice réclament avec une égale force.

Celui qui est excusable n'est pas innocent; mais l'infamie ne doit pas couvrir son front; une peine correctionnelle, plus ou moins prolongée entre les limites déterminées par la loi, selon que l'excuse est plus ou moins favorable, doit suffire à la vindicte publique.

Aussi l'accusé du crime, déclaré coupable, mais excusable suivant la loi, n'est plus passible que d'une détention correctionnelle, que les juges peuvent prolonger ou abréger, selon les circonstances, sans sortir toutefois des limites légales.

La vieillesse commande le respect, et si le vieillard coupable de crime n'a plus droit à ce sentiment, il ne cesse pas de mériter certains égards, que la justice la plus sévère ne doit pas méconnaître.

Aussi la peine des travaux forcés, soit à perpétuité, soit à temps, ni celle de la déportation, ne peuvent être prononcées contre aucun individu âgé de soixante-quinze ans accomplis au moment du jugement; ces peines sont remplacées par celle moins rigoureuse de la reclusion, soit à perpétuité, soit à temps, selon la durée de la peine qu'elle remplace; et il en est de même à l'égard de tout condamné à la peine des travaux forcés à perpétuité ou à temps, dès qu'il a atteint cet âge de soixante-quinze ans accomplis.

Dans le troisième livre, relatif aux crimes, aux délits et à leur punition, les crimes et les délits sont prévus, spécifiés, déterminés, expliqués avec autant de netteté que de précision, et la distribution des peines appliquées à chacun d'eux porte le caractère de la plus grande sagesse.

L'énorme différence de culpabilité qui existe entre celui qui, pour s'enrichir ou nuire au crédit public, distribue des monnaies nationales contrefaites ou altérées, et celui qui, ayant reçu de telles pièces pour bonnes, les livre à d'autres pour ne pas perdre, est justement saisie : le premier est puni comme un criminel atroce, le second comme coupable d'un simple délit.

Les diverses manières, nécessairement criminelles, dont un faux peut être commis, soit par un fonctionnaire public dans l'exercice de ses fonctions, soit par un simple citoyen, en écritures authentiques, de commerce, ou privées, sont mises dans le jour le plus évident.

Hors les cas d'obéissance à la loi, à la nécessité actuelle de la légitime défense de soi-même ou d'autrui, et d'excuse légale, le meurtrier paie de sa tête le sang qu'il a versé.

Les vols sont réprimés avec une sévérité proportionnée à leurs caractères et à leurs circonstances. La nature et la morale publique s'indigneraient de voir considérées comme vols, des soustractions de la part de l'un des époux au préjudice de l'autre, d'enfans ou autres descendans au préjudice de leurs pères, mères, ou aïeux, de ceux-ci au préjudice de leurs enfans ou autres descendans, ainsi que de la part d'alliés aux mêmes degrés.

Aussi, dans le cas de telles soustractions, toute poursuite criminelle est interdite, elles ne peuvent donner lieu qu'à des réparations civiles.

La même peine qui atteint le domestique ou l'homme de service à gages, atteint également l'ouvrier, le compagnon ou l'apprenti qui vole dans la maison, l'atelier ou le magasin de son maître, ainsi que l'ouvrier qui vole dans l'habitation où il travaille habituellement, et l'aubergiste, l'hôtelier, le voiturier ou leurs préposés qui volent les choses qui leur sont confiées à ce titre.

Effectivement il y a parité de motifs, et où cette parité se trouve, là il doit y avoir parité de droit.

Les vols d'objets exposés sur la foi publique, cessent d'être considérés comme simples délits, mais sont restitués à la classe des crimes à laquell' ils ont toujours dû appartenir.

Comment et dans quelles circonstances il y a exposition sur la foi publique; ce qui est réputé maison habitée, rues, chemins ou voies publiques, parcs ou enclos, ce qui constitue l'effraction, l'escalade, ce que l'on entend par fausses clefs;

Les actions qui constituent la banqueroute frauduleuse, les omissions qui en opèrent la présomption légale, les seuls moyens d'écarter cette présomption; tous ces points importans sont définis.

Enfin, et sans entrer dans plus de détails sur ce troisième livre, il nous semble heureusement réparer les omissions essentielles, et réformer les vices multipliés du Code pénal actuel.

Cependant il serait peut-être à desirer que dans la subdivision de ce livre, des titres et chapitres fussent uniquement et exclusivement destinés, les uns aux crimes, les autres aux délits; il semble du moins que, dans ce mode de subdivision, l'étude et l'application des nombreux articles qui le composent, deviendraient plus faciles.

Le quatrième et dernier livre de cette première partie, a pour objet unique les contraventions de police et leurs peines.

Le deuxième chapitre les divise en trois classes qui nous paraissent ne rien laisser à desirer soit à l'explication des cas de contraventions y énoncés, soit à l'ordre des peines posées dans des limites dont les juges ne peuvent jamais sortir, mais entre lesquelles ils peuvent choisir tel terme moyen que leur indique leur conscience et leur justice.

La police et la justice, matières de la deuxième partie, sont divisées en deux livres, dont le premier traite de la police, et le second de la justice.

Cette police, distinguée avec raison de celle administrative, et dont l'action doit précéder celle de la justice, est confiée à diverses classes de fonctionnaires.

Les formalités qu'ils doivent observer, les devoirs qu'ils ont à remplir, leur sont respectivement et sagement tracés.

Autant de magistrats de sûreté , dans chaque département , qu'il y a de tribunaux d'arrondissement communal , cela est également raisonnable et juste.

Toutefois dans l'arrondissement communal où le tribunal criminel est établi, le commissaire du Gouvernement est lui-même magistrat de sûreté et doit en remplir personnellement les fonctions.

Nous ne dissimulerons pas que la réunion de la magistrature de sûreté dans la personne du commissaire du Gouvernement près le tribunal criminel , nous paraît convenir peu à la dignité de ce tribunal et même de ce commissaire.

A la vérité on fait entrer les magistrats de sûreté dans la composition du tribunal criminel ; mais ce mode d'organisation nous semble également peu convenable.

Les magistrats de sûreté sont subordonnés au commissaire du Gouvernement près le tribunal criminel , ils sont ses substituts près les tribunaux d'arrondissement communal , auxquels ils sont respectivement attachés.

A ce titre de substituts , et parce que le ministère public est indivisible , ils remplissent près ces tribunaux les mêmes fonctions que le commissaire du Gouvernement près le tribunal criminel, remplit près ce tribunal lorsqu'il s'agit de procéder, d'instruire à l'occasion des délits qui se poursuivent *de plano* dans ce même tribunal ;

Mais les substituts près les tribunaux d'arrondissement, quoiqu'exerçant le même ministère poursuivant en accusateurs , n'en sont pas moins des magistrats d'un ordre inférieur, qui n'ont jamais à remplir , et , de fait, ne remplissent aucun ministère près le tribunal criminel ; et il nous semble que des magistrats, qui, de droit comme de fait, sont sans aucune espèce quelconque de fonctions près d'un tribunal , ne doivent et ne peuvent pas non plus en faire partie.

Si le commissaire du Gouvernement près le tribunal criminel était en même temps magistrat de sûreté pour l'arrondissement communal où ce tribunal est établi , il remplirait les fonctions de cette magistrature hors de ce même tribunal auquel seul il est attaché près d'un tribunal inférieur qui n'est pas le sien : il accuserait aujourd'hui comme magistrat supérieur ; demain, comme magistrat inférieur , il exécuterait en cette dernière qualité ce qu'en la première il doit seulement surveiller ; et cette confusion, cette cumulation , dans un même individu , de deux magistratures, l'une supérieure, l'autre inférieure, nous semble blesser les règles de la hiérarchie judiciaire.

Quant au mode de procéder par le magistrat de sûreté , il nous paraît, en général, bien entendu et ne devoir pas essuyer de contradiction.

Lorsqu'il a interrogé un prévenu d'un crime ou délit sur lequel la loi appelle le plein exercice de la police judiciaire , il décerne contre lui mandat de dépôt *s'il y a lieu,* et il lui est défendu de le décerner, dans le cas d'un délit de nature à n'être puni que d'une amende au-dessus de cinquante francs.

Cette restriction, cette prohibition, dictées par le respect que commande la liberté individuelle, sont très-sages.

On ne verra plus, comme il est arrivé trop souvent, par un abus, et contre l'esprit de la loi créatrice de cette espèce de mandat, des citoyens enlevés à leur état, à leur famille, et privés de leur liberté sur une prévention quelconque du plus simple délit.

Dans les cas d'escroquerie, d'abus de confiance, et généralement de tout délit correctionnel commis, soit en faisant souscrire des actes ou effets contenant ou opérant obligation, disposition ou décharge, soit en refusant d'exécuter une convention, un pacte, un arrangement quelconque, arrêté verbalement ou par écrit entre le prévenu et la personne lésée, soit en trompant celle-ci dans l'exécution de la convention, le magistrat de sûreté est tenu de renvoyer les parties à se pourvoir par les voies ordinaires, à moins qu'il ne s'agisse de dol commis en vendant des matières d'or et d'argent, des pierres fausses pour fines, en usant de faux poids ou mesures fausses ou non autorisées, ou en tenant illicitement des maisons de prêts, de jeu ou de loterie.

Les tribunaux saisis par les voies ordinaires, appliquent, s'il y a lieu, les peines portées par la loi, sauf l'appel devant le tribunal d'appel; pour y être jugé sur les réquisitions du commissaire du Gouvernement, dans les délais et la forme prescrits par le jugement des appels, en matière correctionnelle, portés devant les tribunaux criminels.

L'attribution de la connaissance de ces cas aux tribunaux civils, paraît avoir pour motif la crainte d'une très-fréquente violation de la règle du droit civil prohibitive de la preuve testimoniale contre et outre le contenu aux actes, ou lorsqu'il s'agit d'une somme ou valeur excédant cent francs.

Ce motif nous paraît peu considérable.

La règle que l'on craint de violer souffre plusieurs exceptions, même en matière civile : jamais elle n'a eu les délits pour objet; ils en sont aussi exceptés formellement, en général; même ceux résultant de faits de dol, de fraude, de force, de violence, allégués avoir eu lieu dans un contrat ou autre acte, sont nominativement et particulièrement exceptés.

Pourquoi! parce que le plus souvent il serait impossible d'administrer ces sortes de preuves autrement que par témoins.

Or ces cas, que l'on propose d'enlever à la compétence des tribunaux institués pour la répression des délits, ne sont-ils pas évidemment des délits réels, des délits particulièrement dangereux, et dont l'ordre social réclame la juste répression! L'affirmative ne peut être douteuse.

Ainsi la preuve testimoniale, dans ces cas, n'est nullement une infraction à la règle; et il nous semble que le nouveau mode proposé pour la poursuite et la punition de ces délits, intervertirait, non-seulement sans objet utile, mais contre l'intérêt général, l'ordre des juridictions.

Dans les vingt-quatre heures, à compter du jour du dernier acte de la poursuite confiée à son ministère, le magistrat de sûreté doit déposer les pièces au greffe du tribunal d'arrondissement;

Mais dans l'arrondissement où siége le tribunal criminel, c'est au greffe de ce tribunal que le dépôt doit en être fait.

Si, comme nous le pensons, le commissaire du Gouvernement près le tribunal criminel, doit avoir dans l'arrondissement communal où ce tribunal est établi, un substitut magistrat de sûreté; de même que dans les autres arrondissemens, il en résulte nécessairement que c'est toujours au greffe du tribunal d'arrondissement que les pièces doivent être déposées.

Mais ce dépôt nous semblerait devoir également être fait dans ce greffe, quand même dans l'arrondissement où siége le tribunal criminel, le commissaire du Gouvernement près ce tribunal n'aurait pas de substitut, et serait lui-même magistrat de sûreté.

A quelque terme que doive aboutir la poursuite, soit que, les charges présentant un crime ou un simple délit, le prévenu doive être traduit au jury d'accusation ou devant le tribunal de première instance jugeant correctionnellement, toujours est-il vrai que, dans cet état de choses, le tribunal criminel n'est pas saisi de l'affaire.

Il faut, pour le saisir, ou un appel, ou une ordonnance de prise-de-corps, sur une accusation admise.

Pourquoi donc déposer à son greffe les pièces d'une affaire qui lui est et qui peut lui demeurer toujours étrangère !

Dans la nomenclature des fonctionnaires auxquels l'exercice de la police judiciaire est confié, suivant les distinctions établies par la loi, les directeurs de jury sont remplacés par des propréteurs.

Leur nombre, dans chaque département, est égal à celui des arrondissemens communaux, dans chacun desquels ils sont délégués par le Premier Consul, qui les nomme à vie.

Ils sont membres du tribunal criminel, et sous la surveillance du preteur.

Dans l'arrondissement où siége le tribunal criminel, le propréteur, en cas d'empêchement, est remplacé dans toutes ses fonctions par le premier suppléant de ce tribunal.

Les propréteurs concourent avec les magistrats de sûreté aux actes, aux poursuites de la police judiciaire, et dirigent le jury d'accusation.

Ils ont séance et voix délibérative dans le tribunal de première instance, même pour les procès civils; ils ont le titre et peuvent remplir les fonctions de vice-président; ils sont même tenus, pour l'empêchement

du

du président, et si eux-mêmes ne sont pas empêchés, de présider aux audiences données spécialément pour le jugement des affaires correctionnelles.

Leurs fonctions, sous le rapport de la police judiciaire, et relativement au jury d'accusation, sont absolument les mêmes que celles que remplissent aujourd'hui les directeurs de ce jury, pris successivement, et par tour, tous les six mois, parmi les juges du tribunal d'arrondissement : et sans doute, remises ainsi entre les mains d'un seul, pour les exercer à perpétuité, elles ne peuvent être que d'autant mieux remplies. Mais ces nouveaux magistrats étant d'un ordre inférieur, toujours il nous semble convenir peu qu'ils composent en partie le tribunal supérieur.

Quoi qu'il en soit, leurs actes, comme officiers de police, n'exigent pas d'observations.

Seulement nous remarquerons que, si le mandat d'arrêt est assujetti à des formalités dont l'observation est prescrite à peine de nullité, cette nullité dans un acte, sans doute important, mais qui toujours n'est qu'une mesure de police, ne nécessite plus absolument l'annullation de toute la procédure qui a suivi.

Lorsque l'identité de la personne arrêtée est constatée, la nullité du mandat d'arrêt peut être réparée par la délivrance d'un autre mandat légal, ou de l'ordonnance de prise de corps ; et ce moyen facilement réparateur ne peut que tourner à l'avantage de la justice.

Il en est de même de la faculté accordée au commissaire du Gouvernement près le tribunal criminel de se pourvoir par appel devant ce tribunal, contre toute ordonnance du propréteur, soit quant au fond, soit à raison de la compétence, de tout excès de pouvoir, de fausse application de la loi à la nature du délit, en un mot sous tous les rapports : à ce moyen, de graves inconvéniens, résultés du silence du Code de brumaire an 4 à cet égard, ne se reproduiront plus.

Au surplus, cette faculté nous semble un nouveau motif de ne pas faire entrer les propréteurs dans la composition du tribunal criminel.

L'administration de la justice est confiée, quant aux contraventions, aux tribunaux de police, quant aux simples délits, aux tribunaux d'arrondissement, et quant aux crimes, aux tribunaux criminels.

Un tribunal de police est établi pour le ressort de chaque justice de paix.

Le juge de police de l'arrondissement communal, le juge de paix du lieu de la contravention, un citoyen domicilié dans le ressort de la justice de paix, et pris parmi les cent cinquante plus imposés du canton ; voilà la composition des tribunaux de police.

Le juge de police est désigné par le premier Consul parmi les suppléans du tribunal d'arrondissement communal, pour présider, pendant une année, les tribunaux de police dans l'étendue de cet arrondissement : une fois par mois, et l'un des vingt premiers jours du mois, il y a audience de police dans chaque chef-lieu de justice de paix, que le juge de police doit successivement parcourir : il est alloué à ce magistrat pour chaque jour d'exercice de ses fonctions, un traitement égal à la trois cent soixantième partie du traitement d'un juge du même tribunal, outre ses frais de voyage, à raison de quatre francs par jour.

Le sous-préfet désigne, tous les trois mois, un des cent citoyens plus imposés du canton; et, à moins d'une excuse jugée valable par le sous-préfet, le citoyen désigné est obligé de se rendre à l'audience, sous peine d'une amende, dont la quotité est diversement fixée, selon qu'il s'agit d'une première, d'une seconde ou d'une troisième absence.

Dans ce cas d'absence, au jour et à l'heure de l'audience, le maire, ou, à son défaut, l'adjoint de la municipalité du lieu où siége le tribunal de police, désigne aussitôt, parmi les citoyens les plus imposés de cette municipalité, un citoyen, obligé sous les mêmes peines, même de main-mise sur sa personne, de se rendre à l'instant à l'audience.

Ce mode organique des tribunaux de police nous semble bien compliqué; nous craignons même que l'exécution n'en soit souvent impossible.

Nous ne croyons pas non plus que ces tribunaux deviennent plus imposans sous la présidence d'un suppléant du tribunal d'arrondissement, obligé, par la modicité des rétributions qui lui sont accordées, de voyager avec la plus sévère économie.

D'ailleurs, les jugemens des tribunaux de police peuvent, en certains cas, être attaqués par voie d'appel devant le tribunal d'arrondissement. Sans doute le juge de police ne pourra connaître de cet appel ; mais sera-t-il également impossible que son opinion sur l'affaire forme quelquefois un préjugé pour ⬛ contre le jugement du premier tribunal !

Si l'organisation des tribunaux de police n'est pas assez forte aujourd'hui, il serait plus simple, et il nous semblerait préférable, d'adjoindre au juge de paix, pour composer avec lui le tribunal, deux citoyens choisis par telle voie qui serait jugée la plus convenable, et qui accepteraient librement et volontairement les fonctions toujours honorables qui leur seraient déférées.

Les formes, tant des procédures qui doivent précéder et préparer les jugemens de ces tribunaux, que de ces jugemens eux-mêmes, sont en très-majeure partie, celles actuellement suivies.

Il en est de même par rapport aux tribunaux d'arrondissement jugeant correctionnellement, et dont l'organisation ne diffère de celle actuelle qu'en ce que les propréteurs substitués aux directeurs de jury, président nécessairement en l'absence du président, aux audiences correctionnelles, à moins qu'ils ne soient eux-mêmes empêchés.

Mais relativement à ces formes, nous trouvons quelques lacunes du Code de brumaire an 4 heureusement remplies.

Par exemple, les contraventions, les délits susceptibles d'être prouvés par procès-verbaux, ne demeurent pas impunis par le défaut d'existence ou de régularité de ces procès-verbaux ; leur défaut peut être réparé ; il peut être suppléé à leur insuffisance par la preuve testimoniale.

Par exemple encore, la voie de l'opposition aux premiers jugemens par défaut, en matière correctionnelle, est ouverte devant les tribunaux, tant d'arrondissement que criminels, comme en matière de contraventions, devant ceux de police.

Par exemple toujours, il est textuellement porté, non plus seulement que les témoins seront entendus de nouveau sur appel, si leur audition est requise, mais encore que de nouveaux témoins pourront être entendus.

A l'égard des témoins, devant quelque tribunal qu'ils soient produits, il est permis à toutes les parties de s'opposer à l'audition des père, mère, ayeux, enfans, petits enfans, frères, sœurs du prévenu, de ses alliés à ces dégrés, de sa femme ou de son mari, et le tribunal doit statuer sur cette opposition.

La morale publique ne s'oppose-t-elle pas à l'audition de tels témoins! unis par des nœuds si étroits avec le prévenu, leur témoignage, sous quelque rapport qu'il soit fait, peut-il n'être pas suspect à la justice! et s'il est ainsi nécessairement suspect, ces témoins doivent être absolument et formellement exclus.

Il n'est rien changé dans le nombre des tribunaux criminels ; comme aujourd'hui, chaque département a le sien ; mais leur organisation est absolument nouvelle.

Les présidens de ces tribunaux ne sont plus des juges choisis par le premier Consul dans les tribunaux d'appel, pour un temps plus ou moins long ; mais des magistrats particuliers, institués précisément, uniquement *ad hoc*, sous la dénomination de *préteurs*.

Les tribunaux criminels étant parfaitement distincts et séparés des tribunaux civils, il nous paraît dans l'ordre qu'ils ayent des chefs propres, particuliers et étrangers aux tribunaux civils.

Le nombre des préteurs n'égale pas celui des tribunaux ; le même préteur en préside plusieurs.

Le motif de cette réunion de plusieurs tribunaux, sous la présidence d'un seul préteur, paraît être qu'il n'y a pas d'affaires en assez grand nombre dans chaque tribunal, pour fournir au président une occupation suffisante.

Sans doute, les tribunaux criminels sont en général moins chargés que les tribunaux civils ; et, pour l'honneur des mœurs, pour la consolation de la justice et de l'humanité, puissent-ils devenir moins occupés encore ; mais si l'on daigne prendre en quelque considération les diverses parties

du ministère des juges criminels qui ne s'exercent pas sur le siége, si on
veut bien considérer aussi qu'il est des affaires dont les débats sont nécessairement très-prolongés; qu'il est des matières correctionnelles qui exigent
plusieurs et de très-longues audiences, on demeurera convaincu que les
tribunaux crimïnels sont assez, et seraient assez occupés, dans l'état actuel
des choses; et que d'après les changemens aussi justes qu'essentiels proposés
dans la classification des délits, ils le seront beaucoup trop, pour que
chacun n'ait pas son président propre et particulier.

Les préteurs ne peuvent présider au-delà d'une année dans une même
division, ni remplir leurs fonctions dans les départemens de leur naissance
ou de leur domicile. Ils doivent tenir, au moins une fois par trimestre,
des *grands jours* dans les départemens de leur division.

Cette limitation de la durée des fonctions des préteurs dans la même
division, cette exclusion de les exercer dans les départemens de leur
naissance ou de leur domicile, nous paraissent puisées dans un sentiment
de défiance, difficile à concilier avec la considération brillante, la confiance illimitée dont il semble cependant que l'on veuille les investir et
rehausser en quelque sorte, en les environnant d'une grande pompe, d'un
grand éclat extérieur.

Pour pouvoir graduer justement les peines, dans les cas où il est permis
d'en prolonger ou d'en abréger la durée entre certaines limites, il faut
connaître non-seulement le cœur humain en général, mais aussi le génie,
le caractère, les mœurs du pays des coupables.

Mais le court espace d'une année est-il suffisant pour acquérir ces
connaissances dans l'étendue d'un vaste ressort !

Il nous semble, au reste, que l'existence perpétuellement ambulante à
laquelle on voue les préteurs, non-seulement se conciliera difficilement avec
le recueillement, le travail profond qu'exige le ministère redoutable qui
leur est destiné, mais qu'elle sera peu propre à donner un accroissement
de dignité à des tribunaux essentiellement fixes et permanens.

Et, à cet égard, nous sommes bien éloignés de penser que la justice
criminelle perde aujourd'hui moitié de sa solennité, parce que les présidens
des tribunaux criminels étant placés pour un an dans une ville centrale, ils
sont comme à poste fixe.

Aussi, quoique nommés pour un an, la loi les rend perpétuellement
rééligibles : et, sans doute, si de nouvelles élections eussent eu lieu chaque
année, les présidens qui ont justifié de la confiance dont ils ont été
honorés une première fois, auraient continué de l'obtenir.

Mais ces élections n'ont pas même été faites; on a senti avec juste raison,
d'un côté, que changer chaque année les présidens, c'eût été un moyen
à peu près infaillible de voir les tribunaux criminels très-insuffisamment

présidés, et de l'autre, que le terme d'une année était trop court pour pouvoir apprécier justement ces magistrats.

Des grands jours ne sont pas inconnus en France; mais il ne s'agit pas ici des tribunaux extraordinaires, soit pour réformer des abus, soit pour juger certains délits, mais des tribunaux ordinaires pour toutes les matières criminelles.

Les grands jours se tenaient dans certaines circonstances et à des époques éloignées.

Mais si dans chaque tribunal criminel les grands jours n'ont lieu que quatre fois par an, combien ne sera pas lente la distribution de la justice qui, sans être jamais précipitée, doit toujours être prompte! que d'inconvéniens plus ou moins graves, mais toujours funestes, ne résulteront pas d'une telle lenteur!

Il n'y a que les préteurs qui puissent présider le jury de jugement: le préteur absent ou empêché ne peut, dans ce cas, être remplacé que par un autre préteur.

Le propréteur en fonctions dans l'arrondissement communal où le tribunal criminel est établi, siége avec le préteur: ils rendent ensemble les jugemens qui interviennent aux grands jours; mais le préteur a voix prépondérante.

Voilà encore, ce nous semble, des sources fécondes de graves inconvéniens.

Un préteur, que des circonstances prévues obligeraient de s'absenter, pourra bien prendre des mesures pour être remplacé, sans que la marche de la justice soit interrompue ou retardée.

Mais la mort peut le surprendre, il peut tomber malade à l'entrée ou dans le cours d'une session; et alors s'il ne peut être remplacé que par un autre préteur, il devient indispensable de renvoyer les affaires à une session suivante; et d'un tel renvoi, d'un tel retard dans l'expédition des affaires, quel préjudice, soit pour l'intérêt général de la société, soit pour celui particulier des accusés!

Il est de la plus souveraine justice de restituer aux juges le droit que la crainte injurieuse d'un prétendu arbitraire leur a trop longtemps enlevé.

Mais la restitution de ce droit paraîtrait exiger que leur nombre fût augmenté plutôt que restreint; du moins le nombre de trois juges, y compris celui qui préside devrait être conservé.

Cependant, si le préteur et le propréteur étant divisés d'opinions, le préteur a la prépondérance, il demeure réellement le seul juge, et le propréteur, avec le droit de délibérer, est réduit de fait, dans ce cas, à une voix purement consultative.

Ce propréteur, exclu de remplacer le préteur absent ou empêché, lorqu'il s'agit de présider le jury de jugement, est appelé à ce remplacement pour tous les autres cas; et dans ces autres cas, il a réellement voix délibérative, parce que trois juges doivent concourir aux jugemens.

On conçoit que ces juges ne peuvent être aucun des propréteurs des arrondissemens où le tribunal criminel n'est pas établi.

Aussi trois suppléans entrent dans la composition générale de chacun de ces tribunaux ; et dans les affaires correctionnelles, et toutes les fois, qu'il n'y a pas lieu de présider le jury de jugement, le tribunal, en cas d'absence ou de tout autre empêchement du préteur, est composé du propréteur en fonctions dans la ville où siége le tribunal criminel, qui préside, et de deux suppléans.

Mais s'il s'agit, soit de nullité, dont une procédure instruite par ce propréteur sera arguée, soit de l'appel d'une ordonnance qu'il aura rendue, ou d'un jugement correctionnel du tribunal d'arrondissement auquel il aura coopéré, alors il est nécessairement exclu ; il est indispensable qu'il soit remplacé.

Dans tous ces cas, qui se reproduiront plus ou moins fréquemment, le préteur empêché d'une manière quelconque devra aussi être remplacé.

Il est même permis de prévoir qu'à-peu-près toujours il y aura lieu à ce remplacement : à-peu-près toujours ; en effet, l'ambulance perpétuelle du préteur rendra physiquement impossible sa présence hors le temps des grands jours ; qui sait, d'ailleurs, s'il ne croira pas de sa dignité de se circonscrire dans la présidence du jury de jugement !

Ainsi, et comme en général les suppléans remplacent le propréteur, comme en particulier dans tout arrondissement communal où siége un tribunal criminel, le propréteur, en cas d'empêchement, est remplacé dans toutes ses fonctions par le premier suppléant de ce tribunal, souvent, très-souvent, lors des jugemens à rendre par trois juges, aucun titulaire n'entrera dans la composition du tribunal ; il sera formé de trois suppléans.

Une telle organisation nous semble priver les tribunaux criminels d'une grande partie de la dignité qui doit toujours les accompagner ; dignité qui nous paraît, au reste, également compromise par leur composition essentielle et générale.

Il est juste, sans doute, et les règles de la hiérarchie judiciaire, l'honneur même des tribunaux, veulent qu'il y ait une ligne quelconque de démarcation entre leurs présidens et les simples juges ; mais cette ligne ne doit pas être telle, que toute la gloire du tribunal soit, pour ainsi dire, concentrée dans la personne du président ; elle ne doit pas être telle, que les simples juges soient placés dans sa dépendance.

Ces juges lui doivent des égards, mais il doit voir en eux des collègues ; il doit n'être que le premier entre égaux : et par cette raison, nous pensons que ceux qui lui sont associés, pour la distribution de la justice, ne doivent pas être des magistrats d'un ordre inférieur ; nous pensons que des magistrats placés près des tribunaux d'arrondissement, qui font partie de ces tribunaux, dont les actes, les ordonnances, les jugemens peuvent ètre annullés par le tribunal criminel, ne doivent entrer pour rien dans la composition de ce tribunal ; en un mot, que le même individu ne peut pas être en même temps le magistrat réformateur et celui susceptible d'être réformé.

Quant à la procédure devant les tribunaux criminels, des abus vraiment énormes sont corrigés.

Quelle que soit la population de la ville où siége le tribunal, l'accusé ne peut plus le récuser, quoique la déclaration du jury d'accusation ait été rendue dans cette ville, ou qu'elle soit celle de sa résidence habituelle; et de la suppression de cette faculté qui, pour être louable dans son motif, n'est pas moins une injure à la justice, résulte une sage économie des deniers publics.

L'accusé a le droit d'attaquer, en tout ou partie, les actes de poursuite ou d'instruction pour cause de nullité, d'incompétence ou d'excès de pouvoir ; mais il doit exercer ce droit dans un délai fixe et déterminé; et, lorsque duement averti il a négligé de le faire, il en est déchu.

Les nullités sont beaucoup moins nombreuses qu'aujourd'hui.

Il ne peut être, à peine de nullité, dressé d'acte d'accusation que pour délit de nature à entraîner une peine afflictive ou infamante, la relégation ou la forfaiture.

Cependant, quoiqu'il ne s'agisse pas d'un tel délit, et lorsque personne n'aura requis, sous ce rapport, l'annullation de l'acte d'accusation, le tribunal peut passer outre aux débats et appliquer ensuite telle peine correctionnelle ou de police que l'accusé aura encourue ; et cette simplification, en accélérant la marche de la justice, soulage encore considérablement le trésor public.

Il est juste que l'accusé puisse connaître les pièces du procès ; mais la communication de ces pièces à ses conseils suffit pour lui procurer cette connaissance.

Il est juste encore cependant que si ses conseils jugent quelques pièces utiles à sa défense, ils puissent en prendre ou en faire prendre copie.

Mais il est parfaitement inutile de donner à l'accusé copie de toutes les pièces ; il est souverainement ridicule, lorsque plusieurs individus sont frappés de la même accusation, de donner à chacun d'eux, en quelque nombre qu'ils soient, quoique même leurs intérêts soient communs et leur défense commune, copie de la procédure entière ; et la raison comme la justice commandent d'éviter des frais qui s'élèvent à des sommes effrayantes, presque toujours supportées par le trésor public à raison de l'insolvabilité des condamnés.

Les conseils des accusés peuvent prendre, sans déplacement, communication des pièces, même copie de celles qu'ils jugent utiles à leur défense;

et par là ils obtiennent tout ce que peut demander une défense légitime.

L'honneur impose aux conseils des accusés la loi de respecter la vérité dans leur défense.

Cependant il est en quelque sorte immoral d'exiger d'eux la promesse de n'employer que la vérité ; et cette promesse, qui peut gêner et embarrasser des consciences trop délicates, est sagement retranchée. ·

Le serment solennel substitué à la simple promesse des jurés, et prêté au milieu d'une pompe religieuse, est propre à imprimer une vénération profonde pour la justice, et à pénétrer très-vivement les jurés de l'importance, de la sublimité du ministère que la loi leur confie.

Il est juste que l'accusé connaisse, avant l'ouverture des débats, les témoins que, soit le commissaire du Gouvernement, soit la partie plaignante, se proposent de faire entendre ; il est également juste que ceux-ci aient la même connaissance relativement aux témoins à produire par l'accusé.

Aussi l'obligation de notifier les noms, âge, profession et résidence des témoins, au moins vingt-quatre heures avant l'examen, n'est plus restreinte aux parties plaignante et publique, mais est rendue commune aux accusés.

Au reste, il n'est rien changé à ce qui s'observe aujourd'hui pour l'ordre et dans le cours des débats.

Les débats terminés et l'affaire résumée, les jurés doivent délibérer, et, s'il en est besoin, se retirer pour cet effet dans leur chambre ; ils ne sont donc plus nécessairement obligés, comme aujourd'hui, de délibérer hors du prétoire ; et il est effectivement des affaires dont la clarté et la simplicité sont telles, qu'elles ne donnent lieu à aucune discussion.

La décision du jury ne peut se former pour ou contre l'accusé qu'à l'unanimité ; mais quelles questions sont posées au jury ! Leur en est-il même posé ! Le projet ne s'en explique pas, du moins d'une manière formelle.

Seulement de la formule par laquelle la déclaration du jury doit être exprimée, semble résulter la position préalable de cette question : l'accusé est-il ou non coupable du crime exprimé dans l'acte d'accusation ?

Ce mode infiniment simple de question, et qui cependant comprend tout-à-la-fois le fait, la culpabilité et l'intention, remédie à un des plus funestes abus dont l'institution du jury ait été suivie ; il dispense de la position d'une question particulière, distinctive et séparée sur l'intention, question oiseuse et superflue en général, et dans une multitude de cas de la plus palpable absurdité.

Mais sans reproduire cette question intentionnelle, source trop féconde des écarts les plus monstrueux, il nous semble qu'il conviendrait que les

jurés

jurés s'expliquassent cathégoriquement sur les circonstances caractéristiques et aggravantes des crimes ; et que des questions précises sur ces points, en soulageant leur attention, rendraient leur délibération plus facile.

En cas de contravention de la part des jurés à quelqu'une des règles qui leur sont impérieussement prescrites, il est aussi simple que juste que leur déclaration soit rejetée du procès, et qu'il leur soit enjoint d'en former une nouvelle.

Mais que leur déclaration ainsi rejetée, le préteur puisse, d'office, renvoyer l'affaire aux prochains grands - jours, pour être examinée par un autre jury, c'est, ce nous semble, une injustice envers l'accusé, dont le sort ne doit pas demeurer incertain, sur-tout pendant un temps considérable, par suite d'une faute qui lui est étrangère, et qui peut être réparée sur le champ.

Il est un cas cependant dans lequel cette prolongation d'incertitude est indispensable ; c'est lorsque le tribunal est d'avis que les jurés, tout en observant les formes, se sont trompés au fonds, au préjudice de l'accusé.

Dans ce cas, presque métaphysique, tant il est rare, il est avec raison surcis au jugement ; et la revision du procès est, pour parvenir à la réparation de l'erreur, un moyen beaucoup plus raisonnable et plus sûr que la réunion de trois jurés adjoints à ceux qui ont émis la déclaration arguée d'erreur, pour en former une nouvelle.

L'examen et les débats une fois entamés doivent être continués sans interruption, jusqu'à la déclaration du jury inclusivement, sauf les intervalles nécessaires pour le repos des juges, des jurés, des témoins et des accusés ; l'intérêt de la justice, celui de l'humanité, feraient de cette mesure un devoir sacré, quant la loi ne la prescrirait pas.

Mais il nous semble excessivement rigoureux d'interdire pendant ces intervalles toute espèce de communication au-dehors.

A la vérité, et nous l'avons remarqué avec autant de douleur que de surprise, dans un des discours qui précèdent le projet on se plaint avec amertume de la marche des affaires dans les tribunaux criminels.

« Cette marche, dit-on, est uniforme et languissante autour d'un prési-
» dent sédentaire et qui a ses aises ; la séance ouvre tard ; on interrompt
» le service pour aller prendre un repas au dehors, on rentre à cinq ou
» six heures ; on se retire à neuf, &c.... Comme le jury connaît les mœurs
» du prétoire, il prend aussi des engagemens en ville, &c. »

Y a-t-il des magistrats qui respectent assez peu leur caractère, qui oublient leurs devoirs envers la justice et l'humanité, jusqu'au point de se faire un jeu cruel de prolonger pour de viles jouissances, les angoisses d'un accusé engagé dans les débats ! Nous l'ignorons, nous nous plaisons à ne le pas croire ; nous osons être assurés du moins que le nombre de magistrats si indignes de leur ministère, ne pourrait qu'être infiniment circonscrit.

Ardennes.   C

La procédure devant les tribunaux criminels suppose, ainsi que l'organisation de ces tribunaux, le maintien des jurys d'accusation et de jugement.

Mais, quelque magnifique que soit l'institution des jurés, quoiqu'elle ait tout-à-la-fois pour objet d'assurer la punition du crime et le triomphe de l'innocence, d'apprendre à chacun de ceux qui y sont appelés, à s'estimer, à connaître mieux le prix de l'estime, à sentir profondément le besoin d'une réputation pure, qui commande l'habitude des vertus ; cette institution doit-elle subsister parmi nous ! Nous laissons à la troisième expérience que l'on paraît se proposer, le soin de décider cette grande question, sans nous permettre de l'agiter nous-mêmes.

Si nous devons assurer que presque jamais l'institution des jurés n'a été funeste à l'innocence, nous ne pouvons dissimuler que très-souvent elle a produit les impunités les plus scandaleuses.

Mais cet abus aussi dangereux pour l'ordre social qu'affligeant pour la justice, prenait principalement sa source dans le mauvais choix des élémens présentés aux corps administratifs pour la composition du jury.

Le code de brumaire an 4 appelait à ces fonctions tous ceux qui réunissaient les conditions pour être électeurs, dès que d'ailleurs ils avaient trente ans ; la loi du 6 germinal an 8 y a appelé, savoir, pour jurés d'accusation, les citoyens portés dans les listes comunales, et pour jurés de jugement, ceux portés dans les listes départementales. Une latitude aussi considérable, le peu de soin que d'ailleurs on peut avoir apporté dans les choix, furent la cause que plusieurs fois elles ont été remplies par des individus ne sachant ni lire ni écrire, n'ayant pas la plus petite connaissance des affaires, incapables par conséquent d'avoir une opinion à eux, de saisir, d'apprécier et de juger.

D'autre part, le code de brumaire déclarait incompatibles les fonctions de jurés avec celles de juges et d'officiers de police indistinctement : ainsi des magistrats autant recommandables par leurs lumières que leur moralité, des citoyens honorés de la confiance publique et de celle du Gouvernement, les plus faits par leur habileté dans les affaires, par la connaissance qu'ils ont du cœur humain, pour bien saisir une accusation, apprécier les moyens de la défense, ramener à son vrai mérite la subtilité des discussions ; en un mot, pour bien juger, ne pouvaient faire partie des élémens dans lesquels le sort puisait les jurés.

La commission chargée du projet de code criminel, bien pénétrée qu'un pareil ordre de chose entraînait, et devait nécessairement entraîner les effets les plus funestes, a cherché à les écarter par divers changemens qu'elle a proposés dans la composition et la convocation du jury.

D'abord elle a borné l'incompatibilité absolue prononcée par le code de brumaire entre les fonctions de juges, d'officiers de police et celles de jurés, à ceux-là seulement qui ayant déjà, en ces qualités, fonctionné dans une affaire, seraient encore appelés au nombre des jurés pour prononcer dans la même affaire : voilà donc qu'une quantité assez considérable de juges, voilà qu'un plus grand nombre d'officiers de police, rentrent dans les élémens devant servir à la composition du jury, et viennent nécessairement les améliorer.

Elle a proposé ensuite de prendre les jurés d'accusation parmi les deux cents plus imposés de l'arrondissement, et les jurés de jugement parmi les citoyens du département qui seraient imposés au moins à cent francs de contributions réunies.

Nous convenons que l'on doit espérer de rencontrer parmi les plus imposés de l'arrondissement et parmi les citoyens du département qui supportent au moins cent francs de contributions, ceux qui ont été dans le cas de recevoir le plus d'éducation, et qui doivent être tout-à-fait pénétrés de la nécessité de veiller au maintien de l'ordre social; qu'ainsi la mesure proposée tend encore à améliorer les élémens du jury ; mais en circonscrire la prise dans la classe des citoyens dont il est ici question, nous pensons que ce serait resserrer, restreindre, empêcher la perfection de l'institution. Combien, en effet, de juges, d'officiers de police, de jurisconsultes, d'avoués et de notaires ; combien de marchands, de négocians et de citoyens aisés dont toute la fortune consiste dans un porte-feuille, un magasin, une fabrique, un atelier, ne supportent presque point de contributions ! Cependant, et quoique doués d'un sens exquis et d'une intelligence peu commune, ces défenseurs, et arbitres de la fortune des citoyens, ces agens du commerce qui fait fleurir les États, ces hommes enfin qui tous commandent la confiance et l'estime, ne seront point admis à l'exercice des fonctions de jurés ; et ce sera la loi qui les en écartera, quand l'intérêt de la société, quand la raison les y appellent ! Non, l'institution y perdrait trop. Nous estimons donc que les jurés doivent être pris non seulement parmi les plus imposés, ainsi que le porte le Projet, mais encore parmi les fonctionnaires publics, sans autres conditions, et parmi ceux qui marquent le plus par leurs connaissances, leurs talens et leur moralité.

Une liste de deux cents citoyens par chaque arrondissement pour y puiser les jurés d'accusation, ne nous paraît point trop considérable ; mais il n'en est pas de même de celle dans laquelle seront puisés les jurés de jugement, et quand elle serait restreinte seulement aux citoyens du département qui supportent cent francs de contributions, nous pensons qu'elle fournirait un trop grand nombre d'élémens, et que l'on courrait le risque de voir appeler aux fonctions de jurés des citoyens incapables de s'en acquitter dignement.

Veut-on avoir de bons jurés ! c'est de les prendre dans ce qu'il y a de plus ferme et de plus éclairé parmi les citoyens; c'est de charger les membres du conseil d'arrondissement de désigner les deux cents citoyens qu'ils croiront les plus propres à composer le jury d'accusation ; c'est de charger les membres du conseil de département de désigner cinq à six cents citoyens qu'ils estimeront les plus dignes d'être appelés aux fonctions de jurés de jugement. A ce mérite on aura l'élite et des arrondissemens et du département, et l'institution du jury aura fait un grand pas vers sa perfectibilité.

D'après le Projet, les préfets seront tenus tous les mois, s'ils en sont requis par les propréteurs, de former, sous leur responsabilité, autant de listes de jurés d'accusation qu'il y aura de propréteurs requérans ; lesquelles listes, s'il s'agit d'un crime contre la chose publique, doivent contenir les noms de sept fonctionnaires publics.

Pour l'exécution de cette dernière mesure, il est nécessaire 1.º que les préfet se fasse parvenir les noms, âges et demeures des fonctionnaires publics de chaque arrondissement; 2.º que tous les mois il soit informé de ceux qui ont cessé de l'être, soit par translation de domicile dans un autre arrondissement, par mort, démission, destitution, soit tout autrement ; 3.º que dans sa réquisition le propréteur s'explique sur l'espèce de crime qui donne lieu à la convocation du jury : tout autrement on courrait le risque, ou d'une irrégularité dans le cas d'annullation, ou le très-grand inconvénient de reculer d'un mois la présentation du prévenu au jury d'accusation. Le projet ne parle aucunement des trois choses que nous venons de faire remarquer, et c'est une omission que nous croyons devoir être réparée.

Les préfets seront également tenus, toutes les fois qu'ils en seront requis par les préteurs, de former sous leur responsabilité, une liste de quarante-huit citoyens propres à remplir les fonctions de jurés de jugement ; laquelle liste, s'il s'agit d'un crime contre la chose publique, devra contenir les noms de vingt-quatre fonctionnaires publics.

Pour bien opérer dans ce dernier cas, il nous semble qu'il est nécessaire, 1.º que le préfet ait un tableau général contenant les noms, âges et demeures des divers fonctionnaires publics de son département; 2.º qu'il soit exactement instruit des changemens qui y surviendront par mort, translation de domicile dans un autre département, démission, destitution, ou autrement ; 3.º et que dans sa réquisition, le préteur l'informe de l'espèce de crime qui donne lieu à la convocation du jury de jugement. Sans cela, il pourrait arriver qne dans les vingt-quatre que la liste désignerait comme fonctionnaires publics, un ou plusieurs ne le seraient plus, ce qui exposerait la liste entière à pouvoir être recusée, paralyserait l'action de la justice, et tiendrait pendant trois mois de plus, privé de sa liberté, enlevé à tout ce qu'il a de plus cher, dans un séjour affreux, un accusé peut-être innocent. Il y a dans le Projet omission de ce que nous venons de faire remarquer comme nécessaire à assurer l'exacte et parfaite exécution de l'article 906 ; et nous pensons que c'est une lacune à laquelle il convient de remédier.

La notification des listes de jurés d'accusation et de jugement, est proposée devoir être faite par le préfet aux citoyens dont les noms y seront portés, le tout cinq jours avant celui où elles devront servir.

Quant aux assemblées de jury d'accusation, ce nouvel ordre de choses ne nous paraît pas sans inconvéniens. Nous remarquerons en effet que quand c'est aux propréteurs à requérir la formation de la liste, quand c'est au préfet à en faire la notification, cinq jours avant l'assemblée fixée au premier dimanche de chaque mois, il faut que le tout s'arrange et se combine de manière à ce que le préfet ait le temps suffisant pour satisfaire aux obligations que la loi lui impose ; mais dix jours avant le premier dimanche du mois, un prévenu est amené à la maison d'arrêt, les témoins sont entendus, et la compétence réglée dans les quatre jours suivans ; enfin la procédure a reçu le degré d'instruction convenable pour présenter le prévenu au jury d'accusation ; mais alors il ne reste plus un temps suffisant pour requérir la liste des jurés et leur en faire la notification. Il faudra donc remettre l'affaire pour l'assemblée qui aura lieu le mois suivant : ainsi un prévenu, innocent peut-être, gémira un mois de plus dans la maison d'arrêt. Ceci est en opposition avec les règles de l'humanité ; et pour ne les point blesser, il nous semble qu'il serait tout aussi simple et meilleur que le préfet fît parvenir au propréteur le tableau des deux cents citoyens devant servir à la composition du jury ; qu'en présence, soit du sous-préfet, soit du maire de la commune où siége le tribunal d'arrondissement, le propréteur en tirât quinze par la voie du sort, et que la signification leur en fût faite à la diligence du magistrat de sûreté, cinq jours avant le dimanche où l'assemblée doit avoir lieu.

S'il y a des grands-jours, si les sessions des tribunaux criminels n'ont lieu que tous les trois mois, il est certain qu'il y aura toujours des accusés à juger : ainsi il est assez indifférent par qui, du préfet, du préteur ou du commissaire du Gouvernement, la notification de la liste soit faite aux jurés de jugement. On doit également compter et sur leur exactitude et sur leur discrétion ; mais quoiqu'il soit bien et très-bien que cette notification ne précède que d'un petit nombre de jours l'assemblée du jury, les membres n'en seront pas moins exposés à être circonvenus et sollicités : en effet, et au lieu de les aller chercher dans les différens points du département, ne les trouvera-t-on pas réunis dans un seul lieu et pour tout le temps de la session du tribunal ? Pendant que douze jurés s'occuperont de l'affaire d'un premier accusé, vingt-huit ou trente-six autres citoyens inscrits sur la liste et que le sort peut désigner, restent là jusqu'à ce que le dernier des accusés ait proposé ses récusations ; mais ces citoyens ne sont pas sans avoir en ville quelques amis, quelques connaissances ; ceux-ci intéressent en faveur des accusés et mettent en avant tout ce qui peut émouvoir : ici, c'est un père malheureux qui n'a commis le vol que pour soustraire ses enfans à la faim qui les poursuivait ; là, c'est un accusé qui appartient à une famille respectable sur laquelle le déshonneur rejaillirait s'il était condamné. On se laisse entraîner, on ne peut rien refuser à l'amitié qui sollicite, et l'on promet d'user de compassion et d'indulgence. Bientôt l'accusé et son défenseur en sont instruits : arrive le moment de la récusation ; elle ne frappe que sur ceux qui n'ont pas cessé d'être fermes ; le sort désigne ceux qui ont prêté l'oreille aux sollicitations, ils sont adoptés ; et comme la déclaration du jury doit, dans toute affaire, être unanime, le juré entraîné, en entraîne un autre, et le coupable est enfin déclaré innocent. Il a été possible, et nous en convenons, aux parens et amis des accusés, de profiter de l'intervalle qui existe, d'après le mode actuel de procéder, entre le tirage des jurés et l'ouverture de la session, pour les circonvenir et se les concilier ; mais la même possibilité n'en existera pas moins quand le mode de convocation proposé dans le projet deviendrait définitif ; nous pensons même que ce serait en faciliter l'occasion.

Le concours de huit jurés a, jusqu'à présent, suffi pour admettre ou rejeter une accusation ; le Projet en veut quinze au plus et dix au moins ; nous ne voyons pas de raisons pour s'y opposer ; mais lorsqu'il s'agira d'un crime compris dans le titre I.ᵉʳ du livre III de la première partie, combien faudra-t-il de fonctionnaires publics au nombre des jurés ! Si le concours est de quinze, point de difficulté, il en faudra sept ; s'il est de treize, n'en faudra-t-il que six ! s'il est de onze, n'en faudra-t-il que cinq ! au cas enfin que le concours soit au nombre pair, commé dix, douze, quatorze, y aurait-il moitié fonctionnaires publics et moitié simples citoyens ! Le Projet n'entre point en explication à cet égard, et cependant cela nous paraît indispensablement nécessaire.

Aujourd'hui le jury de jugement se compose de douze jurés ordinaires et de trois jurés adjoints ; le Projet n'admet plus d'adjoints, et cela est conséquent au pouvoir accordé au magistrat qui préside le tribunal et au tribunal lui-même par les articles 873 et 874 ; mais une chose que n'a pas prévue le Projet, c'est d'avoir manqué d'aviser au moyen de remplacer les membres du jury qui, tombant malades, ne pourraient plus suivre le cours des débats commencés avec eux. Il arrivera, comme par le passé, qu'une affaire demandera plusieurs jours d'examen, des jurés tomberont malades et ne pourront suivre les débats, alors il faudra ou recommencer l'affaire en entier, ou la remettre à la session suivante : ceci serait un inconvenient auquel on peut obvier en tirant au sort, soit deux, soit quatre jurés suppléans qui suivront les séances et ne prendront part à la délibération qu'autant qu'aucun des jurés ordinaires, par indisposition ou autrement, n'aurait point assisté à la totalité des débats.

Lorsqu'il s'agira de quelques crimes contre la chose publique, autres que ceux dont la connaissance est attribuée à la haute-cour, la liste des jurés de jugement devra, d'après le Projet, contenir les noms de vingt-quatre fonctionnaires publics : de là, semble résulter la conséquence que, dans ces sortes d'affaires, le jury soit composé, moitié de fonctionnaires publics, moitié de simples citoyens : mais si la même urne confond les noms des uns et des autres, comment espérer de parvenir à ce résultat ! N'est-il pas possible, en effet, que les douze premiers que désignera le sort ne soient point fonctionnaires ! Ne l'est-il pas qu'il frappe sur un plus grand nombre des uns que des autres ! Hé bien, s'il ne s'exerce pas de récusation, voilà le but manqué. Pour éviter cet inconvénient et se maintenir dans la certitude que le jury sera toujours composé de moitié de fonctionnaires publics, nous croyons que l'on doit placer, dans deux urnes séparées, les noms des fonctionnaires et des simples citoyens ; que les récusations doivent se faire de manière qu'il reste toujours huit fonctionnaires et huit simples citoyens non récusés.

Par exemple, qu'au jour indiqué pour l'ouverture de la session, il y ait seulement quarante jurés présens, vingt devront être fonctionnaires publics, et vingt de la classe ordinaire des citoyens ; le commissaire et l'accusé ayant un droit égal à la récusation, pourront l'asseoir, chacun en ce qui le concerne, sur six fonctionnaires publics, et sur six des autres jurés ordinaires : leurs noms, placés dans deux urnes différentes, en seront alternativement tirés par la voie du sort ; et dès que respectivement il en sera sorti huit qui n'auront point été récusés, ou qu'il n'en restera plus que huit dans chacune des urnes, les douze premiers de ces seize que le sort désignera, constitueront le jury de jugement, et les quatre autres en seront les suppléans, et les remplaceront, si le cas y échoit. Au mérite de cela, on sera certain que moitié du jury de jugement sera toujours composée de fonctionnaires publics : le projet laisse entrevoir qu'on doit le pratiquer ainsi ; mais il ne s'en explique pas ; mais il ne le prescrit pas d'une manière assez précise, assez positive, et cependant l'importance de l'objet en motive la nécessité.

Jusques à présent les jurés d'accusation et de jugement qui étaient obligés à déplacement, ont obtenu une indemnité. Le Projet ne leur en accorde aucune, sauf à recevoir en témoignage de satisfaction une pièce d'argent, dont la forme et la valeur seront déterminées par le Gouvernement, au cas qu'ils aient rempli trois fois les fonctions de jurés d'accusation, ou qu'ils se soient rendus à deux sessions du tribunal criminel.

Il est des citoyens, et nous nous plaisons à le croire, que le maintien de l'ordre social et que l'honneur, animent assez pour les porter au sacrifice de leurs frais de route et de déplacement ; mais tous ceux que le choix ou le sort appellera aux fonctions de jurés partageront-ils également ce sentiment ! c'est ce dont il est permis de douter. Quoique aujourd'hui les jurés obtiennent une indemnité, qui les couvre, sinon de la totalité, au moins d'une bonne partie de leurs dépenses, nous avons remarqué, en effet, que beaucoup, s'ils ne parviennent à se faire dispenser, ne se rendent à l'appel qui leur est fait, que pour se soustraire aux peines déterminées par la loi. Or, si l'intérêt personnel les domine au point de les détourner des importantes et honorables fonctions qu'ils ont à remplir, au cas même où ils obtiennent une indemnité, que n'arrivera-t-il pas lorsque cette même indemnité ne leur sera plus accordée ?

C'est principalement de la part des jurés de jugement que l'on doit craindre ce peu de disposition. Les jurés d'accusation terminent ordinairement leurs opérations dans un seul jour, et le sacrifice de la dépense que cela leur occasionne est peu de chose ; mais les sessions du tribunal n'ayant lieu que tous les trois mois, beaucoup d'affaires se trouveront infailliblement dans le cas d'y être jugées : l'examen en sera long ; pour les vider, il faudra peut-être vingt jours consécutifs, peut-être un mois, peut-être plus encore ; et l'on ne peut facilement croire que quarante ou quarante-huit citoyens venus des différens points du département, et qui devront rester dans la commune où le tribunal est établi, tant que durera la session, soient bien disposés à perdre leur temps et à dépenser leur argent sans l'espoir d'un dédommagement à-peu-près équivalent. Nous pensons donc que le jury doit obtenir une indemnité, et que c'est le moyen le plus sûr d'en réunir les membres lorsque le service le comportera, nonobstant qu'il en puisse coûter au trésor public.

Les membres composant le Tribunal criminel du département des Ardennes.
FÉART, *président ;* BRETAGNE, GRIFFON ; Nicaise HEMART, *commissaire.*

OBSERVATIONS

DE LA COUR DE JUSTICE CRIMINELLE

DE L'ARRIÉGE,

SUR

LE PROJET DE CODE CRIMINEL.

OBSERVATIONS
DE LA COUR DE JUSTICE CRIMINELLE
DE L'ARRIÉGE,
SUR
LE PROJET DE CODE CRIMINEL.

QUEL que soit notre respect pour la commission du Code criminel, nous observerons que son Projet nous a paru défectueux.

Plus d'exactitude dans les définitions, ou leur suppression ; diviser les matières, et les classer d'une manière plus conforme à leur ordre naturel ; trop de rigueur dans quelques peines, et pas assez dans d'autres ; trop de rigueur aussi dans les effets de la déportation et de la relégation ; corriger le mode de l'exécution à mort des *parricides, &c.* ; rien de commun entre le pouvoir administratif et le pouvoir judiciaire ; plus de précision et de clarté ; tels sont en général les amendemens dont la première partie du Projet nous a paru susceptible : susceptible aussi de quelques amendemens de même nature, la seconde partie nous a paru d'ailleurs beaucoup plus défectueuse.

Nous avons pensé que l'organisation des tribunaux tendrait à ralentir l'action de la justice ; que celle des jurys et les pouvoirs des commissaires, plus encore les pouvoirs des préteurs, bien loin d'allier la plus grande sûreté publique avec la plus grande sûreté individuelle, pourraient au contraire compromettre l'une et l'autre.

L'expérience est sans doute le plus sûr de tous les guides ; mais quand les peuples qu'on veut régir sont dans la maturité, c'est la leur propre, et non celle des nations étrangères qu'il faut consulter principalement ; et l'expérience personnelle nous dit que l'ordonnance de 1670, modifiée par les grands principes de 1789, offrirait au bon ordre une garantie plus sûre, et des motifs plus réels de sécurité, que l'institution des jurys et des prétoreries.

L'idée d'un seul juge en matière de grand criminel est alarmante par elle-même ; elle le devient encore davantage par celle des pouvoirs et de l'influence de ce juge.

L'institution des jurys, dût-elle être maintenue, l'expérience nous dit aussi qu'il faudrait l'organiser autrement que par la loi du 3 brumaire et par le Projet de la commission.

Ire PARTIE.

DISPOSITIONS PRÉLIMINAIRES.

1.° *L'intention* est un des élémens essentiels de tout délit, et le Projet n'en parle point.

Les définitions générales sont très-difficiles, périlleuses mêmes, nos lois criminelles en furent avares; nous proposerons donc de supprimer celle du délit, ou de l'établir ainsi :

« Toute action, toute omission volontaire contre la défense ou le com-
» mandement des lois pénales, est un délit. »

2.° Le projet distingue trois principaux genres de délits : ne conviendrait-il pas de les distinguer aussi dans les dispositions préliminaires, et de les désigner chacun par une dénomination particulière : telle par exemple que , délit *de simple police,* délit *correctionnel,* délit *majeur,* ou *grand délit !*

Le Code en acquerrait plus de clarté, on éviterait d'ailleurs beaucoup de répétitions inutiles.

Nous voyons en effet plusieurs articles dans lesquels, au lieu d'énoncer les délits par la simple qualification *du genre* auquel ces délits appartiennent, on rappelle en détail, les diverses peines dont ils sont susceptibles (1).

3.° Si *les circonstances* qui suspendent la tentative du crime sont *fortuites,* elles sont aussi par là même, *indépendantes de la volonté* du coupable.

Il en est au contraire qui, quoique *indépendantes* de la volonté du coupable, ne sont pas *fortuites :* comme la *résistance,* la *fuite,* ou *l'adresse* de la personne attaquée.

Supprimer donc de l'article 4 le mot *fortuites,* ou bien substituer la disjonctive *ou* à la copulative *et.*

4.° Les délits commis contre ou par *la gendarmerie* nationale en fonctions, *ailleurs* qu'à la suite des armées &c., devront-ils être considérés comme délits militaires ? les doutes sur cette question ne sont pas sans exemples, il serait bon de les prévenir.

______

(1) Art. 41, 444, 575, 669, 732, 806, 807, 808, 809, 810, &c.

LIVRE I.er

Des Peines criminelles, correctionnelles, et de leurs effets.

OBSERVATION GÉNÉRALE.

Il paraîtrait dans l'ordre que le tableau des peines fût conforme aux vues et à la marche graduelle de la justice ; les corrections de la justice précèdent ses grands coups ; cependant les peines afflictives et infamantes sont les premières que ce livre présente ; il ne parle pas même des peines de simple police.

Il semble que les appareils du dernier supplice ne devraient se montrer que dans l'intérieur le plus reculé du sanctuaire de la justice ; on les voit sur le frontispice de son temple.

Ce premier livre nous paraîtrait donc devoir être divisé comme il suit :

1.º Peines des délits de simple police ;
2.º Peines des délits correctionnels ;
3.º Peines des délits majeurs ;
4.º Peines de la récidive ;
5.º Renvoi sous la surveillance du Gouvernement,

En observant de distinguer par la simple indication des divers articles à ce relatifs, 1.º les cas où le renvoi aura lieu de *plein droit ;* 2.º les cas où il sera subordonné à la décision des tribunaux ;

6.º Effets des condamnations ;
7.º Mode d'exécution ;
8.º Contravention à l'exécution.

CHAPITRE I.er

Observations sur divers articles.

Art. 13. Le repentir, la fermeté, la résignation de l'homme qu'on va supplicier, sont dans le vœu de la justice. La manifestation de ces sentimens peut être d'un exemple très-utile : quelle garantie pourrait-on en espérer, si, exposé aux regards du peuple, *pendant une heure,* le condamné remarque dans la foule son dénonciateur, la partie civile, des témoins à charge, quelque ennemi personnel !

Si l'exécuteur ne savait ou ne pouvait lire la proclamation, ce prélude serait illusoire ; il pourrait devenir un sujet de raillerie.

Supprimer donc l'exposition ou la réduire à quelques minutes. Supprimer aussi la proclamation *par l'exécuteur,* et la faire faire, par un crieur public, dans les places et les rues du lieu de l'exécution.

Art. 14. Diviser cet article en deux, et former le premier de la disposition concernant les corps des condamnés pour cause de *parricide, &c.*

Art. 21. Il ne paraît pas naturel que la condamnation à *mort* puisse être considérée comme un effet de la condamnation à *la déportation;* une peine n'en saurait produire une plus forte sans nouveau délit.

Le retour du déporté sur le territoire de la République constituerait-il un délit! Il en devrait être de même de celui du forçat dans l'intérieur de ce territoire; et dans les deux cas les dispostions pénales n'appartiendraient pas au chapitre concernant l'*effet* des condamnations.

Au surplus, le retour du forçat serait nécessairement volontaire, au lieu que celui du déporté pourrait être, *à l'évasion près,* l'effet de circonstances purement fortuites, telles qu'un naufrage, une tempête.

Art. 29. L'exécuteur, seul juge de la nature des *irrévérences,* seul arbitre de la sévérité du châtiment, et non responsable à cet égard que de simple négligence! ces idées répugnent, ce semble, aux mœurs françaises.

Art. 30. Il ne devrait y avoir rien de commun entre les pouvoirs administratif et judiciaire : les juges et le commissaire sont censés connaître les mœurs et l'esprit des localités du ressort : cette connaissance entre même dans leur devoir; et par l'examen des procédures, ils seront à portée de bien juger dans quels lieux il importera que les exécutions se fassent.

Art. 32. Prendre des mesures, établir même des peines contre les concierges et gardiens des prisons afin de prévenir les *grossesses,* à compter du jour de la remise des femmes dans les maisons de justice.

Art. 38. Mêmes observations que sur l'article 21; réduire d'ailleurs la peine de la première contravention à un temps double de la condamnation; et ne déporter qu'en cas de récidive.

CHAPITRE II.

Des Peines de la seconde classe.

Art. 45. Supprimer de la seconde disposition les mots *de récidive ou autres.*

Art. 47. La première partie serait peut-être plus claire en la conservant ainsi :

» « Les tribunaux jugeant correctionnellement pourront, dans certains » cas, interdire pendant dix ans au plus, à compter du dernier jour de » la détention, de tous ou de quelques-uns des droits suivans :

» 1.°, 2.°, &c. »

Supprimer la seconde partie du n.° 4; une simple détention de *onze jours* pourrait soustraire aux lois de la conscription.

Art. 48. La seconde disposition devrait, ce semble, faire partie de l'article 47, et alors l'expression *dans certains cas* pourrait être remplacée par celle-ci : *dans les cas déterminés par la loi.*

CHAPITRE III.

Des Peines et des autres Condamnations qui peuvent être prononcées pour crimes ou pour délits.

OBSERVATION PRÉLIMINAIRE.

Il nous paraîtrait utile que dans ce chapitre on déclârât que dans le cas de *tels* et *tels* articles du Code, la mise sous la surveillance du Gouvernement aura lieu *de plein droit;* et que dans les cas de *tels* et *tels* autres articles, les tribunaux *pourront* la prononcer ; on éviterait ainsi beaucoup de répétitions.

Art. 49. Cet article forme une exception, il devrait donc être placé après les autres relatifs à la surveillance.

La loi devrait fixer la somme du cautionnement et déterminer la distance jusqu'à laquelle le mineur pourrait être éloigné de son domicile, sans cela le Gouvernement serait l'arbitre de la peine ; il pourrait faire transporter le mineur au-delà des mers, et sous beaucoup de rapports ce droit serait l'image des lettres de cachet.

Art. 52 et 53. Trop rigoureux, sur-tout quand on les rapproche de l'article 57.

Art. 62. Expliquer avec précision s'il pourra échoir autant d'amendes qu'il y aura d'individus condamnés pour *le même délit.*

Art. 63. Matiere à fraudes et à procès : on ferait des dispositions gratuites sous la qualification de contrat à titre onéreux ; annuller donc tous ces actes si la personne au profit de laquelle ils auront été consentis, ne justifie pas du besoin du condamné, ou d'un emploi de valeur approximative de celle des actes.

CHAPITRE IV.

Des Peines de la récidive.

Art. 65. Cet article serait sans équivoque si on le terminait par ces mots *contre le nouveau délit.*

Art. 67. Cet article ne paraît pas bien clair.

1.° Les termes, *à raison de quelque circonstance,* se réfèrent sans doute au crime, ou au délit, qui constitue la récidive; et alors pourquoi dire *ou de* la récidive !

2.° L'augmentation de la peine du nouveau crime, ou du nouveau délit, ne peut avoir d'autre cause que la récidive et les circonstances de ce même délit ; pourquoi donc aussi ajouter, *ou de toute autre cause !*

3.° Si *la première peine* était l'infamie et le carcan, la marque ou la flétrissure, la confiscation générale, ou les travaux à perpétuité ; quel *maximum* prononcerait-on dans le cas prévu par cet article ! quel *maximum* encore contre les nouveaux délits que les déportés commettraient dans le lieu de la déportation !

LIVRE II.

Des Personnes punissables et responsables.

OBSERVATION PRÉLIMINAIRE.

Ce livre devrait, ce semble, être simplement intitulé *de la complicité* ou *responsabilité ;* car le livre III explique assez, et la chose va d'ailleurs d'elle-même, que *les auteurs* des crimes et délits sont punissables.

Art. 68. Même observation sur la première partie.

N.° 1. Il y a des *omissions* criminelles : dire donc *l'action* ou *l'omission*.

N.° 6. Disposition trop vague, on en pourrait induire que les personnes dont elle parle, seraient punissables, même à raison des crimes ou délits commis par des malfaiteurs autres que ceux à qui elles auraient fourni logement ou lieu de retraite, &c.

N.° 7. Quelle sera la peine de ces recéleurs !

N.° 8. Supprimer le mot *sciemment*, soit d'après la définition générale du délit, soit parce que ce mot ne se trouve presque en aucune autre part.

Art. 70. Supprimer aussi la première partie ; la même définition y supplée.

Déterminer en quelle forme sera faite la preuve de la démence, dans le cas prévu par la seconde disposition.

CHAPITRE II.

De la Responsabilité civile.

Art. 78. La dernière partie nous paraît trop rigoureuse et trop vague.

Trop rigoureuse ; parce que, dans les communes de la campagne, et même dans beaucoup de villes, la plupart des aubergistes et hôteliers ne savent écrire ni lire ;

Trop vague ; le temps des délits, à raison desquels il y aura responsabilité civile, n'est pas déterminé.

Réduire donc cette responsabilité suivant une certaine population, et la limiter aux délits commis par ceux auxquels on aura fourni logement, durant et dans les vingt-quatre heures après ce logement.

Étendre d'ailleurs la même responsabilité, 1.° aux *cabaretiers*, *cafetiers* et *donneurs à jouer*, à raison des délits commis par les personnes qu'ils seraient convaincus d'avoir souffertes chez eux *après* les heures fixées par la police.

L'étendre aussi *aux marchands* de vin, pain et viande, qui auraient fait des fournitures à des malfaiteurs qu'ils auraient su résider en des lieux suspects; tels que les *forêts*, *grottes* et *moissons*.

LIVRE III.

Des Crimes, des Délits et de leur Punition.

OBSERVATIONS PRÉLIMINAIRES.

1.° Si les délits moindres sont le noviciat des crimes, les peines attachées à ces délits sont comme des sentinelles que la loi place en avant, afin de prévenir les crimes.

2.° La nature de tous délits, et celle de leurs peines, devrait, ce semble, régler la classification des uns et des autres.

3.° La loi court risque d'être compromise, si, pour connaître ses attributions et ses devoirs, le fonctionnaire en sous-ordre a besoin de recourir aux dispositions concernant l'autorité supérieure. Celle-ci doit posséder toute la loi, et c'est assez que le fonctionnaire inférieur connaisse les dispositions relatives à son ministère.

Cependant le Projet parle des crimes avant d'en venir aux délits; et prenant la nature *des matières* pour seule règle des classifications, il entremêle les crimes et les délits; il entremêle aussi les peines des diverses classes; et renvoie le fonctionnaire en sous-ordre à des dispositions concernant l'autorité supérieure.

L'économie de ce livre ne serait-elle donc pas plus conforme à l'ordre naturel, en la réglant ainsi qu'il suit :

1.° Délits de simple police, et leur punition;

2.° Délits correctionnels, et leur punition;

3.° Délits majeurs ou crimes, et leur punition;

4.° indiquer à mesure, dans des paragraphes, la nature des matières auxquelles les délits et les crimes appartiendront;

Mettre dans le chapitre concernant la *simple police,* toutes les dispositions communes à la police correctionnelle;

Mettre aussi dans celui concernant la *police correctionnelle,* toutes les dispositions communes au tribunal criminel;

Déclarer par simple indication d'articles, dans le chapitre relatif à *la police correctionnelle,* les dispositions qui lui seront communes avec la simple police;

Déclarer aussi, en la même forme, dans le chapitre relatif au *tribunal criminel*, celles qui lui seront communes avec la police correctionnelle.

TITRE Ier CHAPITRE Ier

Art. 90. A la disposition sur l'*attentat commencé*, ajouter *quand même l'exécution en aura été suspendue par des circonstances dépendantes de la volonté de l'auteur.* Cette addition, quoique non absolument nécessaire, d'après l'art. 102, donnera cependant plus de certitude au sens de la loi.

Art. 95. Supprimer les mots, *et sans armes* : il serait possible qu'on n'emportât les armes que dans la seule intention de les conserver. Faudrait-il, du moins, ne criminaliser cette conservation qu'après qu'on aurait crié, *bas les armes.*

Art. 99, 100 et 101. Mettre ces trois articles dans un des chapitres concernant la police correctionnelle.

Art. 102. En faire, dans tous les cas, le 99.e article.

CHAPITRE II.

Art. 105. Ajouter : *dans la formation des bulletins;* on y écrit des noms autres que ceux indiqués par le votant; et ce genre de délit n'est que trop commun.

Art. 114. Les gardiens et concierges ne sont pas capables de juger si *les mandats* ou *jugemens* sont *en forme :* leur punition, en pareille matière, devrait être réduite aux cas où ils auraient reçu des prisonniers conduits par des personnes *non reconnues pour officiers ministériels.*

CHAPITRE III.

Art. 121. Rendre ces dispositions communes aux autorités *administratives.*

Art. 142. Ajouter à cette disposition, 1.° le commerce des *bois*, *charbons* de toute espèce, *mines* et *fers;* 2.° les *entreprises* nationales et communales.

Art. 143. Ajouter, *ou par conseils positifs.*

Art. 151. Le rendre commun *aux administrateurs*, et les punir ainsi que les juges et *commissaires*, lorsqu'à *raison de leurs fonctions*, même après l'exercice d'icelles, ils auront reçu *des dons ou présens quelconques.*

Art. 153. Le rendre également commun *aux administrateurs.*

Art. 158. Pourrait-on donc violer ou supprimer les lettres venant *de l'étranger :* l'intérêt du commerce s'y oppose.

Art. 163.

Art. 163. Peine trop légère : dans les pays couverts, deux hommes armés forceront une escorte ordinaire à lâcher prise.

Art. 193. Le supprimer, vu le n.° 5 de l'article 8.

Art. 201. Supprimer les mots *par chaque évasion ;* on pourrait croire qu'en cette matière *la récidive* n'augmenterait pas la peine.

Art. 225. L'humanité voudrait peut-être que les infirmes reconnus pussent mendier dans le canton de leur domicile.

Au surplus, le bon ordre semblerait exiger qu'il fût pris des mesures de surveillance effective contre les *ivrognes* et les *oisifs* qui n'auraient pas des moyens apparens d'entretien.

Art. 236. Ajouter *ou de celle-ci ;* l'impunité à cet égard pourrait être de dangereuse conséquence.

Art. 248. La prostitution publique est sans doute le plus infame de tous les métiers ; elle compromet la tranquillité, l'honneur même des familles : le carcan et l'infamie en devraient être *la première peine*, et la déportation celle de *la récidive. Charlemagne* est ressuscité, faisons revivre son Capitulaire contre cette espèce de crime.

Art. 256. Supprimer le mot *volontairement,* d'après la définition du délit en général.

Art. 260. Ce serait trop que dans tous les cas on exigeât cumulativement les deux conditions. Un soldat frappe, et fait feu, *au commandement de son officier*, faudrait-il donc le punir de son obéissance, parce que le commandement n'aurait pas été *conforme à la loi !* dans ce cas, *l'officier* serait le seul coupable, lui seul aussi devrait supporter la peine.

Art. 262. *Pendant la nuit ;* restriction trop rigoureuse à l'égard des personnes qui habiteraient des maisons isolées, soit dans les champs, soit ailleurs.

Art. 263. Comment juger que, dans le sens de cet article, les coups ou les violences auraient été *graves !*

Art. 264. Ajouter, *quand même ces coups ou blessures auraient occasionné la mort après les dix jours.*

Art. 265. On a vu des pères poursuivre leurs enfans avec des armes meurtrières, les homicider. La nature veut sans doute que dans le danger même le fils respecte les jours du père ; mais elle ne lui défend jamais de conserver sa propre vie ; il serait possible que sans autre dessein que cette conservation, le fils portât au père des coups qui peut-être ne deviendraient mortels dans les quarante jours, que par défaut de traitement convenable.

Il nous paraît donc trop rigoureux d'établir que *le parricide ne sera jamais* excusable.

Art. 271. Un malfaiteur s'introduit nuitamment dans ma maison, il y commet des crimes : n'osant l'attaquer de front ou ne pouvant l'arrêter moi seul, je l'attends au passage, derrière une porte, et là je lui porte des coups, qui , sans être mortels , me rendent maître de sa personne ; serai-je coupable de *guet-apens !*

Si la réponse devait-être dans l'article 264 , cet article exigerait plus d'explication.

Art. 274. Il est superflu d'après les articles 13 et 15.

Art. 275. Même observation que sur l'article 271.

Art. 276. *Au-delà de quarante jours :* ces termes sont trop indéfinis ; il peut survenir des accidens étrangers aux coups et aux blessures. Ces accidens seront la seule cause de la mort ; et néanmoins l'ignorance ou la malice l'attribueront peut-être aux coups et aux blessures.

Art. 277, dernière partie. Même observation que sur l'article 271.

Art. 278. Il semble être en contradiction avec l'article 275.

Art. 280. Mettre cet article , et tous autres ayant trait à la police *correctionnelle ,* dans le chapitre relatif à cette matière.

Art. 285. Fixer le temps durant lequel l'enfant sera réputé *nouveau-né.*

Nous pensons d'ailleurs que si l'infanticide était commis par *une mère engagée* dans les liens du mariage, la peine du meurtre lui serait applicable. La honte et le désespoir sont de puissans mobiles. On a vu *des femmes adultères* faire périr le fruit de leur infidélité.

Art. 287. Ajouter , *ou complice.*

Art. 288. *Sur les détenus, autres que ceux qui sont condamnés à des peines afflictives.* Exception contraire à l'humanité. Les concierges et gardiens des prisons sont naturellement durs ; pourquoi leur laisser autant de latitude dans les violences et traitemens , contre les détenus sus-mentionnés !

Au surplus , *la seule plainte ou dénonciation des familles ,* fera-t-elle pleine preuve contre les tuteurs, instituteurs ou maîtres ! leur état serait trop périlleux. Il est des familles injustes envers eux.

Art. 289, 290 et 291. Peines trop légères. La dépravation des mœurs ne saurait être un motif légitime pour adoucir celles que nos anciennes lois prononcent contre le crime dont il s'agit dans ces trois articles; faudrait-il du moins le punir, 1.° des travaux forcés à temps, 2.° de la déportation, 3.° des travaux forcés à perpétuité.

Art. 294. Peines également trop légères. N'osant pas tuer un enfant, on l'exposera dans une forêt, dans une caverne, sur les bords d'une rivière, de la mer ou d'un précipice; cet enfant périra , et les auteurs de son exposition ne seront punis que de simples peines correctionnelles !

Art. 295. Le *maximum* établi par cet article, devrait être le *minimum* de la peine. Condamner, en outre, le coupable aux frais d'entretien de l'enfant, jusqu'à ce qu'il eût fait connaître la mère : le délit de cette nature devient très-commun, au grand détriment des hospices publics.

Art. 296. Même observation que sur l'article précédent.

Art. 303. *Avant le dixième jour.* Une jeune fille disparaît, et ne soupçonnant pas qu'on l'ait enlevée, ses parens ne recherchent qu'elle seule. Le ravisseur en serait-il donc quitte pour la peine énoncée dans cet article, parce qu'après huit ou neuf jours de débauche, il aura relâché la victime de sa brutalité! Ne conviendrait-il pas, au contraire, qu'on lui appliquât le *minimum* de la peine du viol, quand même il n'existerait aucune trace de ce crime!

Art. 308. Peine des travaux forcés à temps contre le bigame, et la réclusion contre la femme qui aurait connu l'existence du premier mariage.

Art. 309. Peines illusoires à l'égard des majeurs qui auraient corrompu *plusieurs* jeunes gens. Ils trouveraient dans la corruption même de quoi satisfaire amplement aux condamnations pécuniaires. Une simple détention de deux ans, ne ferait ni sur eux-mêmes, ni sur ceux qui seraient tentés de les imiter, l'impression desirable; et la privation des droits civiques, civils et de famille, leur deviendrait indifférente.

Art. 309, 310. Même observation que sur l'art. 248, dont ceux-ci devraient, ainsi que le précédent, faire suite immédiate.

Art. 314. Ajouter, par réciprocité avec l'article 311, que le délit ne pourra être dénoncé *que par la femme.*

Art. 323, 324, 325. 1.° Il semble que, pour constituer un faux témoignage susceptible des peines établies dans ces articles, la déposition devrait porter sur des faits ou des circonstances qui, par leur nature, tendraient à faire condamner ou absoudre, et cela n'est pas dit; 2.° il pourrait être utile qu'avant l'ouverture du débat ou des informations, et tous les témoins, tant à charge qu'à décharge, étant présens, il leur fût fait lecture publique des divers articles concernant la punition des fausses dépositions.

Art. 338. Ajouter une disposition pénale contre *les ministres du culte,* qui, en parlant des secrets de confession, s'expliqueraient de manière à faire connaître les personnes de qui ils les auraient reçus.

CHAPITRE II.

Art. 340. Définition inexacte; le défaut en est même prouvé par la seconde partie de l'article; et nous dirions en moins de mots que, *toute soustraction frauduleuse de la chose d'autrui, faite à dessein de lui en enlever la propriété, est un vol.*

Art. 344. Dire simplement, *avec la cinquième, et deux des quatre autres circonstances.*

Art. 345. Dire aussi *avec deux des cinq circonstances,* &c.

Art. 357. Supprimer la dernière ligne; on pourrait croire que le défaut absolu d'effraction, laisserait *l'enlèvement des caisses* dans les termes du vol simple.

Art. 359. Les instrumens spécifiés dans l'article, ne sont pas les seuls avec lesquels on puisse ouvrir des serrures, &c. : nous estimons qu'il serait bon d'ajouter cette expression, *ou tous autres instrumens* non destinés, &c.

Art. 362. *Deuxième partie.* Dire de *marne extraite;* car le vol de marne non encore extraite, serait trop rigoureusement puni.

Art. 369. Cet article ne parle que des titres soustraits *par la personne même qui les aurait produits.* Quelle serait donc la peine de celui qui aurait soustrait d'un procès, des pièces produites par son adversaire! Cette soustraction pourrait se faire ailleurs que dans des *archives, greffes* et autres *dépôts publics;* y appliquerait-on la peine portée en l'art. 215! Serait-ce la peine de l'art. 399! Il importerait de le dire en termes formels.

Art. 376. Dans le département de l'Arriége et autres, l'usage est que les maîtres et fermiers des forges à fer, peuvent renvoyer *tous* les ouvriers, sans les en avoir prévenus, ni leur devoir aucune indemnité; et les ouvriers jouissent du droit de réciprocité; la cessation totale des travaux de l'usine, s'ensuit; et néanmoins cet usage est plus avantageux que nuisible aux maîtres ou fermiers des forges; il serait à craindre que les ouvriers, ayant reçu ou demandé congé quelque-temps avant leur sortie, ne fissent mauvaise besogne, ne gâtassent même l'usine ou les instrumens; et, fussent-ils solvables, les poursuites faites contre eux en dommages-intérêts, écarteraient infailliblement tous les autres forgeurs, ou en rendraient la recrue très-difficile.

Dans ces circonstances, nous proposerons d'ajouter une disposition qui exceptât *les usages reçus et avoués.*

Art. 382. Aux mots *avoir dû,* substituer *avoir pu.* Il arrive tous les jours qu'on vend des denrées et autres marchandises, sans autre certitude ni garant que la *possibilité* d'en trouver dans les places et marchés où l'on en porte ordinairement. Ce genre de commerce ne peut devenir criminel que par la mauvaise foi du vendeur : il ne faudrait donc pas le punir quoique exempt de ce vice.

Art. 395. On pourrait croire que, *par récolte en meule,* &c., l'article n'est pas sensé parler *des pailles sans grain :* ce doute exigerait une explication.

Art. 401. Cette exception ne devrait être qu'en faveur des coupables qui *décéleraient utilement* les auteurs de l'ordre ou de l'invitation au crime.

Art. 410 et 411. Peines trop légères. Quiconque fait un usage criminel de poison contre des bêtes, peut être soupçonné d'une pareille lâcheté contre les personnes ; et l'empoisonnement d'un chien de garde est très-souvent l'action préparatoire de quelque autre délit.

Art. 414. Punir le *propriétaire* aussi bien que le gardien. Le délit est le plus souvent au premier.

Art. 421. Dire, *ou* si les circonstances. Il peut y avoir lieu à détention dans beaucoup de cas , sans qu'il existe aucun préjudice personnel.

LIVRE IV.

Art. 423. Supprimer la première partie, vu l'article 45.

Art. 428. Pourra-t-il y avoir autant d'amendes que de contrevenans ?

Art. 430 , n.° 13. Disposition trop sévère. Il est très-possible que le passage n'ait d'autre cause que l'embarras ou la difficulté du chemin ordinaire , et que d'ailleurs il ne cause aucun préjudice ; le punir en pareil cas , serait interdire souvent les communications dans beaucoup de contrées , sur-tout pendant l'hiver.

Art. 435 , n.° 2. Mêmes observations que sur l'article 78.

Art. 439 , n.os 1, 2, 3 et 4. Si les divers larcins sont commis dans des terrains clos en une des formes expliquées par l'article 351 , faudra-t-il appliquer la peine établie en l'article 347 ? Nous ne saurions le penser.

N.° 6. Même observation que sur l'article 78. Il serait à desirer que ce Code établît une peine contre les marchands droguistes et pharmaciens qui ne tiendraient pas un registre particulier en bonne forme , dans lequel seraient énoncés , 1.° la qualité et la quantité des poisons par eux achetés et vendus ; 2.° la date de ces achats et ventes ; 3.° les noms, profession et demeure des personnes à qui ces ventes auraient été faites.

Punir aussi les ventes et livraisons faites à des *femmes* et à des *mineurs,* sans la permission écrite d'un officier municipal , ou d'un médecin ou chirurgien, dans laquelle serait exprimée la quantité du poison vendu.

Ces mesures seraient un obstacle à la fréquence des empoisonnemens ; elles pourraient en rendre la preuve beaucoup moins difficile.

DEUXIÈME PARTIE.

POLICE ET JUSTICE.

DISPOSITIONS PRÉLIMINAIRES.

Art. 444. Si, comme nous l'avons observé sur les dispositions préliminaires de la première partie , on donnait *à chaque genre* de délit sa dénomination particulière, cet article pourrait, à notre avis, être ainsi conçu :

« Tout délit majeur ou crime, donne essentiellement lieu à une action » publique.

» Les autres délits peuvent donner aussi lieu à la même action.

» Il peut aussi résulter de tout délit une action privée et civile. »

Art. 445. Seconde partie : supprimer les mots, *et qui seront ci-après désignés : l'expérience pourrait mener à des changemens.*

Art. 449. Il importerait peut-être d'examiner s'il ne faudrait pas exiger, *à peine de déchéance,* que l'action civile serait poursuivie *en même temps,* et devant *le même tribunal* que l'action publique?

S'il en était ainsi, la partie civile réunirait ses efforts à ceux du ministère public; la preuve du délit en deviendrait plus facile, la justice plus prompte et plus sûre. Le tribunal qui aurait instruit et jugé la procédure criminelle, connaîtrait mieux que tout autre le mérite des fins civiles; mieux que tout autre, il connaîtrait la malice ou la bonne foi des plaintes et dénonciations; le même jugement statuerait sur le tout.

LIVRE I.er

De la Police.

Art. 454. Il serait inutile que cet article fît partie du Code criminel.

CHAPITRE II.

OBSERVATION PRÉLIMINAIRE.

Nous répéterons ici que les règles à suivre par les divers officiers de police, devraient être classées de manière que les officiers en sous-ordre ne fussent pas obligés de recourir aux dispositions concernant les officiers supérieurs. L'article 548 renvoie, entre autres, *les adjoints et les maires* aux règles prescrites aux *magistrats de sureté;* la méthode contraire nous semble préférable.

CHAPITRE III.

Art. 468. Dans un très-grand nombre de communes, les adjoints et les maires seraient incapables de rédiger les procès-verbaux des gardes forestiers et champêtres ; il conviendrait donc que cette rédaction fût attribuée, *concurremment* avec eux, aux juges de paix et à leurs suppléans.

Art. 469. Dire, en cas d'absence de ceux-ci, *de la même commune.*

CHAPITRE V.

Art. 488. Expliquer ce qu'on doit entendre par *le plein exercice de la police judiciaire.*

Art. 490. Dans cet article et dans tous autres, énoncer les divers délits par la simple qualification du genre auquel ils appartiennent.

Art. 492. L'obligation imposée par cet article, deviendra nulle s'il n'y a point de peine contre la réticence.

Art. 493. Les formes et les frais auxquels cet article exposerait, ne pourraient que rendre les dénonciations civiques très-rares, sur-tout dans les campagnes, à moins que par addition à l'article 545, il ne fût permis de les porter aux maires et adjoints.

Art. 522. Expliquer par quels moyens le magistrat de sûreté devra constater la fausseté de l'excuse.

Art. 536. Dans beaucoup de circonstances, la preuve de son *alibi* est la ressource de l'accusé, et quoique fausse, elle lui devient quelquefois utile.

Ordonner donc, par addition à cet article, que *dès sa première comparution devant le magistrat de sûreté*, le prévenu *qui déniera le fait,* sera interpellé de déclarer : 1.° *le lieu* où il était, le jour et l'heure du délit; 2.° *les témoins* par lesquels il entend prouver son *alibi.*

Art. 545. Même observation que sur l'article 493.

Art. 546 et 547. Attribuer aussi aux fonctionnaires mentionnés dans ces deux articles le droit *de visite domiciliaire,* après dénonciation, ou sur la clameur publique.

Le coupable sera peut-être dans la commune de ces fonctionnaires, on pourra trouver sur sa personne, ou autour de lui, des traces du délit, des pièces de conviction ; et tous ces moyens, presque toujours décisifs, manqueront à la justice, dans beaucoup de circonstances, si les officiers municipaux ne peuvent pas faire de visites domiciliaires.

Art. 548. Même observation que sur le chapitre II.

CHAPITRE VI.

Art. 556. Si le premier suppléant est empêché, *le second* pourra-t-il remplacer le propréteur ! Il faudrait le dire.

CHAPITRE VII.

Art. 562. Dans cet article, ainsi que dans plusieurs autres, on trouve la même disposition pénale *contre les témoins* désobéissans ; un seul article devrait suffire.

Art. 566. Au lieu de fixer le supplément à 4 francs, il serait mieux de le proportionner au traitement ordinaire du propréteur ; la distance de 15 kilomètres est d'ailleurs trop considérable.

Art. 568. Deux hommes ne sont pas toujours du même avis ; le *substitut* du magistrat de sûreté pourrait refuser, même à tort, de donner ses réquisitions ; ce refus paralyserait-il les poursuites ! Ne serait-il pas bon qu'on en référât au magistrat de sûreté !

Art. 572. Le prévenu pourra-t-il appeler des témoins devant le propréteur ! et s'il est pauvre, qui les paiera ! Tout homme appartient à la société, il a droit à sa protection ; et la plus efficace, en pareille occurrence, est sans doute de l'aider à faire connaître qu'il n'est pas coupable.

Art. 576. 1.° Dans cet article, ainsi que dans beaucoup d'autres, il est parlé de *nullités réparables* et *non réparables ;* ne serait-il pas bon d'en faire un chapitre particulier dans lequel on dirait que les nullités prononcées par *tels* et *tels* articles pourront être réparées ; et que celles prononcées par *tels* autres articles ne seront pas *réparables.*

2.° En permettant la réparation de la nullité du *mandat* d'arrêt, cet article dit, *lorsque l'identité ne sera pas contestée ;* et nous pensons qu'afin d'éviter tout doute, il faudrait y ajoûter le mot *valablement.*

CHAPITRE VIII.

Art. 593. Erreur de fait. Les deux chapitres **XXXI** et **XXXII** cités dans cet article n'existent pas.

CHAPITRE IX.

Art. 600. A cette expression, *s'il s'agit d'un crime,* ajoûter les mots *non excepté* par l'article 595.

CHAPITRE X.

Art. 614 et 615. Ainsi que plusieurs autres, ces deux articles parlent du *pourvoi en cassation,* ne vaudrait-il pas mieux n'en faire qu'un seul chapitre.

LIVRE II.

Art. 616. Mêmes observations que sur les dispositions préliminaires du projet sous le n.° 2.

CHAPITRE I.er

CHAPITRE I.er

Des Tribunaux de Police.

OBSERVATIONS PRÉLIMINAIRES.

M. *Target* a dit avec bien grande raison que « les délits susceptibles » des peines correctionnelles sont le noviciat des crimes, et qu'y mettre » un frein dès le premier moment, c'est s'en rendre maître à jamais. »

Il importerait donc essentiellement que l'exercice de la police fût organisé de manière que, suivant les circonstances, elle pût atteindre le coupable dans le lieu même et au moment du délit.

L'éloignement et les lenteurs du juge de police enhardissent le malfaiteur, découragent la partie lésée; la crainte des frais ou l'impuissance d'y fournir, tout concourt à l'irriter et la porte souvent à se faire justice à elle-même; nouveaux délits, et plus graves que les premiers.

Tel coupable sera sensible à la détention qui ne le sera pas à l'amende, et réciproquement. L'esprit d'ordre doit dicter le choix de la peine; mais ce choix exige une connaissance particulière du caractère des personnes et des mœurs locales.

Il est une classe d'hommes, et ce n'est pas la moins nombreuse, sur qui l'autorité qui surveille, même immédiatement, devient presque nulle, si elle n'a pas aussi le droit de punir les contraventions de simple police. Réduits à la seule surveillance, les maires et adjoints sont des corps sans ame dans la plupart des communes; et nous osons le dire, si les délits de tout genre sont devenus plus fréquens, cette réduction de pouvoirs en est une des principales causes.

Les ordonnances attribuaient une certaine compétence aux officiers municipaux, sauf l'appel; le bien public semble solliciter qu'elle leur soit rendue, toutefois avec des modifications convenables aux principes de 1789.

OBSERVATIONS sur divers articles.

Art. 617. Parmi les citoyens les plus imposés, il s'en trouve dont la profession exige une surveillance particulière, tels que les boulangers, aubergistes, meuniers, bouchers &c.; conviendrait-il au bon ordre qu'ils fussent membres des tribunaux de police !

Art. 620. Nous l'avons dit, rien de commun entre le pouvoir administratif et le pouvoir judiciaire. Le droit de taxe donnerait une certaine autorité sur le juge de police. Que le président ou le propréteur du tribunal de l'arrondissement en demeure chargé, et, qu'ici comme ailleurs le supplément soit réglé sur le traitement ordinaire du juge.

Art. 626 à 628. Mêmes observations que sur les deux articles précédens. Il serait d'ailleurs plus simple qu'à la fin de chaque session, le tribunal de police tirât au sort parmi les cent plus imposés inscrits dans le tableau, le nom de celui qui devrait faire le service de la session suivante; et que le même individu ne fût rappelé qu'après l'épuisement dudit tableau.

Art. 635. 1.° Peut-être serait-il mieux de dire : « Les audiences du » tribunal de police auront lieu les premiers vingt jours de chaque mois, » et pourront être continuées les jours suivans ; 2.° laisser le réglement indicatif de ces audiences, dans les divers cantons, au tribunal seul de l'arrondissement.

Art. 636. Le remplacement devra-t-il être pris parmi les cent citoyens les plus imposés ! il est possible qu'on n'en trouve pas alors dans le chef-lieu.

Quelle garantie contre la malignité des désignations, et, sur-tout, quelle confiance en un juge que la force armée traînerait dans le lieu des séances !

Art. 638. L'action de la police serait plus prompte, si l'on permettait au maire ou à l'adjoint du lieu du délit *de donner la citation*, sauf à faire requérir, lors du jugement, par l'adjoint ou le maire du chef-lieu.

Art. 649. Exclure, conformément à l'article 161 de la loi du 3 brumaire, *les défenseurs officieux et les conseils,* sans quoi les tribunaux de police deviendraient bientôt des repaires de chicane et d'escroquerie. Les petits praticiens de campagne sont de vraies pestes.

Art. 650. Nouvelles lenteurs, si le jour de la clôture de l'instruction n'était pas l'un de ceux désignés en la forme de l'article 635.

Art. 653, n.°ˢ 1 et 2. Dire simplement, 1.° *des parens en ligne directe ascendante ;* 2.° *des parens en ligne directe descendante.*

Art. 654 et 655. La combinaison de ces deux articles menerait à croire que l'opposition serait ouverte contre les condamnations des témoins qui, *après avoir comparu,* auraient refusé, soit de prêter serment, soit de porter témoignage. Ces condamnations ne pourraient cependant être que contradictoires, et dès-lors point d'opposition.

Art. 660. Motiver aussi les jugemens *d'absolution*, quand ils seront sujets à l'appel.

Ajouter que, le cas échéant, les jugemens de police pourront être attaqués *par appel,* quand même ils auraient été qualifiés *de dernier ressort.*

Art. 664 Fixer ici même le délai, sans renvoyer à d'autre Code.

Art. 665 et 666. Renvoyer ces deux articles au chapitre des tribunaux d'arrondissement communal.

Art. 667. Même observation que sur l'article 614.

CHAPITRE II.

Des Tribunaux d'arrondissement communal, et des matières correctionnelles.

OBSERVATIONS PRÉLIMINAIRES.

1.º L'article 693 semble réduire les tribunaux d'arrondissement à n'avoir *dernier ressort* qu'en fait de simples contraventions de police judiciaire. Ne conviendrait-il pas de le leur accorder aussi dans les matiéres de police correctionnelle, lorsque les condamnations pécuniaires n'excéderaient pas *cent francs,* outre les frais, et que la détention ne serait que de *quinze jours* ou moins ? Cette attribution nouvelle ne pourrait alarmer sur la sûreté individuelle ; elle donnerait un nouveau degré de consistance aux tribunaux correctionnels, et à la police une activité salutaire.

2.º Les transactions des coupables avec la partie civile, servent quelquefois de prétexte au ministère public, pour négliger, laisser même dans l'oubli, des délits qu'il devrait poursuivre avec le plus d'activité. Une disposition pénale à cet égard ne serait pas inutile.

Nous aurions dû faire ailleurs cette seconde observation ; mais l'idée ne nous en est venue que dans ce moment.

OBSERVATIONS sur divers articles.

Art. 669. 1.º Dire, connaîtront *en premier ressort :* on pourrait croire que la compétence des tribunaux dont il s'agit, ne commencerait qu'aux délits comportant *plus de dix jours* de détention.

2.º Dans cet article encore, ne désigner les délits que par la qualification de leur genre.

Art. 671. Prévoir le cas où le propréteur ne pourrait pas remplacer le préteur.

Art. 683. Trop peu d'audiences ; les lenteurs inutiles sont funestes à la police. Cependant voilà que les affaires, même instruites, mais non jugées le 30 du mois, languiraient tout au moins, *jusqu'au 26 du mois suivant.*

Art. 686, 687, 689 et 690. De ces quatre articles, n'en faire qu'un seul, en des termes simplement relatifs aux articles 652, 653, 654 et 655.

Art. 714. Même observation que sur l'article 669 et autres.

Art. 717 et 723. Mêmes observations que sur les articles 614 et 615.

CHAPITRE III.

Du premier Jury et de l'Accusation.

OBSERVATIONS PRÉLIMINAIRES.

1.° Cette institution a ses partisans et ses adversaires ; la philosophie doit beaucoup aux erreurs de Descartes, la législation française devra beaucoup aussi, aux erreurs même de l'assemblée constituante.

Quelle que soit la sublimité de leur conception, les théories doivent céder à l'expérience du peuple même auquel on les propose. La lumière de ce flambeau est le plus sûr de tous les guides ; elle éclaire mieux que tous les docteurs ensemble.

L'expérience démontre que les Français ont déjà pris un grand dégoût pour l'institution du jury ; elle devient quelquefois l'écueil de l'innocence, plus souvent la ressource du crime, et, sous ce double rapport, un sujet d'inquiétude et d'alarme pour les amis de l'ordre.

La délibération de huit ou douze propriétaires, dont la moralité n'est pas toujours rassurante, désignés par le sort, et en partie réunis par la seule menace des punitions personnelles, susceptibles d'impressions contraires à leur devoir, impatiens de rejoindre leurs familles, la plupart sans expérience dans les affaires, incapables de saisir et d'apprécier avec justesse les preuves et les indices épars dans une procédure quelquefois volumineuse, plus incapables encore de se pénétrer efficacement du seul et véritable objet de leur mission, tel est le premier garant de la sûreté publique et de la sûreté individuelle; aussi n'a-t-on vu que dans trop de circonstances le jury d'accusation violenter l'évidence, la notoriété même des preuves, usurper les attributions de jury de jugement, en abuser, et donner à la société l'affligeant scandale de décisions contraires au desir de la justice.

On a vu des faits matériellement prouvés, les prévenus avouer qu'ils les avaient commis, et cependant, à l'aide de quelque excuse par eux alléguée, ces prévenus obtenir la mise en liberté, tandis que d'autres contre lesquels il n'existait point de charges étaient mis en état d'accusation.

L'essai que la sagesse du Gouvernement a fait des tribunaux spéciaux dépose bien hautement contre les jurys, le crime y a trouvé sa condamnation et l'innocence son salut.

L'établissement de ces tribunaux avec premier et dernier ressort contrarierait sans doute l'ordre et la marche naturelle de la justice criminelle, il pourrait même, à la longue, compromettre le pacte social; mais les premier et dernier ressorts, seraient très-faciles à diviser. L'ordonnance de 1670 en indiquerait les moyens, et les principes consacrés par les décrets de 1789 seraient là pour faire à cette ordonnance tous les amendemens nécessaires.

2.° Fallût-il conserver le préalable d'une accusation délibérée, l'objet essentiel n'en serait jamais autre que d'examiner s'il existe un commencement de preuve suffisante du fait dénoncé à la justice et des fortes présomptions de culpabilité contre le prévenu ? Cet examen serait-il donc au-dessus des forces du tribunal d'arrondissement, et la société pourrait-elle refuser sa confiance à une réunion d'hommes choisis par la première autorité de l'Empire, nécessairement jaloux de l'estime publique, constamment exposés aux regards sévères de leurs concitoyens, habitués d'ailleurs par état, même avant d'être juges, à discuter les procédures, les analyser, et les réduire à leur juste valeur ?.... *les jurés* savent qu'ils vont rentrer dans la foule, et que bientôt le souvenir de leur décision s'effacera; *les juges* au contraire sauront qu'ils doivent rester *sur le chandelier*, et que leur conduite ne pourrait échapper au terrible creuset de l'opinion.

3.° Fallût-il enfin maintenir le premier jury, nous dirions, et l'expérience serait toujours notre garant, qu'il importerait de l'organiser tout autrement que la loi du 3 brumaire l'a fait, et que la commission le propose.

La convocation du premier jury dans le chef-lieu de l'arrondissement communal ou l'instruction à été faite, lors même que les prévenus y ont pris naissance ou domicile, mène à des résultats alarmans.

Ainsi que le public, les prévenus connaissent la formation du jury, ils savent quel sera le jour de son assemblée.

Parens, amis, complices *inconnus*, parties plaignantes, ennemis personnels, tout est en mouvement, rien n'est négligé pour influencer la délibération; on compte d'avance les voix pour ou contre : le voisinage des localités, la connaissance particulière des jurés, leurs liaisons, et leurs affections, sont autant de moyens propres à faciliter les manœuvres et les succès de l'intrigue.

4.° Blesserons-nous donc les vrais principes en proposant le nouveau plan que voici ?

Instruire la procédure et dresser l'acte d'accusation conformément au projet de Code.

Cela fait, envoyer l'entier procès au greffe du tribunal criminel, sous enveloppe solide et bien cachetée, portant *en dehors* le nom du fonctionnaire qui ferait cet envoi.

A mesure des envois, *et tout demeurant en l'état*, le président du tribunal criminel, ou le juge à ce commis, et en présence du commissaire du Gouvernement, tirerait au sort parmi tous les directeurs de jury du département, *autres* que l'auteur de la procédure, celui devant lequel le jury d'accusation devrait s'assembler.

Le tirage fait, ajouter une seconde enveloppe à la première, et l'adresser au directeur désigné, *sans indication* aucune de l'arrondissement où l'instruction aurait eu lieu.

Le paquet ne serait ouvert qu'*en présence de tous les jurés*, vérification préalablement faite de son intégrité ; procès-verbal du tout, signé tant par le directeur, que par le commissaire, et le chef des jurés.

De suite après, et sans désemparer, lecture des pièces de la procédure et de l'acte d'accusation, délibération du jury, et puis l'ordonnance telle que de droit.

Par cet ordre, on obvierait, autant que possible, à toute influence étrangère. Les noms des jurés, le jour, le lieu même de leur assemblée, seraient ignorés des prévenus ; les jurés ignoreraient aussi, jusqu'au moment de l'assemblée, les noms des prévenus, et le sujet de l'accusation.

Quelques lenteurs pourraient s'ensuivre ; mais s'il importe que la justice soit prompte, il importe encore davantage qu'on ne la trompe pas. Le crime n'en serait que plus sûrement atteint, et l'innocence plus facilement reconnue.

OBSERVATIONS *sur divers articles.*

Art. 725. Mettre cet article à la suite du 592.

Art. 732. Dire simplement *pour crime.*

Art. 733. Renvoyer *la dernière partie* aux attributions du tribunal criminel.

Art. 736. Division dangereuse, lorsque plusieurs seraient prévenus du même délit : en pareil cas, tout ce qui peut avoir trait à la procédure doit être connu du jury ; telle circonstance qui, par elle-même, semble d'abord indifférente, peut à la fin devenir décisive par les rapprochemens.

Art. 738. La condition *si les délits ont été concertés à l'avance*, se réfère-t-elle aux deux cas prévus dans la première partie de cet article ! L'impunité des délits commis dans un incendie, dans un naufrage, en pourrait être la suite.

Art. 748 et 749. Afin d'éviter les méprises, ordonner que, lorsqu'il y aurait *plusieurs délits*, ils seraient distingués dans l'acte d'accusation, par *premier, second, troisième,* &c.

Art. 754. Source d'abus et de vexations.

Supposons que Paul soit accusé d'un vol, qui, par le concours, ou l'absence, des circonstances expliquées dans l'acte d'accusation, pourrait être susceptible de la peine de mort, ou de toute autre peine afflictive, infamante ou même de la simple détention :

Un premier jury fera sa déclaration *négative.* Aura-t-il pensé qu'il n'y avait pas preuve *du vol*, ou que Paul *en était innocent !* On l'ignorera, puisque la loi n'exige aucune explication ;

Cependant, malgré cette incertitude, et la possibilité de tous les motifs en faveur du prévenu, le substitut et le propréteur penseront que les jurés n'ont pas douté *du fait* du vol ; qu'ils n'ont pas douté non plus que Paul ne l'eût commis, et qu'ils n'ont voulu l'en acquitter qu'en ce que, *par la réunion des circonstances expliquées dans l'acte d'accusation,* ce délit tendait à la peine de mort : serait-il juste qu'en envisageant *le même fait* sous des rapports secondaires, le substitut et le propréteur eussent le droit de retenir encore Paul dans les fers, et de le soumettre, après un second acte d'accusation, à la délibération d'un nouveau jury ! Nous ne craignons pas de le dire, un droit de cette nature tiendrait trop du pouvoir arbitraire.

L'article ci-dessus ne garantirait pas un prévenu qu'une seconde, ni une troisième délibération favorable, dût mettre un terme à sa détention ; et cette idée nous convainc de plus en plus, qu'il pourrait devenir, comme nous l'avons déjà dit, une source d'abus et de vexations. La loi se confie en ses ministres, mais elle en prévient les écarts : elle sait qu'ils sont hommes.

Art. 755. La notification de ces ordonnances deviendrait inutile, impossible même quelquefois dans les premières vingt-quatre heures : il suffirait de les envoyer officiellement dans les trois jours.

Art. 757. Nouveaux abus à prévenir ; un ou deux témoins, indiqués peut-être par quelque ennemi personnel, et dont les dépositions ne seraient que la répétition des premières ; un seul procès-verbal, quoique non mieux détaillé que ceux annexés au premier acte d'accusation, ne devraient pas suffire pour soumettre le prévenu aux épreuves d'un nouveau jury : il serait bon que les nouvelles charges fussent examinées *par le tribunal criminel,* et que sa décision pût seule autoriser les nouvelles poursuites.

Art. 763. Fixer un délai pour cette signification.

CHAPITRE IV.

Des Tribunaux criminels.

OBSERVATIONS GÉNÉRALES.

En persistant dans la protestation de notre respect pour la commission du Code, nous observerons, qu'à notre avis, sa nouvelle théorie semble mettre toute entière dans la main du Gouvernement, l'administration de la justice criminelle, et que, dans sa marche graduelle, la possibilité de l'arbitraire se montre presque à chaque pas :

1.º Les *commissaires* et leurs *substituts,* les *préfets* et les *préteurs,* voilà les fonctionnaires que la loi proposée chargerait de la rédaction des actes d'accusation, du choix des jurés, de l'examen et du jugement des procès.

Tous ces fonctionnaires seraient à la nomination du Gouvernement ; tous, sauf le préteur, seraient *amovibles,* et le préteur serait aussi lui-même sujet à une espèce d'amovibilité par le changement annuel de la division que le Gouvernement lui désignerait.

2.° Instruits d'avance, ou pouvant l'être, de la nature des crimes et du nom des prévenus, les préfets formeraient à leur gré les tableaux des *premiers jurés* ; et ces tableaux, ouvrage peut-être de quelquescommis ou de l'intrigue, ne seraient susceptibles d'aucune récusation ni réduction.

Sans autre règle ni gêne que de prendre ces *premiers jurés* parmi les deux cents citoyens les plus imposés de l'arrondissement communal, ne serait-il pas possible que, dans certaines circonstances, l'administrateur formât, en tout ou en majeure partie, le tableau du jury, d'hommes que l'opinion publique et la justice rejetteraient ! les considérations humaines peuvent se glisser dans le cœur même du fonctionnaire public ; et richesse n'est pas toujours lumière et vertu.

Il fut un temps où la formation des tableaux des jurés *spéciaux* n'appartenait qu'à un seul fonctionnaire ; et l'expérience nous apprit que ces tableaux ne furent pas toujours exempts de soupçon.

S'agirait-il d'un des délits prévus dans le titre I.ᵉʳ du III.ᵉ livre du Projet, I.ʳᵉ partie ! la liste *du premier jury* devrait comprendre au moins *sept fonctionnaires publics*, et rien n'empêcherait qu'ils fussent tous choisis parmi les fonctionnaires *administratifs* non exempts de l'influence *préfectoriale*.

3.° Un seul homme serait-il prévenu de plusieurs délits, ou plusieurs prévenus seraient-ils impliqués dans la même procédure ! dans le premier cas, si les délits n'étaient pas *connexes*, l'opinion d'un seul fonctionnaire, *du substitut*, serait, ainsi que dans le second, le régulateur unique du nombre des actes d'accusation et de celui des premiers jurés : au substitut seul appartiendrait ainsi le droit de retarder la punition du crime et la mise en liberté de l'innocence.

La première délibération du jury d'accusation serait-elle en faveur du prévenu ! il suffirait pour le retenir encore dans les fers jusqu'après la décision du propréteur, de la seule réquisition écrite du substitut.

4.° Le préfet encore composerait la liste des jurés de *jugement;* cette liste serait sans doute plus nombreuse, mais pas assez pour qu'on ne pût la former en majorité d'hommes incapables ou mal intentionnés ; *le prévenu* ne l'aurait connue que *la veille de l'assemblée ;* et *le commissaire* du Gouvernement, qui l'aurait connue plutôt, serait toujours là pour en réduire le nombre par ses récusations.

Ainsi que les premières listes, celles du jury de jugement devraient comprendre grand nombre de fonctionnaires publics, dans les cas dont on a déjà parlé ; qui nous garantirait toujours l'impartialité de leur choix !

Manquerait-il quelque juré de jugement! un fonctionnaire administratif, *le maire*, en ferait faire le remplacement, et la force armée serait là, pour

traîner

traîner dans l'intérieur de l'auditoire le citoyen peut-être excusable qu'il aurait désigné.

5.° Chaque année tous les préteurs se réuniraient auprès du Gouvernement. L'intérêt public devrait être l'objet unique de cette réunion : il le serait toujours, n'en doutons point, *sous le règne de Napoléon*. Mais qu'il nous soit permis de le dire, l'ame et les vertus de *Napoléon* se perpétueront-elles à jamais dans l'hérédité de l'Empire !

6.° En matière civile, en police correctionnelle, judiciaire même, la loi voudrait le concours effectif et délibérant de *plusieurs* juges ; la voie de l'appel serait ouverte contre un grand nombre de leurs jugemens ; et quand il s'agirait à-la-fois de la fortune, de la vie et de l'honneur des citoyens , *un seul juge, le préteur,* prononcerait, et prononcerait *en dernier ressort !...*

7.° Le préteur pourrait ordonner, *même* d'office, non-seulement la jonction de divers actes d'accusation, mais encore diviser d'avance chacun de ces actes, et ne soumettre, *quant à présent,* à l'examen du jury, qu'une partie des délits.

Acquitté sur les premiers délits, le prévenu devrait l'être aussi peut-être sur les autres ; telle serait peut-être encore l'opinion du jury ; cependant le préteur aurait le droit *d'arrêter la délibération ;* il pourrait *ajourner* aux grands-jours suivans, faire recommencer l'examen des derniers délits , le soumettre à de *nouveaux jurés ,* et prolonger ainsi les craintes et les souffrances du prévenu.

En tout état de cause, ce magistrat pourrait faire entendre toute personne et produire toute nouvelle pièce ; lui seul jugerait de l'utilité de ces nouvelles charges ; à lui seul appartiendrait de fixer le temps durant lequel l'accusé devrait préparer sa défense.

8.° Dans son discours, M. *Oudart* nous dit, avec *Blackstone,* qu'en Angleterre *le grand-juge,* que le Projet appelle *préteur, fait à lui seul presque tous les jugemens :* serait-il donc vrai que, dans les assises criminelles des Anglais, le jury de jugement ne fût que pour parade ! Et, sous ce rapport, les mœurs françaises pourraient-elles s'en accommoder !

Ce jury ne prononcerait que sur la question vague de *la culpabilité ;* mais quand même le préteur n'aurait pas fait, *à lui seul,* les réponses affirmatives sur cette question, quelle latitude de pouvoirs ne lui resterait - il pas ! Ne demeurerait-il pas arbitre unique des circonstances , et par cela même celui de la peine ! Admettons qu'il fût toujours bien intentionné , ses lumières ne pourraient-elles pas tromper son cœur !

Les jugemens de cassation *pour fausse application de la loi ,* ne sont pas assez rares. Cependant des juges intègres, à grandes lumières et longue expérience, sont tombés dans de pareilles erreurs : que n'aurait-on pas à craindre de la délibération d'un seul juge !

Réparable aujourd'hui par le tribunal de cassation , la fausse application

Arriége. D

de la loi ne le serait presque plus contre les arrêts du préteur, puisqu'à lui seul, encore une fois, appartiendrait la décision des circonstances du délit, et qu'en les écartant ou les déclarant prouvées, il lui serait libre d'appliquer toute autre peine que celle dont la loi eût voulu le punir.

Le préteur serait assisté du propréteur; mais cette assistance pourrait devenir illusoire, puisque entre deux avis seulement, celui du préteur aurait *la prépondérance.*

9.° L'expérience atteste que, dans beaucoup de circonstances, la justice dut la manifestation de la vérité, la punition du crime et le triomphe de l'innocence, à la connaissance personnelle que les juges avaient des localités du ressort, du caractère, des mœurs, des usages et des idiomes particuliers des habitans.

Cependant nul préteur ne pourrait exercer dans la division de son domicile; chaque année lui offrirait un territoire, des hommes et des idiomes nouveaux.

10.° Ce n'est point *par le nombre*, mais bien *par la nature* des procès, qu'on peut bien juger du temps nécessaire à leur expédition. On en compte peu dans le département *de l'Arriége;* mais il s'en est présenté de très-grande conséquence; et nous fumes assez heureux de n'en jamais laisser aucun en retard; nous avons pu les juger avec toute la célérité convenable; disons-le sans orgueil, nous avons pu y apporter ce degré d'attention et d'exactitude qui, depuis plusieurs années, a mis tous nos jugemens à l'abri de la cassation. Les ennemis du bon ordre le savent, et ce n'est pas la plus faible des causes qui les contraignent et les découragent.

11.° Chaque année, tous les préteurs se rendraient auprès du Gouvernement; leur absence exigerait un temps considérable, et durant ce temps, l'examen des procès criminels demeurerait en suspens dans toute la République.

De retour dans sa division, nul préteur empêché ne pourrait être remplacé que par un autre préteur en matière de grand criminel; et le Gouvernement seul pourrait désigner le remplaçant. Cette désignation exigerait des délais; et cependant la justice languirait dans la division du préteur remplacé; elle languirait aussi ensuite dans celle du préteur remplaçant.

12.° A quelques exceptions près, laissées à la discrétion du préteur, il serait possible que les grands-jours n'eussent lieu qu'*une fois par trimestre* dans chacun des départemens de la division. Un prévenu arriverait dans la maison de justice, la première ou la seconde semaine de la session, mais il ne pourrait pas être jugé durant cette session : le voilà donc encore dans les fers, et la justice paralysée à son égard *jusqu'après les grands-jours des autres tribunaux* de la division. Serait-ce un coupable, serait-ce un innocent, sa trop longue détention affligerait la société; elle désolerait l'innocence, et ménagerait peut-être au crime l'espoir et les moyens d'évasion.

13.° Étrangers à leurs divisions, beaucoup de préteurs ne sauraient entendre, et parler encore moins, les divers idiomes des prévenus ni des des témoins ; et dès-lors nécessité d'interprètes dans la plupart des débats.

Ces interprètes seraient-ils toujours assez intelligens, assez fidèles dans leurs traductions ! en trouverait-on toujours qui pussent se faire assez entendre du préteur !

A combien de lenteurs, d'embarras, d'équivoques et de malheurs l'administration de la justice criminelle ne serait-elle pas exposée, si *le directeur des débats* ne les comprenait pas lui-même !

14.° A tous ces divers inconvéniens, ne craignons pas d'ajouter encore ceux qui pourraient résulter de la nécessité d'une délibération *unanime* des jurés.

Cette unanimité serait facile, sans doute, et bien libre dans beaucoup de circonstances ; mais il serait possible aussi que, dans beaucoup d'autres, elle ne réunît pas ces deux caractères.

Les délibérations de *vingt-quatre heures* ne sont pas sans plusieurs exemples ; et nous avons vu des jurys qui les eussent traînées plus loin, si après ce délai la loi n'eût permis, ordonné même de souscrire au vœu de la majorité.

Fatigués par les débats, renfermés dans leur chambre et sans communication au dehors ; menacés d'un plus long séjour, d'une fatigue encore plus pénible ; pressés par des raisons de santé, le desir ou le besoin de revenir à leurs affaires domestiques, quelques jurés pourraient enfin composer avec leur conscience, et se ranger à des opinions dont la prépondérance ne serait pas conforme au vœu de la justice.

Seraient-ils tous également fidèles à leur conviction ! il deviendrait très-difficile, et peut-être impossible de les ramener : et dès-lors, point de justice.

OBSERVATIONS sur divers articles.

Nous les réduirons aux articles de la disposition desquels il n'a pas été parlé dans les observations générales.

Art. 795. *Première partie.* Dire simplement : *il recevra toutes les dénonciations.*

Art. 797. Quant aux réquisitions faites *à l'audience,* nous pensons qu'il suffirait d'écrire sur le registre particulier, celles auxquelles le tribunal n'aurait pas déféré ; il n'y en a point d'autres qui puissent autoriser le commissaire à se pourvoir en cassation.

CHAPITRE IV.

Art. 806, 807, 808, 809, 810, 812 et 813. Énoncer les délits par la seule qualification de leur genre.

CHAPITRE V.

Art. 815. Dernière observation.

Art. 816. Fixer le délai dans lequel l'ordonnance de prise de corps, ou de se présenter, devra être signifiée.

Art. 817. Il serait possible que les travaux du tribunal ne permissent pas cet interrogatoire dans *les vingt-quatre heures.*

Combien de conseils un accusé pourra-t-il prendre ! le *maximum* en devrait être fixé.

Art. 824. 1.° En combinant cet article avec le 733°, *dernière partie,* nous croyons que le tribunal criminel ne pourrait annuller *d'office,* que le seul *acte d'accusation ;* mais s'il arrivait que la formation du premier jury, ou sa délibération, fussent atteintes de quelque nullité non réparable, telles que le défaut de qualité en la personne des jurés, ou l'omission de leur serment, et que néanmoins le commissaire eût écrit la formule, *la loi autorise,* faudrait-il laisser subsister ces nullités, en n'annullant que l'acte d'accusation !

2.° Dans le cas qu'il fallût dresser un nouvel acte d'accusation, qui le dresserait ! Faudrait-il le soumettre à un nouveau jury ! Le projet ne s'explique pas.

Art. 831. Même observation que sur l'article 32.

Art. 834. L'avis des préfets nous paraît inutile en cette matière.

Art. 835. Ajouter la modification : *sans préjudice des annullations d'office.*

CHAPITRE VI.

Art. 843. Même observation que sur l'article 323, n.° 2.

Art. 845, *2.ᵉ partie.* Trop de rigueur : un témoin divaguerait ; il expliquerait mal quelque fait dont la connaissance préliminaire serait essentielle pour saisir la déposition. Cette déposition pourrait être si longue, qu'un interprète, les jurés, et souvent les juges, ne sauraient la saisir *uno contextu.* N'y aurait-il pas à craindre si, dans ces circonstances, l'interruption du témoin, dans sa déposition, était interdite !

Art. 847. La faculté du prévenu serait-elle réduite aux faits dont parle cet article ! Le mensonge d'un témoin, en quelque circonstance essentielle articulée dans le débat, atténuerait nécessairement le surplus de sa déposition ; le prévenu voudrait prouver ce mensonge par ses propres témoins, n'en devrait-il pas avoir la faculté ! L'art. 792 permettrait au préteur de faire entendre de nouveaux témoins et de produire de nouveaux actes contre le prévenu ! quelle serait alors la ressource du prévenu, s'il ne pouvait pas appeler aussi de nouveaux témoins, invoquer de nouveaux actes !

Art. 848. Cet article n'est qu'une répétition des articles 653 et 688.

Art. 858. Dire que dans tous les cas on pourrait nommer un ou deux interprètes ; car il serait bien possible que les juges ni les jurés n'entendissent pas le langage du prévenu ni celui des témoins.

Art. 861. Certaines déclarations civiles des témoins entendus au débat, se trouvent dans le corps même des procès-verbaux dressés par les officiers de police ; il en est d'autres qui n'en font pas partie, et ces dernières devraient être les seules qu'on ne devrait pas remettre aux jurés de jugement.

Art. 862. Si quelques jurés ne voulaient pas se rendre dans leur chambre, d'autres pourraient être d'un avis contraire ; et comme il serait dans l'ordre que ces derniers l'emportassent, nous pensons que l'article devrait ajouter, que l'avis d'un seul juré suffirait pour les obliger tous à se retirer dans leur chambre.

Art. 863. Le moyen d'exécuter la première disposition de cet article, si quelque. juré venait à tomber malade !

Art. 865 et 869. Distinguer d'une manière plus précise les deux espèces de délibérations, et ordonner que les jurés seraient avertis par le préteur, de la faculté que la loi leur accorderait à cet égard.

Art. 871. Ainsi que la déclaration *spéciale*, la déclaration générale devrait être également signée par le chef du jury ; elle serait d'assez haute importance pour exiger la preuve écrite de sa réalité.

Art. 873, 2.ᵉ *partie.* Ce serait peut-être assez de n'annuller la déclaration du jury, que dans les cas où la contradiction des réponses tournerait *au préjudice* de l'accusé.

Art. 875. Ce serait également assez d'ordonner seulement que l'examen d'un procès ne pourrait être interrompu par aucun autre, même de police correctionnelle.

Art. 876. Combien de fois l'absence d'un ou plusieurs témoins pourrait-elle autoriser l'ajournement d'un procès aux grands-jours suivans ! Et si ces témoins ou d'autres étaient morts dans l'intervalle, quel usage ferait-on de leurs dépositions écrites !

CHAPITRE VII.

Art. 892. Ordonner que les motifs de la recommandation seront expliqués *dans le jugement* même.

Art. 893. Mettre cet article et tous autres relatifs au même objet dans le chapitre concernant *les pourvois* en cassation.

Art. 897. Le vœu de cet article serait contraire aux règles de la procédure, si les complices dont il parle se trouvaient alors, ou devant un autre tribunal, ou devant un autre magistrat de sûreté, ou bien encore s'il importait que l'instruction du nouveau délit fût faite dans le lieu même de ce délit.

CHAPITRE VIII.

Des jurés d'accusation et de jugement.

OBSERVATIONS GÉNÉRALES.

En ajoutant aux observations que nous avons déjà faites sur les jurés, nous dirons que l'intérêt public semble desirer aussi que *le jury de jugement* soit aboli, ou que du moins on lui donne d'autres formes que celles de la loi du 3 brumaire et du Projet de la commission.

1.º Si le jury d'accusation trouve de l'indifférence chez les personnes qui y sont appelées, le jury de jugement en trouve encore davantage, parce que les voyages, les absences, et les frais d'entretien sont ordinairement beaucoup plus considérables ; aussi voit-on bien peu de sessions, ou plusieurs remplacemens de jurés ne deviennent nécessaires. Fatigués par la fréquence de ces remplacemens, les citoyens du chef-lieu qui seraient les plus capables, ceux-là même qui sont dans la liste partielle, s'en vont aux champs ou se cachent, et ce n'est pas sans inconvénient pour le service de la justice.

2.º Chargés de faire les premiers tableaux, fussent-ils bien pénétrés de l'importance de ces opérations, les juges de paix sont très-souvent circonvenus pour en écarter des hommes qui, à leur insouciance près, auraient toutes les qualités requises ; et si cette première démarche ne réussit pas, il leur reste encore d'autres ressources. Nous n'accuserons personne, mais nous ne calomnions pas.

3.º Soit par eux-mêmes, soit par leurs conseils, les prévenus abusent de la faculté des récusations *sans motifs ;* il leur arrive quelquefois, de ne les faire que successivement ; presque toujours ils s'en ménagent quelqu'une dans l'espoir que tous les jurés ne se rendront pas, et qu'en exerçant ensuite ces récusations contre les citoyens de la commune qui ne leur plairont pas, les nouvaux tirages du sort leur donneront des jurés moins difficiles à séduire ; fussent-ils tous exempts de soupçons, ces remplacemens retarderaient toujours l'expédition des affaires.

4.º Si le Projet de la commission écarte ces derniers inconvéniens, il en substitue d'autres non moins dangereux : nous avons déjà relevé celui du choix à faire par le préfet. Le déplacement de quarante-huit ou quarante jurés éprouverait plus de difficulté que celui de quinze ; la liste n'en serait connue du prévenu que la veille de l'assemblée et peut-être fort tard, peut-être aussi viendrait-il à cette assemblée sans avoir pu se concerter avec son défenseur, sans aucune connaissance personnelle des qualités morales des jurés, et alors la faculté des récusations lui deviendrait illusoire si non périlleuse.

. 5.° Trente ans accomplis et jouissance des droits civiques, voilà toutes les qualités requises par la loi du 3 brumaire. Sont-ils d'ailleurs probes, intelligens, amis ou parens du prévenu ! Cette loi ne prévoit rien à cet égard. Le Projet exige que les jurés paient au moins 100 francs de contributions foncières ou personnelles et qu'ils sachent lire et écrire ; mais parmi les citoyens aisés, combien n'en trouve-t-on pas à qui la justice n'accorde point sa confiance quand même ils sauraient lire et écrire, sur-tout pour d'aussi importantes fonctions que celles de jurés !

6.° La loi du 3 brumaire ne défend pas les communications au-dehors *pendant l'examen.* Ces communications donnent à l'intrigue toutes les facilités possibles. On travaille les jurés, ils parlent, et souvent le public sait d'avance l'avis qu'ils porteront.... Le projet de Code ne voudrait point de communication ; il mettrait les jurés dans un état de surveillance perpétuelle même *pendant l'examen ;* mais outre que cette surveillance serait facile à tromper par des moyens intermédiaires, quelles augmentations ne faudrait-il pas dans les bâtimens des tribunaux criminels ! ne serait-il pas à craindre d'ailleurs que, pour se soustraire aux rigueurs de leur clôture, les jurés ne précipitassent trop leur délibération !

7.° Si dans quelques procès *la position des questions* est très-difficile, la décision l'est encore davantage. Y a-t-il plusieurs délits, nombre de circonstances, nombre de prévenus, l'esprit et la mémoire des jurés tombent dans l'embarras et la confusion ; le président leur aura fait faire toutes les remarques possibles, il n'aura rien négligé pour les rendre faciles à saisir, les jurés rentrent pour en demander la répétition, et par fois des signes de convention entre eux, crayonnés ou marqués de toute autre manière, annoncent l'affirmative ou la négative des réponses individuelles que tels et tels jurés devront faire sur des circonstances les plus essentielles.

Le projet de Code n'exigerait qu'*une réponse* sur chaque délit et sur chaque prévenu ; mais alors les fonctions du jury seraient nécessairement divisées ; une partie bien essentielle en appartiendrait au tribunal ; lui seul aurait le droit de prononcer sur des circonstances dont la négative ou l'affirmative pourrait faire qu'un crime dégénérât en simple délit correctionnel, et réciproquement.

8.° Ainsi que les jurés d'accusation s'érigent en jurés de jugement, il arrive à ceux-ci d'usurper sur *les fonctions de juge.* Mille considérations les portent à prendre *la peine* pour règle de leurs réponses ; on en a vu faire des interpellations là-dessus aux juges même. Deux ou plusieurs parens sont-ils impliqués dans la même procédure, on ne doit pas les punir tous, et l'intérêt qu'on aura su inspirer régle le choix. Est-ce un père de famille ? Sa femme et ses enfans sont là. Il mériterait la mort, c'est assez des fers. Persuade-t-on aux jurés que le meurtri, ou toute autre partie lésée, avait eu des torts, ou qu'il était *un mauvais sujet*, raisons puissantes pour faire absoudre le coupable, ou le punir avec moins de rigueur.

Eussions-nous une loi conforme au Projet, les mêmes motifs et les mêmes prétextes disputeraient à la justice la réponse du jury, sur la question unique de la culpabilité, avec cette différence encore que la réponse pourrait devenir *négative*, par la seule crainte d'un jugement contraire aux desirs du jury.

9.° Les faits *matériels* du délit, si nous pouvons le dire, sont quelquefois d'une telle évidence, que les jurés n'oseraient les contester ; mais *la question intentionnelle* laisse plus de latitude, et trop souvent elle est l'excuse du jury, la planche du criminel.

Mêmes dangers dans la théorie du Projet ; la question *intentionnelle* entrerait nécessairement dans l'examen de la *culpabilité* ; elle réglerait les calculs des jurés sur les effets de leur délibération.

10.° Abolir donc les jurys, donner plus de consistance aux tribunaux, par le nombre des juges ou des suppléans, et faire ainsi un meilleur emploi des fonds destinés au traitement des jurés ; rétablir l'ordonnance de 1670 ; deux jugemens, dont l'un *en premier* et le second en *dernier ressort*. Cependant, *communication* de la procédure aux prévenus ; *publicité de l'examen*, assistance et plaidoirie *de conseils, faculté du recours* en cassation ; tel est le vœu de notre amour et de notre zèle pour la chose publique, éclairé par l'expérience de plusieurs années.

11.° Dans la supposition que le jury de jugement dût être maintenu, nous proposerions de l'organiser ainsi qu'il suit :

1.° Trente ans accomplis et moins de soixante-dix, cent francs au moins de contributions foncière ou personnelle ; capacité de tous les droits civiques ; n'avoir jamais été condamné pour crime, ni pour délit correctionnel ; savoir lire et écrire : telles sont les qualités dont nous desirerions le concours en la personne des jurés.

2.° Les maires et leurs adjoints en feraient les listes générales chacun dans sa commune ; ils les enverraient chaque année, par-tout, en fructidor, au tribunal de leur arrondissement : leur négligence serait punie de suspension, et de destitution en cas de récidive, sur la dénonciation que le commissaire civil serait tenu d'en faire, sous sa responsabilité, au préfet du département.

3.° Le 1.er vendémiaire, réduire *à la moitié*, la totalité des noms portés dans l'ensemble desdites listes ; le tribunal qui les aurait reçues, ferait cette réduction en séance publique, et par la voie du sort.

La

La moitié restante ferait le service de toute l'année, soit du jury d'accusation, soit du jury de jugement ; il serait tenu note des jurés qui l'auraient rempli, et la première année *d'après,* leurs noms seraient seuls distraits de l'urne destinée à faire la réduction sus-mentionnée ;

4.° De toutes les listes d'arrondissement, le greffier du tribunal criminel, sous l'inspection du président et du commissaire, en formerait une générale et cette liste serait imprimée à cinquante ou cent exemplaires ;

5.° Le premier de chaque mois, un exemplaire de cette liste serait notifié à chacun des prévenus à juger durant la session du même mois, et ces prévenus pourraient en récuser *avec* ou *sans* motifs, un nombre égal à celui de la plus forte liste de l'un des arrondissemens du département, n'y eût-il qu'un seul prévenu, la même faculté lui serait acquise.

6.° Cette première récusation ne pourrait avoir lieu que *les trois* premiers jours ; la déclaration d'icelle remise *le quatrième,* sous peine de déchéance, au concierge de la maison de justice, qui devrait la remettre aussi le même jour, sous peine de destitution, au greffe du tribunal criminel.

7.° Le lendemain, le commissaire, après avoir pris connaissance des récusations faites par les prévenus, exercerait aussi les siennes. Ces nouvelles récusations ne pourraient excéder *le dixième* de l'entière liste générale, ni se faire qu'avant midi *du cinq ;* et dans l'après-midi du même jour, le président du tribunal criminel, ou le juge par lui commis, procéderait à la composition du jury de jugement.

Faire cette dernière opération par la voie du sort, sur la liste générale des jurés non récusés, en présence du commissaire et du maire de la commune ou d'un adjoint ; le greffier en dresserait procès-verbal ; tous les fonctionnaires susmentionnés signeraient le verbal, et avant de commencer le tirage au sort, tous aussi promettraient de garder le secret sur le résultat.

8.° Défense aux huissiers porteurs de lettres de convocation des jurés, d'en donner connaissance à autres qu'aux jurés mêmes, et leur contravention à cet égard punie successivement, 1.° d'une amende de cinquante rancs , 2.° de l'interdiction pendant trois mois , 3.° de la destitution.

9.° Indemnité convenable, mais égale, à raison des distances, à raison aussi du séjour ; et accorder cette dernière aux jurés même de la commune où siége le tribunal criminel.

10.° Punition soit contre les jurés qui , sans excuse légitime , ne se rendraient pas le jour indiqué pour l'assemblée , soit contre les signataires des fausses attestations d'excuse.

A cet effet, ordonner que le texte de cette double disposition pénale, sera imprimé en tête des lettres de convocation , et qu'aucune excuse ne vaudra, si le certificat n'en est écrit et duement visé sur le papier même de ces lettres.

11.° Composer la liste du jury de jugement de *quinze* citoyens ; les douze premiers inscrits formeront la délibération ; les trois autres remplaceront les absens, ceux-là même qui , pour cause légitime admise par le tribunal, seraient obligés de quitter avant d'avoir fait leur déclaration.

12.° Toute communication au-dehors interdite aux jurés *pendant la délibération* , sauf causes légitimes , soumises à la discrétion du président, ou de son délégué.

Unanimité nécessaire durant *les douze premières heures* , dont la dernière serait annoncée par le président , après ce délai, majorité de *huit* contre *quatre.*

13.° Le juge et le commissaire chargés de recevoir les réponses individuelles et successives , compteraient les votes sur chacune des questions en présence de tous les jurés ; la délibération serait écrite à mesure , et après la dernière , le chef du jury , le juge et le commissaire, signeraient, avant de sortir de la chambre.

Quant au surplus des formes , jusqu'après le jugement définitif, maintenir , et mettre dans le nouveau Code , celles établies par la loi du 3 brumaire.

Sur la position des Questions au Jury de jugement.

1.° L'application de la loi deviendrait arbitraire , si les tribunaux pouvaient la faire autrement que d'après la déclaration du jury , sur les questions ; et le jury serait nécessairement vicieux dans ses attributions , s'il n'avait à répondre que sur une partie de ces questions. Il faut donc les lui proposer toutes , sauf les explications ci-après.

2.° Les questions sur le caractère de méchanceté de l'action , ou l'intention du crime , sont celles dont la position exige le plus de prudence ; et le mode établi par nos lois paraît défectueux dans plusieurs circonstances ; en voici quelques exemples :

1.° La fabrication de fausse monnaie nationale suppose nécessairement dans son auteur, l'intention du crime ; et dès-lors la question particulière sur cette intention , peut devenir la ressource du coupable : elle est tout au moins oiseuse.

2.° Le faux en écriture quelconque , préjudicie nécessairement aux droits d'un tiers, par cela seul qu'il peut profiter à l'auteur, ou à quelqu'autre. Ne suffirait-il donc pas de poser ainsi la question intentionnelle !

« L'a-t-il commis à dessein d'en faire son profit , ou bien, l'a-t-il com
» mis à dessein d'en faire le profit d'autrui ! »

3.° L'empoisonnement est nécessairement criminel, si le prévenu savait que la boisson ou la matière dont il a fait usage contre la personne lésée, était un poison : ne suffirait-il donc pas aussi de demander aux jurés si le prévenu savait que ladite boisson ou matière était un poison.

4.° L'incendie commis *volontairement*, est criminel par cela même; pour quoi demander au jury, comme l'exige le code de 1791, si ce fait a été commis aussi, *par malice ou vengeance,* et *à dessein de nuire à autrui !* . . . . Bien intentionné, le jury s'accordera sur le *volontairement*, mais il pourra se diviser sur le reste : quelques jurés penseront que le coupable n'avait d'autre intention que de se procurer quelque avantage, ou quelque agrément dans ses possessions.

5.° La *préméditation* et le *guet-apens,* se démontrent par des faits apparens ; nous penserions donc qu'au lieu d'interroger les jurés en termes vagues de *préméditation,* ou de *guet-apens,* il vaudrait mieux poser une question particulière sur chacun des faits dont le concours est nécessaire pour donner à l'action criminelle ce nouveau degré de malice.

3.° L'intention est la chose la plus individuellement et la plus rigoureusement personnelle ; elle est de vérité naturelle. Nous pensons que dans tous les cas, où le fait principal ne la supposerait pas nécessairement, la question sur cette intention devrait être posée relativement à chacun des prévenus.

Nous n'excepterions pas même les prévenus faisant partie *d'une bande* ou *d'un attroupement.* Il serait possible que quelqu'un d'entre eux n'en eût fait partie que malgré lui, ou qu'il n'eût pu en sortir qu'au risque de sa vie, après avoir eu le malheur d'y entrer volontairement : rendre cette volonté première commune à tous les crimes commis ensuite par la bande, ou par l'attroupement, serait trop de rigueur, injustice même contre la nature.

Ne poserait-on la question intentionnelle qu'à l'égard de certains co-accusés, cette distinction serait un préjugé pour ou contre les autres.

4.° Trouve-t-on dans un procès beaucoup de prévenus, nombre considérable de délits et de circonstances ; on doit craindre, tout au moins, que la mémoire des jurés ne tombe en défaut, et leur esprit dans la confusion.

Cet inconvénient fut senti de bonne heure : le tribunal de cassation, dans ses observations de l'an 9, proposa des moyens pour y remédier ; mais il nous paraît que ces moyens seraient insuffisans, si les jurés demeuraient constamment assujettis à délibérer *uno contextu,* sur la totalité des questions du procès.

Que dans tous les cas, sans doute, la communication au dehors demeure interdite aux jurés dès l'entrée dans leur chambre ; mais que dans des circonstances majeures, dont le tribunal criminel jugerait après le débat, il fût permis de procéder ainsi que nous hasardons de le proposer.

Supposons plusieurs délits, plusieurs accusés et plusieurs circonstances de diverse nature.

1.° Dans cette supposition, il serait possible que tous les faits ne fussent pas constans , que tous les accusés n'en fussent pas convaincus ; qu'en admettant la conviction universelle ou partielle sur les faits , tous les prévenus , ou quelques-uns d'eux fissent valoir des circonstances que nous appellerons *exclusion de délit, ou péremptoirement* justifiantes.

Si , de l'avis du tribunal , l'ensemble de ces premiers objets exigeait un examen particulier et distinct de tout autre , le président y bornerait d'abord son résumé ; la position des questions , et la délibération du jury ne s'étendraient pas plus loin.

2.° Cette première délibération, prise et terminée dans les formes légales, serait communiquée au tribunal ; et de suite nouveau résumé du président , 1.° sur l'intention des prévenus , que la première délibération aurait déclaré convaincus , sans circonstances *péremptoirement* justifiantes ; 2.° sur les circonstances simplement atténuantes ; 3.° sur les circonstances aggravantes.

Position des questions à cet égard ; nouvelle délibération du jury aux formes de droit ; communication et lecture publique de toutes ses décisions ; jugement définitif.

Cette forme de procéder mettrait les jurés à portée de mieux saisir le résumé du président ; leur mémoire ne serait pas en défaut, et dans quelques circonstances , leur délibération en deviendrait d'autant plus facile , que d'avance elle se trouverait dégagée d'un grand nombre de questions qui, quoiqu'apparemment inutiles d'après le débat, doivent cependant être posées dans l'ordre actuel , par cela seul qu'elles résultent de l'acte d'accusation.

CHAPITRE XLII.

Art. 983. Rendre la première disposition commune au condamné qui aurait omis de se pourvoir en cassation.

CHAPITRE XVI.

Art. 1000. Prévoir le cas où la pièce authentique ferait partie d'un registre qui en contiendrait d'autres.

CHAPITRE XVII.

Art. 1009. Contraire au nouveau *Code civil* sur les contumax.

Art. 1010. Cette ordonnance pourrait être rendue le *samedi ;* comment pouvoir la signifier le dimanche suivant dans les extrémités du ressort !

Art. 1020. Même observation que sur l'article 1009.

Art. 1022. La mort du témoin devrait seule autoriser la lecture de sa déposition. La crainte d'être convaincu de calomnie pourrait écarter un témoin; serait-il juste que sa déposition fût lue aux jurés !

CHAPITRE XVIII.

Sauf division ; ce chapitre, les articles 804, 805 et tous autres concernant les délits *des fonctionnaires* quelconques, dans ou hors l'exercice de leurs fonctions, devraient, ce semble, être réduits en un seul chapitre.

CHAPITRE XXIII.

Art. 1069. expliquer en quelle forme sera faite l'opposition.

CHAPITRE XXIV.

Ce chapitre ne règle rien sur *les récusations, ni sur les abstentions particulières* des juges.

CHAPITRE XXVI.

Il importerait que les attributions de ce jury domestique fussent réduites aux délits commis *contre un membre de la famille du coupable ;* sans cela, trop d'impunité, moyennant argent, &c.

Accorder d'ailleurs la faculté des poursuites, à toutes personnes que la loi déclare *civilement responsables* des délits commis par des mineurs.

CHAPITRE XXVII.

Art. 1110. Ne suffirait-il pas d'écrire sur le registre une note qui énoncerait, 1.° la nature de l'acte; 2.° sa date ; 3.° son objet; 4.° la désignation de l'autorité qui l'aurait rendu; 5.° les noms et signalement du prisonnier !

Art. 1111. Même observation que sur d'autres, concernant les geoliers et gardiens des prisons (art. 114, &c.).

Art. 1112. Même observation que sur l'article 1110.

Art. 1113. Supprimer de la dernière partie, les mots, *et tous les prisonniers,* ou bien y ajouter ceux-ci : *condamnés irrévocablement à la reclusion ou détention.* L'administrateur n'a rien à voir sur les autres prisonniers.

Art. 1116. Pour quel temps la mise aux fers !

CHAPITRE XXVIII.

Art. 1119. S'il n'y a point de peine contre cette dénonciation, il serait mieux de dire, *pourra,* au lieu d'*est tenu.*

Art. 1120. *Tout fonctionnaire,* expression trop vague, et susceptible de conséquences funestes à la hiérarchie des pouvoirs.

CHAPITRE XXIX.

Art. 1131. Cet article et autres concernant *la présentation* des lettres de grâce, ne prévoient pas les difficultés que cette présentation éprouverait dans les cas où l'impétrant les aurait obtenues *pendant la durée de la peine ou de ses effets.*

CHAPITRE XXX.

Art. 1150. 2.ᵉ partie. Faudrait-il donc qu'en demandant ces attestations, le condamné·quittât son domicile ou son habitation actuelle?

CHAPITRE XXXI.

Art. 1161. Les autres peines n'étant pas de même nature, ne devraient pas non plus être soumises à la même prescription.

Art. 1162. Il serait bon d'expliquer ce qu'on devrait entendre par *acte de poursuite.* Suffirait-il, pour interrompre la prescription, qu'on eût fait entendre un nouveau témoin avant l'expiration *de la quinzième année*, lors même que dans l'intervalle *des quatorze années antérieures* il n'aurait été fait aucune diligence !

Les membres composant la cour de justice criminelle du département de l'Arriége, et le procureur-général-impérial près la même cour.

Signé CAUBÈRE, *président ;* S. M. BOYER, DARMAING, *juges ;* DELGLAT, *procureur-général-impérial.*

OBSERVATIONS
DU TRIBUNAL CRIMINEL

DE L'AUBE,

SUR

LE PROJET DE CODE CRIMINEL.

OBSERVATIONS

DU TRIBUNAL CRIMINEL

DE L'AUBE,

SUR

LE PROJET DE CODE CRIMINEL.

ARTICLE 8.

Le n.° 1ᵉʳ de l'article 8 n'est pas assez expliqué, pour ne pas laisser d'incertitude. 1.° Le tribunal pense qu'il faudrait dire si un délit commis conjointement par des militaires et des non militaires, doit être poursuivi devant les tribunaux ordinaires : ce n'est pas que cela fasse difficulté maintenant, parce que les lois existantes veulent que ce soient les tribunaux ordinaires qui, dans ces cas, connaissent des délits; mais le silence de la commission pourrait faire interpréter différemment.

2.° Ce tribunal pense que l'on aurait dû expliquer si un militaire qui n'est plus sous les drapeaux, c'est-à-dire, qui est en congé dans son pays, ou en route pour s'y rendre ou en revenir, ou bien en désertion, doit être poursuivi, s'il commet un délit, devant les tribunaux ordinaires.

Le n.° 2 de l'article 8 a semblé au tribunal donner trop d'extension au pouvoir militaire : d'après cet article, si une patrouille prétend avoir été insultée par un citoyen non militaire ; si la garde d'un spectacle prétend avoir à s'en plaindre ; si la gendarmerie prétend avoir été offensée ; le citoyen non militaire sera jugé par une commission militaire; il est facile de sentir combien les citoyens seraient alarmés, s'il en était ainsi. Le tribunal croit que ce n.° 2 doit être supprimé.

Art. 13. Le bruit qui accompagne une exécution empêcherait les spectateurs d'entendre ce que dirait l'exécuteur, et on pourrait interpréter mal la proclamation qu'il ferait ; ainsi, cette proclamation est inutile, d'autant plus que l'écriteau indique la cause de la condamnation, le nom du condamné, et que le public ne vient guères à l'exécution sans connaître l'un et l'autre.

Art. 16. Ces mots : *Sauf les droits accordés par la loi à l'existence physique*, ne s'entendent pas; car si un homme est condamné à mort et en

<table><tr><td>*Aube.*</td><td>A</td></tr></table>

fuite, la loi ne doit rien lui accorder que justice , s'il se présente pour se la faire rendre.

Art. 21. Il faut que le déporté soit averti de ce qui lui arriverait, s'il sortait du lieu de sa déportation : en conséquence, il conviendrait qu'on lui fît la lecture de l'article 21 , lors du jugement ; et qu'en arrivant au lieu de sa déportation, cet avertissement lui fût réitéré ; de même pour les condamnés aux fers, à la relégation et à la reclusion.

Art. 22. Les mots : *sans préjudice* &c., ne sont pas plus intelligibles qu'à l'article 16 , et semblent se contredire avec l'article 36.

Art. 24. On met actuellement, d'après ce qu'a prescrit le grand-juge, le n.° dans les lettres. Cela a un inconvénient qui est de n'être pas assez distinct ; il faudrait que le n.° fut après ou au-dessous des lettres.

Art. 26. Cet article est bon ; car l'exposition de six heures avait souvent des inconvéniens graves en été ou en hiver : la proclamation de l'exécuteur est inutile , par la raison donnée article 13.

Art. 31. Depuis 1792 jusqu'à l'an 4, on a fait les exécutions au chef-lieu du district où le crime a été commis; le transport du condamné , le transport de la guillotine et de l'échafaud ; le déplacement des gendarmes, qui accompagnaient les condamnés, occasionnaient tant de dépense que, par le code de l'an 4, on a ordonné que l'exécution se ferait au chef-lieu du département.

Quand l'exécution se faisait dans un coin du département, elle était ignorée de presque tout le département, au lieu que quand on la fait dans la ville où réside le tribunal, cette ville étant ordinairement centrale , étant populeuse, les rapports y étant plus fréquens que dans une petite ville, une exécution y acquiert plus de publicité , et elle est connue de presque tout le département , sur-tout si elle a lieu un jour de marché. Il serait bon que l'article portât que les exécutions se feront un jour de marché.

Un motif qui doit déterminer à faire faire les exécutions dans la ville où réside le tribunal, c'est que si à l'instant de l'exécution, comme cela arrive quelquefois, un condamné a des révélations à faire , le tribunal peut les recevoir, et suspendre, s'il le croit nécessaire, l'exécution, ce qui ne serait pas possible si l'exécution se faisait ailleurs.

Art. 34. Souvent des gens sans aveu, sans domicile, sont condamnés, laissant des enfans mineurs ou des effets à vendre; alors le commissaire du tribunal criminel ne devrait-il pas être autorisé à faire nommer aux condamnés, ou aux mineurs, un curateur dans le lieu où le jugement a été rendu , et par le tribunal civil?

Art. 38. Donner connaissance de cet article au condamné, ainsi qu'il est dit à l'article 21.

Art. 58. Les indemnités doivent être prononcées, soit lors du jugement, soit après, par les tribunaux criminels et non par les tribunaux civils , parce que les tribunaux criminels qui ont entendu le débat, l'accusé et le commissaire, et qui d'ailleurs ont la procédure sous la main, sont plus à même d'apprécier ce que la partie lésée doit obtenir d'indemnité, que les tribunaux civils qui n'ont et ne peuvent avoir une connaissance aussi étendue de l'affaire.

Pourquoi empêcher que le tribunal puisse, si la partie le demande, prononcer l'application des indemnités en œuvres de bienfaisance; l'arbre de la bienfaisance est si peu chargé de fruits, qu'il ne faut pas lui couper cette branche.

Art. 60. La durée de l'emprisonnement pour amende, &c. a paru trop longue; après une peine afflictive, une année suffirait; après une peine correctionnelle, un mois serait assez. Il ne serait pas juste qu'un délinquant restât en prison un an, pour ne pouvoir payer les frais ou l'amende, tandis qu'il n'aurait été condamné qu'en quelques jours d'emprisonnement pour la contravention qu'il aurait commise.

Art. 63. Souvent des prévenus, des accusés, sentant qu'ils ne pourront échapper aux condamnations, vendent ce qu'ils possèdent, sur-tout quand il s'agit de délit emportant confiscation, et par ce moyen les parties lésées et la République sont frustrées. Ne conviendrait-il pas de dire que toutes dispositions gratuites, ventes, obligations faites par un prévenu, depuis le mandat d'arrêt signifié, seront réputées faites en fraude, et ne pourront être opposées ni à la République, ni aux parties lésées, à moins que le prévenu n'y ait été autorisé par le tribunal devant lequel il se trouve.

Art. 132. Le tribunal pense qu'il faudrait ajouter : *toute fausse énonciation d'enregistrement, soit sur la minute, soit sur l'expédition.*

Cet article ne parle pas des faux commis dans les expéditions.

Art. 151. La faveur ou la haine étant un sentiment intérieur, comment prouvera-t-on qu'un juge s'est déterminé par l'une ou l'autre de ces deux passions; d'un autre côté, quand des condamnés se plaindront d'un jugement, à défaut de moyens, ils diront qu'ils ont été condamnés par haine. La première ligne et demie de l'article 151 paraît inutile.

Art. 183. Ne serait-il pas à craindre que quelques dépositaires de la force publique n'abusassent de cet article, et que, certains qu'on ne pourra prouver leurs excès, ils ne se livrassent à des actes plus violens que les circonstances n'exigeraient; cette crainte ne serait-elle pas encore plus fondée, si, conformément à l'article 8, une commission militaire devenait juge du délit.

Art. 205. La peine, par cet article, est prononcée contre les gardiens, conducteurs; mais si ce ne sont pas eux qui aient commis ces violences ou bris de prison, si au contraire les violences ont été employées contre eux; si on a brisé les prisons sans leur participation, ils ne doivent pas supporter la peine encourue par les vrais coupables. Leur négligence ; s'il y en a eu, pourrait seulement être punie, mais non d'une peine telle que les fers.

Art. 262. Quand on voit un homme franchir un mur, ou entrer chez soi avec effraction, on peut ignorer, sur-tout de nuit, s'il est accompagné ou s'il sera suivi d'une ou plusieurs personnes : le premier mouvement naturel est de se défendre contre l'homme qui vient pour faire du mal, sans songer s'il est suivi ou accompagné d'autres malfaiteurs ; ainsi les mots : *lorsqu'elles sont commises par deux ou plusieurs personnes*, sont de trop. D'ailleurs si on ne peut repousser le malfaiteur que quand il est accompagné, il faut donc l'attendre, il faut donc, si on est seul, engager corps à corps un combat, et se trouver, si on est le plus faible, exposé aux violences du brigand. La protection qu'on doit accorder à l'honnête citoyen, au propriétaire contre celui qui se propose de mal faire, exige qu'on l'autorise à repousser le méchant, soit qu'il se trouve seul ou non.

Art 263. Le tribunal pense qu'il faut ajouter à cet article : et sera puni conformément à l'article 75.

Art. 264. *Idem* pour cet article.

Art. 267. Le Code de 1791 avait distingué deux sortes de meurtres, l'un commis volontairement, *mais sans préméditation*, l'autre avec préméditation. Il est certain que celui qui, par exemple, entre dans un cabaret, y prend querelle avec un homme qu'il n'a jamais connu et le tue, ne commet l'homicide que parce qu'une circonstance imprévue l'a fait rencontrer un homme avec lequel il a eu dispute ; c'est un hazard qui l'a conduit au meurtre, et il n'est pas si coupable que celui qui a médité son crime. Le tribunal pense donc qu'on devrait établir une distinction entre le meurtre non prémédité et l'homicide commis avec préméditation.

Art 271. Si on n'aperçoit pas l'envie de tuer, la peine est trop forte.

Art. 272. Cette rédaction est vicieuse, en ce qu'elle est vague et peut être interprétée dans un autre sens que les rédacteurs ont voulu qu'elle fût prise. Le tribunal pense que l'article 15 du Code de 1791, titre 2, 1.re section, convient mieux.

Art. 275. Une blessure légère, telle qu'une excoriation, un coup qui ne peut avoir de suites dangereuses, tel qu'un coup de poing, un coup de pied, un soufflet, seraient trop punis par des travaux forcés à perpétuité. On peut attendre quelqu'un pour le battre, mais ne pas se proposer de le tuer, ni de lui faire des violences au point de l'indisposer, et les travaux forcés à perpétuité seraient une peine trop forte.

Art. 276. Après *tous ceux qui auront*, le tribunal croit qu'il faut ajouter : *volontairement ;* car là où il n'y a pas de volonté, il n'y a pas de crime.

Art. 277. Cette peine a paru trop forte, et le tribunal pense qu'après le s mots : *sans préméditation*, qui se trouvent à la sixième ligne de l'article il convient d'ajouter *mais volontairement.*

Art. 278. La peine a paru trop forte par les raisons données article 275.

Art. 294. Ce délit pouvant avoir des suites très-graves et ne pouvant être commis que par des gens dénaturés, la peine a paru trop légère. On ne voit pas dans cet article quelle serait la peine qu'encoureraient les père et mère s'ils se rendaient coupables de ce délit.

Art. 306. Il est dit à la fin de cet article : « les blessures autres que » celles mentionnées articles 259 et 277, ne donneront lieu qu'à des inté-» rêts civils. » L'article 259 ne parle que des blessures qui ont causé la mort dans les dix jours; l'article 277 ne parle que des blessures qui ont causé la maladie pendant plus de vingt jours. Or l'article 306 portant que les autres blessures que celles spécifiées articles 259 et 277 ne donneront lieu qu'à des intérêts civils, semble dire qu'on ne pourra poursuivre que civilement et condamner seulement à des dommages et intérêts, ce qui est en contrariété avec l'article 280, et même le 1.er paragraphe de l'article 306.

Art. 312. Lorsque la femme est convaincue d'adultère, la détention est trop courte, et ne devrait-on pas, pour cette cause, admettre sans formalité la demande en divorce, si elle est formée par le mari, ou la séparation de corps!

Art. 313. Il semble que le mari ne devrait recevoir aucune indemnité, il répugne de penser que l'infidélité de sa femme le mette dans le cas de lui produire de l'argent.

Art. 314. Le tribunal croit qu'on devrait expliquer ce qu'on entend par une concubine. Est-ce une étrangère que le mari entretiendrait ou consi-dérerait, ou une femme domestique, comme une concubine!

A qui appartient l'action!

Quant aux dommages-intérêts, même observation qu'à l'article précédent.

Art. 320. Il serait bon d'obliger les médecins et chirurgiens qui sont appelés pour panser des blessures faites avec armes quelconques, d'en faire la déclaration au juge de paix, à l'adjoint ou au magistrat de sûreté.

Art. 328. La connaissance de ce délit doit être attribuée au tribunal criminel, si le fait qu'on dénonce comme calomnieux a été jugé par le tribunal criminel.

Des hommes de loi, des juges ont pensé que toutes les fois que le jury a déclaré le fait constant, ou que l'accusé n'est pas convaincu, la partie renvoyée de l'accusation pouvait se pourvoir et dénoncer le plaignant comme calomniateur, et obtenir des dommages-intérêts. Cependant un fait peut n'être pas déclaré constant, un accusé peut n'être pas convaincu, sans qu'on puisse regarder la partie dénonciatrice comme ayant fait une dénonciation calomnieuse. Déclarer que le fait n'est pas constant, ou

qu'un tel n'est pas convaincu, c'est très-souvent comme si on disait que
le fait ou la culpabilité ne sont pas suffisamment établis; mais on est loin
de regarder l'accusé comme innocent et la dénonciation comme calomninieuse. Il faut, pour qu'on puisse considérer la dénonciation comme calomnieuse, qu'on voie qu'elle a été faite par méchanceté, et il serait à
propos que la loi expliquât clairement ce que c'est qu'une dénonciation
calomnieuse.

Si on adopte la formule : *l'accusé n'est pas coupable*, toute personne
renvoyée, même celle qui aura eu onze voix contre elle, se présentera au
tribunal civil avec le même avantage : l'homme qui aura été absous à
l'unanimité, et celui à qui il n'aura manqué qu'une voix pour être condamné, auront les mêmes prétentions; et comment fera un tribunal civil
qui n'aura pas entendu le débat, qui n'aura pas la procédure, pour savoir
et distinguer celui qui véritablement aura été calomnié, et celui qui devra
se trouver bienheureux d'en être échappé. Ce n'est donc que le tribunal
criminel devant qui le procès aura été jugé qui pourra le mieux connaître
si la dénonciation a été calomnieuse ou non.

Art. 343, 344, 345, 346. Il est nécessaire d'expliquer et de distinguer
les genres de délits, et de ne pas renvoyer à l'article 343. Il serait à désirer
qu'un article ne renvoyât jamais à un autre. Les répétitions ne sont point
fatigantes dans un code criminel.

On ne parle pas du vol fait par gens masqués.

Art. 347. « Un ouvrier travaillant *habituellement* dans l'habitation où il
» il aura volé. » Le mot *habituellement* a souvent jeté dans l'esprit des jurés
et des juges une sorte d'incertitude. Quand un vol est commis par le
serrurier, le menuisier, la couturière de la personne volée, on disserte sur
le mot *habituellement*. Les uns prétendent que ce mot annonce une habitation suivie, les autres que les intervalles plus ou moins éloignés du travail
n'empêchent pas l'habitude, et cette diversité d'opinions amène une diversité de jugemens. Le tribunal pense que tout ouvrier qui fait dans une
maison un service salarié, est un être à qui on doit donner de la confiance,
et qui, s'il la trompe, doit être plus puni qu'un homme qui, n'étant point
appelé pour travailler, n'abuse de la confiance de personne; pourquoi il
est d'avis qu'au lieu de ces mots : *un ouvrier travaillant habituellement* dans
l'habitation où il aura volé, on substitue ceux-ci : *un ouvrier appelé dans
l'habitation où il aura volé, pour y faire un service salarié*, &c.

Art. 362. Le tribunal estime qu'après les mots : *menus bestiaux*, il faut
ajouter : sauf plus forte peine, s'il y a eu violences, effraction, escalade,
ou autres circonstances aggravantes.

Il y a un genre de vol qu'on doit punir sévèrement, c'est le vol de plants
de vignes; un propriétaire fait provigner ou fossoyer sa vigne, au bout
d'un an chaque cep fait un jeune plant; des coquins enlèvent ce cep, et

alors la vigne est détruite. La peine de la reclusion ne serait pas trop forte pour ce délit.

Le vol de paisseaux ou échalas dans les vignes, est encore très-punissable; on devrait le ranger dans la classe des vols faits de choses exposées à la foi publique.

Le tribunal pense que ceux qui volent dans la même maison qu'ils habitent;

Les vols faits par des gens reçus par hospitalité;

Les vols faits par des prisonniers à d'autres prisonniers et aux concierges, gardiens, doivent être punis plus sévèrement que de simples vols; cependant on a omis d'en parler dans le chapitre II, section I.ᵉ

Art. 366. Les banqueroutes sont fréquentes, et cependant il est rare qu'on voie des banqueroutiers punis. Les créanciers craignent de compromettre leurs intérêts en poursuivant, et chaque créancier n'ose dénoncer un banqueroutier frauduleux, parce qu'il ne voit que de l'argent à dépenser, et aucun bénéfice à en retirer. Ne pourrait-on pas établir en principe ce que le parlement de Paris a ordonné à l'égard de.....? Ce créancier eut le courage de poursuivre seul son débiteur; la fraude fut complètement démontrée; le banqueroutier fut envoyé aux galères, et le parlement ordonna que le créancier qui avait poursuivi *serait payé de son dû par privilége et préférence à tous autres créanciers.* (Voir le *Dictionnaire de jurisprudence.*)

Ceux qui prêtent leurs noms pour aider ou favoriser les banqueroutes frauduleuses, doivent être considérés comme complices; la déclaration du 3 mai 1722, les différentes ordonnances, les réputent tels; ne conviendrait-il pas de le dire textuellement, pour éviter toute équivoque!

Art. 430, n.° 2. Il est plus dangereux encore de tirer des coups de fusil dans les rues et places publiques, et cette contravention doit être punie.

Ibid, n.° 9. S'il faut cueillir et manger sur le lieu même les fruits volés pour être punis, les délinquans cueilleront les fruits et iront les manger ailleurs; cependant il faut punir le maraudage, et on ne l'atteindrait plus si on y mettait cette condition.

Art. 439. « Ceux qui auront maraudé du bois. » Entend-on des pièces de bois, tels que chevrons, poutres, merrain, &c.! ou veut-on dire ceux qui vont couper du bois dans les forêts! Il serait bon d'expliquer plus clairement ce qu'on a voulu dire, et mettre, par exemple : *tout vol de bois commis dans les forêts et enlevé à dos d'homme.*

Ibid, n.° 13. Les gens qui font le métier de deviner, de tirer les cartes, sont des êtres extrêmement dangereux; des malheurs sont arrivés souvent par suite de ce que ces escrocs ont pronostiqué. La peine n'est point assez forte contre ces gens-là : les traiter comme escrocs est au moins ce qu'ils méritent; jusqu'à présent on leur a appliqué l'article 32 de la police correctionnelle, et cela ne les corrige pas.

Art. 443. Quant aux forêts, il est urgent de reviser les lois et réglemens anciens; d'abord pour faire disparaître la différence des peines, si un délit a été commis dans un bois national ou dans un bois communal; ensuite pour augmenter certaines peines, parce qu'ayant été créées il y a plus d'un siècle, le bois a augmenté de prix, et qu'aujourd'hui, dans certains cas, il reste encore du bénéfice au délinquant, après avoir payé les condamnations contre lui prononcées.

Il est d'autres cas où l'application de la peine est trop forte et peut ruiner une famille. Le tribunal pense qu'il faudrait laisser aux tribunaux criminels, lorsqu'ils jugent sur appel, la faculté de modérer les amendes, en expliquant dans leur jugement les motifs de cette modération.

Le tribunal saisira cette occasion pour faire ici une observation importante. Lorsqu'il y a appel d'un jugement de police correctionnelle, il arrive quelquefois que la partie condamnée, en plaidant devant le tribunal criminel, fait valoir des moyens qui peuvent atténuer sa faute, et faire paraître soit la détention trop longue, soit l'amende ou les dommages-intérêts trop forts; dans ce cas, s'il pense devoir diminuer la détention, ou les autres condamnations, le tribunal de cassation exige que les tribunaux criminels prononcent que les premiers juges ont mal jugé, mais c'est exiger trop rigoureusement; car les tribunaux de police correctionnelle ont bien pu juger d'après ce qui leur a été exposé; mais devant les tribunaux criminels, souvent certains moyens mieux développés, des faits qu'on n'avait pas énoncés, des témoins qui changent leurs dépositions ou y ajoutent, font que les torts de l'appelant sont atténués, et qu'il ne mérite pas une punition aussi forte que celle infligée par les premiers juges; alors il est rigoureux de prononcer le mal jugé, et le tribunal estime qu'il faudrait, suivant les anciennes formes des ci-devant cours souveraines, dire qu'il a été bien jugé au fonds, mais cependant modérant, &c.

Art. 448. Le coupable mort, l'action publique est éteinte; mais comment exercera-t-on l'action civile! Les héritiers ne répondront-ils pas à ceux qui, se prétendant lésés, auront formé une demande en dommages-intérêts : « Le » fait n'est pas déclaré constant, le prévenu ou l'accusé n'est pas convaincu » de culpabilité, vous êtes non-recevable »!

Il faudrait donc que la loi dise que quand le prévenu ou l'accusé est décédé, la procédure sera envoyée au tribunal criminel où pourra s'adresser la partie civile, et si le tribunal trouve la procédure suffisamment instruite, il prononcera sur la demande en indemnité; si on a besoin d'instruction, la partie civile pourra faire entendre de nouveaux témoins, et fournir telle preuve qu'elle jugera à propos.

Si la partie civile ne forme sa demande qu'après le jugement rendu, ce devrait être devant le tribunal criminel qu'elle devrait la porter, puisque le débat ayant eu lieu devant lui, la procédure étant dans son greffe, il est plus à même que d'autres juges de connaître l'affaire et d'apprécier la demande de la partie civile. (*Voyez* les observations à l'article 328.)

Art. 458. Cet article charge spécialement les adjoints et les maires de réclamer les contraventions relatives aux bois.

On les verra très-peu prendre cette peine. Loin de chercher à réprimer les délits forestiers, souvent ils gardent les rapports faits contre leurs parens, leurs amis, leurs protégés, et ne les envoient pas au magistrat de sûreté. Ils négligent de retirer de l'enregistrement les procès-verbaux qu'eux ou leurs gardes champêtres y envoient. Il est donc nécessaire que les adjoints et maires soient tenus, dans un délai fixé, de retirer de l'enregistrement, et d'envoyer au magistrat de sûreté, leurs procès-verbaux ou ceux des gardes champêtres.

Art. 492 et 495. Souvent un délit est commis à cinq ou six lieues du lieu où réside le magistrat de sûreté ; cet éloignement sera un obstacle à la dénonciation ou à la plainte. Il serait donc à propos que les adjoints, maires, juges de paix, leurs suppléans, les commissaires de police, les officiers de gendarmerie fussent autorisés et même obligés de recevoir les dénonciations ou plaintes. Depuis la création du magistrat de sûreté, les dénonciateurs ou plaignans sont renvoyés, par les fonctionnaires que nous venons de nommer, devant le magistrat de sûreté ; et, ne voulant pas perdre leur temps en démarches, les délits sont ignorés et impunis.

Art. 497. Cet article dit, qu'en cas que la déclaration soit révoquée, la plainte sera considérée comme non avenue. L'article n'a pas paru bien rédigé ; car, on a voulu dire sans doute que la plainte ne serait plus regardée comme plainte, mais seulement comme dénonciation ; s'il en était autrement, un coupable paierait le plaignant, et le délit ne serait pas poursuivi.

Art. 520. Il devrait être loisible au magistrat de sûreté de commettre le juge de paix pour entendre des témoins ou constater le délit.

Si on prend le parti de ne créer qu'un tribunal civil par département, alors il faudra dans chaque lieu, où il y a maintenant un tribunal de première instance, un magistrat pour la police correctionnelle et l'instruction des procès criminels ; mais tant qu'on ne fera pas de réduction des tribunaux, un juge peut continuer, comme cela se pratique maintenant, à faire les fonctions de directeur du jury.

Un fonctionnaire de plus serait à présent non-seulement une chose peu utile, mais un surcroît de dépense superflue.

Art. 561. Il paraît que les témoins qui ont déposé devant le magistrat de sûreté, ne doivent pas être de nouveau entendus par le propréteur ; cependant, pour lever les doutes, il serait à propos que la loi le dît.

De la Justice.

Ce chapitre ne devrait pas se trouver entre les fonctions du propréteur

Aube. B

comme juge d'instruction et la procédure qui se fait au tribunal criminel ; il semble qu'il devrait être avant.

D'après ce que propose la commission, ce qui serait porté de plus intéressant au tribunal de police, ce sont les délits forestiers ; mais le tribunal ne partageant pas l'opinion de la commission, le tribunal de police n'a point de matière assez grave à traiter, pour exiger qu'un juge du tribunal de première instance s'y transporte pour le présider.

Il n'est point revenu au tribunal criminel de plainte sur la manière dont les juges-de-paix exercent leur ministère pour l'exécution des lois et réglemens de police ; si la police se fait mal, c'est par la faute des maires et adjoints qui laissent tout faire, sans citer personne devant le juge-de-paix; ainsi il paraît inutile de surcharger l'ordre judiciaire d'un nouveau fonctionnaire ; si on pense devoir renforcer le juge-de-paix quand il statue sur les délits de police, il suffirait de lui donner deux assesseurs pris parmi les cinquante plus imposés du canton.

Le tribunal croit que les délits forestiers ne doivent pas être portés devant les tribunaux de police, parce que le délinquant se trouvant trop près du tribunal de police, peut plus facilement solliciter ; d'un autre côté, les délinquans sont quelquefois de très-mauvais sujets et gens à craindre; le juge-de-paix, les assesseurs appréhenderont pour eux et leurs propriétés et n'oseront sévir ; d'ailleurs il y a des cantons où l'on regarde les bois communaux comme appartenant à tous les citoyens, et où on ne considère pas comme délits les dévastations qui s'y commettent; l'opinion est telle dans ces endroits, que peut-être ne trouverait-on pas dans ce canton un particulier qui crût devoir appliquer la loi à un délinquant.

D'un autre côté, un tribunal de police ne sera jamais imposant comme un tribunal correctionnel, et il est bon que l'homme qui a commis une contravention forestière, trouve dans les juges, dans leur costume, dans le lieu où la justice se rend, quelque chose qui lui soit étranger et qui lui en impose.

Par ces considérations, le tribunal pense qu'il faut que le juge-de-paix soit assisté de deux assesseurs pris dans les cinquante plus imposes du canton, lorsqu'il jugera les affaires de police, et qu'il y ait un jour par mois destiné pour ce genre de procès, sauf cependant à assembler le tribunal extraordinairement, si quelque circonstance l'exige.

Les juges instruits sont rares à trouver ; depuis quatorze ans, il ne s'est point formé d'homme de loi; créer un propréteur et un juge de police, par chaque arrondissement, c'est nécessiter l'emploi de deux personnes instruites et probes, et dans certains arrondissemens on aura de la peine à les trouver; d'ailleurs le traitement de mille fonctionnaires nouveaux serait un surcroît de dépense aussi onéreux qu'inutile.

Art. 638. Cet article porte que les fonctions du ministère seront exercées par le conservateur, l'inspecteur ou le sous-inspecteur, dans les matières forestières.

Il y a environ trente cantons par département ; il est impossible que ces officiers puissent exercer ce nouveau ministère, sans qu'ils soient distraits de leurs principales occupations : nous en avons conféré avec eux , et c'est d'après leurs justes observations que nous croyons à l'impossibilité de leur donner ce nouveau genre de travail auprès des justices de paix.

Leur présence devant le tribunal correctionnel d'arrondissement leur occasionnerait moins de déplacement, et elle y serait aussi nécessaire qu'elle leur serait possible.

Art. 642. Cet article est utile.

Fixer le délai dans lequel le magistrat de sûreté enverra le compte sommaire , et autoriser le commissaire près le tribunal criminel à aller prendre , en tout état de cause, communication de toute procédure et jugement , et à se faire envoyer les procédures après les jugemens.

Art. 749. La rédaction de cet article n'a pas paru exacte, parce que le mot *pourront* annonce la liberté de faire ou de ne pas faire ; cependant si le jury pense qu'il y a lieu à accusation contre les uns et non contre les autres, il faut absolument qu'il fasse la division. Ainsi voilà la rédaction que le tribunal propose : « Lorsque plusieurs prévenus auront été com-
» pris dans le même acte d'accusation , et que les jurés estimeront qu'il y
» a lieu à accusation contre tous , leur déclaration sera : la déclaration du
» jury est oui, il y a lieu contre tel , tel , &c. (nommer tous les individus
» contre lesquels il croit qu'il y a accusation). Si les jurés croient qu'ils ne
» doivent pas admettre l'accusation contre tous les prévenus , ils diviseront
» leur déclaration , et diront : la déclaration du jury est oui , il y a lieu
» contre tel ; non, il n'y a pas lieu contre tel. »

Indiquer dans quelle forme, afin d'éviter les abus , et même *donner la formule de la lettre d'avis.*

Des Tribunaux criminels.

Le tribunal ne partage pas l'opinion de la commission sur la manière de composer les tribunaux criminels ; pour changer la représentation actuelle , il faudrait qu'elle fût vicieuse , et que celle qu'on veut y substituer fût meilleure : examinons ces deux questions.

C'est devant le tribunal de cassation que se portent les pourvois contre les jugemens rendus par les tribunaux criminels , soit en matière criminelle, soit en matière de police correctionnelle ; c'est au grand-juge à qui s'adressent toutes les plaintes contre les tribunaux ; cependant ni le tribunal de cassation , ni le grand-juge , dans les vues sages et prudentes qu'ils ont proposées pour la réformation du code criminel, n'ont demandé de changement dans la composition des tribunaux criminels; au contraire, le grand-juge en a fait l'éloge.

L'auteur du projet paraît avoir fait avec soin le calcul de tous les procès jugés par les tribunaux criminels, et il en conclut que le petit nombre de ces affaires demande un changement dans ces tribunaux, parce qu'ils ne sont pas assez occupés. On penserait d'abord que l'on allait demander de diminuer le nombre de ces tribunaux, et cette conclusion paraissait plus naturelle; mais on a senti que si les justiciables recevaient un petit soulagement par la suppression de quelques tribunaux criminels, la dépense du trésor public serait bien plus considérable par le transport des prisonniers, par l'éloignement des témoins, des jurés. On a senti combien il serait cruel pour des accusés innocens d'être éloignés de leur famille, de leurs amis, et de n'en pouvoir recevoir aucun soulagement, aucun secours, aucune consolation; que beaucoup d'accusés souffriraient d'être traduits devant des juges et des jurés qui ne connaîtraient leur moralité que par des renseignemens souvent très-incertains et mensongers, ce qui les exposerait au *maximum* de la peine, tandis qu'ils ne recevraient que le *minimum*. On a senti que les transports retarderaient les jugemens; ce sont ces considérations puissantes qui ont engagé à ne pas proposer la diminution du nombre des tribunaux criminels, mais seulement la suppression des places de président et de juges, pour les remplacer par un préteur, des prépréteurs et des suppléans.

Les deux juges qui, avec le président, forment le tribunal criminel, paraissent avoir peu de fonctions à remplir; cependant ce sont eux qui remplacent le président et le commissaire, en cas d'absence; ils jugent si la procédure est régulière; ils sont commis par le président, pour interroger les accusés, ils font, pendant les débats, des questions aux accusés et aux témoins, ils donnent leurs avis sur la position des questions, ils prononcent sur la durée des peines à infliger aux accusés; ils jugent les appels des affaires correctionnelles; telles sont maintenant leurs occupations qui exigent la connaissance des lois, des formes et l'habitude des affaires; mais si, comme le projet l'annonce, il y a un *maximum* et un *minimum* pour la durée des peines, si les circonstances des délits, ou ce que nous appelons les questions aggravantes, sont décidées par les juges, alors leurs fonctions prennent un tout autre degré d'intérêt, et il deviendra d'une impérieuse nécessité de laisser deux juges avec le président; car quand il s'agit de statuer sur la vie, l'honneur, la fortune des citoyens, comment considérer, sans une sorte d'effroi, que tout le pouvoir réside dans le préteur, dans une seule personne qui peut errer, sur-tout s'il n'a pas l'habitude des tribunaux criminels; au lieu que trois personnes délibérant, s'éclairent sur leur opinion et doivent moins se tromper.

D'un autre côté, le préteur ne pourra que rarement assister au jugement des affaires correctionnelles; il sera remplacé par le propréteur et deux suppléans; les deux juges du tribunal criminel ne seront donc ni inutiles, ni oisifs, comme l'auteur du projet voudrait l'insinuer.

Dans le rapport fait au Gouvernement, on a observé que des juges accoutumés à ne voir que des criminels, contractaient une certaine dureté qui est à craindre dans leur décision. La réponse à cette assertion est puisée dans l'expérience ; on sait que, dans la ci devant Tournelle criminelle de Paris, les jeunes conseillers, qui n'avaient pas l'habitude des affaires, étaient toujours les plus sévères.

Voyons maintenant s'il est préférable de faire présider les tribunaux par un préteur, ou de laisser les choses comme elles sont.

Le préteur ne pouvant être pris dans le lieu où est son domicile, ne devant rester qu'une année dans chaque division, et étant obligé de parcourir continuellement trois à quatre départemens, n'aura de maison nulle part, et par-tout vivra à l'auberge, ce qui ne convient ni à la dignité magistrale, ni à la tranquillité dont il a besoin pour lire et méditer les affaires.

Cette existence ambulante n'est point faite pour attacher la considération au fonctionnaire chargé de si importantes fonctions ; et quel est le père de famille qui, sentant ne pouvoir donner de fixité à son épouse, à ses enfans, voudrait ainsi renoncer à ses plus douces affections ! En Angleterre, le grand-juge part de Londres, et en deux jours arrive dans le comté le plus éloigné ; ses fonctions remplies, et ce n'est pas long, il revient chez lui, au milieu des siens, de ses amis, et ne repart que long-temps après. Il n'en serait pas de même en France ; le préteur ne pourrait, pendant un an, quitter sa division : au bout de l'année, il sortirait du midi pour aller au nord ; sa vie ne serait remplie que d'arrivées et de départs.

A peine verrait-on le préteur une fois par trimestre dans chaque département ; et, pendant plus de trois mois, les accusés languiraient dans les prisons en attendant leur sort.

La procédure sera instruite par le propréteur ; ainsi le préteur ne connaîtra guères plus les affaires portées devant lui, qu'il ne connaîtra les plaignans, les témoins et les accusés : il est cependant nécessaire qu'il puisse apprécier la moralité des uns, pour savoir quel degré de croyance ils méritent, et quelles ont été jusqu'alors la conduite et les habitudes des accusés, pour fixer avec justice la durée des peines qu'ils ont encourues. Or, comment le préteur pourra-t-il avoir cette connaissance, n'étant que momentanément dans un département qui lui est absolument étranger ! Il faudra donc qu'il s'en rapporte au témoignage de ceux qui l'environneront! Mais on peut le tromper. Le propréteur pourra, il est vrai, l'éclairer ; mais il ne sera toujours dirigé que par l'impulsion d'autrui, et le mal qu'on paraît vouloir éviter, ne semble encore que s'agrandir par l'établissement qu'on propose.

Les présidens actuels , résidans dans la ville centrale du département,
ont constamment les yeux ouverts sur tout ce qui s'y passe ; leurs liaisons
avec les fonctionnaires publics , leurs relations habituelles avec le commissaire , les mettent à même de connaître les vices , les habitudes , les passions,
les préjugés des lieux et des hommes. Ils seront plus en état qu'un étranger
d'appliquer avec discernement et justice la punition que méritent les coupables. Il se tient tous les mois une session où tous les accusés sont jugés ;
et jamais , à moins qu'ils ne soient malades , ils ne restent plus d'un mois
à cinq· semaines , dans la maison de justice. Il n'est point à notre connaissance que les magistrats qui président , aient mérité les reproches
que leur fait un des membres dans son rapport ; ils n'ont qu'un seul
besoin , c'est celui de la considération publique , et tous leurs efforts tendent
à mériter ce bien inestimable, le seul qui se donne , et ne se vend jamais.

Nous concluons donc que l'organisation proposée n'a que des désa-
vantages , en la comparant à la composition actuelle des tribunaux , et
que par conséquent, les tribunaux criminels doivent rester comme ils sont.

En attribuant au commissaire du Gouvernement, près le tribunal criminel , les fonctions qu'exercent les magistrats de sûreté , il est bien difficile de se persuader que le commissaire puisse les remplacer ; obligé de
surveiller tous les officiers de police judiciaire du département , de correspondre avec eux, de préparer la discussion de toutes les affaires dans
lesquelles il doit donner des conclusions motivées ; forcé d'examiner avec
attention les procédures criminelles pour savoir si elles sont régulières ; il
n'aura pas le temps de se livrer à chaque instant du jour et souvent la
nuit à écouter les plaintes, à interroger les gens qu'on lui amenerait , à
suivre , à démêler les traces d'un crime grave, de se transporter à des
distances éloignées. Que deviendront les plaintes, les vérifications de délits,
lorsque le commissaire sera forcé d'être pendant plusieurs jours de suite à
l'audience du tribunal criminel !

Le même inconvénient existera pour le propréteur.

Voilà l'opinion du tribunal sur l'organisation proposée ; nous finirons
en disant avec un des membres de la commission : « on se tromperait
» étrangement sur notre pensée et nos affections, si on refusait de recon-
» naître que dans nos observations nous n'avons été animés constamment
» que par le desir d'allier la plus grande sûreté publique avec la plus grande
» sûreté individuelle. » Nous ajouterons seulement qu'il est toujours dangereux d'innover, sur-tout dans l'ordre judiciaire , lorsque rien ne nécessite
cette innovation.

Art. 787. Le président doit classer les affaires dans l'ordre où elles doivent
être jugées.

Art. 797. Si ces réquisitions se font à l'audience et pendant le débat, il semble que ce n'est pas sur un registre particulier qu'il faut en faire mention, mais dans le procès verbal de la séance.

Art. 816. L'envoi de l'accusé dans les vingt-quatre heures nécessite à la gendarmerie une course extraordinaire et longue; parce que si cela ne se rencontre pas un jour de correspondance, il faut que les gendarmes aillent jusqu'où il y a une brigade, ce qui occasionne un déplacement long et coûteux; d'un autre côté, il arrive quelquefois que l'ordonnance de prise-de-corps est très-longue à rédiger, par conséquent la copie, et que les vingt-quatre heures ne suffisent pas. Le tribunal pense qu'au lieu de dire : Le procès et l'accusé seront envoyés dans les vingt-quatre heures, il faudrait mettre, *dans les trois jours au plus tard.*

Art. 817. Soit que la procédure soit très-volumineuse, soit que le nombre des défenseurs soit considérable, il peut arriver que le commissaire et les défenseurs n'aient pas le temps d'examiner la procédure pendant les cinq jours; il faudrait que dans ce cas il fût dit : « Sauf par le président à accorder » un plus long délai, sur la demande du commissaire ou des parties, s'ils » le croient nécessaire. »

. Art. 827. Le tribunal est d'avis que dans certains cas, par exemple, quand il y a beaucoup d'accusés, ou quand la procédure est considérable, le tribunal pourrait ordonner qu'une seule copie serait donnée pour tous les accusés de telle et telle pièce, s'il arrive qu'un accusé ou des accusés n'aient aucuns moyens pour payer leurs défenseurs, ce défenseur n'emploiera pas son temps, quand l'affaire sera chargée, à transcrire dans un greffe un nombre considérable de dépositions ou de longs interrogatoires ; alors ne serait-il pas juste, quand l'insolvabilité des accusés est notoire, qu'on leur délivrât, aux frais de la République, une seule copie des pièces essentielles, quand cela aurait été ordonné par le président !

Art. 836. Les affaires de viol exigeraient d'être discutées et jugées à huis clos, parce que la discussion nécessite des explications, l'emploi d'expressions que la pudeur ne permet pas que tout le monde entende.

Les témoins ne doivent pas faire leurs dépositions en face du jury, ils tourneraient le dos aux accusés, ce qui empêcherait ces derniers d'entendre les dépositions ; ils ne seraient point en présence des juges qui doivent recevoir leurs sermens, leurs déclarations, et leur adresser les questions nécessaires : il faut donc que le témoin, pendant qu'il fait sa déposition, soit en face des juges, entre les accusés et les jurés.

Art. 855. Jusqu'à présent on a donné lecture de la déposition d'un témoin mort depuis sa première déclaration : c'est sans doute par omission qu'on a oublié de le dire ; car autrement le jury serait quelquefois privé de la lumière la plus forte par la mort d'un témoin ; et si les coupables savaient qu'un témoin mort ne peut plus faire charge contre eux, on verrait les complices ou les parens des accusés assassiner des témoins, pour se débarrasser du poids de leurs dépositions.

Souvent un témoin est absent et on ignore où il est (un militaire par exemple) : ne devrait-on pas dans ce cas, autoriser à lire la déposition première ? La loi du 18 floréal an 2 en ordonnait la lecture.

Le tribunal pense qu'il n'y aurait pas d'inconvénient que le jury déclarât si le fait est constant ou non. Cette déclaration donne plus de force à sa déclaration et la précise davantage; il y a d'autant moins d'inconvénient, que si le jury n'est pas dans la disposition de regarder le fait comme constant, il en aura encore moins à déclarer l'accusé coupable.

Art. 864. Les motifs qui ont porté la commission à vouloir que la décision du jury soit formée à l'unanimité, semblent au contraire faire souhaiter au tribunal qu'elle puisse l'être aux cinq sixièmes des voix. Actuellement un juré prévenu ou corrompu, peut d'abord ne pas être de l'avis de la majorité; mais quand la majorité est bien prononcée et très-arrêtée dans son avis, alors il voit qu'il est inutile qu'il persiste, il se rend sans attendre les vingt-quatre heures; mais quand le juré saura que, le temps donné écoulé, lui seul peut sauver un coupable, il sera bien plus opiniâtre et s'obstinera à ne pas être de l'avis des autres, avec d'autant plus d'entêtement qu'il aura la certitude du *veto*.

On a fait l'expérience des décisions aux cinq sixièmes des voix, et il n'en est résulté aucun inconvénient; aussi la loi des vingt-quatre heures a-t-elle offert une chance plus défavorable aux accusés, puisque sept voix contre cinq, après une délibération de vingt-quatre heures, peuvent conduire à l'échafaud.

La rédaction de cet article n'a pas paru exacte; il est dit : « La décision » du jury ne pourra se former, pour ou contre l'accusé, qu'à l'unanimité. » Il n'est pas possible qu'on ait voulu exiger que des jurés soient torturés par la loi, au point d'être unanimes pour déclarer l'innocence d'un accusé, quand ils auront sinon la conviction, au moins la persuasion qu'il est coupable; qu'on demande l'unanimité pour déclarer l'homme accusé coupable, cela s'entend; mais quand huit ou neuf voix sont pour la condamnation, vouloir que faute de l'unanimité, elles reviennent à décharge, c'est trop exiger.

La loi devrait stipuler dans quel délai se fera la déclaration du jury.

Art. 866. Soit qu'on n'exige que les cinq sixièmes des voix pour déclarer un accusé coupable, ou qu'on veuille l'unanimité; le jury peut déclarer que N. est coupable, si le nombre voulu par la loi qui interviendra, l'a regardé comme tel; mais à défaut de cette unanimité, ou s'il n'a que huit ou neuf voix contre lui, et qu'il soit dans le cas de n'être pas condamné, est-ce bien le cas d'exiger, pour tous les accusés, que le jury affirme devant Dieu et les hommes, que l'accusé n'est pas coupable! on peut le déclarer non-convaincu, cette déclaration ne blessera point

la

la conscience des jurés ; mais nous croyons qu'elle serait bien torturée, s'il fallait, au nom de douze jurés, dont plus de moitié auraient déclaré l'homme coupable, dire et affirmer que l'accusé n'est pas coupable.

Depuis l'institution de la procédure par jurés, les tribunaux ont regretté qu'il n'y ait pas une formule différente pour exprimer que l'innocence d'un homme a été démontrée et sentie, ou exprimer qu'il n'a manqué que suffisamment de preuves pour atteindre l'accusé. Celui qui est calomnié et celui qui est coupable, mais qui est assez heureux pour échapper au glaive de la loi, faute de preuves suffisantes, sont tous deux sortis du tribunal avec la même robe. Ne pourrait-on pas, quand un accusé a eu deux tiers des voix pour lui, dire que le jury déclarera *qu'il n'est pas coupable ;* et quand il a plus du tiers contre lui, mais pas le nombre exigé pour le déclarer coupable, dire *qu'il n'est pas convaincu du délit qu'on lui impute !* Cette façon de prononcer serait une espèce de cachet qui ferait distinguer l'homme suspect d'avec l'homme innocent.

Art. 869. Voilà une initiative donnée au jury, qui ne paraît pas cadrer avec son institution. Le jury, pour ne point s'écarter, ne devrait jamais faire de déclaration que sur des questions posées par le président, de l'avis du tribunal.

Art. 879. Il semble que ce devrait être le président qui devrait donner lecture de la déclaration du jury ; cela donnerait plus de poids à cette lecture, que si elle était faite par le greffier.

Les tribunaux criminels devraient connaître exclusivement des demandes en dommages-intérêts, par les considérations exposées en l'article 58.

Art. 884. D'après le projet de loi, le jury n'a qu'une déclaration à faire. N. est coupable ou N. n'est pas coupable. Le jury, d'après l'article 869, a la faculté de s'expliquer ou non sur les circonstances aggravantes du délit ; si le jury ne s'est point expliqué sur ces circonstances, c'est au tribunal à les examiner et à appliquer la loi ; mais aucun article ne le dit positivement, et cependant, sur une chose aussi essentielle, il faut que la loi ne soit pas muette, il faut qu'elle dise en outre quelle sera la manière dont le tribunal fera sa déclaration, si c'est par un considérant, ou au bas de la déclaration du jury, et dans quel moment il doit donner cette déclaration.

Art. 888. Excepté dans le cas où il y a confiscation.

Art. 889. Le jugement devra-t-il contenir l'acte d'accusation ?

Art. 890. On a vu des actes d'accusation si longs, que plusieurs jours ne suffisaient pas pour les copier. Dans ce cas, vingt-quatre heures ne suffisent pas pour la rédaction du jugement.

Art. 895. On n'a pas encore dit qui doit recevoir la déclaration d'un condamné à mort, s'il a quelque chose à révéler. Il sera nécessaire qu'un article porte : qu'il pourra la faire, soit aux juges du tribunal criminel, soit au directeur du jury, au magistrat de sûreté, au juge de paix, au commissaire de police. Dans tous les cas, elle doit être envoyée sur-le-champ au commissaire du Gouvernement près le tribunal criminel, qui pourra, s'il le croit nécessaire, requérir la suspension de l'exécution du jugement, et le tribunal prononcer si l'exécution doit être ou non différée. Cette dernière observation concourt à faire desirer que l'exécution se fasse dans la ville où réside le tribunal criminel.

Dans le cas où il n'y a pas de peine de mort, si un condamné demande qu'on diffère l'exécution de son jugement pour cause légitime, ne faut-il pas qu'il s'adresse au président du tribunal criminel, qui après avoir entendu le commissaire, statuera sur la demande?

Art. 900. Tous les fonctionnaires publics ne doivent être dispensés que dans le cas où les fonctions qu'ils ont à remplir seraient interrompues par leur assistance au jury, et comme les crimes compris au titre 2 du livre 3 sont les plus graves, il semble que les fonctionnaires publics étant pris dans la classe des gens les plus éclairés, ils devraient moins être dispensés que pour les autres cas.

Art. 902, 903, 904, 905. Tout ce qui est dit pour la formation des listes des jurés peut se simplifier; il y a la liste des citoyens composant les colléges électoraux d'arrondissement; elle est composée de personnes recommandables; on peut prendre dans cette liste pour former le jury d'accusation; elle est toute faite; les préfets n'auront point à faire des recherches tous les trois mois pour former le tableau.

Le jury de jugement peut être pris dans la liste des six cents plus imposés. Ces citoyens auront intérêt de défendre les propriétés, puisqu'ils sont propriétaires; et l'aisance faisant présumer des connaissances, et l'habitude de la discussion, cette classe remplira parfaitement sa mission au jury.

Quand un accusé arrivé au tribunal criminel aurait été interrogé, le président lui communiquerait pendant vingt-quatre heures la liste des plus imposés : l'accusé pourrait en récuser cinquante, et quatre-vingts s'ils sont plus de trois accusés; le commissaire aurait aussi le droit d'en récuser cinquante, et le tirage se ferait sur les citoyens non récusés : on n'aurait pas besoin de donner connaissance à l'accusé des noms des jurés; il ne pourrait conséquemment les solliciter, et ils arriveraient sans aucune prévention.

Art. 906. En prenant dans le collége électoral d'arrondissement le jury d'accusation, et dans la liste des six cents plus imposés le jury de jugement, il sera inutile d'appeler des fonctionnaires publics.

Art. 908, 909 et 910. D'après ce que propose le tribunal, ce qui est mentionné dans ces trois articles est inutile.

Il est bon de dire que nul citoyen domicilié à plus d'un myriamètre du lieu où se tient le tribunal criminel, ne pourra être forcé de remplir plus d'une fois par an les fonctions de juré de jugement.

Le directeur du jury fera tirer le jury d'accusation en présence du commissaire et du maire de la ville où réside le tribunal, et il convoquera le jury cinq jours avant sa tenue.

Les présidens des tribunaux criminels feront tirer le jury de jugement en présence du commissaire et du maire de la ville où réside le tribunal, et ils le convoqueront dix jours avant sa tenue.

Nul ne peut être juré d'accusation ou de jugement, s'il est père ou fils, frère ou beau-frère, oncle ou neveu, cousin jusqu'au troisième degré de l'accusé, à peine de nullité; celui qui serait parent à quelqu'un de ces degrés, sera tenu de le déclarer; et faute par lui de le faire, la procédure sera recommencée à ses frais.

Si, au jour de l'assemblée du jury d'accusation ou de jugement, un juré ne se présente pas, il sera remplacé par un citoyen de la liste, résidant dans la ville où se tient le jury.

Art. 912. D'après l'opinion du tribunal sur la manière de choisir le jury d'accusation, il croit que le nombre des jurés doit être de huit pour former un jury d'accusation.

Art. 913. Il faut laisser au juge instructeur la faculté de convoquer le jury d'accusation quand il le jugera à propos.

Art. 914. Cet article est placé plus haut.

Art. 925. Le tribunal pense qu'il est inconvenant de faire venir quarante citoyens de 20 à 25 lieues et quelques fois de 30, pour être mis en haie en face des accusés, et recevoir d'eux tout ce qu'on peut attendre de gens aussi corrompus, aussi grossiers que le sont la plupart des accusés; s'il y a six délits à juger, il pourra arriver que les accusés s'entendent; les uns recuseront un tel, les autres un tel, de sorte que le citoyen **A** sera recusé dans une affaire, mais ne le sera pas dans telle autre; ainsi non-seulement il restera douze jurés pour la session, mais peut-être tous, ce qui occasionnerait un déplacement de plus de personnes que la loi ne le veut : en supposant qu'il n'y ait pas de récusation, vingt-huit personnes sur quarante viendront à coup sûr inutilement, et s'en retourneront ne faisant pas l'éloge d'une institution qui leur aura nécessité un voyage fatigant et coûteux; par le projet, quatre cent quatre-vingts personnes seraient mises en mouvement par année dans la division du préteur, et par ce que propose le tribunal, cent quarante-quatre citoyens seulement seraient appelés.

Tout ce qui est dit dans les articles suivans touchant les récusations à exercer, devient inutile, en faisant le tirage, comme nous l'avons proposé, dans la liste des six cents plus imposés, auxquels il ne faudrait pas adjoindre un plus grand nombre de citoyens; car que l'on adopte le projet d'un préteur par division (ce que le tribunal ne pense pas), ou que les tribunaux restent comme ils sont, il ne sortira pas le quart de cette liste par année.

Art. 932. L'examen ne peut commencer immédiatement après la formation du tableau, puisqu'il faut le temps de convoquer le jury.

Art. 933. Cet article est inutile.

Art. 950. Ne faudrait-il pas dire que si, avant l'envoi des pièces au grand-juge, le condamné révoque son pourvoi, le commissaire en référera au tribunal qui, déclarant le pourvoi comme non avenu, ordonnera l'exécution du jugement?

Si les pièces sont envoyées au grand-juge, ne conviendrait-il pas d'adresser le pourvoi au grand-juge?

Art. 965. Aucun article ne dit de quelle manière le commissaire près le tribunal criminel fera part du jugement qui aura rejeté le pourvoi. Dans le code de l'an 2 et de l'an 4, le commissaire était tenu de faire part au président des décisions du tribunal de cassation; il semble que cette formalité n'était pas déplacée : il est naturel qu'un tribunal sache si on a confirmé son jugement ou non, et qu'il en apprenne la confirmation autrement que par l'exécution.

Nul article ne dit de quelle manière le condamné sera averti que sa requête a été rejetée. Ne serait-il pas dans la règle que le greffier, en habit noir et en manteau, allât lui donner lecture du jugement du tribunal de cassation?

Art. 1040. Il est dit, n.° 2, que la requête en prise à partie sera admise par le tribunal d'appel, *s'il s'agit d'un membre du tribunal d'arrondissement;* art. 3, il est dit que cette requête sera admise par le tribunal criminel, *s'il s'agit d'un membre du tribunal d'arrondissement;* il y a erreur dans la rédaction, parce qu'on n'a pas voulu indiquer deux tribunaux pour l'admission de la requête contre les mêmes personnes.

Art. 1052. Quand un condamné évadé a été repris et conduit devant le tribunal qui a prononcé sa condamnation, s'il est reconnu par le tribunal, s'il convient de son tort et de sa condamnation, il paraît inutile de faire cette reconnaissance avec autant d'appareil que ce chapitre l'indique. Il en serait autrement, s'il prétendait n'être pas l'individu condamné.

Le tribunal a pensé que n'y ayant pas de gendarmerie dans beaucoup de communes, il fallait cependant que les juges de paix, les maires, les adjoints pussent faire exécuter leurs décisions; en conséquence, ne conviendrait-il pas de dire que la garde nationale sera tenue d'exécuter les réquisitoires des juges de paix, maires et adjoints, sauf à être indemnisée de.... par jour, quand elle sortirait de la commune?

Le tribunal a pensé que si le projet sur les préteurs était adopté, il y aurait un temps où tous seraient à Paris, et où tous seraient en route pour se rendre à leur destination; ne conviendrait-il pas de choisir vendémiaire, et de donner des vacances depuis le 25 fructidor jusqu'au 10 brumaire? Dans le cas où il n'y aurait pas de changement dans l'organisation actuelle, ne pourrait-on pas accorder des vacances pour le temps que nous venons de désigner! le service de fructidor et de brumaire ne serait point retardé, et il n'y aurait véritablement de vacances qu'en vendémiaire.

Le tribunal a pensé qu'à la fin du Code il fallait mettre les formules des différens actes ; ces formules conservent le même mode dans toute la République, et fait éviter souvent des erreurs et des omissions.

Enfin, le tribunal croit qu'il faut absolument à la fin du Code une table indicative des matières qui y sont renfermées.

Les président et membres composant les tribunaux criminel et spécial du département de l'Aube, PARISOT, *président ;* MOUCHET, BENABEN; MENNESIER, *juge suppléant,* MULLET, *greffier.*

OBSERVATIONS

DU TRIBUNAL CRIMINEL

DE L'AUDE,

SUR

LE PROJET DE CODE CRIMINEL.

OBSERVATIONS

DU TRIBUNAL CRIMINEL

DE L'AUDE,

SUR

LE PROJET DE CODE CRIMINEL.

LA législation criminelle a toujours été l'objet de la sollicitude des Gouvernemens, des travaux des jurisconsultes, des méditations des amis de l'ordre et de l'humanité.

Quelle étonnante variété ne trouve-t-on pas dans les institutions que l'histoire nous transmet! La différente nature des Gouvernemens, le génie de chaque législateur, le caractère, les mœurs et les préjugés des peuples, les erreurs de l'esprit humain, le besoin des circonstances, toutes ces causes ont concouru ensemble ou séparément à les vicier, ou à les obscurcir.

Cependant c'est sur cette législation que reposent essentiellement les avantages de l'état social; ils sont garantis, si la loi arrête le méchant, et rassure l'innocence.

Il est digne du Gouvernement qui a donné à la France un Code civil que le temps respectera, de résoudre encore un problème dont tant de peuples ont inutilement cherché la solution; d'établir une forme de procédure simple, mais suffisante et sûre; de proportionner les peines à la qualité et à la gravité des délits, et sur-tout de distinguer et de saisir ce que dans une matière aussi délicate, exigent avec une sorte d'empire, le génie, le caractère, et même les habitudes de la nation.

Heureux les hommes, heureux les magistrats qui feront entendre des vérités utiles. En exposant celles que son expérience et ses travaux lui ont fait connaître, la cour de justice criminelle de l'Aude, ne perdra pas de vue qu'elle doit se borner à des observations, et que ces observations doivent être soumises à des lumières infiniment supérieures. Son tribut sera celui du zèle.

Nécessité des peines.

L'impunité en matière de crimes ne peut s'accorder avec l'existence de la société. Il faut donc des lois pénales, elles doivent sans doute être douces et modérées ; mais l'intérêt général exige impérieusement qu'elles remplissent leur objet : or l'objet des lois pénales est de réprimer les délits, et d'en diminuer le nombre par l'exemple de la punition du coupable.

Graduation des peines.

Les délits sont plus ou moins graves, plus ou moins dangereux pour la société. De là la graduation des peines.

Peine de mort.

Il en est une que quelques écrivains philosophes ont regardée comme un acte de violence ; mais qu'un plus grand nombre a jugée légitime. Cette dernière opinion a pour elle l'assentiment de toutes les nations. On sent la nécessité de la peine de mort pour arrêter par l'intensité du châtiment et la force de l'exemple, ces crimes atroces, qui provoquent le renversement de l'ordre politique, ou qui portent dans le corps social la désolation et la mort. Appliquée aux plus grands crimes, elle est utile : on affaiblit, on détruit même cette utilité en lui donnant trop d'extension. C'est un remède violent qui exige de la modération ; l'usage qu'on en fait le rend salutaire ou nuisible.

Il serait utile que les condamnés à mort pour des crimes dont la nature ou les circonstances présenteraient un caractère de gravité extraordinaire, subissent leur peine dans le chef-lieu de l'arrondissement où le délit aurait été commis, et quelquefois même sur les lieux ; ce que les cours criminelles seraient autorisées à ordonner suivant que la nécessité leur en serait démontrée.

Exposition des condamnés à mort.

Mais en même temps qu'il est indispensable d'assigner à la peine de mort de justes limites, ne craint-on pas de diminuer l'impression qu'elle est destinée à produire, en y ajoutant l'exposition du condamné pendant une heure, immédiatement avant l'exécution ! Dans ce terrible moment le premier sentiment des hommes à la vue d'un coupable, est l'indignation. Bientôt succède celui de la pitié. Pourquoi la loi ne saisirait-elle pas pour le frapper, l'instant le plus utile pour les autres, celui où il est à leurs yeux un objet odieux ! Cette idée laisse, ce semble, une trace plus salutaire et plus profonde ; elle se rapporte plutôt au crime qu'à la personne du coupable. L'exposition avant l'exécution à mort pourrait donc tromper l'espoir de la loi. Peut-être même présente-t-elle d'autres inconvéniens qui doivent concourir à faire abandonner ce moyen.

On se bornera à quelques courtes réflexions au sujet des autres peines.

Travaux forcés. — Reclusion. — Détention.

Il est reconnu généralement que la peine des travaux forcés à perpétuité ou à temps, de la reclusion et de la détention, doivent être subies dans des lieux spécialement affectés à ces sortes de peines. La nature de la punition, le danger de la réunion d'un nombre considérable de coupables, dont les délits différent en qualité et en gravité, dans un seul foyer de corruption, l'intérêt des mœurs, celui de l'humanité, tout se réunit pour hâter ces sortes d'établissemens que la justice et la voix publique reclament comme inséparables en quelque sorte des peines elles-mêmes. Le Gouvernement a déjà pourvu en partie à cet objet, si digne de sa sollicitude, en indiquant dans quelques divisions des maisons destinées à recevoir les condamnés de plusieurs départemens. Cette mesure mérite d'être au plutôt rendue générale, et même perfectionnée, en organisant, comme il est très-possible dans ces maisons, un ordre quelconque de travail relatif à l'industrie du pays. Alors la société serait bientôt indemnisée, sous une multitude de rapports, des frais que ces établissemens pourraient entraîner. Cet objet que le projet de Code suppose, doit recevoir immédiatement son exécution. Le séjour de ces condamnés dans les maisons d'arrêt devient de jour en jour plus pernicieux et plus intolérable.

Relégation.

La peine de la relégation ne paraît pas devoir être adoptée. On connaît tous les inconvéniens que produisait autrefois le bannissement auquel elle correspond. Pourquoi d'ailleurs rejeter sur un sol étranger des individus coupables de crimes dont la répression est une charge naturelle de la société dans le sein de laquelle ils ont été commis! L'honneur de la Nation ne résiste-t-il pas jusqu'à un certain point à ce qu'on rencontre dans les États voisins, des Français errans, et entachés de vices que leur misérable condition, et cette espèce de désespoir que produit trop souvent le défaut absolu de moyens de subsistance, ne serviront infailliblement qu'à perpétuer! N'appelons pas par-là la lie des autres peuples à venir souiller notre territoire. La reclusion ou la détention peut, suivant les circonstances, remplacer la relégation.

Carcan.

Le carcan convient mieux que l'exposition à l'infamie. Il contient plus efficacement l'impudence de certains coupables. Il rend l'exemple plus imposant, et par conséquent plus profitable.

Surveillance.

On ne parle pas de la surveillance spéciale. Le Gouvernement sent bien mieux que nous la nécessité d'en régler l'exercice, de manière que cette nouvelle police n'entraîne ni surprise, ni oppressions.

Peines pécuniaires.

En maintenant les peines pécuniaires, la loi ne peut oublier l'inégalité des fortunes particulières, autrement elle serait impuissante pour les uns, et tyrannique pour les autres. Il semble que cette partie de la législation doive laisser une grande latitude aux magistrats qui sont à portée de connaître les facultés des accusés, facultés qu'il convient de consulter, soit qu'on prononce cette peine seule, soit qu'on la combine avec la prison, que l'expérience nous démontre tous les jours produire le plus grand effet sur l'esprit du peuple.

Garantie concernant les dommages et les dépens.

Il est un autre objet non moins intéressant auquel la législation doit pourvoir ; c'est celui qui concerne la garantie des dommages dus aux personnes lésées, et la répétition des frais avancés par le trésor public. On voit tous les jours des accusés transporter à des tiers la propriété de leurs biens, et éluder, par des moyens toujours frauduleux les justes répétitions auxquelles leur délit a donné lieu. L'intérêt public en souffre, et l'injustice n'est pas réparée.

La loi a déjà réglé que les dépens sont à la charge du coupable qui les a rendus nécessaires. La justice et les motifs d'une économie indispensable s'accordent pour que cette disposition soit maintenue.

On ne saurait contester d'autre part, que le tort que reçoit un membre de la société par le fait d'un autre, ne constitue une dette sacrée, que sa nature place sous la sauve-garde de la loi, et qu'elle doit par conséquent protéger et garantir.

Chez les Romains la donation faite par une personne coupable d'un crime était regardée comme nulle, si le crime était suivi de la condamnation. Il serait superflu de ramener ici les différentes modifications adoptées par quelques interprètes ; il suffit de rappeler qu'en France, l'opinion assez générale des jurisconsultes faisait dépendre la validité des transports à titre onéreux ou gratuit faits après le crime commis, de l'événement de l'accusation.

Ce principe mériterait d'être adopté sans aucun égard à la différente nature des délits, ni aux circonstances qui ne doivent ce qu'elles offrent de spécieux qu'aux détours ténébreux de la fraude. Cette mesure devient encore plus nécessaire si le système de la confiscation est admis pour certains crimes.

Le régime hypothécaire n'en recevait aucune atteinte. L'hypothèque ne remonterait jamais à une époque antérieure au délit, parce que c'est elle qui détermine le moment où la dette est véritablement contractée. Elle existerait de plein droit en faveur du fisc à compter du jour de la signification du mandat d'arrêt, et on pourrait en faire dépendre l'utilité d'une inscription éventuelle qu'il serait permis de faire à ceux qui prétendraient à des dommages. Cette disposition arrêterait la collusion ou la cupidité des acquéreurs, et, dans tous les cas, elle les avertirait de ne pas se dessaisir, en espèces ou en effets de commerce, d'une partie quelconque, et sur-tout de la totalité du prix dont l'acte que l'on fait aussitôt transcrire porte toujours la quittance.

Droit de grâce.

Le droit de faire grâce ne peut devenir un danger pour la société qu'autant qu'il fournit des exemples d'impunité capables d'enhardir le crime. Il n'est pas permis de craindre les funestes effets d'un pareil abus de la volonté d'un premier magistrat chargé du soin de conserver et de défendre la sûreté publique. Il tient à des considérations si puissantes, et quelquefois même de si près à la justice, qu'il faudrait le proclamer s'il n'était déjà établi. Cependant comme il présente en lui-même une espèce de dérogation à la loi, il ne saurait être environné de trop de lumières et de précautions. Les cours de justice criminelle pourraient être chargées d'adresser au chef de la justice, pendant l'instruction ou immédiatement après le jugement, les motifs qui leur paraîtraient dignes de fixer les regards du Gouvernement ; on éviterait même toute procédure ultérieure pour l'entérinement, s'ils étaient consultés dans les cas des pétitions particulières qui exigeraient des renseignemens fidèles sur les faits : ces motifs ou ces renseignemens seraient consignés sur un registre particulier, et signés de tous les juges ainsi que du procureur général, qui devrait être entendu ; alors on verrait sans doute les secours de la justice aider utilement l'exercice de la puissance.

Lorsque les tribunaux adresseraient spontanément des motifs d'atténuation ou de grâce, l'exécution des jugemens portant peine de mort devrait être suspendue pendant un espace de temps fixé par la loi : dans ces cas favorables faudrait-il qu'un condamné fût conduit au supplice avant que les motifs qui peuvent lui mériter la clémence du Gouvernement fussent connus de celui qui en est le seul dispensateur ?

Responsabilité des juges.

On ne parlera de la responsabilité des juges que pour observer qu'elle doit être entière et sévère ; mais il sera toujours vrai que c'est dans le choix des magistrats que résidera essentiellement la garantie due à la société.

PROCÉDURE.

Institution des jurés.

Passons à ce qui concerne la procédure, et jetons d'abord les yeux sur cette institution que les uns regardent comme le palladium de la liberté civile, mais que d'autres jugent par les effets que depuis dix ans elle ne cesse de produire parmi nous.

S'il suffisait d'une théorie séduisante, quel est l'homme qui ne verrait dans la procédure par jurés des avantages inappréciables ! quel est sur-tout le magistrat qui ne formerait pas des vœux pour sa durée ? Elle sépare l'accusation de la conviction, elle prévient l'oppression en partageant la puissance, elle nous montre le vrai principe de l'égalité ; que ne pourrait-on pas ajouter encore en l'envisageant isolément !

Mais tel est le sort des conceptions des hommes ; les plus sublimes présentent toujours dans leurs exécutions les plus grandes difficultés ; c'est dans le rapport de cette double considération qu'il faut les apprécier, sans cela le bien lui-même peut devenir un mal.

Cette réflexion est particulièrement applicable à l'institution des jurés en matière criminelle. Sans parler ici de ces déclarations que la loi veut qu'on respecte, mais qu'on ne comprend pas, des intrigues qui les provoquent, de l'impunité qui en est toujours le triste fruit, peut-on se dissimuler les démarches que la plupart de ceux dont les principes ou les lumières seraient si utiles dans l'exercice de ces honorables fonctions, tentent auprès des juges-de-paix pour ne pas être compris dans les premières listes que la loi les charge de fournir ? Formées ultérieurement dans l'intérieur des administrations sans qu'on attache peut-être une assez grande importance à cette opération, on emploie de nouveaux moyens, maladies supposées, certificats mendiés ; tout est bon pour éviter des déplacemens et ne pas se séparer, même momentanément, de ses affections ou de ses affaires. Dans l'hiver, c'est la difficulté ou le danger des communications sur certains points du département ; dans la belle saison, ce sont les travaux de l'agriculture : les prétextes se multiplient. Le dirons-nous ? on a vu des jurés solliciter jusqu'auprès des accusés la faveur d'une récusation.

De là, la nécessité de nombreux remplacemens au commencement de chaque session ; dans ce moment chacun des jurés de la ville où siége la cour , et que le sort n'a pas encore désignés , se tient sur ses gardes ; il faut, pour ainsi dire, les surprendre ; quelquefois c'est une espèce de désertion , et on emploie, pour les trouver ou les réunir, plus de temps que n'en exigeraient les débats du procès.

Qu'on juge, d'après ces dispositions malheureusement trop réelles , du zèle qu'on apporte le plus communément à remplir les fonctions de juré. Loin de nous toute idée de devenir injustes envers une nation à laquelle notre orgueil est d'appartenir et que notre ambition sera toujours de servir. Nous la reconnaissons capable des élans les plus généreux , des sacrifices les plus étendus quand il s'agit de son honneur ou de sa gloire ; mais dans ce qu'elle regarde comme une contrariété, ne la voit-on pas ordinairement plutôt portée à l'éviter qu'à le surmonter !

Une funeste expérience doit faire craindre encore que ni les instructions consignées dans la loi, ni les représentations sans cesse repétées par les magistrats qui dirigent les débats , ne puissent jamais faire perdre de vue au plus grand nombre des jurés, les peines dont la déclaration qu'ils ont à faire entraîne l'application. C'est une idée qui les domine presque toujours et qui se fortifie encore lorsqu'elle est jointe à d'anciens souvenirs. Combien de fois cette idée n'a-t-elle pas dicté leurs réponses !

Mais si malgré l'expérience du passé et l'incertitude de l'avenir, la sagesse du Gouvernement lui permet encore de nouvelles épreuves , si la création des tribunaux spéciaux, la suspension même des jurés dans quelques départemens sont moins un jugement porté contre l'institution , qu'un remède appliqué à des abus qu'il était urgent d'arrêter, il ne l'est pas moins dans ce cas de porter une réforme salutaire dans la formation des listes et dans le choix de ceux qui pourront y être compris. Il faut sur-tout réduire et simplifier ces questions multipliées que le desir d'une justice plus exacte a fait introduire ; mais qui , devenant presque toujours un embarras pour les jurés et quelquefois même un écueil pour les juges, ont si souvent concouru à tromper l'espoir de la loi.

Il restera encore bien des obstacles à vaincre pour arriver au but qu'on se propose, le danger de le voir ou trop s'éloigner , ou même disparaître, nous arrête à cette pensée que le grand-juge ministre de la justice a manifestée dans le compte qu'il rendu au Gouvernement, le 3.ᵉ complémentaire dernier, de ne conserver que le seul jury d'accusation.

A tous les avantages attachés à ce système bien ordonné , et qu'on ne peut s'empêcher d'avouer en lisant ce rapport, se joint celui qu'un citoyen ne sera jamais soumis aux rigueurs de la procédure extraordinaire, comme l'étaient autrefois les individus frappés d'un décret de prise de corps , avant qu'un juge d'accusation n'en ait déclaré la nécessité.

Mais il serait en même temps utile au bien de la justice , que dans le

cas même d'une déclaration négative, les peines correctionnelles fussent
réservées dans les circonstances qui en entraîneraient l'application, en telle
sorte, que l'espèce d'absolution déclarée par le jury, ne frappât que sur
l'unique objet qui aurait déterminé sa convocation ; savoir si, par la nature
du délit, et par le degré de preuves ou de présomptions acquises contre
l'accusé, celui-ci doit subir l'épreuve de la procédure criminelle.

Nullités.

Les précautions qui assureront la bonté du choix des jurés, et une
disposition qui réduira les nullités à celles qui blessent uniquement l'objet
principal des lois criminelles, sont d'une importance trop connue pour
qu'on s'arrête à en justifier la nécessité.

Préteurs.

On propose l'établissement d'un préteur par division, et d'un propréteur
dans chaque arrondissement.

Suivant le projet, le préteur, assisté d'un propréteur, composera les
cours de justice criminelle établies dans une division ; il en changera tous
les ans : il ne pourra exercer ses fonctions, ni dans le département où
il est né, ni dans celui où il a fixé son domicile ; et le propréteur qui aura
dirigé l'instruction et l'accusation, siégera encore lors du jugement
définitif.

A combien de réflexions ces seules dispositions ne donnent-elles pas
lieu !

On ne croit pas d'abord à cette nécessité absolue d'éloigner les magistrats du lieu de leur naissance ou de leur domicile, sous le spécieux
prétexte des obsessions dont ils peuvent être entourés ; ils en trouveront
par-tout, et par-tout on interrogera leur caractère : ils auront bien moins
de moyens de s'en défendre et de les repousser, dans un pays qu'ils ne
connaîtront pas, et où ils auront besoin de recourir à des secours étrangers.
L'expérience vient à l'appui de cette opinion. Si l'on craint des affections
personnelles, que le premier devoir du magistrat est d'abjurer, qu'on
craigne avec plus de raison les suites funestes du défaut de connaissance
de l'esprit, des mœurs, des habitudes de ceux sur lesquels s'exerce le pouvoir
des lois, et qui varient si sensiblement dans des localités même très-
rapprochées. La confiance du peuple, si nécessaire aux magistrats, et dont
l'ordre public profite avec tant d'avantage, se gagnera-t-elle dans le court
espace d'une année, pendant laquelle un préteur se sera à peine montré
dans les tribunaux de sa division ! et doit-on se priver des effets de cette
confiance, dont la douce, mais puissante influence, a si souvent prévenu

des malheurs, réparé des imprudences, et fait respecter l'autorité au moment même où elle allait être méconnue !

Il serait donc prudent jusques-là de laisser au Gouvernement la liberté illimitée de placer à son gré les magistrats dans les lieux où leurs services pourront être les plus utiles à la chose publique. Il les jugera d'après leur caractère et leurs talens, il saura les employer, les diriger; leur conduite, toujours soumise à sa vigilance, détruira bientôt une illusion qu'il ne faut pas trop accréditer, et moins encore convertir en une mesure absolue.

Mais supposons, si l'on veut, que nous sommes dans l'erreur, qui donnera à ces préteurs, étrangers aux départemens, et annuellement remplacés, les moyens de suivre les débats dans un grand nombre de cours de justice criminelle, où presque tous les accusés, la majeure partie des témoins, souvent même quelques jurés, ne parlent qu'un langage qui leur sera inconnu, et qui quelquefois n'entendront pas eux-mêmes le sien ? Faudra-t-il un interprète dans chaque procédure; et comment y suppléera-t-on relativement à la personne du premier magistrat, chargé de présider aux débats, qui doit en suivre jusqu'aux moindres détails, en faire la résumption, et qui peut à chaque instant se trouver dans la position délicate de former les jugemens sur sa seule opinion ?

Ces observations rapprochées de celles que nous avons faites au sujet du jury de jugement, et jointes à une juste défiance de l'effet que des tribunaux ainsi organisés produiront sur l'esprit de la nation, ne nous permettent pas de voir dans l'établissement dont on vient de parler, une institution durable.

Cependant l'administration actuelle de la justice criminelle exige des réformes ; suivons dans cet examen la pensée de la cour de cassation, et cherchons dans les lois anciennes, modifiées par les nouvelles, un résultat qui concilie le bien de la justice et les vœux de l'humanité.

Et d'abord, pour ne pas donner lieu aux reproches qu'on faisait avec raison à nos anciennes lois, il est indispensable de maintenir la publicité de la procédure. Elle établit une espèce de censure qui contient et encourage le magistrat ; elle offre un puissant secours à l'innocence, et donne un nouveau crédit à la justice.

En second lieu, c'est un devoir sacré de donner à l'accusé connaissance des charges qui s'élèvent contre lui, de lui accorder un conseil, et de lui assurer tous les moyens d'une légitime défense.

Cela posé, nous avons dit que la procédure devait être simple, mais suffisante et sûre; nous ajoutons qu'elle doit être réglée suivant la nature des délits, dont la connaissance sera attribuée à tels ou tels juges.

La justice criminelle, en général, est divisée en municipale, correctionnelle et criminelle.

La première doit être administrée dans chaque canton. Elle serait provoquée, ou par la plainte des personnes intéressées, ou par les procès-verbaux des maires, adjoints, commissaires de police, gardes champêtres, ou par une dénonciation.

Le tribunal de police serait composé du juge de paix et de deux assesseurs, pris parmi les cinquante plus forts contribuables du canton, et qui seraient renouvelés tous les ans. Il y aurait deux de ces assesseurs dans chaque commune qui aurait une population de plus de trois cents individus ; les moins considérables seraient appelées dans le lieu le plus voisin ; le greffier de la justice de paix serait attaché à ce tribunal, où le maire ou adjoint du lieu, qui n'aurait pas concouru à la rédaction du procès-verbal, remplirait les fonctions du ministère public.

Une simple citation suffirait pour y traduire les accusés; les témoins à charge ou à décharge pourraient s'y rendre volontairement sur une invitation; ils seraient entendus à l'audience; l'accusé proposerait sa défense, et le jugement serait rendu immédiatement après, ou au plus tard sur un seul renvoi. Il ne resterait plus que le pourvoi en cassation.

L'opposition serait reçue dans huitaine envers les jugemens par défaut, elle n'entraînerait point de délai, elle serait vidée au premier jour d'audience, et il ne serait plus permis de revenir pour le même objet devant le même tribunal.

La compétence de ce tribunal serait bornée aux peines dont le *maximum* n'excederait pas dix jours de prison et vingt-cinq francs d'amende.

Aucune amende ne pourrait être imposée ni perçue sans un jugement. Les receveurs de l'enregistrement seraient seuls autorisés à en faire le recouvrement; il en serait de même des dépens exposés par la partie publique, lesquels seraient toujours liquidés séparément dans le jugement qui en prononcerait la condamnation.

Ces tribunaux statueraient en même temps sur les dommages et intérêts auxquels les délits de leur compétence donneraient ouverture.

En cas de récidive de la part des coupables d'un même délit, la compétence du tribunal pourrait être étendue du double, soit pour l'amende, soit pour la prison.

La tranquillité des campagnes, le bien de l'agriculture, font desirer que cette police soit exercee avec zèle, et qu'elle soit soumise à une surveillance très-active.

Toutes les autres peines seraient prononcées par les tribunaux criminels. Les développemens dans lesquels on va entrer, supposent la suppression du jury de jugement.

Il serait établi dans chaque arrondissement un directeur de jury, qui recevrait, ainsi que les autres officiers de police judiciaire indiqués par la loi, les plaintes et dénonciations des délits correctionnels, et qui procéderait à l'instruction; on lui joindrait un substitut magistrat de sûreté, et un greffier.

La poursuite d'office serait rigoureusement ordonnée, toute intervention ou médiation des officiers de police judiciaire dans des accords particuliers, sévèrement prohibée, et une responsabilité graduée devrait peser sur ceux qui, chargés de constater ou de poursuivre les délits, se montreraient négligens ou insoucians dans l'exercice de ce devoir. On ne voit que trop souvent le défaut de plainte ou de dénonciation autoriser l'inaction, et introduire un système d'impunité.

Les officiers de police judiciaire se feraient assister par des personnes de l'art, lorsqu'il serait question de constater des délits qui laissent des traces permanentes. Leur rapport serait annexé au procès-verbal.

Il y a peut-être quelque danger à entendre les dénonciateurs comme témoins; mais il serait contraire au bien de la justice de rejeter absolument leur témoignage, sur-tout lorsqu'ils sont témoins nécessaires. Ce serait aux tribunaux à peser les circonstances, et à juger dans leur conscience l'égard que mériteraient leurs dépositions; il en serait de même des dépositions des parens ou alliés après le second degré : celles des parties plaignantes ni de leurs parens ou alliés aux mêmes degrés, ne seraient jamais reçues. Les dépositions des témoins seraient écrites et rédigées avec soin.

Après l'interrogatoire de l'accusé, le directeur du jury réglerait la compétence sur les conclusions du substitut, et si elle était attribuée à la police correctionnelle, le même magistrat statuerait au besoin sur l'élargissement provisoire. Il serait ensuite loisible à l'accusé de faire ouïr devant le même directeur de jury, les témoins qu'il croirait nécessaires pour sa justification, dans un délai qui serait déterminé, et qui ne pourrait être renouvelé sans des motifs puissans, et toujours légalement constatés.

La procédure serait envoyée immédiatement après au greffe du tribunal criminel, pour y être jugée sur une simple citation que le substitut ferait donner à l'accusé, en même temps qu'il ferait l'envoi de la procédure.

L'expérience démontre tous les jours que deux degrés de juridiction en matière correctionnelle, ne produisent aucune utilité réelle, ni pour les accusés, ni dans l'administration de la justice, tandis que d'un autre côté, ils prennent aux tribunaux de première instance un temps que réclame l'expédition des affaires civiles.

Si le directeur du jury déclarait que le délit est de nature à excéder la mesure des peines correctionnelles, l'acte d'accusation serait dressé par le directeur du jury, et le jury convoqué. Ce jury serait formé par le sous-préfet et le directeur du jury, en présence du commissaire du Gouvernement, sur une liste de cinquante citoyens pris parmi les membres des deux collèges électoraux, domiciliés dans l'arrondissement, auxquels on joindrait un pareil nombre des principaux propriétaires du même arrondissement. Ce tableau serait renouvelé tous les quatre mois.

Le jury serait composé de dix membres tirés au sort , il statuerait s'il y a lieu ou non à l'instruction criminelle , après avoir pris connaissance de l'acte d'accusation et des charges.

Le jugement correctionnel serait censé réservé de droit , lorsque le délit serait de nature à entraîner des peines correctionnelles.

Dans le cas d'une déclaration affirmative , l'accusé serait traduit dans les prisons de la cour de justice criminelle , en vertu d'une simple ordonnance.

La cour criminelle serait composée d'un président et de cinq juges , dont l'un aurait le titre de vice-président, un procureur général , et trois suppléans , qui auraient l'expectative des places de juges , en cas de vacance ou de démission.

Ils gagneraient la 360.ᵉ partie du traitement d'un juge , toutes les fois qu'ils remplaceraient un membre de la cour ; cette indemnité serait prise sur le traitement du membre absent.

Le président, ou l'un des juges qu'il déléguerait , interrogerait l'accusé dans les vingt-quatre heures de son arrivée : celui-ci aurait le droit de choisir un conseil à la fin de son interrogatoire , et en défaut il lui en serait nommé un ; il serait loisible à ce conseil de vérifier la procédure au greffe et sans déplacer, et de prendre telles notes qu'il jugerait convenable. Il lui serait donné un temps suffisant pour préparer sa défense. La liste des témoins qu'on se proposerait d'appeler aux débats , lui serait communiquée.

Pendant ce temps , le procureur général vérifierait la procédure ; et s'il y apercevait des nullités prononcées par la loi , il en référerait à la cour.

Au commencement des débats , l'accusé serait interpellé de déclarer s'il a des nullités à proposer ; s'il en relevait, il lui en serait donné acte, et il y serait statué sur-le-champ. Dans le cas d'une réponse négative, il ne serait plus reçu à en proposer : elles seraient censées couvertes s'il en existait, sauf celles que la loi croirait devoir spécialement excepter.

L'instruction serait toujours publique , les témoins entendus oralement, la confrontation faite à l'audience, et tous les moyens d'une légitime défense conservés.

La loi expliquerait clairement l'étendue du pouvoir discrétionnaire qui pourrait être attribué à la cour.

On pense que cette forme de procéder produirait le double avantage d'une économie très-considérable pour le trésor public , et d'une plus prompte expédition des procès correctionnels et criminels , sans compromettre ni la sûreté publique , ni la protection que les lois doivent à l'innocence.

Elle préparerait la réduction des cours criminelles ; et s'il entre dans les vues du Gouvernement de l'opérer, elle fournirait la facilité de la commencer immédiatement, par-tout où une étendue trop considérable de territoire ne ferait pas craindre les inconvéniens et les frais des déplacemens : enfin, elle ramenerait à une parfaite uniformité l'administration de la justice dans tout l'Empire, dont toutes les parties profiteraient des avantages que les cours spéciales ont procurés.

Les vues d'encouragement et d'amélioration, que le grand-juge ministre de la justice, et la cour de cassation ont présentées au Gouvernement, frappent sur des objets d'une utilité si reconnue, que nous devons nous borner au desir de les voir adopter.

Mais quelle que puisse être la législation criminelle que la sagesse du Gouvernement réparateur qui nous régit, prépare à la France, nous osons former un vœu, celui de voir nos armes et nos lois environnées du même éclat, et se prêtant un mutuel appui pour le bonheur de la nation, la gloire et la prospérité de l'Empire.

Signé F A B R E , *président.*

OBSERVATIONS

DU TRIBUNAL CRIMINEL

DE L'AVEYRON,

SUR

LE PROJET DE CODE CRIMINEL.

OBSERVATIONS

DU TRIBUNAL CRIMINEL

DE L'AVEYRON,

SUR

LE PROJET DE CODE CRIMINEL.

OBSERVATIONS GÉNÉRALES.

§. I.ᵉʳ

Des Juges du droit et des Tribunaux criminels.

L'ORGANISATION d'un tribunal criminel composé de deux juges, dont un d'eux aurait voix prépondérante, est trop contraire aux idées reçues parmi nous, pour qu'elle puisse être adoptée.

De quel genre de considération sera environné un propréteur, lorsque son avis sera constamment absorbé par celui du préteur! L'opinion d'un magistrat doit être d'un certain poids, et avoir quelque influence sur les jugemens à intervenir; dans le cas contraire, elle est vaine et dérisoire. Quel est le juge qui consentirait à ne participer à aucun jugement, que lorsqu'il plairait au préteur d'être de son avis!

Une maxime invariable en matière criminelle, et constamment observée par toutes les nations, n'a-t-elle pas décidé que l'avis le plus doux et le plus favorable à l'accusé, devait seul obtenir la prépondérance!

« La réduction des tribunaux criminels est commandée par la nullité » des fonctions qui leur sont attribuées, des yeux suffisent pour faire » l'application de la peine que la loi inflige. »

Mais les juges criminels, indépendamment de l'application de la peine, n'ont-ils pas à constater si les formes nombreuses voulues par la loi, ont été remplies; à juger divers incidens qui s'élèvent à l'occasion des procédures criminelles, soit avant les débats, soit durant leur tenue; à poser les questions soumises à la décision des jurés; à statuer sur les dommages et intérêts dus à la partie civile par l'accusé; à prononcer sur les appels de jugement de la police correctionnelle; à procéder à l'interrogatoire des accusés, et à l'audition, dans certaines circonstances, de divers témoins.

Dans les départemens où l'on a établi des tribunaux spéciaux, et celui de l'Aveyron est de ce nombre, les juges criminels n'ont-ils pas rendu les services les plus essentiels, par le zèle et l'activité qu'ils ont déployés dans l'instruction et le jugement des procédures, concernant les délits énormes qui portaient une atteinte funeste à l'ordre et à la tranquillité publique! Ce qui paraîtra vraiment extraordinaire, c'est qu'on provoque la réduction des tribunaux criminels, qui ne sont composés que de trois juges, alors même que l'on confie à ces mêmes tribunaux des attributions de la plus grande importance; elles consistent,

1.º Dans la latitude de graduer les peines temporaires, suivant que le crime est plus ou moins grave ou odieux, ou d'après les circonstances aggravantes ou atténuantes; savoir, pour la peine de la reclusion, depuis quatre ans jusqu'à dix; pour la peine des travaux forcés, depuis dix ans jusqu'à vingt, et pour celle de la relégation, depuis quatre ans jusqu'à vingt;

2.º Dans le pouvoir de renvoyer, dans plusieurs cas prévus par le projet, les condamnés sous la surveillance spéciale du Gouvernement, et de les mettre à sa disposition durant l'espace de dix ans, surveillance qui autorise le Gouvernement et la partie intéressée à exiger du condamné un cautionnement solvable de bonne conduite, fixé à une somme déterminée, et en défaut de le fournir, le Gouvernement a le droit d'ordonner, soit l'éloignement de l'individu de certain lieu, soit sa résidence continue dans un lieu déterminé, et même dans le cas de désobéissance à cet ordre, ou si le Gouvernement juge que la liberté de l'individu est dangereuse pour la chose publique ou la partie intéressée, il peut le faire arrêter et le détenir dans un atelier national jusqu'à l'expiration du délai fixé par le jugement pour le temps de la surveillance spéciale;

3.º Dans le droit de déterminer si le fait allégué par l'accusé pour sa défense est de nature à rendre le délit excusable, et d'autoriser le jury à faire une déclaration affirmative ou négative sur le fait allégué;

4.º Dans la faculté d'ordonner d'office, et immédiatement après la déclaration du jury, le sursis au jugement, lorsqu'il sera d'avis que les jurés se sont trompés au fond;

5.º Dans le pouvoir de juger sans l'intervention des jurés les accusés contumax, de prononcer sur l'action publique et les intérêts civils.

L'extension d'attributions aussi nombreuses et de la plus haute importance peut-elle se concilier avec la réduction des membres des tribunaux, qui ne sont composés que de trois juges! A-t-on vu jusqu'ici des exemples, que d'aussi grands intérêts sociaux aient été subordonnés à la voix constamment prépondérante d'un seul juge !

On a emprunté des Anglais l'idée d'un shériff ou préteur tournaire, qui tiendrait ses assises ou grands-jours annuellement, et chaque trois mois dans une division composée d'un nombre de départemens déterminés : tous les préteurs se réuniraient à Paris chaque année pour rendre un compte commun de l'administration criminelle ; chaque préteur se rendrait ensuite dans une nouvelle division, autre que celle où il aurait présidé l'année précédente ; nul préteur ne pourrait remplir les fonctions dans le département où il serait né, ni dans celui où il aurait fixé son domicile ; en cas de maladie ou d'empêchement, le préteur serait remplacé par un ou plusieurs des préteurs délégués dans les départemens voisins.

L'institution prétoriale proposée est une innovation contraire aux mœurs et au caractère national ; son exécution présente des difficultés insurmontables et inconciliables avec la prompte administration de la justice criminelle.

On ne devait pas s'attendre que l'on renouvelât une sollicitude inquiète, puisée dans l'antique code des Anglais, tendant à ce que nul shériff ne peut remplir de fonctions dans le comté qu'il habitait, ni dans celui qui l'avait vu naître, lorsque les Anglais modernes ont retranché de leurs lois cette disposition abusive.

Les pouvoirs dont on a investi les préteurs sont d'une étendue si colossale, leur influence propondérante si extraordinaire, que des fonctions d'une si haute importance ne doivent être confiées qu'à des citoyens d'une expérience consommée dans les matières criminelles, dont la renommée et les talens éminens commandent la considération et inspirent la confiance : mais outre que des citoyens d'un mérite aussi distingué sont très-rares, d'après les pertes que nous a fait éprouver la tourmente révolutionnaire, on ne doit pas s'attendre à trouver nombre de citoyens qui, abdiquant le lieu de leur naissance, leur domicile, leurs parens, leurs amis, consentent à se livrer à des voyages, à des déplacemens continuels, et à parcourir successivement durant le cours de leur vie toutes les parties de la France pour s'occuper sans relâche des fonctions les plus pénibles ; l'âge avancé, une santé délicate, l'amour de l'indépendance, d'une vie tranquille et sédentaire, n'éloigneront-ils pas de ces places la plupart de ceux qui auraient les talens et les qualités nécessaires pour les remplir !

D'ailleurs la considération et la confiance ne se commandent pas ; elles sont le fruit d'une conduite irréprochable, d'un mérite reconnu, d'une impartialité éprouvée, qui n'acquiert sa maturité qu'après un espace de temps considérable : les *Scipions*, les *Cassius*, les *Brutus*, les *Harlai*, étaient des hommes d'un mérite transcendant, qui faisait époque dans les siècles où ils ont vécu : la renommée les précéda toujours dans les contrées où ils furent envoyés en qualité de commissaires : les préteurs auront au contraire à conquérir la considération et la confiance, conquête bien difficile pour des fonctionnaires ambulans , qui, dans leurs courses annuelles et périodiques, rencontreront constamment sur leurs pas des hommes auxquels ils seront inconnus.

Un préteur étranger arrivé dans le département de l'Aveyron, n'aura aucune connaissance de l'idiome ou patois du pays ; presque tous les accusés , ainsi que les témoins, ne parlent point le français , et la plûpart d'entre eux l'entendent difficilement : il faudra donc qu'il ait sans cesse à ses côtés un truchement pour traduire en français les réponses des accusés , les déclarations orales des témoins , et pour lui donner la facilité de leur faire les interrogats qu'il jugera nécessaires , opération qui entraînera des longueurs interminables , et qui ne mettra pas même le préteur en état de saisir avec exactitude et précision la vraie signification des termes et l'ensemble des faits et des circonstances qui émaneront des débats.

Cet inconvénient, des plus graves, qui se renouvellera à chaque changement de préteur, sera le même pour plusieurs départemens du midi et du nord, et pour certains départemens maritimes.

Il est encore absolument essentiel qu'un président connaisse les localités , qu'il soit instruit des mœurs , des usages, des habitudes des habitans des divers cantons , connaissances très-précieuses pour se fixer sur le contenu aux procès-verbaux de vérification , pour avoir une intelligence entière des informations , pour discerner certains faits qui paraîtront au premier coup d'œil minutieux , mais qui méritent d'être recueillis avec soin , comme servant dans plusieurs circonstances de véhicule pour parvenir à la découverte de la vérité.

C'est encore à l'aide des connaissances locales, que le président sera informé de la moralité des accusés , de celle des témoins, tant à charge qu'à décharge, du degré de croyance que méritent leurs déclarations , et des pratiques usitées par les prévenus pour dérober la connaissance des crimes à la justice.

Par l'effet de l'institution prétoriale, les grands-jours n'auront lieu que chaque trimestre ; cependant une des règles les plus importantes de l'administration de la justice criminelle, est la diligence dans l'instruction et le jugement.

Il faut que les citoyens voient le crime aussi-tôt puni que commis ; c'est lorsque chacun est pénétré d'indignation et d'horreur à la nouvelle d'une action atroce, que la justice doit se hâter de convaincre et de juger le coupable ; c'est alors que l'idée du crime confondue avec celle du châtiment, frappe de terreur l'homme pervers , et le détourne de l'accomplissement de ses funestes projets : si l'on punit tard , on punit inutilement.

Le retard des jugemens criminels , entraîne à sa suite la détention injustement prolongée des prévenus ; elle laisse planer sur les têtes d'un époux, d'un père de famille, la formidable incertitude du sort qui les attend ; le long tourment d'une prison désastreuse surcharge le coupable : s'il est innocent, l'humanité, la justice réclament la liberté de celui qui gémit depuis si longtemps sous le poids des fers qui n'étaient destinés qu'à des mains criminelles.

Le renvoi du jugement des procédures à chaque trimestre, le voyage annuel et le séjour du préteur à Paris, son remplacement par le premier Consul, les accidens que le préteur est sujet à éprouver durant des voyages aussi fréquens, des chemins encombrés de neige, de glaces, les débordemens des rivières, toutes ces diverses circonstances réunies occasionneront des retards très-considérables dans l'expédition des affaires criminelles ; retards aussi funestes aux intérêts de la société qu'à ceux des prévenus, et qui causeraient encore un préjudice notable au trésor national par un accroissement de dépenses dispendieuses qui seraient la conséquence de ces nombreuses détentions si long-temps prolongées.

« Chaque président criminel n'expédie l'un dans l'autre que cinquante
» procès par an, ainsi nul doute qu'il ne faille réduire les présidens. Cette
» réduction est si indispensable que dans le système actuel, la justice cri-
» minelle est dépouillée de la moitié de sa force et de sa solennité, que
» les affaires ont une marche languissante auprès d'un président qui a ses
» aises, qui concilie ses austères fonctions avec les douceurs de la vie cita-
» dine, et qui est au milieu des parens, des amis, des créanciers, des dé-
» biteurs, pour recevoir toutes les sollicitations, et est en outre exposé à
» devenir la proie des passions et des intrigues locales.

Le calcul de cinquante procédures expédiées tous les ans par chaque tribunal criminel n'est pas exact, les six mille six cent cinq jugemens rendus par cent deux tribunaux criminels en l'an 10, ne sont pas susceptibles de la réduction proposée : peu importe que dans le nombre de ces jugemens il s'y en trouve quinze cent dix-huit de rendus pour mauvais traitemens, homicides commis par imprudence..... Dès que des tribunaux criminels ou spéciaux ont connu de ces délits, ils ont dû être portés dans l'acte d'accusation comme sujets à des peines afflictives ou infamantes ; si les débats n'ont pas fourni les preuves suffisantes des circonstances aggravantes, ou si les jurés pour favoriser les accusés ont atténué les délits, et que dès-lors le commissaire ait été astreint à ne les énoncer qu'en conformité des jugemens de condamnation, il n'en est pas moins incontestable que ces procédures ont été soumises à des débats qui ont nécessité un jugement. Il est arrivé souvent que des affaires semblables, à raison des longues discussions élevées par les défenseurs des accusés, ont exigé un temps plus considérable pour leur expédition que celles où est intervenu un jugement de condamnation à des peines afflictives : des affaires d'une nature semblable se reproduiraient encore devant les jurés présidés par le préteur, et ce cas a été prévu par l'article 886 du projet.

Les jugemens d'acquittement n'étant pas mentionnés dans l'état sommaire des jugemens imprimé tous les mois et envoyé au Gouvernement, ils doivent être ajoutés à ceux de condamnation, puisqu'ils ont été le résultat de semblables débats. D'après le relevé que l'on a fait au greffe de divers jugemens, tant de condamnation que d'acquittement, rendus durant l'espace des dix dernières années, par les tribunaux criminels et spéciaux du département de l'Aveyron, on a vérifié que sur douze jugemens, il y en avait sept de condamnation et cinq d'acquittement. En admettant que la proportion ait été la même dans les autres départemens de la République, ce sera dès-lors cinq douzièmes, se portant à quatre mille sept cent quinze jugemens, à ajouter aux six mille six cent cinq jugemens précités, addition qui en portera le nombre à onze mille trois cent dix, qui divisé par cent deux départemens, donnera au-delà de cent dix jugemens pour terme moyen de ceux rendus en l'an 10 par chaque tribunal criminel de ces cent deux départemens.

Le nombre des procédures criminelles augmentera encore après la promulgation du nouveau code, qui a soumis des délits nombreux à des peines afflictives ou infamantes, dont certains n'avaient pas été prévus par le code pénal de 1791, et dont d'autres, d'après ce même code et la loi du 25 frimaire an 8, n'étaient sujets qu'à des peines correctionnelles.

On ignore jusqu'à quel point sont fondés les reproches très-graves qu'on a distribués aux présidens criminels, et si quelques-uns d'entre eux sont réellement entachés des défauts considérables qu'on leur impute, ce qu'il y a de certain, c'est qu'ils forment un contraste frappant avec le compte rendu par le grand-juge ; on y lit que les tribunaux d'appel sont généralement bien composés, qu'ils remplissent tous leurs devoirs à la satisfaction des justiciables ; que les tribunaux criminels, à très-peu d'exceptions près, méritent les mêmes éloges, et si quelques-uns ont prononcé en faveur de grands coupables des absolutions inattendues, ils ont toujours soutenu qu'elles devaient être rejetées sur l'ignorance ou la prévarication du jury.

Si quelques présidens criminels ont des défauts inconciliables avec les fonctions qu'ils exercent, il est aisé de faire cesser ces abus particuliers, en rappellant ces juges dans le sein du tribunal d'appel.

Quoique certains tribunaux d'appel n'aient jugé en l'an 10 qu'un nombre peu considérable de procédures, le résultat d'une seule année ne peut servir de base pour déterminer celles qui pourront être portées à ce même tribunal les années subséquentes. On a éprouvé que les crimes ont leurs années climatériques, comme les maladies ; cette différence peut provenir encore de l'étendue de la population moins considérable de quelques départemens ; considération qui ne peut ni ne doit influer sur la composition du nouveau système général d'organisation de la partie criminelle.

On convient que la distribution d'un tribunal criminel par département, déterminée par l'Assemblée constituante, est parfaitement adaptée à l'institution des jurés ; qu'il est impossible de former de plus grands ressorts, et d'appeler à des plus grandes distances les accusés, les parties civiles et les témoins ; dès-lors quelle nécessité peut-il y avoir de réduire le nombre des membres de ces tribunaux qui ne sont composés que de trois juges, lorsqu'on se propose d'augmenter si considérablement la latitude et les attributions de ces mêmes tribunaux ! La même raison ne milite-t-elle pas pour les présidens de ces tribunaux, si on fait attention que dans le plus grand nombre des départemens ils auront à expédier annuellement de cent-vingt à cent cinquante procédures. Si on ajoute à ce nombre les jugemens sur appel de la police correctionnelle et plusieurs autres jugemens préparatoires ; si l'on se pénétre de l'importance des fonctions des présidens criminels durant les débats, de la différence extrême de ces fonctions si attristantes et pénibles, avec celles des présidens civils ; de l'étendue de leurs devoirs qui exigent l'examen approfondi des procédures avant les débats, la surveillance et la direction de tout ce qui appartient à la prompte expédition des procès criminels, et de descendre jusques aux détails longs et fastidieux, de taxer les jurés, les témoins et les huissiers ; il sera aisé de se convaincre, en parcourant ces rigoureux et pénibles devoirs, que quelques jours de repos durant certains intervalles sont indispensables pour ceux qui ne jouissent pas de vacations concédées aux tribunaux civils.

La suppression d'une partie des places des présidens criminels ne serait nullement économique, puisque l'institution prétoriale qu'on propose d'organiser, serait infiniment plus dispendieuse.

La division assignée au préteur ne pourrait tout au plus comprendre que deux départemens dont les procédures à juger, années communes, se porteraient de deux cent quarante à deux cent cinquante. Dans chaque procédure il s'écoulera un temps considérable pour la réunion de quarante-huit jurés, le remplacement des absens par la voie du sort, la convocation des citoyens de la ville pour les suppléer, les vingt-huit récusations, la durée des débats, les plaidoyers et repliques du commissaire, et des défenseurs de l'accusé, le résumé du préteur, les délibérations à l'unanimité des jurés ; si, à cet espace de temps considérable, on ajoute celui qu'emploiera le préteur dans ses diverses tournées de chaque trimestre, dans son voyage et son séjour à Paris, et pour l'examen préparatoire des procédures, il sera démontré qu'un préteur pourra à peine suffire à l'expédition des affaires criminelles de deux départemens ; mais les grands émolumens qu'il faudra donner à chaque préteur pour l'investir de la haute considération des shérifs de l'Angleterre, n'excéderont-ils pas très-notablement les traitemens de deux présidens criminels actuels !

« Il est de l'essence de l'institution de jurés, que des citoyens choisis

» dans la contrée, jugent les accusés sous la direction et l'autorité d'un
» magistrat élevé en dignité, appartenant à la nation entière, qui tende
» sans cesse à resserrer dans le lien commun les parties qui tendent sans
» cesse à s'en détacher, parce que chez tous les peuples, on a reconnu que
» les autorités locales et ordinaires sont impuissantes dans les circonstances
» majeures. »

Parmi toutes les nations on a constamment organisé les tribunaux criminels ou les jurés, pour les circonstances ordinaires. Lorsque, par l'effet des révolutions, des guerres civiles, du licenciement d'un grand nombre de troupes, et autres événemens majeurs très-rares, les grands crimes se multipliaient, et repandaient le trouble et l'effroi dans la société, alors seulement, à Rome on faisait choix de consuls ou de sénateurs, qui se rendaient sur les lieux en qualité de commissaires ; en France, les Harlai ou des parlementaires les plus recommandables, se rendaient aux grands-jours : ces grandes mesures, suivies d'exécutions promptes et formidables, glaçaient d'épouvante les malfaiteurs, et le débordement des crimes était arrêté.

Si ces mesures extraordinaires ont produit les plus grands effets, c'est parce qu'on ne les employait que très-rarement.

Le grand-juge, dans son compte rendu, observe, en parlant de l'institution des tribunaux spéciaux que les circonstances commandaient avec tant d'empire, que le crime avait pâli, que les brigands, les voleurs des diligences, les affreux chauffeurs, avaient vu dissiper leurs bandes impures, et le faussaire impudent devenir circonspect et timide, laisser enfin espérer à la société alarmée par l'excessive multiplicité des crimes de faux, que ce fléau dévastateur cesserait d'être redoutable.

Mais la majorité des tribunaux spéciaux était composée du président, de deux membres du tribunal criminel, et de deux autres juges pris sur les lieux ; les tribunaux spéciaux de faux, étaient encore composés du tribunal criminel et du tribunal de première instance réunis ; ce sont donc les autorités locales qui ont suffi, pour faire cesser dans plusieurs départemens, l'accroissement des crimes et des désordres publics qui bravaient avec audace les lois existantes.

Si, comme le dit le grand-juge, le remède des tribunaux spéciaux, qui n'avait été nécessité que par des circonstances extraordinaires, doit cesser pour faire place à une nouvelle législation criminelle, créée pour les cas ordinaires, par quelle fatalité serait-il indispensable de faire figurer dans cette organisation, des préteurs étrangers, élevés en dignité, lorsque les membres des tribunaux criminels et civils ont suffi pour la répression des délits énormes, et pour arrêter le cours de leur débordement !

§. II.

§. II.

Des Jurés de jugement.

L'importance de l'administration de la justice civile a exigé qu'on ne la confiât qu'à des hommes d'une expérience consommée dans les affaires, d'une intégrité éprouvée, d'un jugement exercé et perfectionné par des lumières acquises.

Quelle différence énorme entre cette justice et la justice criminelle, qui traite de l'honneur ou de l'infamie des citoyens, de leur vie ou de leur mort !

Les devoirs attachés aux fonctions les plus pénibles et les plus importantes de l'administration criminelle, ne sont pas aussi faciles à remplir, aussi à la portée d'un grand nombre de citoyens, que les partisans de l'institution de jurés ont affecté de publier ; il est essentiel de dissiper leurs erreurs.

Le premier soin de celui qui est appelé pour juger le crime, est d'acquérir une connaissance exacte du lieu, du temps où le délit a été commis, de toutes les circonstances qui l'ont accompagné.

Il doit observer le crime sous toutes ses faces. Plusieurs fois, comme l'observe Servan, on a vu sortir d'une ouverture imperceptible, une lumière soudaine qui éclairait le magistrat.

Les procès-verbaux de vérification, méritent un examen approfondi, pour s'assurer de l'existence du corps du délit, d'après les faits qui sont ramenés dans les rapports ; les conséquences qu'on en a tirées, la confiance que méritent ceux qui les ont dressés, lorsqu'ils n'ont pas dépassé les bornes de leur savoir.

Pour prononcer sur l'injustice ou la vérité d'une accusation, il est indispensable d'acquérir une connaissance générale des mœurs et du caractère de l'accusé, d'observer la conduite qu'il tient durant les débats, ses réponses franches ou évasives, ses aveux, ses contradictions, sa contenance ferme ou embarrassée ; de s'attacher principalement à l'intérêt personnel, au déchaînement des passions dominantes qui constituent les motifs qui ont pu porter l'accusé à commettre le crime, et les comparer à l'intérêt, au caractère, et à la moralité de ceux qui se portent ses accusateurs ou dénonciateurs.

Après avoir comparé la nature et les circonstances du crime avec les mœurs et le caractère de l'accusé, pour en saisir les divers rapports, il reste encore à se fixer sur la valeur des témoignages.

C'est à une attention suivie, à un discernement rare et exercé, qu'il appartient de saisir, au travers des longueurs et des divagations des dépositions orales, les seuls faits importans et la vraie signification des termes

et des expressions ; d'apprécier le degré de croyance que méritent les faits
déclarés ; d'après leur cohérence et leur vraisemblance, d'après la bonne-
foi des témoins, leur moralité, leurs lumières analogues à leur éducation,
leur profession, leurs talens, leur fermeté ou leur vacillation, leur impartialité ou leur passion ; de décomposer toutes ces déclarations, de les comparer entre elles pour observer leur conformité ou leur opposition ; de
classer les preuves qui restent dans leur ordre véritable, pour embrasser leur
étendue et juger de l'impression qu'elles doivent produire sur la raison,
pour donner une conviction intime de l'innocence ou de la culpabilité des
accusés.

Dans les procédures de la plus grande importance, où il s'agit de crimes
énormes, tels que ceux contre la sûreté publique, le poison, l'assassinat,
l'infanticide, l'incendie, et autres délits occultes et nocturnes, comme les
vols avec effraction, avec violence, avec escalade, à l'aide de fausses clefs,
les faux, &c., il n'existe presque jamais de témoins oculaires ; dés-lors on
ne peut que se livrer au calcul des probabilités, science d'une difficulté
extrême, et qui n'a aucune règle assurée pour fixer notre jugement.

Il n'y a qu'une connaissance profonde du cœur humain, une habitude
de réfléchir, une expérience consommée, qui puissent donner cette justesse d'esprit, nécessaire pour saisir la liaison, la connexité, la réunion
des indices et des présomptions, pour les conférer avec les pièces de
conviction et les autres circonstances qui émanent des débats; pour faire
la distinction des indices et des circonstances qui, par leur rapprochement
immédiat des faits principaux qui ont précédé, accompagné ou suivi le
crime, qui, par leur vraisemblance, leur gravité, leur concordance, méritent la plus grande importance ; de celles qui n'ont qu'un rapport éloigné
avec les mêmes faits, qui, par leur incohérence et leur isolement, ne présentent que de faibles conjectures, pour déterminer, dans le vaste champ
des probabilités, celles qui constituent essentiellement la force et la certitude
des preuves.

Si ces devoirs nombreux, indispensables, commandés par les plus grands
intérêts sociaux, qui exigent une attention aussi soutenue, rendent les
fonctions de ceux qui sont appelés à prononcer sur le sort de leurs semblables, aussi pénibles que difficiles ; si, comme l'observe encore *Servan*,
l'expérience est l'unique mesure des probabilités, se persuadera-t-on que le
simple bon sens suffise pour prononcer sur le crime, et puisse suppléer la
connaissance approfondie des mœurs et du caractère des hommes, et
l'habitude de réfléchir et de juger !

Par quel paradoxe étrange, cette expérience, ces lumières acquises par
de longs et pénibles travaux, seraient-elles considérées comme oiseuses,
lorsqu'il s'agit, dans les procédures les plus importantes, de déterminer
avec précision la valeur des témoignages, l'étendue des probabilités, de

calculer les combinaisons des circonstances, qui varient à l'infini , de constater des faits incertains et cachés. Problème moral des plus difficiles à résoudre , et qui a jeté plusieurs fois dans une indécision extrême, des magistrats éclairés et expérimentés.

Lorsque des présens prodigués , les plus pressantes sollicitations des parens, des amis des accusés , administrent de faux témoins pour créer des alibi , attester des faits subversifs de ceux qui émanent des débats , pour avilir et calomnier les témoins à charge , pour faire rejeter leurs dépositions comme inspirées par l'intérêt, la haine et la vengeance , pour rendre le témoignage le plus éclatant et le plus mensonger de la bonne conduite antérieure de l'accusé , de sa moralité et de celle de sa famille ; lorsque les complices ont le front de se mêler à ces faux témoins pour les encourager, fortifier leurs déclarations et proclamer l'innocence de l'accusé ; lorsqu'ils subornent les témoins qui ont déjà déposé par écrit, ou les intimident afin de leur faire rétracter sur les débats, atténuer ou modifier leurs premières déclarations ; lorsque le défenseur de l'accusé dénature les faits , avance en matière de preuves les paradoxes les plus étranges , transforme en simples soupçons les indices les plus décisifs ; en impose par les prestiges de l'éloquence la plus artisée ; jette l'épouvante dans les ames, en évoquant les mânes des Calas , des Lebrun, des Cahuzac, victimes innocentes des probabilités qu'un hasard cruel avait amoncelées sur leurs têtes infortunées.

Des jurés inexpérimentés , à l'aide du simple *bon sens,* seront-ils doués de ce tact infaillible du faux et du vrai, capable de triompher de ces piéges multipliés , de ces insinuations, des séductions de l'éloquence , et d'atteindre le coupable , malgré ses efforts sans cesse renaissans pour rompre toute communication entre son crime et lui.

L'habitude des fonctions judiciaires entraîne quelquefois la dureté , et on craint de voir renouveler ces fatales erreurs consignées dans les archives de la magistrature , qui ont fait succomber l'innocence sous les apparences du crime.

Mais ces erreurs déplorables ont été très-rares durant l'espace de plusieurs siècles , lorsque les magistratures étaient héréditaires , lorsqu'un usage dangereux et condamnable proclamait l'utilité des interrogations disparates, captieuses et mensongères ; lorsque des lois de sang avaient consacré la méthode barbare d'interroger les accusés par des supplices, lorsque l'accusé isolé et sans défense était soumis à l'épreuve de l'instruction d'une procédure secrète.

N'aura-t-on pas la certitude que ces erreurs judiciaires ne se reproduiraient pas sous des magistrats choisis par le Gouvernement parmi les hommes les plus intègres , les plus éclairés et les plus instruits, qui seraient les pairs des accusés , dès qu'il n'existe plus de distinctions ni de priviléges , dans un temps ou de nouvelles formes protectrices des accusés , en établissant la publicité de la procédure, leur ont en même-temps concédé une latitude indéfinie pour leur défense ; quand le public serait le censeur des magistrats exposés à la formidable ou consolante alternative d'être honorés ou flétris dans l'esprit de leurs concitoyens !

On a généralement remarqué parmi les jurés la plus grande répugnance à remplir les fonctions pénibles et délicates qui leur étaient confiées ; cette répugnance était d'ordinaire en progression croissante de leurs lumières et de l'importance des procédures ; cette aversion a été généralement et ouvertement manifestée par des absences affectées aux jours prévus pour la convocation, par une foule d'exoines mendiées par des sollicitations auprès des juges de paix, pour n'être pas compris sur la liste des jurés, par la satisfaction de ceux appelés en remplacement qui étaient récusés ; aversion qui a diverses causes, dont les principales prennent leur source dans le caractère national.

1.° En France, les individus qui jouissent d'une fortune aisée, et principalement les habitans des campagnes, sont en général doués d'une grande sensibilité ; la pitié est leur élément naturel. Ces derniers sont la plupart craintifs, faibles et timides ; leur sûreté étant plus exposée, et ayant à redouter l'incendie et le ravage de leurs propriétés, ils sont portés à l'indulgence ; ils se laissent aisément circonvenir, et résistent bien difficilement aux sollicitations de leurs parens et de leurs amis.

Mais quelle fermeté d'ame, quel courage ne faut-il pas déployer lorsque l'intérêt social prescrit de condamner un accusé ; de le vouer à l'infamie, aux peines, aux supplices ; de l'envoyer à la mort ; et de verser la consternation et l'opprobre sur des familles, souvent vertueuses et honnêtes, qui appartiennent à ce condamné !

Des efforts aussi pénibles sont, pour des hommes ainsi organisés, un fardeau accablant, qui excède en général leurs forces morales : aussi l'expérience a-t-elle prouvé, que, dans les circonstances trop nombreuses, les jurés ont eu recours à toutes sortes de subterfuges pour se dispenser de condamner des accusés, et en s'aidant notamment de la question intentionnelle ; acquittemens scandaleux, qui, en proclamant l'impunité des crimes, ont servi d'encouragement aux coupables, pour en commettre de nouveaux.

Les auteurs du projet de Code pénal, effrayés de cet accroissement de crimes, qui s'est manifesté, d'une manière si alarmante, depuis la promulgation des lois pénales de 1791, ont pensé que le moyen le plus sûr de les faire cesser, était de rendre les peines plus sévères, et d'en augmenter le nombre : delà, la mutilation du poing, la peine des travaux forcés à perpétuité, l'extension de la peine de mort, de celle de la déportation, de la peine des travaux à temps, de la reclusion, de la flétrissure, du carcan, à des cas nombreux sujets à des peines moins graves, ou non prévus par les lois nouvelles ; delà encore la relégation, et la peine de forfaiture.

Mais l'extension de la sévérité de ces peines, leur multiplicité, n'offre-t-elle pas un contraste frappant, avec la conservation de l'établissement des jurés, chargés de condamner les accusés qui devront les subir !

L'expérience de treize années n'a-t-elle pas prouvé que les nombreux acquittemens des jurés ont eu pour principal motif la rigueur des peines ! que toutes les fois qu'un juré s'est persuadé qu'il n'existait pas, d'après sa manière de voir, une proportion exacte entre le délit et la peine, et que celle-ci lui a paru trop sévère, il s'est constamment décidé à acquitter l'accusé, malgré l'évidence des preuves de sa culpabilité ! N'a-t-on pas, dans le projet de Code pénal, commué, pour le crime d'infanticide, la peine de mort en celle de la déportation, parce que les auteurs de ce crime étaient constamment acquittés par les jurés ! Les législateurs, ainsi qu'ils s'en sont expliqués dans le préambule de la loi du 26 frimaire an 8, n'ont-ils pas senti la nécessité d'attribuer aux tribunaux de police correctionnelle des délits nombreux, sujets auparavant à des peines afflictives et infamantes, parce que la rigueur des peines était une source d'impunité, l'impunité une source de délits contre lesquels l'intérêt social réclamait un prompt remède !

On prévient bien plus efficacement les crimes par la certitude des peines que par leur grande sévérité ; c'est cette incertitude émanée de l'établissement des jurés, dont les déclarations ont distribué si fréquemment l'impunité, qui doit être considérée comme une des principales causes de l'accroissement progressif des crimes qui ont été commis depuis cette nouvelle institution.

L'expérience est encore, pour ainsi dire, un sûr garant que quelque degré de perfection que l'on s'étudie à donner à l'institution des jurés, on ne parviendra point à atteindre le grand nombre des coupables des crimes qui intéressent la chose publique : d'infanticides, d'offense à la loi et de rebellions envers la gendarmerie, d'évasions des détenus et des déserteurs, de faux témoignages, de concussions, et généralement de tous les délits, lorque leurs auteurs jouiront d'une fortune considérable, ou auront pour parens ou amis des hommes en place, ou jouissant dans la société d'une certaine considération par leurs talens, ou même redoutés par leur crédit ou leur habitude à exercer des vengeances.

2.° Le Français est vif, changeant, actif, enjoué, ennemi de la gêne et de la contrainte, des occupations sérieuses qui demandent une attention soutenue ; il a une antipathie invincible pour les fonctions sombres et attristantes, qui réclament une contention d'esprit prolongée durant plusieurs jours ; il n'y a d'exception à cette définition générale, que pour ceux qui, par nécessité ou pour se faire un nom, ont embrassé une profession ou un état qui exige impérieusement un travail d'esprit ou une application constante ; c'est cependant à cinq mille cent quatre-vingt-quatre

Français par trimestre et à vingt mille sept cent trente-six chaque année, qu'on propose d'abandonner leurs foyers pour se transporter aux chefs-lieux de leurs départemens respetifs, au plus grand nombre d'y rester sédentaires et oisifs durant l'espace d'environ un mois, jusqu'à ce que les récusations relatives à environ trente procédures soient successivement épuisées, à ceux d'entre eux non récusés, de s'enfermer durant tout le temps des débats et de leur délibération, sans aucune communication à l'extérieur, de vaquer durant cette reclusion, avec l'attention et la réflexion les plus soutenues et les plus scrupuleuses, à l'examen approfondi des preuves, pour graver dans leur mémoire une image nette de ces mêmes preuves dans leur ordre naturel et leur juste étendue, afin que leur raison et leur conscience soient suffisamment éclairées pour absoudre ou pour condamner ; à plusieurs d'entre les non récusés, de subir la chance de remplir ces pénibles fonctions durant toute la durée des grands-jours, et environ l'espace d'un mois.

Mais si on a vu les jurés actuels, et principalement les propriétaires habitans des campagnes, manifester une anxiété, un mécontentement indécent, lorsqu'ils avaient à juger six ou sept procédures, peut-on espérer que les négocians abandonneront leur commerce, les avoués, les notaires, les agrimenseurs leurs affaires, les médecins leurs malades, les propriétaires la culture ou la régie de leurs biens, quelquefois durant les saisons les plus précieuses, pendant un aussi long espace de temps que celui de la durée des grands-jours ! Doit-on s'attendre que des fonctions qui occasionnent un déplacement aussi prolongé que préjudiciable, fonctions pour lesquelles on à généralement manifesté une aversion et une répugnance extrêmes, seront remplies avec toute l'importance, tout le zèle qu'exigent les grands intérêts de la société et des accusés ?

Si en France, pour donner à l'institution des jurés tout le succès que réclame l'intérêt social, il est indispensable, comme en Angleterre de créer un préteur, qui comme le grand-shériff soit *scopulum reorum* qui « recevant » de sa place de grands émolumens, arrive dans un département auquel il » est étranger avec une considération qui influe déjà sur l'opinion de ses » jugemens, lui prépare une entière soumission à ses volontés, qui indique » aux jurés le prononcé qu'ils vont faire, de manière qu'il fasse à lui seul » presque tous les jugemens » ;

S'il est nécessaire de décerner des amendes de 300 francs pour forcer les jurés à se rendre aux jours désignés pour leur convocation ;

Si la partie publique doit distribuer jusqu'à quatorze jurés au moins par trimestre, des brevets d'incapacité ou d'immoralité ;

Si pour prévenir la séduction, les sollicitations ou la corruption, les jurés ne doivent être connus des accusés que sur les débats ;

S'il faut que toute espèce de communication soit interdite aux jurés non récusés, dès l'instant de l'ouverture de ces mêmes débats ;

S'il est indispensable que le jury soit tenu en charte privée et gardé par les gendarmes durant tout le temps indéfini de sa délibération ;

Si cette délibération doit donner pour résultat une déclaration unanime sur l'innocence ou la culpabilité de l'accusé, sous la peine, à la volonté du préteur, de l'interdiction des alimens, de l'eau et du feu ;

Si toutes ces précautions aussi avilissantes pour les jurés, que contraires au génie et au caractère national, sont réputées indispensables pour faire fleurir et prospérer parmi nous cette institution, on n'entrevoit pas comment on pourrait la considérer, ainsi emmaillotée, comme une des plus belles conceptions qui aient paru dans le cours des siècles : elle serait belle sans doute, si nos mœurs, comme dans les siècles primitifs, lui permettaient de marcher seule et sans entraves ; mais les étais dont on est forcé de l'environner la défigurent de la manière la plus étrange, et la dépouillent de ses attributs les plus précieux, qui sont une confiance sans bornes de la société envers les membres de cette institution, et la liberté la plus entière de leur personne et de leurs opinions.

On ne cesse de répéter que l'institution des jurés a offert en Angleterre les résultats les plus satisfaisans durant l'espace de plusieurs siècles ; pour que cet heureux résultat fût prouvé, il faudrait que cette institution eût produit l'effet de prévenir les crimes, et qu'ils fussent moins nombreux dans cette île que dans les autres nations civilisées de l'Europe, fait qui n'a été nullement constaté.

Quelle différence encore entre nos mœurs, nos usages, notre caractère national, et ceux de la nation anglaise ! Sans entrer à ce sujet dans des détails et des longueurs qui excéderaient les bornes de ces observations, il suffira d'indiquer la comparaison des pièces de théâtre de *Shakespeare* et autres tragédiens anglais, avec celles de *Corneille*, de *Racine* et de *Voltaire ;* de signaler l'arrivée du grand-juge ou du grand-shériff dans les lieux des assises, comme « des jours de fêtes générales, comme l'époque des divertissemens pour la jeunesse et pour les femmes » ; d'énoncer l'empressement des jurés à leur poste et à remplir des fonctions qu'ils regardent comme très-honorables, et auxqu'elles ils attachent la plus grande importance ; de diriger les regards sur le nombreux cortége des parens, des amis du condamné, qui en l'accompagnant jusqu'au lieu du supplice, l'exhortent à mourir en brave, et à ne pas les faire rougir par une lâcheté déplacée, et finissent par les tirailler par les jambes et par les pieds pour abréger ses souffrances.

En un mot, la triste expérience qu'on a faite de l'institution des jurés, nonobstant les divers changemens qu'on lui a fait subir, prouve qu'elle est inconciliable avec les mœurs et le caractère national ; avec les sentimens d'indulgence et de pitié naturels au Français, qui inclinent son cœur à la commisération envers l'individu qu'il va condamner, lorsqu'il n'entrevoit que dans le lointain le résultat funeste pour la société, d'une absolution provocatrice de nouveaux délits.

Le choix des jurés parmi les contribuables des impositions de cent francs ne donnera, en général, que des hommes doués du bon sens et des lumières naturelles, qualités évidemment insuffisantes pour remplir les fonctions judiciaires les plus importantes de l'ordre social, qui exigent impérieusement une connaissance approfondie du cœur humain, des lumières acquises, une habitude dès long - temps contractée de réfléchir, de comparer, de juger, et une expérience consommée.

Ce nouveau choix ne remédiera nullement à cette apathie, à cette insouciance, à cette répugnance générale pour les fonctions de juré : on s'acquitte toujours mal des devoirs pour lesquels on a conçu de l'aversion, sur-tout quand ils sont onéreux, pénibles, et qu'ils exposent à des vengeances particulières ; on se hâte de les remplir avec promptitude, et pour se soustraire à l'examen fatigant et difficile des preuves, on incline constamment du côté de l'absolution.

La crainte d'être ruiné de réputation ou d'être récusé dans la suite par le ministère public, n'est qu'un épouvantail insignifiant pour ceux qui n'exercent que des fonctions transitoires ; les jurés qui ont acquitté les coupables ont continué de jouir, dans leur canton de la même considération ; leur inexpérience leur a servi d'excuse ; on a attribué leur indulgence à la délicatesse d'une conscience excessivement timorée.

La récusation du commissaire, comme l'observe Pierre *Hairault*, ne ferait pas honte aux jurés, et même on ne regarderait pas comme extraordinaire que certains jurés affectassent de tenir durant long-temps le jury en échec, pour se voir dans le cas d'être récusés à l'avenir par le commissaire ; tant est forte l'antipathie des habitans des campagnes, qui mènent une vie constamment active, pour ces sortes de fonctions lugubres et sédentaires.

Le résultat désastreux des jugemens par jurés, qui, durant l'espace de treize années, a assuré l'impunité des plus grand crimes, a porté une atteinte mortelle à cette institution. L'opinion publique s'est si fortement prononcée contre elle, que sous quelques nouvelles formes qu'on cherche à l'organiser, elle n'offrira pas une garantie suffisante et des motifs réels de sécurité ; en voyant la faiblesse, l'inexpérience des jurés, leur inaptitude à juger les affaires criminelles, ne se rappellera-t-on point ces paroles mémorables que *Servan* adressait aux magistrats criminels qui n'avaient ni les lumières ni les connaissances nécessaires à leur état : « Quel humiliant spectacle aux » yeux d'un homme sage, de voir l'ignorance et la faiblesse d'un enfant, » dans celui qui décide avec toute l'autorité des hommes ! quelle affreuse » et décourageante idée pour un citoyen vertueux.... ! Juste ciel, prends » pitié

» pitié de mon sort, et charge-toi de me protéger; éloigne de moi les
» méchans qui voudront m'attaquer, puisque je suis privé des magistrats
» qui devraient me défendre ! »

Le tribunal de cassation a relevé les inconvéniens très-graves que pré-
sentait la trop grande multiplicité des tribunaux de première instance. Si
le Gouvernement pensait, d'après les observations du régulateur des
tribunaux, que ceux de première instance, qui ne sont en grande partie
composés que de trois juges, ne sont pas environnés d'une considération
suffisante pour commander le respect et la confiance, de là cette multiplicité d'appels ruineux pour les familles; qu'une justice rapprochée engendre
une foule de procès sur les plus minces intérêts, procès dont les frais à
exposer excèdent d'ordinaire la valeur de la chose en litige, et qui sont
fomentés bien souvent par ceux auxquels ces frais doivent profiter;

Si le Gouvernement a été à portée de vérifier que lorsqu'il n'y avait
qu'un tribunal civil par département, la justice était bien mieux et plus
solennellement administrée; que les plaideurs trouvaient près de ces tribunaux des hommes de loi éclairés, pour les défendre ou pour terminer à
l'amiable leurs différens par la voie de l'arbitrage, des avoués plus versés
dans les formes de la procédure, plus aisés et moins portés en conséquence
à se charger des mauvais procès, et à rançonner leurs clients;

Que les tribunaux civils jugeaient un plus grand nombre d'affaires que
tous les petits tribunaux réunis, actuellement existans; qu'ils suffisaient à
l'expédition des procès de leur ressort, quoiqu'ils fussent tribunaux d'appel
des départemens voisins;

Si le Gouvernement, frappé des observations lumineuses du tribunal de
cassation, jugeait dans sa sagesse que la suppression provoquée devant
opérer le plus grand bien pour l'administration de la justice, il doit saisir
la circonstance de la présentation au Corps législatif du nouveau Code de
la procédure civile, pour ramener à exécution cette suppression; alors,
mais alors seulement, on proposerait d'établir dans chaque chef-lieu de
département, sauf l'exception de quelques grandes cités, des tribunaux de
première instance composés de douze juges, qui formeraient deux sections.
Ces tribunaux seraient moins occupés que les anciens tribunaux civils,
attendu que les causes d'appel, ainsi que celles du commerce ne seraient
plus de leur attribution; que les procès nombreux relatifs aux diverses transactions durant la durée du papier-monnaie ont pris fin; que le nouveau
Code civil produira l'inestimable bienfait de prévenir des contestations très-
nombreuses; que les formes judiciaires seront éclaircies et simplifiées par
les nouvelles lois qui se préparent : ces tribunaux, d'après ces considérations, pourraient donc encore vaquer à l'expédition des affaires criminelles,
et les membres qui les composeraient se réuniraient au commencement de

chaque mois pour juger tous les prévenus dont les procédures seraient en état de recevoir jugement.

Pour ne point divertir ces juges des fonctions civiles durant le temps de l'instruction des procédures criminelles, il y aurait toujours un membre du tribunal d'appel, qui présiderait le tribunal criminel, qui serait chargé de prendre les interrogatoires des divers accusés, d'entendre les témoins toutes les fois que les circonstances l'exigeraient, et de veiller à la prompte confection de tous les actes préparatoires, pour mettre les procédures en état de recevoir jugement.

Un commissaire du Gouvernement ferait de son côté toutes les poursuites et réquisitions nécessaires pour compléter les preuves et pour l'exécution des jugemens.

Dans les procédures concernant des crimes emportant la peine de mort, le tribunal serait composé du président et de deux sections réunies du tribunal civil; il serait toujours composé de douze juges, qui, en cas de maladie ou d'autre empêchement légitime, seraient remplacés par des suppléans.

Dans les autres procédures, le tribunal criminel ne serait composé que de huit juges, qui seraient pris à tour de rôle parmi les membres du tribunal civil; et dès-lors les cinq juges restans du tribunal civil, avec un suppléant, tiendraient les audiences pour l'expédition des causes civiles.

Ce tribunal, ainsi composé, ne serait pas aussi redoutable pour les accusés que les chambres tournelles des anciens parlemens, qui, outre l'autorité dont elles étaient revêtues, jugeaient pour la plupart les prévenus de cinq ou six départemens actuels. Pour modifier encore cette sévérité que certains juges pourraient contracter par l'habitude de juger, et pour prévenir tout ce qui pourrait tendre à aggraver la condition de l'accusé dans les jugemens tandant à la peine de mort, si un seul des juges déclarait l'accusé innocent, il ne serait sujet qu'à la peine de la déportation: si ces juges étaient au nombre de quatre, l'accusé serait acquitté.

Dans les autres délits, si un seul des juges était convaincu de l'innocence de l'accusé, il ne serait condamné qu'à la peine qui suivrait immédiatement celle que comporte le crime dont il serait prévenu; si les juges d'absolution étaient au nombre de trois, l'accusé serait acquitté.

Dans chaque arrondissement communal, un directeur de jury et un substitut seraient chargés de faire les premières poursuites et de recueillir et constater tous les genres de preuves autorisés par la loi. On pourrait faire un troisième essai du jury d'accusation, organisé conformément aux dispositions du nouveau projet.

Les tribunaux criminels ainsi composés, ne coûteraient rien à la République, qui, par la suppression de tous les petits tribunaux de première instance, des places de commissaires et des présidens de ces tribunaux, des greffiers, des menues dépenses, trouveraient les sommes suffisantes pour donner un traitement de 2000 francs à chaque juge, ce qui faciliterait les moyens de bien composer ces tribunaux; tandis que le salaire à donner aux quarante-huit jurés à chaque trimestre, qu'il faudra augmenter, l'actuel étant insuffisant, les frais de voyages, de citations, les émolumens considérables à assigner aux préteurs, se porteront, indépendamment des autres frais des procédures criminelles, à environ trois millions.

Outre l'économie et les avantages déjà énoncés d'un seul tribunal de première instance par département, on aurait encore celui d'augmenter l'attribution des juges en dernier ressort et de la porter jusqu'à la somme de 3000 francs, avec l'exécution provisoire jusqu'à celle de 5000 francs; cette attribution équivaudrait tout-au-plus aujourd'hui à celle de 2000 fr. concédée aux anciens présidiaux, mesure très-sage qui tendrait à dimininuer le nombre des appels qui deviennent ruineux pour plusieurs familles.

Si le Gouvernement, d'après les observations encore du tribunal de cassation, vu la défectuosité du mode actuel de la défense des intérêts de la République, se décidait à établir près de chaque préfecture, un homme de loi qui serait chargé de la direction des actions, de la défense et de l'instruction de toutes les affaires contentieuses de la République, jusqu'au jugement définitif; dès-lors le seul tribunal de première instance se trouvant placé dans le chef-lieu du département, ce défenseur serait beaucoup plus à portée de diriger les actions, de défendre et d'instruire les affaires de la République.

Le même avantage aurait lieu à l'égard des délits forestiers. L'inspecteur ou le sous-inspecteur aurait la facilité de se défendre et de donner ses conclusions dans ces sortes d'affaires, au lieu qu'il lui est impossible de se trouver aux audiences qui se tiennent dans cinq divers tribunaux, situés à des distances considérables les uns des autres.

§. III.

De l'Unanimité du jury de jugement.

Il n'existe aucune mesure commune pour déterminer la valeur des témoignages. Les motifs des probabilités sont infinis. Cet art n'a point de règles, ou il n'en a que très-peu, encore sont-elles si générales, qu'à peine elles trouvent quelque prise sur les cas qui se présentent surchargés de circonstances particulières; aussi, comme l'observe *Servan*, prenez autant d'hommes que vous voudrez, faites-leur mesurer la latitude des mêmes témoignages et des mêmes probabilités, et vous ne trouverez que des rapports différens.

L'expérience a constamment vérifié la vérité de ces principes. Si dans les anciens parlemens, les membres qui les composaient, qui avaient les mêmes habitudes, qui étaient imbus des mêmes principes, qui avaient des lumières acquises et une expérience à-peu-près égales, ont, dans plusieurs circonstances, émis, lors du jugement des procédures crinninelles, des opinions divergentes, doit-on s'attendre que des jurés qui n'ont d'autre guide que les lumières naturelles, dont la profession, l'éducation, la manière de vivre, sont si disparates, apprécieront les preuves qui émaneront des débats d'une manière constamment uniforme, lorsque l'expérience du passé a manifesté un résultat contraire.

La série des jugemens nombreux rendus à l'unanimité depuis la promulgation de la loi du 19 fructidor an V, ne saurait fournir un argument d'un grand poids. Ceux qui ont été à portée de s'instruire des délibérations des jurés, savent que cette unanimité ne s'est opérée que par la défection dè la minorité, qui, contre sa conscience et le vœu de la loi, a souscrit à l'avis du plus grand nombre. Dévorés par l'ennui, accablés de lassitude, exposés aux invectives de leurs collègues, ils se sont rangés à l'opinion irrévocablement formée de la majorité absolue, pour ne pas prolonger la séance durant vingt-quatre heures, parce qu'ils prévoyaient, qu'après l'écoulement de ce délai, la majorité déciderait du sort des accusés : défection honteuse qui n'a produit qu'une unanimité de déclaration et non de conviction.

Un juré qui, après l'examen le plus approfondi des preuves, a acquis, dans la sincérité de sa conscience, l'intime conviction personnelle de l'innocence ou de la culpabilité d'un accusé, peut-il, mu par la considération d'éviter que l'opinion publique soit provoquée à se prononcer contre un jugement qui n'aurait pas été le résultat d'un assentiment unanime, étouffer les cris de sa conscience, trahir les intérêts de l'accusé ou ceux de la société, et, abjurant la raison, la justice et la loi qui lui commandent d'énoncer sa conviction personnelle, émettre une déclaration tendant à la condamnation de cet accusé à la peine capitale, lorsqu'il est convaincu de son innocence, ou à son absolution, lorsque sa conscience l'assure qu'il est coupable d'un crime énorme.

Énoncer une semblable question, n'est-ce pas la résoudre négativement ? Que penser dès-lors de cette cruelle et déchirante alternative, où l'on place le juré, homme de bien et consciencieux, en le forçant d'émetre une opinion contraire à sa conviction intime, ou d'être renfermé dans un local resserré, gardé par la gendarmerie, et d'y lutter indéfiniment contre l'insomnie, le froid, la faim et les invectives de ceux qu'il réduit à une position aussi désastreuse ?

Mais, observe le rapporteur de la commission, « L'unanimité est la » seule et véritable justice.

» La simple majorité peut laisser des doutes après elle; elle n'est qu'une » justice extérieure et présumée ; elle est insuffisante, s'il s'agit de l'hon-

» neur et de la vie des hommes. Lorque quatre ou cinq jurés respectables ,
» sur douze, déclarent qu'un accusé est innocent, une loi qui obligerait de
» le condamner, ne peut être enregistrée au nombre des bonnes lois.
» Lorsque sept jurés respectables et courageux déclarent qu'un accusé est
» coupable, une loi qui obligerait à l'absoudre , ne serait-elle pas fatale à
» la société. De-là la difficulté capitale et toujours insoluble de fixer une
» majorité déterminante. »

L'unanimité de conviction serait sans doute la véritable justice ; mais
l'expérience des siècles en a démontré l'impossibilité. Lorsque notre esprit
n'opère point sur ses propres idées ; que nous ne formons pas nos jugemens d'après des sensations qui nous sont propres ; lorsque nous sommes
forcés d'aller mendier nos connaissances chez d'autres que nous-mêmes, et
de composer nos jugemens parmi les témoignages étrangers des hommes ;
qu'il n'y a aucune règle certaine et commune pour déterminer la valeur de
ces témoignages, il n'existe ni ne peut exister d'évidence ni d'unanimité.

Dès-lors la faiblesse de nos lumières, un entendement naturellement
borné , nous forcent impérieusement à nous restreindre à une justice
présumée.

Cette justice présumée repose sur la majorité des opinans plus ou moins
circonscrits. Il ne peut être question de s'occuper de l'intégrité , des lumières, du courage de certains jurés , ou de la lâcheté , de l'immoralité ,
de l'incapacité de certains autres ; la loi faisant abstraction de leurs qualités
ou de leurs défauts personnels, ne connaît que le vote qui émane de la
conviction intime de chacun d'eux : ce vote individuel est à ses yeux du
même poids et de la même valeur ; ce n'est que le nombre de ces votes
affirmatifs ou négatifs des faits à décider, qui établit la certitude ou la non
existence présumée de ces faits. L'expérience seule peut assigner , sur douze
jurés , le nombre des voix nécessaires pour rendre la justice présumée la
moins imparfaite : la majorité absolue suffit en matière civile ; elle peut
devenir dangereuse dans les procédures criminelles , qui sont, en outre,
bien autrement importantes. La majorité de neuf contre trois rendrait les
chances de l'impunité trop multipliées : il serait donc naturel de s'arrêter
à la majorité de huit contre quatre, qui paraît concilier les intérêts de la
société et ceux de l'accusé.

Le rapporteur de la commission continue : « Les jurés ne se divisent que
» dans les affaires importantes, et lorsqu'il s'agit d'assassinat, d'incendie ,
» de vol de diligence, d'infanticide, d'empoisonnement, de fausse monnaie,
» de faux , de banqueroute , de conspiration contre la République et ses
» fonctionnaires : les affaires courantes se décident à l'unanimité ; en sorte
» que si vous établissez la loi de la majorité, les crimes ordinaires seront
» punis, et les grands crimes pourront seuls échapper. Pourquoi la loi ne
» prendrait-elle pas quelques précautions qui tendissent à donner à la

» société , dans les plus grands procès , un résultat aussi satisfaisant que
» s'il s'agissait d'un moindre crime ! »

Si , dans les procédures de peu d'importance , les jurés délibèrent très-
souvent à l'unanimité , c'est que les délits ordinaires offrent communément
des preuves bien plus concluantes ; c'est que la peine étant moins grave,
les jurés sont moins difficiles à condamner ; c'est que s'agissant de vols
commis par des hommes peu fortunés, et de vagabonds, il n'existe pas
de solliciteurs.

Les informations , dans les procédures d'incendie , d'assassinat, d'empoisonnement, crimes nocturnes et occultes, ne fournissent presque jamais
de témoins oculaires ; on en est alors réduit à se livrer au calcul des
indices et des présomptions. Les jurés étant peu versés dans ce calcul,
et étant privés de l'expérience qui seule pourrait leur servir de guide dans
le vaste champ des probabilités, il n'est pas extraordinaire que leurs opinions aient été aussi divergentes que préjudiciables à l'intérêt social.

Mais le remède acéteux de l'unanimité ne ferait qu'empirer le mal ;
car , dès que les preuves, par la nature même des délits, seraient moins
évidentes et moins nombreuses, et la peine ordinairement capitale, les
jurés se rangeraient constamment au parti de l'absolution, consistât-il dans
la plus frêle minorité.

Le rapporteur de la commission continue :

« Il ne faut pas oublier que les jurés ne sont juges que du fait, et
» que s'il est sage d'abandonner les juges du droit à eux-mêmes, il est
» nécessaire d'asservir les juges du fait à l'unanimité. Un procès qui ne
» roule que sur un fait, ne peut jamais donner à l'affirmative et à la
» négative la même évidence à la fois ; et qui ne sait que dans le doute,
» il faut acquitter l'accusé ! Il n'y a nécessairement qu'un bon parti à prendre,
» ce parti, c'est la simple raison qui l'indique, et d'avance le grand-juge
» a tout éclairci. »

D'ordinaire, si l'on en excepte quelques questions épineuses , il est
plus aisé de juger le droit que de constater les faits ; aussi les juges
civils sont-ils communément plus unanimes sur les questions de droit
que sur celles qui reposent sur des faits ; c'est ce qui a donné lieu à
l'adage populaire, *procès d'enquête, procès de tempête*, et à ce tarif de dépositions , usité dans l'ancien ressort de certains parlemens , où certains
témoignages ne comptaient que pour une moitié, pour un quart, et d'autres
pour un huitième ou un douzième.

Ce serait une grande erreur de croire que parce qu'on ne fera aux jurés
que cette seule question : *l'accusé est-il coupable !* la réponse avec connaissance de cause que doit faire ce juré, n'exige l'examen que d'un fait
unique qui embrasse toute la procédure ; lorsque l'existence du corps du
délit, la culpabilité, les circonstances aggravantes, sont autant de faits

principaux auxquels se rattachent d'ordinaire une foule de faits particuliers, dont il est indispensable de vérifier la certitude, pour apprécier l'étendue et la valeur des preuves ; faits étrangers et cachés qui exigent une attention des plus soutenues, pour en constater la vérité ; faits multipliés qui produisent sur les divers jurés chargés de les vérifier, de les réunir, de les méditer, pour en former une opinion motivée et convictive, des impressions variées, dépendant de leur organisation particulière, et d'un grand nombre de causes connues qu'il serait oiseux de détailler ; impressions divergentes qui s'opposent d'ordinaire à ce que tous ces faits produisent sur l'esprit de chaque juré, le même degré d'évidence, et par voie de suite, l'unanimité.

Un homme doué de la simple raison, serait très-embarrassé pour débrouiller, dans un grand nombre de procédures de la plus grande importance, ce chaos de preuves et de moyens justificatifs : s'il avait la même franchise que Henri IV, il dirait bien souvent, après avoir entendu le commissaire du Gouvernement, les preuves à l'appui de l'accusation sont d'une clarté saisissante ; et lorsque le défenseur de l'accusé aurait pris la parole à son tour, il s'écrierait qu'il n'existe contre l'accusé que de faibles conjectures et des soupçons, que des certificats de bonne conduite et de bonne moralité doivent dissiper. Il est vrai que le préteur viendrait ensuite qui éclaircirait le tout : mais si un juré n'a qu'un bon parti à prendre, celui de se laisser guider par le préteur, dès-lors celui-ci, comme en Angleterre, ferait tous les jugemens ; dès-lors ce ne serait pas la peine de convoquer à grands frais des jurés, semblables aux touches d'un forté-piano qui ne rendent que les sons que leur imprime la main du musicien.

Le rapporteur de la commission fait ce dilemme : « Si c'est la minorité » qui cède à la majorité, les partisans de la simple majorité ne peuvent se » plaindre d'une méthode qui, dépassant leur espoir, procure, outre le » suffrage direct de la majorité, le consentement, l'adhésion et l'accession » de la minorité ; si c'est la majorité qui cède contre le cours ordinaire des » choses à la minorité, c'est que celle-ci a vaincu celle-là ; tout le monde » doit être satisfait d'une méthode qui empêche une condamnation ou une » absolution injuste. Le côté qui cède est toujours celui qui n'a pas raison, » et il n'y a pas plus d'estomacs forts pour l'accusé que contre lui. »

Quel degré d'évidence pourront ajouter au suffrage direct de la majorité des accessions, des adhésions et de consentemens, en opposition avec la conviction intime de ceux auxquels ils ont été arrachées par des voies coercitives et révoltantes !

Si la majorité, quoique ayant une conviction intime, cède par lassitude, par faiblesse, à l'obstination, aux passions de la minorité, ou si l'on veut, aux sentimens d'une humanité, d'une commisération et d'une pitié déplacées et condamnables ; une défection aussi honteuse que criminelle

produira-t-elle l'effet, qu'il n'intervienne des condamnations ou des absolutions injustes !

Si la majorité, quoique intimement convaincue, cède à la minorité, en
admettant que cette majorité soit composée de jurés honnêtes, cette
victoire de la minorité ne pourra être attribuée qu'à la débilité des estomacs
moins robustes de la majorité : ce seront donc les seuls possesseurs de ces
estomacs robustes qui auront la prérogative éminente d'avoir toujours raison.

Tous les estomacs n'étant pas d'une force égale, ceux qui possèdent
les plus forts seront pour ou contre l'accusé ; dès - lors son absolution
ou sa condamnation sera subordonnée à la faiblesse ou à la force des
organes des jurés qui prononceront sur son sort.

Le rapporteur de la commission termine ainsi : « La loi de l'unanimité
» est donc conforme à la nature de l'institution, à la raison, à la justice ;
» des siècles sans nombre en attestent la solidité : nous devons en France
» à la simple majorité, beaucoup trop de mauvais jugemens. »

Cette solidité, confirmée par des siècles sans nombre, est circonscrite
par les limites du terroir anglais ; car dans cette île même et en Écosse,
le système de l'unanimité a paru si révoltant qu'il n'a pu y prendre racine.
Dans la Normandie, qui fut le berceau de l'institution des jurés, l'unanimité qui s'y était introduite dès l'origine, ne put s'y soutenir que durant
un très-court espace de temps.

Si en France la majorité a rendu plusieurs mauvais jugemens, on doit
en attribuer un bien plus grand nombre de mauvais à l'unanimité de
vingt-quatre, décrétée par la loi du 19 fructitor an 5.

La nature de l'institution des jurés comporte essentiellement la liberté la
plus indéfinie de leurs personnes et de leurs opinions, et la confiance la
plus entière de la société qui l'a adoptée.

La saine raison rejette toute autre unanimité que celle de la conviction ;
elle repousse une méthode coercitive, qui offre à l'accusé l'alternative mons-
trueuse d'être condamné ou absous, par l'obstination d'un seul juré fortement
constitué.

La justice ne voudra pas rétrograder vers ces siècles de barbarie, où
l'on interrogeait les accusés par la violence. Elle ne consentira pas que la
question, proscrite avec horreur par tous les peuples, se reproduise aujourd'hui avec des formes à la vérité plus lentes, mais non moins cruelles,
pour la reporter des accusés à ceux qui sont désignés pour prononcer sur
leur sort, afin de leur arracher une déclaration démentie par la conviction
intime de leur conscience.

§. IV.

Sur la question unique, l'Accusé est-il ou n'est-il pas coupable !

La question unique à proposer aux jurés, *l'accusé est-il ou n'est-il pas*
coupable

coupable du crime exprimé dans l'acte d'accusation, entraînerait, d'après la disposition du Code pénal, des difficultés très-considérables, et pourrait avoir des conséquences funestes pour l'ordre social.

Art. 733. L'acte d'accusation doit exposer le fait avec ses principales circonstances, et déterminer la nature du délit.

S'il s'agit, par exemple, d'un assassinat, l'acte d'accusation énoncera un meurtre commis avec préméditation ; les jurés, d'après le projet de loi, sont astreints à émettre une déclaration relative au délit exprimé dans l'acte d'accusation, c'est-à-dire, l'assassinat. Si ces jurés pensent que le meurtre est constant, mais que les preuves ne sont pas suffisantes pour constater la préméditation, alors ils déclareront que l'accusé n'est pas coupable du crime énoncé dans l'acte d'accusation, et il sera acquitté, quoique coupable, d'après la conviction des jurés, du crime de meurtre.

La même difficulté se reproduit à l'égard des blessures qui seront qualifiées dans l'acte d'accusation, faites de guet-apens, et qui ont rendu ceux qui les ont reçues incapables d'un travail corporel durant plus de vingt jours.

Si les jurés sont d'avis que ces blessures n'ont pas été faites de guet-apens, mais seulement avec préméditation, ou quelles étaient guérissables dans moins de vingt jours, ils déclareront encore que l'accusé n'est pas coupable des blessures de guet-apens exprimées dans l'acte d'accusation ; déclaration qui donnerait encore lieu à l'acquittement de l'accusé.

Cette difficulté devient encore plus considérable à l'égard des vols qualifiés, lorsque l'acte d'accusation énoncera un vol commis avec les circonstances suivantes,

1.° La nuit ;

2.° Par deux ou plusieurs personnes ;

3.° Les coupables ou l'un d'eux, étant porteurs d'armes ostensibles ou cachées ;

4.° Dans les dépendances d'une maison servant d'habitation ;

5.° Avec menace de faire usage des armes contre un voisin accouru au secours du volé ;

Ou que l'acte d'accusation énoncera quatre ou trois des circonstances précitées.

Si les jurés estiment qu'une, deux ou trois de ces circonstances ne sont pas suffisamment prouvées pour opérer leur conviction, dès-lors ils ne pourront point déclarer que l'accusé est coupable du délit exprimé dans l'acte d'accusation, avec cinq, quatre ou trois de ces circonstances ; et l'accusé sera encore acquitté.

Pour faire disparaître ces inconvéniens très-graves, la première question à proposer aux jurés dans les cas ci-dessus énoncés et autres semblables, ne devrait porter que sur les seuls faits qui constituent le corps du délit

Avey ron. D

et la culpabilité de l'accusé , en observant de réserver les circonstances aggravantes , pour en faire la matière des questions subséquentes , analogues à chacune de celles exprimées dans l'acte d'accusation.

Ainsi les questions dans les espèces ci-dessus énoncées seraient celles-ci :

1.° L'accusé est-il coupable de meurtre !

2.° A-t-il commis le meurtre avec préméditation !

1.° L'accusé est-il coupable d'excès !

2.° Ces excès ont-ils été commis de guet-apens !

3.° Ont-ils été commis avec préméditation !

4.° Ont-ils rendu les excédés incapables de vaquer durant plus de vingt jours à un travail corporel !

1.° L'accusé est-il coupable de vol !

2.° Ce vol a-t-il été commis de nuit !

3.° A-t-il été commis par deux ou plusieurs personnes !

4.° Une de ces personnes portait-elle des armes ostensibles ou cachées !

L'art. 869 porte : « Le jury pourra , après qu'il en aura déclaré l'intention au tribunal , en séance publique , donner une déclaration spéciale sur une ou plusieurs circonstances aggravantes.

Cet article doit naturellement s'entendre du cas où les débats offriront la preuve de certaines circonstances aggravantes , qui n'auraient pas été exprimées dans l'acte d'accusation ; car la déclaration des jurés étant ainsi conçue , l'accusé est-il ou n'est-il pas coupable du crime exprimé dans l'acte d'accusation ! il est évident que la délibération du jury comprend les circonstances aggravantes qui constituent le crime ; ainsi, si le crime est qualifié d'assassinat , la délibération renferme la circonstance aggravante de la préméditation : il en est de même du vol commis avec violence, avec armes , ou à l'aide d'effraction ; car le vol simple n'est pas un crime, mais un délit sujet à des peines correctionnelles.

Cette latitude donnée au jury , de déclarer ou ne pas déclarer son intention , de délibérer sur une ou plusieurs circonstances aggravantes , est de la plus dangereuse conséquence , et l'expérience du passé autorise à craindre que ces circonstances, qui tendraient à rendre la peine plus sévère , ne soient presque constamment mises de côté , sur-tout dès que cette intention devrait être déclarée à l'unanimité.

Il serait plus simple , sans entrer dans la distinction des déclarations ordinaires ou spéciales , que le président du tribunal posât les questions qui devraient être soumises aux jurés , de maintenir l'art. 379 du Code des délits et des peines , qui veut que les jurés puissent être interrogés sur une ou plusieurs circonstances non mentionnées dans l'acte d'accusation , quand même elles changeraient le caractère du délit résultant du fait qui y est porté.

En conséquence , la première question posée par le président , ne porterait que sur le fait dont l'accusé est convaincu, dégagé de toutes les circonstances aggravantes, ainsi que nous l'avons observé ci-dessus.

Les questions subséquentes, relatives aux circonstances aggravantes, tant mentionnées que non exprimées dans l'acte d'accusation, seraient posées chacune séparément, sans qu'il fût nécessaire de commencer par les moins aggravantes. Les jurés feraient ensuite leurs déclarations individuelles sur chacune de ces questions. Si l'accusé n'était réputé convaincu que du seul fait constituant le corps du délit, fait qui pourrait n'être sujet qu'à des peines correctionnelles ou de simple police, le tribunal prononcerait ces peines; si les jurés répondaient affirmativement sur une ou plusieurs circonstances aggravantes, ou que le fait qui fait la matière du délit emporte des peines afflictives ou infamantes, le tribunal prononcerait les peines analogues, ramenées dans le Code pénal.

OBSERVATIONS PARTICULIÈRES.

LIVRE I.ᵉʳ

Des Peines.

Aʀт. 9, §. 2. Les principes actuels sont généralement éloignés d'admettre la peine des travaux forcés à perpétuité, qui est très-rigoureuse.

La peine de la déportation à vie, substituée à celle des travaux forcés à perpétuité, présente à la société les avantages,

1.° D'obvier à la fréquente évasion des condamnés;

2.° D'offrir une garantie plus sûre aux parties civiles et aux témoins à charge;

3.° De supprimer les dépenses considérables occasionnées par la garde et la surveillance des condamnés, dépenses qui sont bien loin d'être compensées par les travaux non soignés et non assidus des condamnés, qui n'en retirent aucun profit;

4.° De remplacer la perte des bras oisifs employés à les garder et à les surveiller.

Par les mêmes motifs il serait peut-être convenable de substituer la déportation à temps aux travaux forcés temporaires.

Cʜᴀᴘ. I.ᵉʳ

Des Peines de la première classe.

Art. 13. La peine du poing droit coupé devrait être restreinte aux seuls

parricides : cet attentat énorme est hors de la proportion des autres crimes
qui lui sont accolés.

A l'égard des conjugicides, des fratricides, des empoisonneurs, leurs
corps, après l'exécution, de même que ceux des parricides, pourraient être
transportés sur un tombereau hors l'enceinte de la ville, pour y être brûlés,
et leurs cendres jetées au vent, afin qu'il ne restât aucune trace, ni aucun
souvenir de l'existence de ces monstres qui deshonorent l'espèce humaine.

La peine de la marque et de la flétrissure devrait être bornée aux seuls
cas où les accusés sont condamnés au *maximum* de la peine, ou pour
récidive.

C H A P. III.

*Des Peines et des autres Condamnations qui peuvent être prononcées pour crimes
ou pour délits.*

Le renvoi sous la surveillance spéciale du Gouvernement pendant toute la
durée de la vie, ne devrait recevoir son application qu'aux seuls condamnés
aux travaux publics à temps.

La même surveillance pour les condamnés à la peine de la reclusion
pourrait être bornée à l'espace de cinq années : elle serait la même pour
les condamnés à la relégation, à la forfaiture, et à des peines infamantes, pour ceux qui auraient récidivé, et qui auraient commis un second
délit, quand ils ne seraient punissables que des peines correctionnelles.

Les délits correctionnels ou de simple police ne sont point assez graves
pour nécessiter le renvoi sous la surveillance spéciale du Gouvernement.

Art. 63. Les condamnés employant des contrats de vente, de subroga-
tion simulée, des actes énonciatifs de dettes passives supposées, qui sont
transcrits au bureau des hypothèques avant la prononciation du jugement,
parviennent habituellement à éluder les condamnations aux dépens.

La mesure proposée par cet article, qui n'est relative qu'aux dispositions
gratuites, est notoirement insuffisante : le seul remède à ces fraudes multipliées consisterait à autoriser la partie publique, et à la charger, le jour même
que le mandat de dépôt serait décerné, de faire une inscription aux bureaux
établis sur les biens des prévenus, inscription qui aurait l'effet de l'hypothèque légale.

Le même privilége pourrait être accordé à la partie plaignante.

C H A P. IV.

Des Peines de la récidive pour crimes ou délits.

Art. 64. On propose de remplacer les trois derniers paragraphes de cet

article par la disposition suivante : « Quiconque se sera rendu coupable de
» deux crimes emportant peine afflictive et infamante, autre que la peine
» de mort, sera condamné à la déportation, lorsqu'il sera intervenu un
» jugement de condamnation à raison du premier de ces crimes, ou si ayant
» été décerné un mandat d'arrêt contre cet individu à raison d'un premier
» crime, il s'est postérieurement, et avant son arrestation, ou depuis son
» arrestation, et après son évasion, rendu coupable d'un délit emportant
» peine afflictive et infamante, quoique ces deux délits soient portés dans
» le même acte d'accusation. »

Ces deux crimes commis dans un temps si rapproché, et lorsque le
prévenu était dans les liens du mandat de justice, annoncent une perversité extrême, qui ne permet pas d'attendre de sa part de retour vers la
probité et la vertu.

LIVRE II.

Des Auteurs de crimes ou délits.

Art. 68, §. 2. Ceux qui auront provoqué à cette action, ou qui auront
donné des conseils positifs ou des instructions précises, on propose d'ajouter,
ou qui auront promis ou distribué des sommes d'argent pour la commettre,
ou ceux qui ont empêché d'autres personnes de venir au secours de celui
a été blessé ou homicidé.

Art. 70. Des prévenus et des accusés ont, dans plusieurs circonstances,
contrefait les imbéciles ou les fous, pour se soustraire à la peine attachée
au crime dont ils s'étaient rendus coupables : des jurés ont quelquefois
déclaré qu'il n'y avait pas lieu à accusation, sur le seul motif que le prévenu était atteint de folie ; et ce prévenu était rendu à la liberté.

Il serait essentiel de déterminer un mode de procéder uniforme pour
constater la démence ou la folie des individus qui en étaient atteints à
l'époque du crime, ou qui y sont tombés depuis l'accusation, ou après la
condamnation et avant l'exécution ; d'indiquer les lieux où, dans ces divers
cas, ils devront être renfermés ; de charger les gardiens des prisons, les
fonctionnaires auxquels la surveillance en est confiée, d'en donner avis à la
partie publique, pour prévenir les frais frustratoires de la convocation des
jurés et des citations des témoins. Il est arrivé qu'on n'a été instruit de la
démence des accusés qu'au moment de l'ouverture des débats, quoi qu'elle
se fût manifestée long-temps auparavant.

Un mode uniforme d'instruire les procédures contre les accusés sourds
et muets, ou qui refusent de répondre, doit faire partie du code criminel.

Le titre XVIII de l'ordonnance de 1670 renferme des dispositions à ce
sujet, qui pourraient, en grande partie, être adoptées.

LIVRE III.

Des Crimes et Délits, et de leur Punition.

Dans les divers titres, chapitres et sections qui composent ce troisième livre, on a traité cumulativement des crimes et des délits analogues aux diverses divisions qu'on a adoptées, et les peines afflictives et infamantes y figurent à côté des peines correctionnelles. Si ce troisième livre était uniquement consacré aux crimes qui exigent l'instruction d'une procédure extraordinaire ; que dans un quatrième livre on eût traité des divers délits sujets à des peines correctionnelles, et qu'on eût renvoyé à un cinquième livre les contraventions à la police, une division semblable eût été plus claire, plus méthodique, et renfermerait encore l'avantage de correspondre aux trois divers tribunaux chargés de la répression des crimes et délits, et des contraventions à la police, qui sont régies par des formes de procéder qui leur sont particulières.

Chap. III.

Des Crimes et Délits contre la Foi publique.

Art. 127 et 129. On propose de substituer à la peine de mort celle de la déportation à vie, contre les coupables d'émission ou exposition de monnaies contrefaites ou altérées ; contre ceux qui ont fait usage du sceau national contrefait, et contre les contrefacteurs des billets de diverses banques, et contre les individus qui ont fait usage de ces faux billets.

SECT. III.

Rebellion et Désobéissance.

Art. 174. Seront punis comme réunions rebelles, celles qui auront été formées avec, ou sans armes, et accompagnées de violences ou de menaces contre l'autorité administrative, les officiers ou les agens de police, ou contre la foi publique.

La différence entre les simples menaces ou la violence accompagnée de voies de fait, est très-considérable en matière de réunions rebelles.

Pour donner lieu à l'application des peines afflictives et infamantes, portées par les art. 161 et 162, l'article 160 exige que l'attaque et la résistance aient été faites avec violence accompagnée de voies de fait : ces conditions devraient être les mêmes à l'égard des rebellions de la nature de celles mentionnées dans l'article 174 ; et si les rebelles s'étaient bornés à de simples menaces , il suffirait qu'ils fussent atteints par des peines correctionnelles.

§. II.

Violences , Outrages , Irrévérences envers les Fonctionnaires publics.

Art. 178 et suiv. Les peines contre les auteurs des outrages, violences et voies de fait envers les fonctionnaires publics , devraient être graduées jusqu'à un certain point, d'après l'importance et la dignité des places dont ces fonctionnaires sont revêtus.

Des menaces , des violences et des blessures envers des conseillers d'état, des ministres, des préfets , des membres du tribunal de cassation et d'appel, sont d'une gravité bien différente de celles dont des individus se seraient rendus coupables à l'égard des records et des préposés aux barrières et aux douanes.

Art. 179. Lorsqu'un citoyen admis par la loi à remplir un ministère quelconque de service public , aura été frappé dans l'exercice de ses fonctions ou de son ministère , ou à l'occasion de cet exercice , s'il en est résulté effusion de sang, blessures ou maladie, la peine sera la reclusion.

De simples égratignures donnent lieu à des effusions de sang; des coups de bâton assenés avec force sur les épaules sont bien plus dangereux.

Il serait d'une rigueur extrême qu'un individu qui se serait borné à de simples égratignures ou à quelques coups très-légers, vis-à-vis d'un garde forestier ou d'un préposé aux douanes, fût condamné à la peine afflictive de la reclusion. Pour donner lieu à cette peine , il faudrait que les blessures ou la maladie survenue à la suite des coups donnés , fussent déclarées non-guérissables dans l'espace de huit jours.

Art. 181. Si les coups, bien qu'ils n'aient été suivis d'aucun accident , ont été portés avec préméditation , mais sans guet-apens , le coupable subira la peine des travaux à perpétuité.

Cette peine est trop rigoureuse : on propose de lui substituer celle de la reclusion.

§. III.

De la Désobéissance.

Art. 187 et suiv. Un particulier qui n'obéit pas à des ordres émanés des autorités constituées, ne doit pas être puni plus sévèrement que le témoin qui , en matière criminelle , a refusé de comparaître.

La peine de la détention paraît devoir être supprimée ; il est même plusieurs cas où l'amende de 51 francs serait trop considérable.

Art. 189. La peine de la désobéissance sera de six mois à deux ans de détention, et de 200 francs à 500 francs d'amende contre les fonctionnaires publics, les agens ou préposés du Gouvernement, les ministres d'un culte, les instituteurs ou les étrangers.

La peine d'une détention de six mois à deux ans, prononcée contre certains fonctionnaires publics, tendrait à les dépouiller de toute espèce de considération et à les avilir. La désobéissance peut être plus ou moins grave, suivant la nature des ordres donnés ; il en est de si légères, que la peine d'une simple amende serait proportionnée à l'infraction : on pourrait y ajouter une interdiction temporaire, avec la perte des émolumens attachés à la place du fonctionnaire qui a désobéi, durant le temps de l'interdiction, lorsque la désobéissance serait grave, ou dans le cas de récidive.

Art. 194. Les père, mère, tuteur, tutrice d'un réquisitionnaire ou conscrit mineur non émancipé, demeurant avec eux au temps de la réquisition ou de la conscription, ou tous autres ayant autorité sur lui, seront responsables de son refus d'obéir aux lois de la réquisition ou de la conscription, et seront punis d'une amende de 51 francs au moins et de 100 francs au plus, outre une amende de 3 francs par chaque jour de retard du réquisitionnaire ou conscrit.

La disposition de cet article sera constamment éludée ; elle nécessitera les pères, les mères, les tuteurs, à émanciper les mineurs avant l'âge de vingt ans, pour se soustraire à des amendes éventuelles exorbitantes.

Depuis la révolution, l'autorité des pères, des mères, des tuteurs, s'est très-considérablement affaiblie. Une autorité quelconque est un ascendant bien débile pour triompher de la répugnance naturelle à certains individus pour la profession des armes. Un père aura à gémir sur la conduite irrégulière d'un fils constamment rebelle à ses avis, à ses exhortations, devra-t il être encore responsable de sa lâcheté ! ce fils ne pourra-t-il pas encore imposer à son père telles conditions qu'il exigera, pour l'affranchir d'une amende indéfinie de 3 francs pour chaque jour de retard qu'il lui est loisible de prolonger à volonté !

Un cultivateur, un artisan, père d'une nombreuse famille, a un ou deux enfans qui se sont rendus au poste d'honneur : la lâcheté d'un troisième devra-t-elle l'écraser sous le poids des amendes ruineuses, et absorber des avances indispensables pour l'exploitation de ses propriétés, ou pour l'achat des matières premières essentielles à son travail !

Art. 195. Ceux qui auront caché ou recelé pendant un temps quelconque des réquisitionnaires ou conscrits, seront condamnés à une amende de 75 à 200 francs, en outre à celle de 3 francs à 6 francs par jour de retard de chacun d'eux ; ils le seront encore à une détention qui durera autant que la désobéissance du réquisitionnaire ou conscrit, sans pouvoir néanmoins excéder six mois.

L'amende indéfinie de 3 à 6 francs par chaque jour de retard, peut
devenir

devenir exorbitante et opérer la ruine de la famille du recéleur ; elle serait injuste, toutes les fois que le conscrit ayant pris la fuite , et se tenant caché dans un département étranger, le recéleur serait dans l'impuissance de procurer son arrestation.

§. V.
Évasion des Détenus.

Art. 205 et 206. Celui qui ne transmet aux détenus que des instrumens destinés à favoriser l'évasion, n'est pas aussi coupable que celui qui leur ferait parvenir des armes à feu, ou qui, à l'aide d'une effraction extérieure, les ferait évader. On propose de substituer, dans le premier cas, la peine de la reclusion à celle des travaux forcés à temps.

Quant à ceux qui transmettraient des armes aux détenus, ou qui , par des effractions aux clôtures extérieures, faciliteraient l'évasion des accusés ou condamnés à des peines afflictives ou infamantes, on pourrait substituer la peine de la déportation depuis dix ans jusqu'à vingt, à celle des travaux forcés à perpétuité.

TITRE II, CHAPITRE I.er
Crimes et Délits contre les Personnes.

Art. 257. « Tout homme qui a fait un usage homicide d'une arme ou » d'un instrument destiné à donner la mort, a contre lui la présomption » légale d'en avoir prévu l'effet, et sera puni comme coupable de meurtre.

Art. 258. » Sera puni comme coupable de meurtre, quiconque aura fait » usage de quelque instrument que ce soit, d'une manière qui prouve clai‑ » rement qu'il a eu l'intention de donner la mort. »

Il est très-difficile de définir les armes et instrumens destinés à donner la mort. L'article 96 du projet du Code porte : « Sont désignés, par le » mot armes , toutes machines, tous instrumens ou ustensiles tranchans, » perçans ou contondans.

» Les couteaux, les ciseaux de poche , les cannes simples, ne seront ré‑ » putés armes, qu'autant qu'il en aura été fait usage pour tuer, blesser, » frapper ou menacer. »

D'après une semblable définition, tous les instrumens quelconques sont des armes, parce qu'il n'y a aucun d'eux qui ne soit tranchant, perçant ou contondant. Les ciseaux de poche, les cannes simples, devront être encore réputés des armes, quand même on se serait borné à n'en faire usage que pour menacer. D'après l'article précité, tous les instrumens quelconques pourraient être considérés comme destinés à donner la mort, lorsqu'ils au‑ raient produit l'effet de tuer un individu.

Dans ce département, sur-dix meurtres, les neuf dixièmes sont commis à coups de couteaux, de bâtons, ou de pierres ; cependant, d'après l'usage constant et ordinaire des couteaux, des bâtons et des pierres, on ne saurait les qualifier d'armes ou d'instrumens destinés à donner la mort.

Il est extrêmement rare que les débats offrent une preuve positive que l'auteur d'un meurtre a eu clairement l'intention de donner la mort. Une pareille intention est constamment déniée par les prévenus. Comme le meurtre simple est l'effet d'un premier mouvement, cette intention ne peut être manifestée que par le résultat de l'action qui a produit l'homicide.

Tel individu robuste et nerveux, dominé par la vengeance, assénera des coups, avec la force qui lui est naturelle, qui donneront la mort à son ennemi, lorsqu'il n'avait l'intention que de l'excéder.

Tel autre, d'une complexion débile, quoiqu'ayant formé le dessein criminel d'homicider celui avec lequel il avait une rixe, ne lui portera que des coups mal assurés, qui se borneront à occasionner des blessures peu dangereuses.

On propose la suppression des art. 257 et 258.

S'il est prouvé clairement par les débats, que l'auteur du meurtre n'a pas eu l'intention d'homicider, alors le meurtre pourrait être considéré comme excusable ; mais son auteur s'étant rendu coupable de blessures ou de coups qui ont causé la mort, il devrait être sujet aux peines encourues par celui qui a fait des blessures non guérissables durant l'espace de vingt jours, surtout s'il était l'agresseur.

Peut-être serait-il plus convenable de s'en référer, à ce sujet, à la grâce que le jury de jugement et le tribunal criminel sont autorisés à demander ; cette circonstance étant la plus ordinaire de celles qui ont donné lieu, dans tous les temps, à l'obtention des lettres de grâce.

Art. 259. « Les blessures ou les coups qui auront donné la mort dans » les dix jours, lorsqu'ils auront été faits ou portés sans armes meurtrières, » ou dans les quarante jours, avec armes, seront aussi réputés meurtres. »

La distinction entre l'effet des armes meutrières et celui des armes non meurtrières n'est point admissible.

On n'a point défini ce qu'on entend par armes meurtrières ; il n'est donc pas possible de distinguer ces sortes d'armes de celles qualifiées de non meurtrières.

Un prévenu aura foulé avec ses pieds ou ses genoux l'estomac ou la poitrine d'un individu, l'aura précipité d'un second, d'un troisième étage... ou dans un puits, l'aura traîné sur des chemins raboteux ou pierreux, et parce que cet individu ne sera mort que le onzième jour des suites d'excès aussi monstrueux, leur auteur sera déclaré excusable !

Les armes meurtrières, tout comme les armes non meurtrières, sont tranchantes, perçantes ou contondantes ; elles occasionnent des blessures d'une nature à-peu-près semblable. Les blessures sont d'autant plus dangereuses, que les coups portés avec des armes quelconques, ont été assenés avec violence, ou sur les parties du corps les plus susceptibles de coups mortels, telles que la tête, la poitrine, &c.

L'expérience démontre qu'un individu blessé à jeun, et d'un tempérament robuste et sain, peut survivre, durant plus de dix jours, à une blessure qui est de sa nature mortelle, quoique occasionnée par une arme non meurtrière.

En général, les blessures qui auraient causé la mort dans l'espace de quarante jours devraient être réputées meurtres, à moins qu'il ne fût établi par les débats qu'il est survenu quelque accident ou maladie au blessé, indépendant de la blessure qu'il a reçue, ou qu'il ait été mal gouverné durant sa maladie, ou qu'il ait négligé de se faire guérir, ou qu'il ait fait postérieurement des excès de table ou de débauche.

Art. 263. « Le meurtre est excusable s'il a été provoqué par des coups » ou des violences graves envers les personnes. »

Le provoqué est excusable lorsqu'il n'a pas excédé les bornes d'une légitime défense, que la défense a été faite sur le champ ou dans la chaleur de la rixe.

Si le meurtri avait été désarmé, s'il fuyait, ou s'il était hors d'état de se défendre; si les provoquans étaient des enfans, des femmes, des vieillards, qui n'eussent en main que de faibles armes, celui qui a été attaqué pouvant se défendre de toute autre manière; si celui qui a homicidé était l'agresseur, parce qu'en portant les premiers coups, il a été la cause originaire du meurtre;

Si la peine de dix ans de gêne contre les auteurs d'un meurtre excusable était trop sévère, la peine de trois mois à deux ans de prison est trop légère : il est des circonstances où, quoiqu'il fût trop rigoureux de condamner l'auteur de l'homicide à la peine attachée à ce crime, néanmoins cet individu est très-condamnable, à raison de la conduite qu'il a tenue durant la rixe qui a précédé le meurtre.

On propose de substituer à cette peine celle de la relégation d'un an à dix ans.

Pour graver dans les cœurs des citoyens la grande importance que la société attache à la perte d'un de ses membres, et l'horreur dont elle est pénétrée pour ces actes de brutalité qui ont donné lieu à une mort violente, il serait peut-être à desirer que les auteurs de meurtres excusables fussent assujettis à recourir à des lettres de grâce, qui porteraient, d'après la nature des excuses établies, plus ou moins atténuantes, une commutation de peine en celle de la relégation, ou même en celle de la simple prison, si ces excuses étaient très-favorables.

Art. 264. « Les blessures ou les coups sont excusables quand ils ont
» été provoqués par des outrages ou par des injures graves. »

Dans les altercations, les disputes, les rixes qui s'élèvent journellement
entre les individus qui composent la classe la plus nombreuse de la société ,
qui n'ont pas reçu une éducation soignée, rien n'est plus commun que
de les entendre proférer entre eux les injures les plus graves et les menaces
les plus atroces ; faudra-t-il que , sous le prétexte d'injures et de menaces
semblables, il soit permis à ces individus de couper les bras et les jambes
à ceux qui les auront proférées ; de les rouer de coups et de mutiler leurs
membres ? Il est vrai que les gros propriétaires, les gens en place, les
militaires envisagent ces menaces, ces injures, comme attentatoires à leur
honneur, qui, à certains d'entre eux, est aussi cher que la vie ; mais
il est deux règles invariables : la première, c'est qu'il n'est permis à personne de se faire justice à soi-même ; la seconde , c'est que les lois sont
faites pour l'universalité des citoyens, sans s'enquérir du plus ou moins
de sensibilité de certains d'entre eux.

Il y a , en outre , une ligne de démarcation frappante entre de simples
paroles et des coups ou blessures ; la personne d'un citoyen quelconque
doit être sacrée ; quels que soient ses torts injurieux, ils ne peuvent jamais
autoriser à le blesser et à verser son sang.

Si une pareille excuse était adoptée , tous les coups, toutes les blessures
qui ont lieu dans les rixes, resteraient impunis, parce qu'ils sont constamment précédés des injures et des menaces les plus graves ; cependant les
rixes en général, et principalement celles qui s'élèvent dans les foires ,
dans les fêtes votives et autres rassemblemens , produisent les effets les
plus désastreux , et donnent d'ordinaire pour résultat des blessures très-
dangereuses et des meurtres fréquens.

C'est d'après ces motifs, que le Code pénal de 1791 a prononcé des
peines plus sévères contre les auteurs des blessures commises dans des rixes,
et qu'il n'a nommément affranchi de ces peines que ceux qui auraient
blessé involontairement, ou légalement, ou légitimement, et a rejeté toute
excuse provenant de provocation.

La provocation par injures ou menaces ne devrait être considérée comme
excuse, qu'à l'égard des coups ou blessures emportant de simples peines
correctionnelles.

Art. 271. « Sont réputés coupables d'assassinat, ceux qui, de guet-apens,
» ont porté des coups ou fait des blessures , lorsque les actes de violence
» ont causé maladie ou incapacité de travail corporel durant plus de vingt
» jours. »

Il est à craindre que les auteurs de ces blessures ne se décident dès-lors
à achever leurs victimes, pour se débarrasser de témoins dangereux. Il est
des circonstances où celui qui, dominé par la vengeance, va attendre son

ennemi sur son passage, n'en veut point à ses jours, et ne se propose que de l'excéder grièvement.

On propose de ne condamner les auteurs des blessures de ce genre qu'à la déportation à vie.

On a vu quelques exemples d'individus qui, à l'aide d'effraction aux clôtures extérieures ou d'escalade, s'introduisaient dans l'intérieur des maisons, dans la seule vue d'excéder ceux qui les habitaient, et qui ne se rendaient coupables d'aucun vol : on pourrait les assimiler aux auteurs des blessures de guet-apens.

Art. 273. « Tout coupable de meurtre ou d'empoisonnement sera puni » de mort. »

La perversité de celui qui s'est rendu coupable du crime d'empoisonnement, ne saurait être mise dans la même balance avec la culpabilité qui est le résultat d'un acte produit par un premier mouvement de fureur.

La graduation des peines pourrait exiger la substitution de la peine de la déportation à vie à celle de mort.

Art. 275. « Quiconque aura fait des blessures ou porté de coups de » guet-apens, bien qu'ils ne soient pas de la nature des violences caracté- » risées dans les art. 259 et 270, sera puni de la peine des travaux forcés à » perpétuité. »

La peine portée par cet article, est très-rigoureuse; il faudrait au moins que les blessures ou les coups portés de guet-apens fussent déclarés non guérissables dans l'espace de dix jours.

Art. 278. « Tous ceux qui auront fait des blessures ou porté des coups » de guet-apens, subiront la peine des travaux forcés à temps. »

Cet article reçoit la même application que l'article 275, quoique la peine énoncée dans les deux articles soit différente : le premier d'entre eux doit être supprimé.

Art. 279. « Tous ceux qui auront fait des blessures ou porté des coups » avec préméditation, subiront la peine de la reclusion. »

On propose d'ajouter : « si les blessures sont déclarées non guérissables » dans dix jours. »

Art. 280. « Subiront la peine de deux mois à deux ans de détention, » tous ceux qui auront porté des coups ou fait des blessures hors les cas » déterminés par les articles précédens : la peine sera graduée suivant les » circonstances plus ou moins graves du délit. »

Ceux qui, dans une rixe, auront volontairement excédé des individus au point de leur casser les bras, les jambes ou les cuisses, de leur faire perdre l'usage des yeux, ou de leur faire éprouver la mutilation d'un ou de plusieurs membres, ou qui les auront réduits dans l'état déplorable de ne pouvoir vaquer durant leur vie à aucun travail corporel, ne seront condamnés qu'à la peine correctionnelle de deux mois à deux ans de détention !

Puisque les articles qui précèdent ne font mention que des blessures commises de guet-apens, ou avec préméditation, une pareille peine, pour des excès aussi révoltans, est insuffisante ; les coupables de semblables délits devraient au moins être condamnés à la peine de la relégation.

Art. 281. « Tout jet de pierre ou d'autres corps durs contre un indi-» vidu, quand il n'en aurait été blessé ni atteint, sera puni de onze jours » à un mois de détention. »

Ce délit pourrait être rangé dans la classe de simple police.

Art. 285, 286 et 287. « Toute personne coupable d'infanticide, sera » punie de la déportation. »

Une mère qui a outragé la nature, jusques à porter ses mains sacriléges sur son propre enfant, doit expier un crime aussi barbare que révoltant, par la peine de mort, lorsque sur le cadavre de l'enfant, on aperçoit des empreintes, des contusions ou blessures qui attestent qu'il a été homicidé.

Ce genre de mort de l'enfant est plus atroce, et suppose une perversité plus profonde que celui qui n'a été que l'effet d'un défaut de précaution, de soins ou d'alimens.

Art. 313. « Le complice de la femme adultère sera puni de la détention » pendant trois mois au moins et deux ans au plus, et d'une amende de » deux cents francs au moins et de deux mille francs au plus. »

La peine portée par cet article paraît devoir être restreinte aux complices qui habitent dans la maison maritale, et aux ministres d'un culte quelconque.

Art. 323. « Quiconque sera coupable du crime de faux témoignage en » matière criminelle ou correctionnelle, soit contre l'accusé ou le prévenu, » soit en sa faveur, sera condamné à la déportation. »

Celui qui est condamné correctionnellement, n'étant sujet à aucune peine afflictive ou infamante, le coupable de faux témoignage en matière correctionnelle, ne devrait être condamné qu'à la peine de la reclusion.

Art. 330. Les calomnies verbales et sans publicité, pourraient être rangées dans la classe des délits de simple police.

Chapitre II.

Crimes et Délits contre les Propriétés.

La nature des diverses espèces de vols et des genres de peines qui les concernent, serait plus aisée à saisir, si on eût observé de les classer d'une manière distincte et à-peu-près dans le même ordre qui a été suivi dans la section 2 du titre 2 de la seconde partie du Code pénal de 1791, en descendant progressivement des vols les plus qualifiés aux simples larcins.

On a entassé presque la totalité des divers vols sujets à des peines afflictives et infamantes, dans les trois articles 342 , 343 et 347 ; on les y a placés avec les circonstances aggravantes dont ils sont d'ordinaire accompagnés : c'est la réunion plus ou moins nombreuse de ces circonstances, qui a servi de base pour déterminer le genre de peine applicable à ces divers crimes , lorsqu'il eût été plus naturel de se fixer sur la principale circonstance qui caractérise et qualifie chacun de ces vols, tels que ceux à force ouverte et par violence, avec effraction, avec escalade, à l'aide de fausses clefs, le vol domestique, pour déterminer le genre de peine qui devrait être appliqué à ceux qui s'en étaient rendus coupables.

Cet entassement répand une confusion considérable sur ce qui fait la matière de ce chapitre. Les définitions de ce qu'on doit entendre par maisons habitées, enclos, effractions et escalades , ont été portées à un degré excessivement minutieux.

Les graves inconvéniens de ces défectuosités c'est que, d'après les dispositions ramenées dans les divers articles qui composent ce chapitre , il n'existerait aucune proportion entre divers vols et les peines prononcées. On se bornera à en citer quelques exemples :

Deux individus, dont l'un porteur d'une arme quelconque, passent de nuit près de la basse-cour d'une maison environnée d'une simple palissade ou fossé ; l'un d'eux franchit la palissade ou le fossé pour voler du bois ou quelque outil aratoire déposé dans cette basse-cour : un voisin accourt pour s'opposer à ce vol ; ces individus usent de violence avec ce voisin, mais sans lui faire aucune blessure ni contusion ;

Ces deux individus seront condamnés à la peine de mort, article 343.

Deux individus, de nuit, mais sans armes, volent du chanvre ou quelques gerbes ; le propriétaire d'un fonds voisin se présente pour en imposer aux voleurs, ceux-ci usent de violence à son égard, mais sans le blesser ni l'excéder ;

Ces deux individus seront condamnés à la peine des travaux forcés à perpétuité, article 344.

Plusieurs personnes armées s'introduisent de nuit dans une maison ; après avoir fracassé les portes d'entrée, le propriétaire effrayé prend la fuite ; elles enfoncent les armoires et enlèvent l'argent et les effets les plus précieux ;

Ces voleurs seront condamnés à une peine moindre que les auteurs des deux délits précités, et ne seront condamnés qu'aux travaux forcés à temps.

Si les voleurs n'étaient qu'au nombre de deux et sans armes , s'ils ont commis un vol durant la nuit, ne consistât-il qu'en un faix de bois ou une botte de foin, ou une serviette, ils seront condamnés à la même peine des travaux forcés à temps.

Un domestique à gage profitant de l'absence de son maître , enfonce les portes de ses appartemens, crochète les armoires, les bureaux, enlève les effets les plus précieux et disparaît ; s'il est arrêté, il sera condamné à une peine moindre que les auteurs du délit précédent, qui sera celle de la reclusion, article 347.

Plusieurs individus s'introduisent dans une cave, un grenier indépendans d'une maison habitée, démolissent partie des murs de ces divers édifices, pénètrent dans l'intérieur de ces bâtimens, enlèvent une quantité considérable de vin, ou de blé ; ils seront condamnés à une peine moindre que les auteurs du délit précédent, à celle de la reclusion, article 347.

Celui qui a été domestique à gages, ou un ouvrier qui aura travaillé chez un propriétaire ou un fermier, instruit du lieu secret où l'on avait accoutumé de cacher la clef de la porte d'entrée de la maison, pour la commodité de ceux de la famille qui travaillaient aux champs, épie le moment de la sortie de la fermière qui va porter le repas aux ouvriers, s'introduit dans la maison et enlève des effets d'une valeur considérable ; il ne sera condamné qu'à une peine correctionnelle, article 360.

Ces divers exemples, qu'il serait aisé de multiplier, démontrent la nécessité de remanier presque en entier les divers articles qui composent ce chapitre.

SECTION III.

Destructions, Dégradations, Dommages.

Art. 395. Lorsque l'incendiaire n'aura mis le feu qu'à un tas de fagots, de sarmens, à des meules de paille ou de foin peu considérables, et que le dégât occasionné par le feu ne se porterait pas au-delà de la somme de cent francs, on propose de ne condamner le coupable qu'à la peine de la déportation.

II.ᵉ PARTIE. LIVRE I.ᵉʳ

De la Police et Justice.

§. V.

Des Procès-verbaux.

Art. 505. « Lorsqu'il aura été commis un délit dont l'existence pourra être
» constatée par un procès-verbal, le magistrat de sûreté est tenu, aussitôt
» qu'il en sera instruit, de se transporter sur le lieu, et d'y décrire le corps
» du délit avec toutes les circonstances et tout ce qui pourra servir à con-
» viction ou à décharge. »

Le

Le magistrat de sûreté est partie publique poursuivante ; cette qualité s'oppose à ce qu'il puisse être chargé de la rédaction des procès-verbaux tendant à constater le corps du délit, avec les circonstances qui peuvent servir à charge ou à décharge : il doit y être présent pour faire les observations et réquisitions qu'il jugera nécessaires à la vindicte publique ; mais la rédaction des procès-verbaux doit être confiée au directeur du jury, qui sera tenu de se transporter sur les lieux, toutes les fois qu'il s'agira d'homicide, d'empoisonnemens, d'incendies et autres crimes emportant la peine de travaux forcés à temps et au-dessus. Ce transport sur les lieux est de la plus grande importance, parce qu'il fournit d'ordinaire divers moyens de conviction, qui échappent lorsque la rédaction des procès-verbaux est confiée à des maires, des adjoints, des officiers de gendarmerie ou des juges de paix, qui n'y apportent pas tous les soins et toute l'attention nécessaires.

Les fonctions du directeur du jury consistent principalement à constater tous les genres de preuves autorisées par la loi, ainsi que s'en expliquent les articles 11 et 13 de la loi du 7 pluviôse an 9.

Art. 506. Les procès-verbaux de vérification des individus empoisonnés, homicidés ou blessés, sont du nombre des actes les plus essentiels de la procédure ; ils exigent, dans des circonstances nombreuses, des lumières et des connaissances qui ne sont pas à la portée des officiers de santé des campagnes : l'expérience a prouvé que certains de ces rapports étaient insignifians, que la plupart étaient très-mal rédigés, et qu'une partialité révoltante, suggérée par la corruption ou une fausse pitié, avait présidé à la rédaction de quelques autres. Le seul moyen d'obvier efficacement à ces abus multipliés, serait de faire le choix de quatre médecins, chirurgiens et pharmaciens dont la capacité et l'intégrité seront les plus reconnues ; qui, dans l'étendue de chaque arrondissement communal, seront chargés exclusivement à tous autres, des vérifications et rapports.

Que ces seuls pharmaciens fussent autorisés à vendre de l'arsenic, en se conformant à la teneur des réglemens anciens, et notamment aux dispositions de l'édit du mois de juillet 1682.

§. VI.

De l'Audition des Témoins.

Art. 514. « Le magistrat de sûreté fera citer devant lui toutes les » personnes qui lui auront été indiquées par la dénonciation ou la plainte, » ou par toute autre voie. »

D'après les observations antécédentes, le magistrat de sûreté, partie poursuivante, ne doit point présider à la rédaction des déclarations des témoins : il peut, et il est essentiel qu'il assiste à leur audition : mais les témoins doivent être entendus par le directeur du jury : c'est devant lui qu'a lieu la véritable instruction légale.

Ce que l'on vient d'observer à l'égard de l'audition des témoins reçoit son application aux interrogatoires des prévenus , articles 9 et 10 de la loi du 7 pluviôse an 9.

Art. 517 et 536. Le magistrat de sûreté fera rédiger sommairement les déclarations des témoins , et fera retenir une note sommaire des réponses du prévenu.

Les premières dépositions des témoins sont constamment les plus essentielles et les plus véridiques , étant plus rapprochées de l'époque du délit ; les faits principaux et les circonstances qui les ont accompagnés sont présens à la mémoire des témoins ; ils n'ont pu encore être séduits par les parties intéressées ; leurs dépositions écrites doivent décider du sort de l'accusation , et influer essentiellement sur la condamnation. Si les témoins sont décédés et qu'il soit intervenu un jugement de contumace , c'est à ces déclarations écrites que la partie publique doit recourir, pour rappeler aux témoins les circonstances souvent décisives qu'un oubli vrai ou volontaire leur fait omettre dans leurs déclarations orales. Ces témoins déposent de certains faits particuliers , qui , au premier abord paraissent insignifians , et qui cependant , liés à ceux qui émanent des déclarations ultérieures des autres témoins , deviennent de la plus grande conséquence pour parvenir à la découverte de la vérité.

L'interrogatoire des prévenus , sur-tout quand il y a plusieurs complices, ou qu'il s'agit de crimes occultes , est une des pièces les plus essentielles de la procédure ; quelquefois il renferme des contradictions si frappantes qu'elles donnent la conviction de la culpabilité de celui qui l'a prêté.

Il est d'une importance majeure que les déclarations écrites et les interrogatoires qui forment la base de la procédure , soient rédigés avec le plus grand soin , qu'aucune des circonstances qui peuvent tendre à découvrir la vérité ne soit négligée , et que les expressions dont ont fait usage les témoins , soient littéralement rapportées dans tout ce qui concerne les faits principaux.

Art. 566. Si on n'accorde au propréteur qui se déplacera que quatre francs par jour , ce salaire est si excessivement modique que ce fonctionnaire ne se transportera jamais sur les lieux , et qu'il déléguera constamment les fonctions les plus importantes à des juges de paix , des maires ou des adjoints.

Ce salaire doit être considérablement augmenté , et ce transport sur les lieux doit être rendu obligatoire , ainsi qu'on l'a observé sur l'art. 505.

LIVRE II.

Des Tribunaux de police.

Art. 617 et suiv.

Il sera difficile de trouver des suppléans juges de police, qui veuillent s'assujettir à parcourir, chaque mois, jusqu'à dix ou douze cantons, voyages pénibles dans les pays montagneux, durant quatre à cinq mois de l'année.

La somme de quatre francs par jour est évidemment insuffisante : le louage d'un cheval, la dépense du maître et du cheval dans une auberge, se portent à environ huit francs par jour ; le salaire du juge qui se déplace ne peut être moindre de quatre francs ; mais les salaires des divers juges de police, à raison de douze francs par jour, se porteront dans toute l'étendue de la France à des sommes considérables.

Les affaires de police exigent par leur nature l'expédition la plus prompte, cependant les audiences du tribunal n'auront lieu qu'une fois par mois.

Le choix d'un citoyen parmi les cent plus imposés du canton, pour créer un des assesseurs du juge de police, entraînera des difficultés et des longueurs, à raison des récusations et des exoines ; on redoutera de se voir exposé à des vengeances particulières ; il est à craindre que ce juré justiciable du juge de paix, ne soit constamment de l'avis de ce dernier, et que ces deux avis réunis ne prévalent d'ordinaire sur celui du juge de police.

Il paraîtrait préférable de composer le tribunal de police, du juge de paix du lieu de la contravention, et des deux juges de paix des cantons les plus voisins : le plus âgé d'entre eux occuperait la place de président ; dès lors l'audience du tribunal de police pourrait avoir lieu quatre fois par mois.

Art. 662. « Le jugement sera rendu en dernier ressort, excepté lorsque » le jugement aura prononcé la peine de détention, ou lorsque les répara- » tions civiles, outre les dépens, excéderont la somme de cent francs. »

Les appels trop fréquens exposent les parties à des frais ruineux ; le jugement de police pourrait être rendu en dernier ressort, excepté les deux cas où la peine de la détention prononcée excéderait l'espace de cinq jours, où que les restitutions ou réparations civiles se porteraient au delà de la somme de cent francs.

Le plaideur perd même en gagnant sa cause, lorsqu'il a plaidé par appel en justice réglée dans les affaires peu importantes, s'il calcule ce qui lui en a coûté en perte de temps, en dépenses de déplacement, et en faux frais de procédure.

Art. 638. Pour la répression des contraventions commises dans les forêts nationales, les fonctions du ministère public seront exercées par le conservateur, inspecteur ou sous-inspecteur forestier.

Il est impossible que dans un grand nombre de départemens où il n'y a qu'un seul inspecteur ou sous-inspecteur forestier, ce dernier puisse remplir les fonctions du ministère public pour la répression des contraventions commises dans les forêts nationales, et qu'il assiste aux audiences, au nombre de trente-cinq à quarante-cinq, qui se tiendront durant les premiers vingt jours de chaque mois. C'est par ces motifs qu'on a proposé dans les observations générales, d'attribuer la connaissance de toutes les contraventions et de tous les délits forestiers, aux tribunaux de première instance, qui siégeront dans les chefs-lieux de département.

Art. 643. « Les parties pourront comparaître volontairement sur un » simple avertissement, et sans qu'il soit besoin de citation. »

Il est nécessaire d'astreindre les juges de paix du lieu de la contravention, à donner l'avertissement aux parties de comparaître volontairement à l'audience désignée, afin qu'une mesure salutaire, qui tend à éviter des frais, soit généralement adoptée; sans cette précaution, cette mesure sera constamment éludée.

Le principal but de l'institution des tribunaux de police a été, dans tous les temps, une justice simple, expéditive, et la moins dispendieuse.

On propose un article additionnel, portant que les parties comparaîtront en personne, ou par un fondé de pouvoir, sans qu'elles puissent fournir aucunes écritures, ni se faire représenter ou assister par aucune des personnes qui, à quelque titre que ce soit, seraient attachées à des fonctions relatives à l'ordre judiciaire.

CHAPITRE II.

Des Tribunaux d'arrondissement communal et des Matières correctionnelles.

Art. 672. « Le tribunal d'arrondissement sera saisi de la connaissance » des délits de sa compétence . . . . . . ou par le conservateur, inspecteur, ou » sous-inspecteur forestier, lequel remplira, dans les affaires des délits » forestiers, les fonctions du ministère public. »

Un inspecteur ou sous-inspecteur ne pourra se rendre aux audiences des tribunaux de première instance de quatre à cinq arrondissemens communaux, pour y remplir les fonctions du ministère public relatives à la répression des délits forestiers, sur-tout ces audiences pour tous ces divers tribunaux étant fixées aux cinq derniers jours de chaque mois, *article 683.*

Art. 685. A Paris, les affaires correctionnelles doivent être jugées tous les jours sans distinction et sans interruption ; pour la disposition de cet article, on reconnaît la nécessité de la prompte expédition de ces sortes d'affaires :

pourquoi dans les villes principales et dans celles qui sont les chefs-lieux des arrondissemens communaux , en renvoyer l'expédition de mois en mois, *article 683!* ces audiences devraient être plus rapprochées et avoir lieu quatre fois par mois.

Art. 686. Le greffier du tribunal tiendra note sommaire des principales déclarations des témoins ainsi que des principales défenses des prévenus et des personnes responsables du délit.

La rédaction des notes prescrites par cet article, pendant l'audience, est difficile et au-dessus de la portée d'un très-grand nombre de greffiers, lorsque ces affaires sont compliquées, à raison du nombre des prévenus, des témoins, et des divers faits circonstanciés qui ont précédé, accompagné et suivi le délit ; aussi cette rédaction est presque habituellement faite après la tenue des audiences, souvent plusieurs jours après, et quelquefois cette rédaction est confiée à l'avoué ou défenseur des parties qui ont gagné leurs procès ; l'expérience a vérifié qu'il régne le plus souvent la plus grande inexactitude dans la plûpart de ces notes, ce qui entraîne le très-grave inconvénient de la réaudition orale des témoins devant les tribunaux d'appel, réaudition qui, à raison de l'éloignement du domicile d'un très-grand nombre de témoins , occasionne aux parties des frais ruineux.

Lors d'un renvoi fait par le directeur du jury de la procédure devant le tribunal correctionnel, les dépositions écrites qu'il a rédigées sont frustratoires, puisque les témoins doivent de nouveau être entendus oralement tout comme si ces dépositions n'existaient point.

Dès qu'on établit un directeur de jury par arrondissement communal, dont les fonctions sont bornées à la partie criminelle, ce fonctionnaire aurait tout le temps nécessaire de s'occuper de la rédaction de toutes les déclarations des témoins tant à charge qu'a décharge, qui seront administrés par le substitut, la partie plaignante et les prévenus ; ces déclarations ainsi rédigées avec le plus grand soin , serviront de base aux jugemens à rendre par les tribunaux de première instance et d'appel.

Dès lors le tribunal correctionnel serait constamment saisi des délits de sa compétence d'une manière uniforme, par le renvoi qui lui en serait fait par le directeur du jury.

Cette rédaction en faisant disparaître l'inexactitude des notes tenues par les greffiers, tendrait à accélérer la prompte expédition des affaires correctionnelles , tant en première instance qu'en cause d'appel ; vû le long espace de temps que prennent sur l'audience les déclarations orales des témoins, et les divers renvois que la maladie ou l'absence de certains d'entre eux, ou la demande en audition de nouveaux témoins, occasionne.

Si dans les procès civils de la plus grande importance, où la fortune des particuliers est compromise, où on agite des questions d'état, on s'en rapporte aux déclarations écrites des témoins ; par quel motif une mesure semblable ne serait-elle pas adoptée, lorsqu'il s'agit de délits qui ne donnent lieu à aucune peine infamante !

Si on se décidait à n'établir qu'un tribunal de première instance par département, la rédaction des dépositions écrites faites sur les lieux par le directeur du jury de chaque arrondissement communal, procurerait le précieux avantage d'épargner aux parties les frais considérables de l'audition orale des témoins dont le domicile serait éloigné du chef-lieu du département.

CHAPITRE VI.

De l'Examen.

Art. 855. « Il ne sera lu aux jurés aucune déclaration écrite des témoins » non présens dans l'auditoire. » Il est des circonstances qui nécessitent la lecture des déclarations écrites des témoins non présens sur les débats.

L'art. 519 et les suivans veulent que, dans le cas où les témoins, à raison de maladie, sont dans l'impossibilité de se rendre, ils soient entendus sur les lieux ; mais si cette maladie est incurable, cette audition serait illusoire, dès qu'on ne pourrait en faire aucun usage sur les débats.

Parce que des témoins oculaires de crimes énormes seront morts dans l'intervalle de leurs dépositions écrites, aux jours fixés pour les débats, ou qui seront atteints, durant le même intervalle, de rhumatisme, de paralysie, ou autre maladie très-grave, qui forment un obstacle invincible à leur comparution, ou qu'ils étaient même atteints de ces maladies ou dans un âge décrépit, lorsqu'ils ont vu commettre le crime sous leurs yeux dans l'intérieur d'une maison, peut-il y avoir des motifs raisonnables qui s'opposent à ce que leurs dépositions écrites soient soumises aux débats !

Si l'art. 989 veut que les dépositions écrites des ministres, des membres du Sénat conservateur, du Corps législatif, du Tribunat, du Conseil d'état, et de certains autres agens du Gouvernement, soient lues publiquement aux jurés, et soient soumises aux débats, à peine de nullité ; le motif de cette lecture, qui est basé sur la répression des crimes, ne subsiste - t - il pas dans toute sa force, à l'égard des dépositions écrites des témoins décédés, ou qui sont dans l'impossibilité de comparaître, à raison de maladie, de décrépitude, de voyage de long cours ou d'outre-mer !

N'a-t-on pas vu, dans quelques circonstances, des accusés instruits de la teneur des déclarations de certains témoins, leur faire le don de sommes considérables, pour les engager à s'éloigner de leur domicile durant un temps considérable, afin de paralyser par leur absence leurs déclarations écrites !

Les complices des accusés, leurs parens, leurs amis, dans la vue de les soustraire à des déclarations accablantes, et de les sauver, ne pourraient-ils pas se porter à faire homicider ces témoins formidables ?

Une procédure est cassée par un vice de forme, l'assassin qui avait été condamné à la peine de mort, est traduit devant un nouveau tribunal criminel, et parce que des témoins oculaires seront décédés ou seront dans l'impossibilité de se rendre dans un département étranger, faudra-t-il qu'à la faveur de ces circonstances fortuites, ce scélérat échappe à la peine qu'il avait si justement méritée, et que la société ne soit pas vengée !

Les premières déclarations des témoins étant, pour l'ordinaire, très-rapprochées de l'époque où le crime a été commis, sont présumées renfermer la vérité la plus exacte; il en est de même des premiers interrogatoires des prévenus, qui se rapprochent plus de la vérité, lorsqu'ils n'ont pas été encore à portée de concerter avec leur conseil leurs réponses évasives; dès-lors la partie publique et le défenseur des accusés devraient être autorisés à faire la lecture illimitée de ces déclarations et interrogatoires toutes les fois que cette lecture pourrait contribuer à la découverte de la vérité.

Si les dépositions écrites sont atténuées ou aggravées par les dépositions orales, la partie publique ou le défenseur ne manqueront point de le relever sur les débats : il ne peut par conséquent y avoir aucun inconvénient à ce que les informations et les interrogatoires soient mis sous les yeux des jurés, ainsi que toutes les pièces de la procédure. Dans les procédures très-chargées et compliquées, les jurés ne sont pas en état de se rappeler tous les faits et toutes les circonstances. La remise précitée tendrait à les rappeler à leur mémoire, et les mettrait en état de comparer et d'apprécier avec une réflexion plus approfondie les différences qui se rencontrent entre les dépositions écrites et les déclarations orales, les interrogatoires et les réponses des accusés sur les débats.

CHAPITRE VII.

Du Jugement et de l'Exécution.

Art. 879. Le tribunal criminel devrait connaître seul des dommages et intérêts réclamés, tant par la partie civile que par les accusés acquittés, même après le jugement de condamnation; les membres qui le composent ayant assisté aux débats, ont la connaissance la plus approfondie de la procédure, et sont bien plus en état de statuer sur la justice et l'appréciation des dommages, que le tribunal civil qui emploiera un temps considérable pour se fixer sur les seules pièces écrites.

Chapitre XXXI.

De la Prescription.

Art. 1161. Il y a des crimes qui, par les précautions dont se sont environnés les coupables, restent **cachés** durant un très-grand nombre d'années : des ossemens appartenant à des individus qui avaient disparu depuis quinze à vingt ans, sont trouvés enfouis dans des jardins, des basses-cours, des caves ; ou lorsqu'on cure des fosses d'aisance, on découvre leurs vêtemens et autres meubles servant à leur usage, dans la maison du meurtrier ; le faux pratiqué dans des actes, principalement dans les ventes à fonds perdu, n'est reconnu qu'après un espace de temps considérable.

Dans ces divers cas et autres semblables, la prescription ne devrait commencer à courir que du jour où le crime a été découvert.

OBSERVATIONS

DE L. C. D'AYZAC,

JUGE AU TRIBUNAL CRIMINEL

DES BOUCHES-DU-RHÔNE,

SUR

LE PROJET DE CODE CRIMINEL.

OBSERVATIONS
DE C. L. D'AYZAC,
JUGE AU TRIBUNAL CRIMINEL
DES BOUCHES-DU-RHÔNE,
SUR
LE PROJET DE CODE CRIMINEL.

> « La raison doit être claire et la vérité
> » presque nue. »

INTRODUCTION.

Je veux, dans la Ire partie de cet ouvrage, analyser le système de la
procédure par jurés; démontrer les lacunes extrêmement importantes du
projet de Code; proposer des corrections, des additions indispensables. pour
ramener cette institution à son vrai but, et pour rendre à la magistrature
judiciaire toute sa dignité.

Dans la IIe partie, je suppose toute exclusion de la procédure par
jurés, et j'offre pour l'organisation des tribunaux criminels un moyen
simple, qui n'est rien de ce qui a existé jusqu'ici, et qui, sans multiplier
les élémens ni les dépenses, me paraît élever le magistrat à son véritable
rang, et ne lui laisser que le pouvoir du bien, sans aucun moyen de nuire,
ni aux intérêts du chef de l'Empire, ni à ceux des justiciables.

La briéveté du délai dans lequel cet ouvrage a dû être, pour ainsi dire,
jeté en fonte, ne m'a point permis de soigner le style. J'ai écrit avec la
plus grande rapidité.

Les articles analysés sont indiqués par leurs numéros au commencement
de chaque paragraphe. Pour qu'on m'entende entièrement, il faut avoir le
texte sous les yeux. Je n'en ai rapporté que ce qui m'a paru exiger une
autre rédaction, et alors le caractère italique désigne les changemens ou
additions que je propose.

Bouches-du-Rhône.　　　　　　　　　　　　　　A

Ire PARTIE.

ANALYSE DES ARTICLES DU PROJET DE CODE.

Art. 1 3. Le *fratricide*, le *nuricide*, devraient être placés ici à côté du *conjugicide*.

Le code de 1791 veut que le *parricide* conduit à l'exécution ait le visage voilé d'une *étoffe noire*. Cet appareil qui frappe les sens d'une horreur salutaire , doit être maintenu.

Si la couleur *rouge* est celle du *sang*, elle est aussi du costume des juges ; et depuis l'établissement de ce costume, cette couleur a dû cesser d'être celle de l'assassin condamné. Pour ne pas donner lieu à des parallèles injurieux , à de mauvaises plaisanteries qu'il faudrait punir, il serait mieux de le conduire au supplice, *nu*, *en chemise, la corde au cou.*

Art. 1 8. L'article doit déterminer le poids du boulet et les dimensions de la chaîne.

Art. 29. L'article doit dire quel sera le *châtiment* à exercer, qui ne doit pas être arbitraire.

Il doit fixer encore la *responsabilité* de l'exécuteur, et dire comment et par qui il devra être puni.

Art 3 1. L'exécution dans le chef-lieu de l'arrondissement dans lequel le crime aura été commis , serait indispensable pour l'exemple ; mais divers articles du Projet annonçant que les grands-jours seront tenus dans le chef-lieu du département, et l'art. 895 , que l'exécution aura lieu *dans les vingt-quatre heures après le jugement lorsqu'il n'y aura pas recours en cassation ,* la translation du condamné au chef-lieu de l'arrondissement rencontrera plusieurs inconvéniens majeurs :

1.° Le péril de l'enlèvement du condamné pendant la traduction , surtout là où il y a des routes écartées, des forêts à traverser, une distance de huit à dix myriamètres à parcourir, selon la situation de certains départemens. Tant que l'accusé n'est qu'en jugement , l'incertitude de son sort tient les esprits en suspens. On prend à lui peu ou point d'intérêt ; mais après une condamnation irrévocable , la nature excite la compassion dans la plupart des ames. L'idée du crime s'affaiblit; on ne voit que le moribond. Alors ses parens, ses amis, ses complices mettront tout en mouvement pour l'arracher aux conducteurs, s'ils n'ont pu les corrompre.

2.° Pendant sa traduction , le condamné, qui ne pourra en ignorer l'objet , puisqu'il aura assisté à la prononciation de son jugement, éprouvera des angoisses mille fois réitérées et plus cruelles que la mort. Peu de condamnés auront la force de survivre à cette torture , qui indignera les spectateurs et fera accuser de férocité les auteurs mêmes de la loi.

Sous l'ancien régime , les parlemens renvoyaient souvent l'exécution au chef-lieu du bailliage ou de la sénéchaussée où le crime avait été commis : mais le coupable n'avait nulle connaissance de son jugement ; on lui laissait ignorer s'il était rendu , et on lui persuadait que la traduction avait pour objet *un plus amplement informé sur les lieux :* ce n'était que là que le greffier lui faisait lecture du jugement *une heure avant l'exécution.* Ce mode était peut-être meilleur que le nouveau.

3.° Les derniers momens d'un condamné doivent appartenir à la religion. Mais les consolations , les secours de la religion pourront-ils lui être administrés avec calme et recueillement pendant une traduction orageuse aux extrémités du département !

4.° Dans les départemens, il n'y a pas d'exécution à mort qui ne coûte à l'état (outre le traitement considérable de l'exécuteur), une somme de 150 à 200 francs pour frais extraordinaires , la dépense ne pourra qu'être de beaucoup plus forte si l'exécuteur et l'instrument du supplice doivent parcourir les différens arrondissemens. Si l'on suppose d'ailleurs , dans la même session , deux ou trois jugemens à mort, pour crimes commis par différens condamnés dans différens arrondissemens , il faudra donc surseoir à la translation pour la seconde exécution jusqu'après la première.

Le Projet laisse, à la vérité , au préfet à ordonner provisoirement et selon les circonstances , que l'exécution de tel jugement , ou même les exécutions criminelles *en général ,* se feront dans le lieu qu'il déterminera.

Mais si, pour parer à beaucoup d'inconvéniens , un lieu est désigné *pour les exécutions en général ,* le but est encore manqué. Peu importe la mort du coupable, si elle perd son efficacité pour l'exemple. Le théâtre du crime doit être celui de la punition. Des exécutions habituelles dans une même ville usent la sensibilité de ceux qui en sont les témoins ; elles sont sans effet , et pour eux et pour ceux qui ne le sont pas.

Les inconvéniens seraient peut-être écartés si les assises étaient tenues dans chaque lieu d'arrondissement.

Il en résulterait même cet avantage , que l'exécution suivrait immédiatement le jugement contre lequel il n'y aurait pas eu recours en cassation , ou la réception du jugement confirmatif.

Là le peuple ne s'accoutumerait plus trop à l'aspect de ses juges , et il respecterait d'autant plus l'administration de la justice. Le magistrat sentirait son courage se ranimer par l'estime publique. Moins familiarisé avec les justiciables et ne leur portant que la justice et la paix , il forcerait leur respect par ses bienfaits , et lui-même verrait toujours, avec un nouveau plaisir, arriver le moment d'en répandre de nouveaux.

Là encore, il n'y aurait pas des frais énormes de déplacement des témoins ni des huissiers qui, dans le système du Projet, seront continuellement en courses du chef-lieu aux extrémités du département.

Là , enfin , point de lutte entre l'autorité administrative et l'autorité judiciaire.

En effet , rien de mieux que de laisser au préfet à déterminer , une seule fois et en général , le lieu où devront se faire *toutes les exécutions :* mais lui donner la faculté de déterminer *suivant les circonstances , le lieu de l'exécution de tel jugement,* c'est lui attribuer , lorsqu'un jugement lui aura déplu, ce qui n'est pas impossible, le droit de donner un démenti à la justice, en ouvrant , par un ordre de translation arbitraire, les moyens aux amis du condamné , de le soustraire à l'exécution. Eh ! où est donc la garantie que , par-tout , il y aura harmonie sincère et constante entre les autorités administratives et judiciaires ! Les événemens n'ont-ils pas jusqu'ici démontré le contraire , et les mêmes passions, les mêmes caprices ne produiront-ils pas de nouvelles discordes ! Et pourquoi , quand elle le peut, la loi n'en préviendrait-elle pas les occasions en ne laissant ici rien à l'arbitraire !

Je conviens que l'exécution de l'article n'éprouvera , pour le département de la Seine, aucun des obstacles que je viens de rétracer ; mais je parle, non pour les convenances de Paris, mais pour celles des départemens et pour l'intérêt de la société.

Art. 32. Cet article est à rayer comme formant double emploi avec l'art. 831. En effet, la femme qui n'aura été mise en jugement qu'après la vérification voulue par l'art. 831 , n'aura pu devenir enceinte dans le temps écoulé entre le jugement et l'exécution. La gravidation ne serait possible que pendant le recours en cassation ; alors la prévarication du gardien serait évidente, et il devrait être puni autrement que pour *négligence.* Les lois anciennes avaient infligé, en ce cas , la peine de mort. Les rédacteurs du Projet n'en ont proposé aucune. Il importe de réparer l'omission.

Art. 36. La première phrase de l'article devrait être rédigée ainsi :

« Pendant la durée de sa peine, il ne pourra lui être remis, *directement* » *ni indirectement,* aucune somme , aucune provision, aucune portion de » ses revenus , *à peine , par le contrevenant, pour la première fois , d'une* » *amende du quadruple au profit de l'État, et de la perte de son emploi ,* » *outre les indemnités et restitutions, en cas de récidive.* »

Je pense que les additions que je viens de proposer, sont essentielles.

Je crois encore qu'il devrait y avoir uniformité dans le mode d'exécution de cet article et de l'article 1020. Pourquoi les secours à accorder ou à prélever en faveur de la femme, des enfans ; du père ou de la mère, doivent-ils être réglés par *l'autorité administrative ,* selon l'art. 1020 ; et par les *tribunaux ,* selon l'art. 36 ! Le *contumax* est-il ici moins que le *condamné ,* assimilé aux *interdits !*

Art. 47. Cet article attribue aux tribunaux correctionnels, un pouvoir trop étendu pour n'être exercé que par trois juges. L'exercice de plusieurs des droits dont ils peuvent ici prononcer la privation, serait plus important, plus précieux pour tel accusé que la conservation de sa fortune, quelle qu'elle fût. Puisqu'il ne peut, au civil, être dépouillé de la moindre partie de celle-ci que par une décision de sept juges au moins, ne serait-il pas naturel que le même nombre de voix fût exigé pour le priver de ce qui est infiniment *plus* important ! Là où il n'y a que trois juges, deux voix, en cas de partage, s'entre-détruisant, la troisième fait nécessairement, elle seule, le jugement. C'est donc à la merci d'un seul homme, sujet à l'erreur et aux passions, que seraient tous mes droits civiques, civils et de famille !

Voyez d'ailleurs des raisons non moins puissantes, observation sur l'article 780 ci-après.

Art. 58. Il y a lieu à restitution dans tous les cas de *vol* et dans plusieurs autres ; mais en cas de meurtre ou d'assassinat, il peut échoir des confiscations, amendes et peines afflictives ou infamantes, pour la vindicte publique, sans que ces peines soient exclusives de l'action civile en dommages-intérêts. C'est ce qu'a prévu l'art. 446 ; mais l'art. 58, n'accordant des *indemnités* que *quand il y aura lieu à restitution*, paraît insuffisant ; il eût fallu dire que *dans tous les cas où, par un délit de la compétence des tribunaux criminels, ou correctionnels, l'accusé ou ses complices seront déclarés coupables, ils seront, outre les peines infligées pour la réparation publique, et outre les restitutions qui pourront être prononcées, condamnés à des indemnités* dont la détermination est laissée, &c.

Art. 60. Au lieu de dire : « Sur la preuve acquise, par les *voies de » droit*, de son absolue insolvabilité, » il faudrait, pour ne pas laisser de lacune, déterminer ces voies et le moyen par lequel l'insolvabilité pourra être justifiée. Le condamné devra-t-il produire un procès-verbal de carence ! et quelles seront, en ce cas, les formalités à remplir ! ou bien son indigence sera-t-elle suffisamment établie par les règles prescrites par l'article 948, relatif à la dispense de la consignation de l'amende en cas de recours en cassation !

Selon l'art. 60, une insolvabilité absolue affranchit le condamné de la contrainte par corps après l'expiration de la peine afflictive. En doit-il être de même dans le cas de restitutions ou indemnités prononcées au profit de la partie civile ! Le vol commis à son préjudice aura pu la dépouiller entièrement, la réduire à une indigence affreuse, même à périr de faim, tandis que le voleur, pour s'assurer la jouissance du produit du vol après le recouvrement de sa liberté, aura peut-être employé le temps de sa détention à chercher des moyens de le dénaturer, ou de le transporter clandestinement en d'autres valeurs sur la tête d'un tiers. Faudra-t-il alors ne soumettre le condamné qu'à l'obligation dérisoire de rapporter un simple certificat d'indigence ! Ne serait-ce pas récompenser l'excès de l'artifice , et porter le dernier coup de poignard dans le sein du malheureux dépouillé ! L'article 60 laisse, comme on le voit, la question entièrement indécise.

Art. 68. Après le paragraphe 8 de cet article , il est nécessaire d'ajouter la disposition que voici : « *Lorsqu'il y aura d'ailleurs preuve d'un ou de plu-*
» *sieurs vols , seront présumés avoir acheté ou recélé sciemment , des choses en*
» *levées , détournées ou obtenues à l'aide d'un crime ou d'un délit , tous ceux qui*
» *ne pourront indiquer le prétendu vendeur et constater la réalité de la vente , ou*
» *rendre raison de la manière dont ils auront acquis les effets volés dont ils se-*
» *raient trouvés saisis.* »

Art. 71. Il faut ajouter à l'article une disposition pénale contre les jurés qui contreviendront; contre les juges qui admettront illégalement l'excuse , et , sur-tout , contre l'officier chargé du ministère public qui ne s'y opposera pas.

Art. 107. Les dispositions de cet article ont besoin de développement.

. . . . « *Sans l'ordre de ses supérieurs . . .* »; mais même avec l'ordre des supérieurs, il n'y aurait pas moins délit ; car quiconque exécute un ordre illégal ou arbitraire , devient complice de celui qui l'a donné , puisqu'il *prête aide et assistance* (Art. 68. §. IV).

Qu'est-ce qu'*acte arbitraire !* Il faut préciser tous les actes pour ne rien laisser de vague ou d'obscur dans le texte de la loi. Sans cela la discussion qui s'élèvera sur le caractère même de l'acte , que les uns soutiendront être *légal* et les autres *arbitraire*, n'aura elle-même qu'une solution arbitraire.

« *Acte contraire à la constitution.* » Un acte contraire à un sénatus-consulte, un acte qui arrêterait ou empêcherait l'exécution d'un arrêté du Gouvernement, même dans des circonstances impérieuses et d'urgence, ne serait donc pas placé dans cette cathégorie ! Un acte est d'ailleurs punissable dès qu'il est défendu par la loi. Or , toutes les lois doivent être également inviolables de la part des fonctionnaires publics et des agens du Gouvernement, quoiqu'elles ne soient pas écrites dans la constitution.

Art. 121. Après le paragraphe troisième, insérer celui que voici :

« *4.° Les préfets , sous-préfets, maires et autres fonctionnaires administratifs*
» *qui se seront immiscés dans l'exercice du pouvoir judiciaire , soit en faisant ar-*
» *rêter, traduire devant eux ou détenir des citoyens hors des cas prévus par la loi ;*
» *soit en arrêtant ou suspendant , par des arrêtés ou délibérations , ou par un refus*
» *de l'assistance de la force publique , l'exécution des jugemens ou ordonnances de*
» *justice , ou en permettant aux accusés ou prévenus de communiquer entre eux ou au*
» *dehors malgré l'ordre légal du juge de les tenir au secret ; soit en faisant com-*
» *paraître ou traduire devant eux des magistrats revêtus de fonctions judiciaires ,*
» *pour leur demander compte de l'exercice de leurs fonctions ; soit enfin en inter-*
» *ceptant le cours de la justice par leur refus de satisfaire , malgré les réquisitions*

» *qui leur en auront été faites , aux obligations à eux imposées, notamment par*
» *les articles 626, 629, 630, 631, 904, 905, 910, 922.*
  » *Dans tous ces cas, et dans celui prévu par l'article 124, les fonctionnaires*
» *administratifs seront personnellement responsables, soit pour la punition, s'il*
» *y a lieu, soit pour la réparation du dommage, du fait de leurs subordonnés ,*
» *sans qu'ils puissent alléguer que leurs signatures leur ont été surprises. »*

Art. 123. La loi devrait cependant régler la conduite du juge , dans
le cas, par exemple, où l'instruction contre un *non-fonctionnaire*, prévenu de l'un des crimes énoncés en l'art. 129 ou en l'art. 133, indiquera
comme principal coupable un *administrateur*. Faudra-t-il , en attendant
l'autorisation du Gouvernement, donner à ce prévenu le temps de consommer son délit ou de faire disparaître les pièces de conviction , telles
que les faux poinçons, sceaux , timbres et instrumens actuellement existans en son pouvoir et qui pourraient être facilement saisis si l'on pro-
cédait immédiatement ?

En effet , quoique les délits énoncés en l'art. 129 soient hors des
fonctions administratives , cependant, comme ces fonctions auront procuré
les moyens de les commettre, l'administrateur coupable qui, pour se ménager au moins la fuite , n'aura d'autre expédient que de lier provisoirement
les mains au magistrat de sûreté, ne manquera pas d'invoquer la prohibition faite à l'autorité judiciaire de porter ses regards sur ce qui émane des
bureaux administratifs.

Un secrétaire municipal était prévenu, devant le directeur du jury ,
d'un délit de violation d'un dépôt considérable de marchandises anglaises
dont les employés des douanes , saisissans , l'avaient constitué gardien
judiciaire ; il avait enlevé les sceaux des employés , et même le sceau
municipal apposé sur ces marchandises ; il en avait soustrait une partie
en ouvrant les ballots ; il avait substitué d'autres marchandises, d'autres
sceaux ; et tout cela résultait des procès-verbaux dont la foi n'était point
contestée ; mais parce que les ballots scellés avaient été entreposés , à
cause de l'éloignement du bureau des douanes , dans l'un des cabinets du
secrétariat municipal, dont la clef , remise au secrétaire , était constamment
restée en son pouvoir, celui-ci prétendit que c'était dans ses fonctions de
secrétaire que les employés des douanes l'avaient constitué gardien, et que
par conséquent, en sa qualité d'*administrateur*, il ne pouvait être recher-
ché à raison des délits de faux et de violation de dépôt, qu'après l'autorisation du Gouvernement. Ce moyen dilatoire , qui ne fut pas improuvé
par l'autorité supérieure , arrêta toute poursuite et acquit au prétendu
administrateur l'impunité de son double délit.

On a vu encore, et l'exemple est récent, un maire provoquant dans sa
commune , l'assassinat, le vol et le pillage à main armée. Cet abus de son
autorité , commis *dans l'exercice même de ses fonctions*, aurait pu à l'instant

établir la guerre civile dans la contrée, si les citoyens eussent osé faire résistance ; ils préférèrent de souffrir tout ce que le maire voulut ; les vols, les pillages, un assassinat horrible, furent consommés. L'intervention du juge eût pu faire cesser le désordre en ordonnant l'arrestation du provocateur dont les ordres partaient *de la maison commune.* Dans le silence de la loi, et craignant d'excéder ses pouvoirs, le magistrat, avant d'agir, demande l'autorisation du Gouvernement. En attendant, l'évasion du maire donne au peuple l'exemple contagieux de l'impuissance de la loi.

Il importe donc, plus qu'on ne pense, de déterminer avec précision les cas où le privilége des administrateurs devra *les rendre inaccessibles à l'action immédiate de la justice jusqu'à ce qu'il y ait autorisation du Gouvernement.*

Art. 124. « *Seront condamnés....* » S'agissant ici d'agens *revêtus de fonctions administratives,* il faut dire *à la poursuite de qui, par qui et comment la condamnation sera prononcée.* Les règles à cet égard ne peuvent être trop claires.

Art. 136. Pour prévenir un cas qui s'est déjà présenté, il importe d'ajouter après cet article la disposition que voici :

« *Lorsque l'existence du délit de faux aura été constatée, si, pendant les* » *poursuites, celui au préjudice duquel le faux a été commis vient à rétracter,* » *par une déclaration extrajudiciaire, la déclaration judiciaire par lui précé-* » *demment donnée, ce second acte sera réputé l'effet de la complaisance ou de la* » *corruption pratiquée pour soustraire le faussaire à la peine de faux. En consé-* » *quence, l'auteur des déclarations contradictoires sera, par le seul fait, réputé* » *complice ou fauteur du faux, et puni de la même peine que le faussaire.* »

Art. 140. « *De la peine de la réclusion* ». — Il faut *en fixer la durée.*

A la fin de l'article, ajouter la disposition suivante :

« *Les condamnations à cet égard, emporteront toujours la solidarité contre* » *les coupables et complices du même délit.* »

Art. 143, 146. C'est le moyen de consacrer l'impunité, et de ne jamais obtenir la connaissance du trafic. Le corrupteur et le corrompu traitent ordinairement sans témoins, jamais *par écrit.*

Il eût été utile d'accorder l'impunité au corrupteur qui viendrait à révélation ; et peut-être, encore mieux, d'ordonner que restitution lui serait faite, en ce cas, des objets par lui livrés et du double de leur valeur. Cette disposition eût contenu le fonctionnaire par la crainte d'un piége. L'article produira un effet contraire, car, est-il raisonnable d'espérer que le corrupteur se voyant privé, par l'article 146, de toutes restitutions, voudra encore, par une jactance imprudente, s'exposer à la peine encourue par le corrompu !

D'ailleurs on devrait prohiber la corruption médiate et indirecte, et comme autrefois, défendre aux femmes et à la famille du fonctionnaire, de recevoir

quelque

quelque chose que ce fût de la part des intéressés ou de leurs agens; et assimiler ce genre de prévarication à la corruption immédiate.

Mais il ne faut pas non plus livrer le fonctionnaire à la merci des passions. Le délit de corruption est trop infamant pour être présumé sans preuves. C'est ici, sur tout, que le fonctionnaire dont l'intégrité sera reconnue, doit obtenir, pour l'honneur de la magistrature, une réparation éclatante contre le calomniateur, et c'est ce que l'article ne dit pas.

Art. 149. Il faut dire, en outre, *comment la punition sera provoquée et infligée, par qui, et à la poursuite de qui.*

L'article est d'ailleurs trop vague : il est des cas où nulle punition pécuniaire ne pourra réparer *le dommage causé par la négligence d'agir ;* comme par exemple, s'il s'agit d'une fabrication ou émission d'effets nationaux ou de banque, dont on aurait pu saisir les instrumens avec les faussaires qu'on aurait laissé évader; s'il s'agit de l'enlèvement de registres publics que rien ne pourra suppléer; s'il s'agit d'un complot tendant à bouleverser l'État, &c. Dans ces cas, le fonctionnaire qui aura différé d'agir, parce qu'il aura reçu le prix de la prévarication, sera-t-il contenu par une amende de deux cents francs, ou même par la responsabilité civile, qu'il est si facile de rendre illusoire, des dommages-intérêts! Il fautdonc préciser les cas, et régler la peine selon la nature du délit.

Art. 151. Ici l'allégation d'un accusé, souvent injustement inquiet contre son juge, ne doit pas suffire, puisqu'il en résulterait la pleine liberté d'arrêter, sur-tout pendant une instruction urgente, le cours de la justice. Il est donc indispensable de caractériser l'inimitié, de dire par quel moyen la preuve en sera établie, ou si elle devra être seulement présumée, et en quel cas.

Après ces mots : *D'une prétention ,* ajouter ceux-ci :

« *Tout officier de police judiciaire, tout magistrat de sûreté ou commissaire*
» *du Gouvernement, tout juge civil, tout greffier et exécuteur de mandemens de*
» *justice, tout agent ou préposé du Gouvernement qui se sera rendu coupable de*
» *semblables soustractions.... »*

Art. 152. Après les mots : *Officier de police qui,* il convient d'ajouter ceux-ci : « *Au prétexte d'une visite ou recherche quelconque.... »*

Art. 153. Cela est trop rigoureux et trop vague. Il pourrait arriver qu'un juge ou un tribunal fût requis de juger avant même que la procédure fût en état, ou que l'instruction fût terminée. Le moyen ouvert ici à la partie, serait à coup sûr employé dans chaque affaire criminelle, ne fût-ce que pour sonder l'état de la procédure, et pour avoir un prétexte de tracasser un juge intègre, et de se préparer un motif d'exclusion ou de récusation, parce qu'on n'aura pu parvenir à le corrompre. Au lieu de mettre le magistrat à la merci des accusés, la loi doit l'entourer du respect et de la force, inséparables de la dignité de son ministère. Que le juge prévaricateur soit puni, cela doit être ; mais il faut protéger et ne jamais avilir celui qui ne sera que fidèle à ses devoirs. Il est donc nécessaire de corriger la rédaction de l'article, et de dire : « *Si, l'instruction étant terminée, et la procédure en état de recevoir jugement, un juge ou un tribunal, &c.* »

Pourquoi, d'ailleurs, ne pas régler le délai dans lequel, selon l'importance de la matière et les localités, tout procès criminel ou correctionnel devra être ou jugé, ou mis en état de l'être !

L'article ne dit pas non plus comment et par qui sera provoquée, et par qui sera prononcée la peine de l'amende et de l'interdiction. Il faudrait expliquer par qui seront condamnés les juges de première instance, et par qui encore, les tribunaux criminel et d'appel ; il faut, sur-tout, que la disposition ne soit pas illusoire, car il vaut mieux en ce cas, qu'il n'y ait pas de loi, que si elle est inexécutée ou inexécutable.

Art 154. Les violences *graves* ou *non*, ne sont pas moins répréhensibles en ce cas, puisque la raison a dit avant la loi, que *toute rigueur employée dans les arrestations, détentions ou exécutions, autres que celles prescrites par la loi, sont des crimes*. Il ne faut donc pas laisser à l'homme investi du pouvoir dont il n'est que trop souvent tenté d'abuser, la liberté d'exercer impunément des violences *légères*, sur-tout là où il y a impossibilité de tracer le point précis de démarcation entre le devoir et l'abus. Il ne faut même laisser à aucun fonctionnaire, la faculté d'aggraver, sans nécessité, le sort de celui que la loi remet en ses mains, et qui pour être *prévenu*, *accusé*, et même *condamné*, ne cesse pas pour cela d'être homme. Il ne faut pas sur - tout qu'un ministre quelconque de la loi puisse jamais être autorisé à oublier *qu'il doit respect au malheur*. Le mot *grave* paraît donc devoir être retranché de l'article.

Art. 155. La rédaction de l'article pourrait être maintenue, si l'insertion sur des feuilles volantes n'était que l'effet de l'impéritie ou de l'incurie. Mais le but qu'on se propose en pareil cas, est ordinairement un crime de faux. C'est là que ce fait doit être classé, sur-tout depuis que la loi prescrit la tenue des registres cotés et paraphés. Combien de réquisitionnaires et conscrits ont été soustraits à leurs devoirs par des actes de mariage simulés, inscrits sur pareilles feuilles, et intercalés sur les registres !

Ainsi, moyennant la peine dérisoire, déterminée par l'article, un fonctionnaire qui aura reçu une ample gratification qui lui assurera les moyens de se soustraire à la justice, pourra, par l'insertion d'un faux acte de naissance ou de décès, ayant l'effet de ravir à des successeurs légitimes une succession considérable, jeter le désordre et l'effroi dans les familles !

J'ai vu des officiers de l'état civil, pousser l'abus jusqu'à laisser à dessein des feuilles en blanc, comme *pierres d'attente*, sur des registres quoique paraphés et reliés, et vendre ensuite, au plus offrant, l'insertion de tel ou tel acte. J'ai vu, trois ans après un mariage ainsi inséré, l'épouse réclamer l'exécution de ce mariage, et le mari prétendre que jamais le mariage n'avait existé, parce que le feuillet intercalé avait été supprimé dès l'instant que le réquisitionnaire crut n'avoir plus besoin de le produire pour s'affranchir de ses obligations civiques.

En rectifiant l'article, il serait essentiel d'ajouter une disposition répressive de cet autre genre de prévarication.

Art. 156. Ce n'est pas assez. Le fonctionnaire aura fait des actes ou *nuls* ou *faux*, et peut-être infectés de ces deux vices. Il doit être tenu à des indemnités envers les personnes lésées par ces actes illégaux. Il doit être puni comme *faussaire*, s'il a commis un *faux*; et si l'acte pouvait n'être que *nul*, il devrait être tenu de ses suites, et de le refaire à ses dépens. L'excuse fondée sur sa nescience, loin d'être ici admissible, doit le faire au contraire, priver de l'emploi comme incapable; parce qu'il n'y a qu'une faute grossière, non moins répréhensible que le dol, qui puisse l'avoir porté à usurper un pouvoir dont la loi ne lui permettait l'exercice qu'après le serment, sans lequel il n'y a ni titre légal, ni installation.

Art. 178, 183. Le coupable doit encore être condamné à des réparations civiles envers le blessé, ou ses veuve, enfans et ascendans.

Mais, si c'est un fonctionnaire qui en frappe et blesse un autre, le coupable ne doit-il pas être passible d'une peine plus grave, que s'il n'était qu'un simple citoyen!

Et si, comme on en a des exemples, les excès ou blessures ont lieu entre les deux fonctionnaires, dans l'exercice de leurs fonctions, ne devrait-il pas y avoir une peine particulière pour la réparation du scandale public!

Art. 187, 189. Ajouter la peine de *suspension de leurs fonctions* pour la première fois, et de *destitution*, en cas de récidive, contre les greffiers, huissiers et autres employés subalternes.

Art. 196, 197, 198. Lorsqu'un témoin qui aura été cité, ne comparaîtra pas, et que par ce motif l'affaire aura été renvoyée aux grands-jours suivans, l'article 877 veut que les frais de citations, actes, voyages de témoins, et autres ayant pour objet de faire juger l'affaire, soient à la charge de ce témoin. Voilà qui est réglé à l'égard des témoins non comparans *aux grands-jours.*

Cette disposition devrait être étendue contre les témoins non comparans *aux audiences correctionnelles.* Pourquoi, en effet, dans ce dernier cas, les frais occasionnés resteraient-ils à la charge de l'État! N'est-il pas possible que le véritable motif du témoin soit de forcer la justice d'acquitter un coupable faute de preuves!

Pour être juste envers tous, le législateur devrait même, dans tous les cas et en toutes matières, outre les frais énoncés en l'article 877, et outre l'amende portée par l'article 196, soumettre le témoin récalcitrant à l'indemnité du prévenu à raison de la prolongation de sa détention , procédant du fait du témoin , lorsque ce prévenu viendrait à être acquitté.

Art. 200. Cette peine est trop douce. Lorsqu'il s'agira de grands coupables, elle ne fera qu'exciter à la corruption les ames vénales qui sont par-tout où il y a des corrupteurs. Il est nécessaire d'élever le *maximum* de l'amende , et de la graduer selon les divers cas. Il devrait même y avoir lieu , selon les circonstances, à la suspension pour la première fois , à la perte de l'emploi pour la récidive ; et toujours la désobéissance doit soumettre son auteur à la responsabilité des événemens envers la société. Il faut enfin , dire comment et par qui les diverses peines seront infligées.

Art. 201 , 202, 203, 204 ; 205. Il est infiniment rare , en cas d'évasion , qu'il y ait, contre le gardien ou ceux chargés de la conduite, preuve de *connivence.* Eh , comment établir cette preuve, puisque la prévarication du gardien ou des conducteurs est toujours concertée sans témoins , et exécutée, ordinairement, à la faveur des ténèbres ! La société est forcée de remettre toute sa confiance dans les mains de celui qui, s'il le veut , peut la trahir.

Lorsqu'il y a preuve de *connivence,* les peines prescrites par les articles 201 , 202 , 203 et 204 sont infiniment trop légères.

Celles proposées en cas de *négligence,* ouvriront une nouvelle branche de commerce entre les détenus ou leurs parens aisés , et les conducteurs et gardiens qui ne considéreront une détention dont le *maximum* n'est que de *deux ans ,* que comme un moyen légal de faire fortune.

Dans tous les cas d'évasion de prisonniers arrêtés par ordre du Gouvernement, ou d'accusés de crimes capitaux , la peine doit être *des travaux forcés à perpétuité* en cas de connivence ; et c'est d'après cette base qu'il faudrait régler les peines dans les autres circonstances, outre les amendes et les dommages-intérêts.

Pendant le régime affreux de l'an 2, la France était couverte de bastilles , et les détenus, entassés dans les prisons, savaient qu'ils n'en sortaient que pour aller à l'échaffaud. Tous les moyens pécuniaires de corruption étaient entre les mains des parens et amis des détenus , et cependant les évasions ne furent jamais plus rares qu'à cette époque. C'est que les conducteurs et gardiens étaient contenus par les lois des 13 brumaire et 17 ventôse. Alors, *en cas d'acquittement sur la partie intentionnelle du fait de l'évasion,* la loi punissait le conducteur ou gardien, *de la destitution et de deux années d'emprisonnement par forme de police correctionnelle.*

Je suis loin de penser qu'il faille rétablir toutes les dispositions de la loi du 13 brumaire ; mais la peine que je viens de citer devrait être renouvelée.

C'est peut-être ici que la loi doit s'armer d'une grande sévérité, d'après cette maxime qu'*entre deux maux , il faut préférer le moindre.*

Art. 226, 229, 230, 231, 233. Ces articles établissent des peines les mendians ; mais *des mendians en détention* sont un fardeau pour contre l'État, et ne font que consommer leur corruption : ne serait-il pas mieux de leur donner des moyens d'existence, que de les punir des torts de la fortune ! Dans plusieurs lieux, sous le régime actuel, comme sous l'ancien, l'établissement des ateliers de travail a opéré l'extinction de la mendicité et du vagabondage. Je ne dis pas pour cela qu'il faille mettre les mendians en reclusion. La salubrité, une discipline éclairée, ne sont pas incompatibles avec l'exercice de la vigilance et d'une certaine liberté. Il est si aisé, quand on le veut, de faire le bien ! Espérons qu'au lieu des mesures répressives qui ne feraient ici qu'accroître le mal, le génie bienfaisant et sublime qui crée, pour l'empire français, tous les moyens de gloire et de grandeur, fera naître, du fléau actuel de la mendicité, de nouveaux ressorts de richesse nationale.

Art. 248. « *Le tout sans préjudice des peines plus sévères, s'il y a lieu,* » en cas d'enlèvement, &c. »

Il faut dire qu'elles seront ces *peines plus sévères ;* car si les crimes doivent être définis, les peines doivent être clairement déterminées, pour ne donner, que le moins possible, lieu à l'arbitraire, sur-tout lorsque la loi ne laisse pas expressément à la conscience du juge à déterminer la peine applicable.

Art. 256. Ici, pour prévenir les erreurs malheureusement trop célèbres qui ont fait périr des innocens pour avoir tué, tantôt des personnes encore vivantes, mais absentes du pays, tantôt des femmes adultères qui s'étaient cachées dans les maisons de leurs corrupteurs, je crois qu'il importe de poser cette règle :

« Que nul ne pourra être condamné pour assassinat, meurtre ou homi» cide avant qu'on ait trouvé le cadavre, ou légalement constaté son » enlèvement ou sa destruction. »

Art. 260. Ajoûter au texte : « *Mais en ce cas l'excuse ne pourra être* » *admise que sur la représentation de l'ordre PAR ÉCRIT émané de l'autorité* » *légitime.* »

Art. 274. *Voyez* observations sur l'article 13.

Art. 275, 278. Il paraît qu'il y a entre ces deux articles ou contradiction ou double emploi : dans l'un et l'autre cas, ils sont de nature à faire naître dans l'esprit des juges des embarras pour l'application.

Art. 285. *Qui de uno dicit, de altero negat.* — Pourquoi ne pas rayer ces mots, *Non engagée dans les liens du mariage !* La nature, dira-t-on, repousse l'idée de la possibilité d'un tel crime. Mais n'a-t-on pas vu, même récemment, des monstres qui ont étouffé le cri de l'honneur, et ensuite celui de la nature ! Supposez une femme adultère qui abandonne son mari pour se livrer publiquement à la prostitution : elle n'aura pas cessé pour cela *d'être engagée dans les liens du mariage;* mais à la faveur de la disposition de l'article, elle pourra impunément commettre *l'infanticide.*

Art. 286. L'article devrait être rédigé en ces termes :

« Le crime d'infanticide est commis lorsque l'enfant est mort pour avoir » été privé *par sa mère, par sa nourrice, par l'accoucheur, par celui qui s'est »chargé de son transport à sa nourrice,* ou par *leurs* complices, des précau- » tions, des secours, des soins, ou des alimens sans lesquels il n'a pu vivre.

Art. 287. A la peine de la *déportation,* il faut ajouter l'obligation d'une indemnité envers les intéressés qui, par l'effet de l'infanticide, peuvent être, les uns dépouillés d'une succession, les autres ruinés par des procès, ou voir leurs jours abrégés par la douleur.

Art. 288. *Quid* si par suite des violences ou mauvais traitemens l'enfant vient à perdre un ou plusieurs membres ! ne faudra-t-il pas, en ce cas, infliger au coupable une peine plus forte, et en outre celle des dommages-intérêts !

Quid encore, à l'égard des instituteurs ou institutrices qui, par défaut de vigilance, laisseront un enfant se jetter dans un brasier, dans un puits ou par une croisée ! Serait-il inconvenant d'établir, en ce cas, une peine, ne fut-ce que pour prévenir des malheurs dont on n'a que trop d'exemples, et qui toujours sont demeurés à peu-près impunis !

Art. 289. L'article n'établissant explicitement aucune peine contre la *sodomie,* laisserait indécises des difficultés qui se sont élevées dans certains tribunaux.

Je crois que l'article devrait être ainsi rédigé :

« Les personnes coupables du crime de viol *ou de toute autre crime contre* » *nature, consommé ou tenté par violence, envers des individus de l'un ou de l'autre* » *sexe,* seront punies de la reclusion *et d'une amende de 500 fr.* à 2000 fr. »

Art. 294. « Sans préjudice de peines *plus graves, si la mort de l'enfant* » *s'en est ensuivie.* »

La mort de l'enfant pourrait ne pas s'ensuivre, qu'il n'y aurait pas moins lieu à des peines plus graves que celles énoncées dans l'article. Durant l'exposition, une bête carnacière peut survenir et dévorer un ou plusieurs membres de l'enfant. Ceux qui l'ont exposé ou qui en ont donné l'ordre, ne sont-il pas, en ce cas, coupables de la mutilation ! Il faut donc, pour ce délit, une peine plus sévère que la simple détention de six mois à deux ans ou même le double.

Les peines plus graves doivent, dans tous les cas, être déterminées, si on ne veut que le silence de la loi provoque l'impunité.

Dans tous les cas, encore, il faudrait imposer au coupable l'obligation de l'indemnité envers les parties civiles.

Art. 295 et 296. Ces peines sont trop légères. Il faudrait d'ailleurs y ajouter l'indemnité envers les parties lésées.

Art. 297. Ici, encore, ajouter l'indemnité envers les parties lésées.

Art. 316 et 317. Même addition.

Art. 319. Ajouter à l'article : « sans préjudice de l'indemnité, s'il y a
» lieu, envers les personnes lésées. »

Art. 320. Même addition.

Art. 323, 324 et 325. A chacun de ces articles il est nécessaire d'ajouter
l'obligation de l'indemnité envers les parties civiles ou leurs successeurs ; il
faudrait même assujettir le faux témoin au remboursement, envers la République, des frais du procès principal, s'il est vérifié que les poursuites
n'ont eu lieu que sur la foi de sa fausse déclaration.

Lorsque, d'ailleurs, dans le cas de l'article 324, la condamnation à mort
n'aura pas été exécutée, il serait peut-être convenable de punir le faux témoin
de la peine des *travaux forcés à perpétuité*, plutôt que de la peine de *mort*.
Une peine perpétuelle, qui reproduit à chaque instant de la vie le souvenir
du crime et de sa punition, serait ici exemplaire, sans danger de récidive,
et, par conséquent, plus efficace, sous tous les rapports, que la peine de
mort.

Art. 339. Mais si l'accusé peut charger un citoyen quelconque de sa
défense devant les tribunaux criminels, quel sera l'effet de l'article ? comment
suspendre de ses fonctions celui qui n'en a aucune ? Ne serait-il pas mieux
de lui interdire l'entrée du prétoire de justice pour un temps déterminé, et
de lui infliger, en cas de désobéissance, une peine plus grave ?

Art. 368. Il importe d'ajouter ici une peine particulière contre les greffiers, en cas d'altération ou violation du dépôt à eux forcément confié à
raison de leurs fonctions, comme numéraire, ou pièces de conviction jointe
aux procédures criminelles. Il faut même charger le ministère public de
la poursuite, sous une responsabilité spéciale.

Mais *quid* si l'un des membres d'une administration ou d'un tribunal
détourne à son profit, en tout ou en partie, les fonds affectés aux menues
dépenses dont le dépôt lui avait été confié ?

Art. 414. Ajouter ces mots, *outre les dommages-intérêts envers la partie lésée.*

Art. 418. Même addition.

Art. 456. Un service est toujours mal rempli, lorsqu'il est délégué concurremment à diverses personnes non réunies en un même corps, ni liées
par aucune responsabilité solidaire. Pour éviter ici que les fonctionnaires
désignés par l'article, ne puissent s'excuser ou se décharger les uns sur les
autres, il est donc indispensable, en laissant subsister dans plusieurs mains
la concurrence pour l'exercice des fonctions de la police judiciaire, de soumettre le magistrat de sûreté, qui est ici le point central du mouvement, à
une responsabilité particulière dont il ne puisse s'affranchir, pas même en
cas d'inaction ou de défection de tous ses auxiliaires. C'est le motif de
l'addition que je propose sur l'article 480 ci-après.

Art. 480. Ajoutez au texte : « *Sans que la concurrence établie, à cet égard,*
» *entre ces divers fonctionnaires et le magistrat de sûreté, puisse servir à celui-ci*
» *de moyen d'excuse, dans le cas où ayant pu acquérir, d'une manière quel-*
» *conque, la connaissance d'un délit commis dans son arrondissement, il aurait*
» *négligé ou différé de faire les actes et de provoquer les poursuites nécessaires.* »

Art. 482. Les liaisons, les habitudes que forment les magistrats de sûreté
dans les villes où ils font une longue résidence, sont, plus qu'on ne pense,
funestes à la société. La loi doit trouver un moyen de rendre inaccessibles
à toute corruption, à toute influence locale, ces dépositaires d'une autorité
dont l'exercice ou l'inaction peuvent rassurer ou mettre en péril la fortune,
la vie et l'honneur de chaque citoyen. Et le seul moyen de les arracher
à cette influence, c'est de les déléguer successivement d'un arrondissement
dans un autre, ou d'un service à un autre.

Je pense donc qu'en tête de l'art. 482, il est essentiel de déclarer que :
« *Les magistrats de sûreté peuvent être délégués, tous les deux ans, par le*
» *Premier Consul, dans l'un des arrondissemens de la division ; que nul ne*
» *pourra être maintenu au-delà de quatre ans en exercice dans le même arron-*
» *dissement ; et qu'ils pourront même être délégués instantanément d'un service*
» *à un autre, sur la proposition formelle et motivée du préteur.* »

J'ajoute que le mouvement périodique des magistrats de sûreté pouvant
mettre leur gestion en évidence, par le compte qui serait donné par leurs
successeurs, il en résultera nécessairement une émulation générale de remplir religieusement leurs devoirs et de se mettre à l'abri de tout soupçon
injurieux qui ne doit jamais atteindre le magistrat. *Voyez* Observations
sur les articles 513 et 771.

Art. 501. Pour que le magistrat de sûreté, par abus des droits de sa
place, ne puisse, à son gré, paralyser l'action de la justice, et afin de lui ôter
la faculté de négocier ou perpétuer une affaire, ou de laisser disparaître les
prévenus ou les preuves, il faudrait fixer ici le délai dans lequel il sera tenu
d'agir, et le soumettre, en même temps, à donner avis au propréteur des
premiers actes ou procès-verbaux ; le tout à peine d'avertissement officiel
pour la première fois, de censure pour la seconde, et de destitution pour
la troisième.

Il faudrait encore assujettir le magistrat de sûreté à recevoir toutes les
observations et explications des faits que la partie civile trouvera bon de
lui communiquer. *Voyez* Observations sur l'article 731.

Art. 507. Il est nécessaire d'ajouter au texte la disposition suivante :
« *Ces procès-verbaux seront signés par tous ceux qui y auront assisté, ou*
» *énonceront la cause de leur non signature.* »

Art. 511, 514, 517. Le magistrat de sûreté est la partie poursuivante.
Toutes les règles s'opposent à ce qu'il puisse, seul, procéder à des visites domiciliaires et à l'audition des témoins, que lui-même ou la partie civile, avec

laquelle

laquelle il est en quelque sorte identifié, peuvent produire. C'est laisser un magistrat de sûreté en pleine liberté de prévariquer. Il paraîtrait plus simple de charger le propréteur et des visites domiciliaires et de l'audition des témoins administrés par le magistrat de sûreté ; cela serait plus régulier , éviterait les frais d'un seconde procédure que le propréteur pourra recommencer selon l'art. 560 ; écarterait tout soupçon injurieux au ministère public, et rendrait impossible toutes les transactions sur les premières poursuites , toutes les suggestions auprès des témoins. Enfin, le propréteur peut refaire la procédure commencée par le magistrat de sûreté. L'ouvrage du magistrat de sûreté est donc superflu ; et, en ce cas, où est la raison de sa nécessité !

Art. 531. Ajouter au texte ce qui suit :

« *En cas d'absence du prévenu, lors des opérations prescrites par le présent*
» *article et par l'art. 527, les pièces pouvant servir à conviction ou à décharge,*
» *seront encore paraphées, sans déplacer, par ceux désignés en l'article 507,*
» *qui auront assisté, et jointes au procès-verbal.*

» *En cas d'omission du paraphe des pièces, le magistrat de sûreté sera*
» *responsable des événemens si la pièce vient à être contestée ou désavouée ; et si,*
» *en conséquence, les prévenus sont déclarés non convaincus, à cause du rejet*
» *de la pièce, le magistrat de sûreté sera personnellement tenu des frais de la*
» *procédure envers la République, et des dommages-intérêts, s'il y a lieu, envers*
» *les parties lésées. Il sera, en outre, soumis, pour la première omission, à*
» *l'avertissement officiel ; pour la seconde, à la censure ; et pour la troisième, à*
» *la destitution et à la surveillance particulière du Gouvernement.* »

» *Les dispositions du présent article sont communes aux fonctionnaires chargés*
» *par les articles 456 et 480 de l'exercice accidentel des fonctions de la po-*
» *lice judiciaire.* »

Art. 536, 537, 538. Ici reviennent mes réflexions sur les articles 514 et 517. Il est de toute inconvenance que là où se trouve un propréteur établi pour tenir la balance entre l'accusé et celui qui le poursuit, on permette à celui-ci d'accumuler les fonctions incompatibles de *partie poursuivante* et de *juge* ; ces deux rôles ne peuvent être réunis dans la même main sans le plus grand danger pour la chose publique et pour les prévenus.

Ajouter à la suite de l'article 538 la disposition suivante :

« *Ce mandat ou celui de dépôt seront dans tous les cas décernés dans le*
» *jour et immédiatement après l'interrogatoire du prévenu.*

» *Si l'interrogatoire ne peut être terminé dans le jour, le magistrat de sûreté*
» *ne pourra le continuer en aucun cas sans en avoir donné avis au propréteur,*
» *à peine d'avertissement officiel pour la première omission , de censure pour la*
» *seconde, et de destitution pour la troisième.* »

Je ne propose cette addition, que parce qu'il est arrivé que des magistrats de sûreté ont fait traîner, pendant plusieurs jours, des interrogatoires, au bout desquels ils ont, *moyennant certains arrangemens*, renvoyé les prévenus en liberté, *sans* ou *sous* caution, et sans ordonnance du directeur du jury. En jetant un voile sur le passé, il est temps d'empêcher l'abus de se reproduire.

Art. 540. Ajouter au texte :

« *Les procès-verbaux qu'il dressera à cet effet seront soumis aux règles pres-* » *crites par les articles 507, 527 et 531.* »

Art. 542. La disposition de l'article sera illusoire, si on ne fixe le *maximum* du délai dans lequel ce *dernier acte* devra être fait, *à peine d'avertissement officiel*, &c.

Et pour s'assurer de l'exécution, la loi doit soumettre le magistrat de sûreté à envoyer, tant au commissaire du Gouvernement près le tribunal criminel, qu'au propréteur de son arrondissement, un état de tous les délits et contraventions venus à sa connaissance, dans les dix jours précédens.

En cas d'inexactitude pour l'envoi de cet état ou de réticence pour céler un délit, le magistrat de sûreté doit être soumis, pour la première fois, à l'avertissement officiel et à une amende de cinq cents francs ; pour la seconde fois, à la censure et à une amende double ; et pour la troisième fois, à la destitution.

Il faut enfin l'obliger à certifier, à la suite dudit état, l'exactitude des fonctionnaires désignés en l'article 456, à lui transmettre de leur côté pareils états pour les délits et contraventions commis dans leur territoire respectif.

Art. 547. Pour ne laisser ici rien d'inexact ou d'arbitraire, il paraît qu'on devrait déterminer avec précision *les cas qui devront être assimilés au flagrant délit ;* sans cela la concurrence de l'action de divers fonctionnaires pourrait nuire, s'ils agissaient en sens inverse, et même exposer les citoyens à des conflits entre les autorités ou à des vexations arbitraires.

Art. 548. La concurrence attribuée par cet article et par les précédens, aux divers fonctionnaires y désignés, *pour procéder à des visites, faire saisir les prévenus*, &c., ne soumettrait aucun d'eux à la responsabilité dès retards ou des affections de personnes, ou provoquerait des conflits, des transactions sur chaque délit, et par conséquent l'impunité ou l'évasion des coupables. Nouveau motif pour adopter les additions que je propose sur les articles 456 et 480.

A la fin de l'article 548, et après ces mots, *dans la commune du lieu où le délit a été commis*, il serait essentiel d'ajouter, *ou de celle où le prévenu sera saisi;* car lors de l'arrestation on lui saisit en même temps ses papiers ou ef- fets, dont procès-verbal doit être dressé, quel que puisse être le lieu de la saisie.

Art. 553. Pour ne laisser aucune prise aux passions, il faudrait, s'il était possible que la loi réglât tout et l'homme rien. Pourquoi ne pas dire ici que les propréteurs alterneront de service, par exemple, tous les trois ans ! — Ici reviennent les motifs de mes observations sur les articles 482 et 771.

L'alternat que je propose ne présenterait point l'inconvénient justement reproché à la loi de l'an 4, qui, ne laissant le directeur du jury en fonctions que pendant trois ou six mois, l'arrache aux matières criminelles, précisément lorsqu'il est un peu plus en état de les remplir, et y appelle pour le remplacer souvent celui des juges civils qui s'y trouve le moins propre. Le pro-préteur délégué d'un arrondissement dans un autre, continuant les mêmes fonctions, n'apporterait dans sa nouvelle place qu'une expérience toujours mieux éclairée dans les matières criminelles : il serait toujours nouveau dans son arrondissement, et toujours vieux dans l'exercice de ses fonctions; et c'est à mon avis ce que devrait être par-tout un juge criminel.

Art. 555. Les fonctions de propréteurs sont de la plus haute impor-tance. S'il voulait et savait prévariquer, il ne laisserait presque rien à juger par le tribunal criminel.

Vouloir que le propréteur, en cas d'absence, soit provisoirement dési-gné par un tribunal composé de trois juges, où, en cas de partage d'avis, un seul fait impunément la loi aux autres, c'est commettre les opérations du propréteur à l'influence des passions et des intrigues locales. Dans un exercice de quelques jours, un homme que des préventions ou 'intérêt particulier auront envoyé, peut faire ou laisser faire un mal irréparable.

Cet article, d'ailleurs, s'accorde peu avec le 556.ᵉ, qui appelle le pre-mier suppléant du tribunal criminel à remplir les fonctions provisoires de propréteur là où siége le tribunal criminel.

Puisque chaque tribunal criminel doit avoir trois suppléans, pourquoi ne pas leur déléguer, dans le cas de l'article 555, les fonctions provisoires de propréteur, comme on les leur délègue dans le cas de l'article 556 ? Par ce moyen, on ne distrairait pas les juges civils de leurs occupations, auxquelles ils peuvent à peine suffire ; les choix seraient dégagés de toute influence, et les fonctions criminelles ne seraient remplies que par des membres nés du tribunal criminel. Les suppléans de ce tribunal auraient, d'ailleurs, plus d'occasions d'acquérir l'aptitude nécessaire pour l'exercice des places supérieures auxquelles ils sont appelés.

Art. 556 et 557. Par l'article 557, le propréteur est officier de po-lice judiciaire, directeur du jury d'accusation et vice-président perpétuel du tribunal de première instance, même pour les procès civils. Par l'article 671, il est *tenu* de présider ce même tribunal pour le jugement des affaires correctionnelles. Enfin, par l'article 771, le propréteur est membre du tribunal criminel.

Ainsi, le propréteur sera tantôt supérieur, tantôt inférieur à lui-même !

La réunion de tant de fonctions disparates sur une même tête, est un fardeau que nul fonctionnaire ne pourra porter ; et tous ceux qui les con-naissent, ces fonctions, seront de mon avis. Un service trop surchargé, est toujours mal rempli.

Laissez les propréteurs aux fonctions de directeur de jury, d'officier de police judiciaire et de juge du tribunal criminel, et ce sera bien assez : ne les réduisez pas à oublier les matières criminelles pour les procès civils. Chacun doit être à son métier.

Ne soumettez pas sur-tout leurs décisions à la réformation de leurs propres suppléans au tribunal criminel ; ce qui arriverait pourtant chaque jour, si le propréteur du lieu où siége le tribunal criminel concourait, comme juge de *première instance*, aux desirs de l'article 671, aux jugemens correctionnels dont il y a appel.

Là se présente encore une contradiction avec l'article 780, qui veut que, dans les affaires correctionnelles, le tribunal criminel, jugeant par appel, soit présidé par le propréteur. Comment le propréteur pourrait-il présider le tribunal criminel dans les affaires où il aurait voté en première instance comme juge du tribunal correctionnel ! Donc, malgré la disposition de l'article 780, le propréteur de la ville où siégerait le tribunal criminel se verrait, pour toutes les affaires de son arrondissement, forcé de descendre de son siége, et de céder la présidence du tribunal criminel à un suppléant, puisqu'il n'est pas à présumer que chaque jour on fasse voyager les propréteurs des autres arrondissemens, pour venir exercer momentanément cette présidence.

Comme président ou membre du tribunal criminel, le propréteur est encore au-dessus du tribunal de première instance, dont les jugemens peuvent être réformés par le tribunal criminel ; et cependant, si le propréteur est tenu de siéger au tribunal de première instance, il n'y occupera que la seconde place !

Le propréteur serait donc tantôt au-dessus, tantôt au niveau des juges de première instance, et même au-dessous de leur président. — Il serait tantôt au-dessus, tantôt au-dessous de ses propres suppléans du tribunal criminel, et même des suppléans de première instance, qui seraient délégués, au défaut des juges, dans le cas de l'article 555 !

Je pense que les membres des tribunaux criminels et civils doivent n'avoir aucun point de contact, aucune réciprocité de fonctions les uns chez les autres : l'expérience des mauvaises décisions rendues depuis la loi du 23 floréal an 10, m'a convaincu de cette vérité. Dans la discussion des matières criminelles, les juges civils ne savent invoquer que les usages et les principes des matières civiles. Les uns voient toujours le crime là où il n'est pas ; les autres ne le trouvent jamais là où il est.

Au lieu donc de déplacer et de confondre des élémens aussi opposés, mettez les hommes dans le cas de se surveiller et stimuler les uns les autres, et non de se tolérer réciproquement leurs sottises.

Autre inconvenance. — L'article 780 délègue, en l'absence du préteur, les fonctions de président du tribunal criminel au propréteur, dans les affaires correctionnelles, et toutes les fois qu'il n'y aura pas lieu à présider le jury de jugement. Or, si, par l'article 556, dans la ville où siége le tribunal criminel, le propréteur, par-tout où il est seul, doit être remplacé *dans toutes ses fonctions*, en cas d'empêchement, par le premier suppléant de ce tribunal, il arriverait que ce premier suppléant présiderait le tribunal criminel dans le cas même où deux propréteurs des arrondissemens voisins auraient été appelés pour en être membres, selon le même article 780. La loi ne peut vouloir une telle absurdité. Il est donc nécessaire de redresser la rédaction de l'article 556. *Voyez* l'observation sur l'art. 780, n.° 3.

Art. 558. « . . .Seront communiquées *dans le plus court délai* au pro-» préteur. » — Pourquoi ne pas dire *dans le jour même !*

Comment, d'ailleurs, le greffier doit-il recevoir ces pièces ! peut-il, lui seul, en dresser arbitrairement un acte de dépôt ! cet acte doit-il être inscrit sur un registre ou sur feuille volante ! Si parmi les pièces de conviction, un greffier reçoit des effets précieux, il pourra, s'il n'est assujetti à aucune règle, ne dresser acte de dépôt que de ce qu'il trouvera bon d'y insérer ; il pourra, et on l'a déjà vu, substituer des pièces fausses à des diamans de prix, des pièces rognées ou altérées à des pièces légales d'or ou d'argent ; il pourra d'un trait de plume, pour servir un accusé, dénaturer les preuves à son gré, avant que le propréteur ait pris connaissance ou même communication des pièces. Le délai *le plus court*, s'il n'est pas limité, pourra être de plusieurs jours, si le greffier prétend, comme on l'a encore vu, qu'il lui faut plusieurs jours pour vérifier, sur les pièces, l'exactitude de la relation de l'inventaire qui pourra être composé de plusieurs milliers d'articles. De combien ce délai n'est-il pas trop long pour des abus entre les mains d'un greffier prévaricateur et avide ! Il serait donc convenable d'ordonner que nul dépôt de pièces d'or, d'argent ou d'autres effets précieux, nul dépôt d'écrits ou pièces prétendues fausses, ne serait reçu par le greffier qu'en présence du propréteur ou du magistrat par lui délégué, lequel parapherait tout ce qui pourrait ne l'avoir pas été, et signerait avec le greffier et le déposant, le procès-verbal de dépôt qui serait inscrit sur un registre à ce déstiné ; et qu'immédiatement après ce procès-verbal, le propréteur prendrait communication de toutes les pièces.

Art. 578. Le mandat d'amener peut frapper sur un ami, sur le client ou le protégé du magistrat de sûreté ; et alors, au lieu de délivrer la réquisition, celui-ci pourrait biaiser ou la refuser. Pour éviter l'inconvénient, ne serait-il pas convenable d'ajouter au texte ces mots : « *Qui ne pourra* » *être refusé, à peine d'avertissement officiel pour la première fois, &c. ; et,* » *cependant, lorsque dans le cas de l'article 571, les mandats d'amener ou de* » *dépôt auront été délivrés par le propréteur, la force publique sera tenue de* » *marcher pour l'exécution du mandat sur la réquisition du propréteur qui s'y* » *trouvera contenue.* »

Art. 600. Il vaudrait mieux laisser, comme dans le cas de l'article 599, la fixation du cautionnement à l'arbitrage du propriétaire. Il est impossible de prévoir tout ; mais il est évident qu'un *maximum* de deux mille francs est inadoptable dans les cas où les dommages-intérêts et les frais de justice ou l'amende devraient s'élever beaucoup au-delà de cette somme. Quant aux délits correctionnels, c'est le montant des restitutions et des indemnités qui doit, seul, servir de base pour régler le cautionnement. Ces restitutions et indemnités peuvent s'élever à de très-grosses sommes, et il est convenable encore de laisser, à cet égard, au propriétaire à fixer le montant du cautionnement, sauf l'appel au tribunal criminel, comme dans le cas de la seconde partie de l'article 605 ou de l'article 607.

Art. 617. « . . *Pris parmi les cent citoyens les plus imposés. . .* »

Ben? pour Paris et pour les villes du second ou du troisième ordre ; mais dans les arrondissemens ruraux, le membre du tribunal de police ne devrait être pris que parmi les cinquante citoyens les plus imposés. Encore y a-t-il un nombre de cantons où l'on trouverait à peine dix citoyens ayant les connaissances requises pour ces fonctions. Pourquoi, d'ailleurs, dans les cantons ruraux, ne pas mettre au rang *des plus imposés les hommes de loi, les notaires, les employés des régies nationales,* et autres *citoyens lettrés* dont les lumières seraient ici d'un plus grand secours que l'idiotisme du citoyen le plus imposé qui souvent ne sait pas lire ?

Art. 626. S'il faut prononcer l'exclusion contre une classe de citoyens, tels que *les adjudicataires de bois nationaux ou communaux,* il faut donc, par parité, étendre aussi l'exclusion aux *émigrés rentrés, et à tous ceux dont les biens ont été vendus par la nation.* Il n'y aurait pas de justice de livrer les adjudicataires aux passions de leurs ennemis nécessaires ; et ce serait les servir ces passions, que de leur donner, com e juges, le pouvoir de favoriser les tracasseries qu'ils susciteraient eux-mêmes, sur-tout dans les campagnes où les hommes se rencontrent à chaque pas. Il faut, en un mot, ou que la loi n'exclue aucune classe de citoyens, ou qu'il y ait pleine réciprocité dans les exclusions.

Pourquoi d'ailleurs donner au sous-préfet le droit de désigner ce membre du tribunal de police ? Le sous-préfet sera-t-il parfaitement et toujours exempt de préventions, et de l'impulsion des hommes inquiets qui auront peut-être des ressentimens à satisfaire ? Ne serait-il pas mieux de laisser au sort la désignation de ce citoyen ? Et pourrait-on craindre que le choix du sort fût mauvais, dès qu'on aurait réglé le sort lui-même par la meilleure composition possible de la liste ? N'admettez dans cette liste que des hommes probes et intéressés au maintien de la paix ; alors, quel que soit le choix du sort, il ne pourra qu'être bon ; et vous ôterez aux justiciables le prétexte de se récrier contre la désignation arbitraire du sous-préfet ou de ses commis.

Pourquoi encore , donner à l'autorité administrative des points de contact avec l'autorité judiciaire , dès que toutes nos lois avaient eu pour but de les tenir entièrement séparées ! Pour écarter tous les moyens de disputes entre les deux autorités, il faut que chacune d'elles reste chez soi ; alors elles s'observeront et ne se contrarieront point. Mettre au contraire l'exercice de la justice sous la dépendance de l'autorité administrative , c'est exposer les deux autorités à une lutte quotidienne, toujours indécente , si elle n'est pas dangereuse.

Art. 628 , 629 , 630. Toutes les opérations déléguées ici au sous-préfet pourraient l'être bien plus régulièrement au président ou au commissaire du Gouvernement près le tribunal de première instance.

Art. 635. Ici encore le sous-préfet en lutte avec le juge de police pour la désignation des jours d'audience. Au *sous-préfet,* substituez *le président de première instance,* et tout ira d'accord.

Art. 636. Pourquoi ne pas laisser au sort , réglé comme je l'ai dit sur l'article 626, à faire la désignation sur la liste particulière des citoyens de la commune portés sur la liste générale de l'arrondissement de la justice de paix ! Le juge de police , assisté du juge de paix , procéderait publiquement au tirage , et donnerait ses ordres au gendarme pour aller chercher le citoyen désigné.

Il faut d'ailleurs ajouter à l'article, que *« ni le citoyen désigné, ni le juge » de paix, ni le juge de police, ni le commissaire de police, ne pourront siéger » dans les affaires où leurs parens et alliés jusqu'au quatrième degré inclusi- » vement se trouveront avoir intérêt ; et qu'en ce cas, à la demande de la partie » la plus diligente, sur simple requête, et d'après les conclusions de l'officier du » ministère public, le tribunal de première instance de l'arrondissement renverra » les parties devant le tribunal de police le plus voisin. »*

Art. 661. Cette alternative peut susciter des altercations scandaleuses et funestes aux intérêts des parties. Le jugement doit être signé nécessairement, et, dans tous les cas, par tous ceux qui y ont concouru ; et il est inconvenant, sur-tout de dispenser de cette signature le juge de police qui aurait présidé et qui l'aurait prononcé. Il ne faut exposer personne à répondre des faits d'autrui ; et ici un juge de police pourrait se trouver lié et responsable des faits, non-seulement du juge de paix, mais d'un greffier ou de son commis, auxquels on sait que le soin est ordinairement laissé, dans les tribunaux de police, de rédiger les jugemens. Exiger, comme dans le cas de l'article 697 , la signature de tous les membres qui y auront concouru, *à peine de nullité et d'avertissement officiel,* c'est provoquer leur activité à faire rédiger et leur surveillance particulière de la rédaction : c'est les forcer de se tenir en règle, et exclure tous moyens de réclamation, tant de leur part, que de celle des parties.

Art. 668. On a omis ici de décider si le dénonciateur peut ou ne peut pas être considéré comme témoin. *Voy.* observ. sur l'art. 848.

Art. 671. *Voy.* observ. sur les art. 556 et 557.

Art. 682. Cet article n'est que la répétition littérale de l'art. 651 ; et ces articles sont également déplacés aux lieux où ils se trouvent. Comme consacrant un principe, il eût été mieux de placer, une fois seulement, cette disposition sur la première page de la deuxième partie du Projet, et après l'article 450. C'est à la tête d'une loi qu'on doit trouver les principes généraux.

Art. 683. Si on laisse la faculté de prononcer le jugement *à l'audience qui suivra celle où l'instruction aura été terminée,* il arrivera que la prononciation du jugement rendu sur la dernière affaire, pourra être renvoyée, et le sera aux audiences du mois suivant.

Les mots *sans interruption,* placés à la seconde ligne de l'article, ne devraient se trouver qu'après les mots *pourront répliquer,* qui terminent la seconde partie de l'article. C'est-là qu'il faudrait ajouter au texte : « *le tout sans interruption, à peine de nullité et des dommages-intérêts contre les juges,* &c. » En l'état actuel de la législation, où rien ne permet de séparer l'instruction de la prononciation du jugement, on a vu récemment, sur appel en matière correctionnelle, des tribunaux criminels, après les plaidoiries terminées, renvoyer à huit jours pour entendre le commissaire du Gouvernement. Dans l'intervalle, on a pu tenter de pratiquer les juges, l'officier du ministère public lui-même, et les juges ont oublié une partie de ce qui avait été dit aux débats. C'est cependant en cet état qu'ils se sont vus forcés de rendre jugement définitif! Il faut ôter à cet abus les occasions de se reproduire; et le contraire résulterait nécessairement de l'article tel qu'il est conçu.

Art. 684. Ou le magistrat de sûreté sera, à l'audience, spectateur muet, ou il pourra être interpellé au besoin, ou prendre la parole. Au premier cas, sa présence étant superflue, il vaut mieux le laisser à ses fonctions, car le magistrat *qui n'en aurait pas,* figurerait mal à l'audience. Au second cas, il faut régler ses attributions et dire s'il pourra remplacer, en cas d'empêchement, le commissaire du Gouvernement.

Art. 686. Le greffier ou son commis doit donc, 1.° avoir une capacité suffisante pour tenir cette note. S'il est hors d'état, la loi devrait permettre au tribunal de demander son remplacement, et même d'y pourvoir provisoirement : c'est ce que le Projet n'a pas dit.

Mais, 2.° le greffier peut-il tenir cette note d'une manière arbitraire! Dans le cas où il n'en tiendrait aucune, l'article ne le soumet à une peine, que parce que cette note peut, sans doute, être consultée lors du jugement, et même en cas d'appel; car la loi ne doit vouloir rien d'inutile. Il faut donc que le greffier insère dans cette note tout ce qu'elle devra contenir, et rien ,

absolument

absolument rien de plus. Elle doit donc n'avoir aucun caractère légal qu'après
la révision que les juges devront en faire, en la chambre du conseil, avant
de se séparer.

Art. 699. L'art. 704, qui laisse au commissaire du Gouvernement le
droit de faire appel dans un ou deux mois, ne lui donne aucun moyen
de ressaisir la personne du prévenu qui, pour s'évader, aura profité de sa
mise en liberté obtenue à l'expiration du sursis de dix jours, durant lequel le
magistrat de sûreté aura négligé d'appeler lui-même. Il est vrai que si
l'art. 699 était rigoureusement exécuté, le commissaire du Gouvernement,
connaissant ou pouvant infailliblement connaître, dès le troisième ou
quatrième jour après la prononciation, la teneur du jugement, pourrait
interjeter son appel, même dans les dix premiers jours ; mais la disposition
de l'art. 699 ne sera, pour l'avenir, pas mieux exécutée qu'elle ne l'a été
jusqu'à ce jour; et par-là, le magistrat de sûreté, indulgent ou séduit, pourra
toujours ménager l'impunité au coupable indûment acquitté. On a vu
mille exemples de cela ; et j'ai sous la main des preuves multipliées que
l'extrait du jugement correctionnel, au lieu d'être envoyé au commissaire
criminel, *dans les trois jours,* ne l'a très-souvent été que le vingt-neuvième ou
trentième jour, et même après le mois accordé pour interjeter l'appel. Si
l'on veut donc faire cesser l'abus, il faut, en cas d'inexécution littérale de
l'art. 699, soumettre, 1.º le magistrat de sûreté à une peine, telle que l'avertissement officiel pour la première fois, la censure pour la seconde, la destitution pour la troisième ; et, dans tous les cas, à une amende envers la
République ; et 2.º le tribunal criminel, ou le commissaire du Gouvernement à faire connaître, sous leur propre responsabilité, les négligences que
le magistrat de sûreté pourrait se permettre à cet égard. Ce ne sera qu'a-
lors que l'article sera exécuté.

Art. 707. « *L'appel sera jugé.....dans le mois....»* Cette disposition
existait dans la loi de l'an 4, et n'a jamais été exécutée dans un grand
nombre de tribunaux. J'en connais où les appels, malgré la détention
des prévenus, n'ont été jugés que plusieurs mois après ; et alors, lorsqu'il
fallait absolument condamner, les juges faisaient courir la peine du jour de
l'emprisonnement du prévenu. Comme si, pour couvrir leur propre négligence, ils pouvaient se permettre de compenser arbitrairement, la détention
qui est *une peine à subir dans la maison de correction,* par le temps que, par
leur deni de justice, le prévenu a perdu *dans la maison d'arrêt!*

Dans d'autres tribunaux il existe, sur appel en matière correctionnelle,
un arriéré énorme qui ne sera jamais évacué ni même connu du Gouvernement.

Pour remédier à ces abus, ce n'est pas assez d'ordonner comme par le passé,
que *l'appel sera jugé dans le mois.* Il faut stimuler l'insouciance par la peine
de l'avertissement officiel, de la censure, de la destitution, et même des

dommages-intérêts et de la prise à partie comme pour déni de justice. Alors on se mettra et on se tiendra sur le courant, et les maisons d'arrêt seront vidées. *Voyez*, au surplus, les observations sur l'article 1113.

Art. 714. 1.° Sur les articles 556 et 557, j'ai démontré l'inconvenance qu'il y aurait à ce que le propréteur siégeât comme juge au tribunal correctionnel. Sous ce rapport, jamais le propréteur ne pourrait avoir concouru au jugement dans le cas de l'article 714;

2.° Mais il pourrait avoir fait l'instruction; et, pour en faire réparer le vice, serait-il absolument nécessaire de renvoyer au propréteur d'un autre arrondissement?

Il paraît que, pour éviter la translation du prévenu et de sa procédure, d'arrondissement en arrondissement, on pourrait, dans les lieux où il n'y a qu'un propréteur, renvoyer à celui des fonctionnaires du même arrondissement qui, en cas d'empêchement, est appelé à remplacer le propréteur. Or, d'après mes observations sur l'article 555, ce fonctionnaire serait l'un des suppléans du tribunal criminel appelés par l'article 556.

Dans les villes où il y aura plusieurs propréteurs, le renvoi serait fait à celui d'entre eux qui n'aurait point fait l'instruction primitive.

Par ces moyens, l'expédition des affaires serait dix fois plus prompte et plus simple.

Art. 715. Par les raisons que je viens d'exposer sur l'article précédent, le renvoi, dans le cas de l'article 715, devrait, dans les villes où le tribunal de première instance est divisé en plusieurs sections, être fait à celle des sections qui n'aurait point concouru au jugement vicié ou annullé. En effet, pour des jugemens sujets, dans tous les cas, à l'appel, la circulation des prévenus et des procédures d'un arrondissement dans un autre, est onéreuse aux parties et à l'État, et on ne doit négliger aucun des moyens propres à la circonscrire.

Art. 725. Ajouter au texte:

« Ce registre devra être coté et paraphé à chaque feuille, par le préteur ou » par le président du tribunal d'appel. »

Je crois cette formalité nécessaire, puisque ce registre est un contrôle des procédures, qui en assure l'existence, et empêchera le greffier et tous autres de se livrer à des prévarications.

Art. 729. *« Les pièces du procès seront communiquées...... »*

Par qui? par le greffier, sans doute; mais il faudrait le dire, et ajouter les mots: *sans frais.*

Art. 730 et 731. La loi du 7 pluviôse an 9 avait reconnu, non sans raison, l'inconvénient et l'inutilité de ce concours de la partie civile à la rédaction de l'acte d'accusation. Pourquoi rétablir cette inutilité! elle ne servira qu'à compliquer les poursuites et à brouiller les idées du jury, qui, en cas de discord entre le magistrat de sûreté et la partie civile, sur la meilleure rédaction de l'acte d'accusation , soit pour la qualification des faits , soit pour la forme ; pourra avoir à se décider entre deux actes différemment rédigés ou contradictoires. D'ailleurs, la partie civile n'a d'autre intérêt que celui d'obtenir des restitutions et indemnités pour lesquelles , si elle n'a pas agi séparément, par action civile, selon l'article 449, elle peut prendre ses conclusions lors des débats, selon l'article 882. En France, l'action criminelle réside toute entière entre les mains du ministère public, et l'intérêt de la partie lésée lui est également confié, à la différence de ce qui s'observe en Angleterre où l'acte d'accusation est présenté, tantôt par le ministère public, tantôt par le plaignant. Mais en Angleterre même, il n'y a jamais deux actes d'accusation, mais *l'un* ou *l'autre exclusivement ;* ce qui n'expose jamais le jury à l'embarras du choix.

Qu'il soit donc permis, si l'on veut, à la partie civile, de concourir à la rédaction de l'acte d'accusation ; mais que la loi dise, en même temps, que le magistrat de sûreté ne sera jamais contraint de s'accorder avec elle ou sur le fait, ou sur les circonstances , et que tout son devoir sera borné à recevoir d'elle des explications ou observations.

Ce tempérament paraît concilier tous les égards dus à la partie civile et au caractère du magistrat de sûreté, qu'on ne doit pas avilir , puisque d'ailleurs, l'article 501 a pourvu à tous les droits de la partie civile, en l'autorisant à surveiller et stimuler les poursuites.

Art. 734. Ajouter au texte :

« *Il pourra néanmoins le refuser, si l'acte d'accusation est infecté de l'une* » *des nullités énoncées dans les articles 732 et 733.* »

Art. 740. La délibération du jury d'accusation doit sans doute être *close ;* car on ne pense pas qu'elle puisse être *publique ;* mais peut-être faut-il de la publicité à la prestation du serment et à la remise de la déclaration des jurés : il faut donc dans cet article s'expliquer sur les deux points.

Art. 741. « ... *Ce qui doit les décider...* »

Pourquoi ne pas s'énoncer plus clairement, et dire :

« S'ils trouvent dans la procédure de ces sortes de présomptions, elles » doivent suffire pour les décider , &c. »

Art. 744 et 745. En composant le jury comme il doit l'être, ce n'est ni la *moitié* , ni la *majorité* des voix , mais l'*unanimité* qui doit prononcer s'il y a ou s'il n'y a pas lieu à l'accusation. Là, il y a égalité parfaite entre l'intérêt public et celui de l'accusé. Je m'expliquerai plus amplement sur les articles 864, 899, 902, 903 et suivans.

Art. 751. L'avertissement officiel est ici un remède insuffisant. Il peut se présenter des procédures d'une importance telle, qu'un propréteur séduit ou mal intentionné , aurait peu de souci de l'avertissement.

Il faut soumettre le propréteur, pour la première fois , à la censure en la chambre du conseil ; pour la seconde, à une suspension limitée ; et pour la troisième fois, à la destitution et à la mise en surveillance particulière ; et dans tous les cas, aux frais de la procédure et à une amende envers l'État, et aux indemnités, s'il y a lieu, envers les parties civiles.

L'amende que l'article prononce contre le greffier, est encore insuffisante. Il faut, par les mêmes motifs, le soumettre aux autres peines que je propose contre le propréteur, et autoriser celui-ci, et à son défaut, le tribunal criminel, à prononcer provisoirement la suspension contre le greffier, dans le cas de récidive.

Art. 770. En rapprochant cet article de l'article 778, on voit que les grands-jours ne seront tenus que dans le chef-lieu du département ; et, par conséquent, les frais de justice, si onéreux à l'État, seront toujours ce qu'ils ont été par le passé.

Il faut relire ici mes observations sur l'article 31. Les redites sont inutiles.

J'ajoute une exception. Les grands-jours seraient, dans mon système, tenus dans chaque chef-lieu d'arrondissement ; mais lorsqu'il n'y aurait, dans l'arrondissement, qu'une affaire à juger, ou lorsque les témoins seraient en petit nombre, ou situés aux extrémités de l'arrondissement, le préteur aurait la faculté, pour ne pas multiplier les frais de déplacement des jurés, de faire traduire le prévenu aux assises de l'arrondissement voisin, et d'y faire citer les témoins devant le jury assemblé pour la session.

Art. 771. Tout commissaire près un tribunal criminel devrait, tous les deux ans, être délégué, pour son service, près un autre tribunal criminel de la même division. Voici mes raisons :

Un commissaire sera faible ou corruptible ; il aura des liaisons avec ses substituts, ou des égards pour eux ; et, alors, comme il est souvent arrivé, le magistrat de sûreté transigera la plupart des délits sous les yeux du commissaire qui participera au fruit de la prévarication, ou n'osera la mettre au jour.

L'abus cesserait si le commissaire n'était pas perpétuel dans son département.

Il en résulterait encore que, pour ne pas donner prise contre lui-même, il ne laisserait à son successeur aucun arriéré de travail, et que, peut-être, nul vice ne s'établirait par l'inexactitude de la correspondance, ou par son défaut de surveillance envers ses subordonnés. Il craindrait d'être scruté par son successeur, que peut-être il n'aurait vu de sa vie.

De son côté, celui-ci serait jaloux, en arrivant, de faire preuve de zèle ; il mettrait, d'abord pour lui-même, les affaires sur leur courant, et les y tiendrait.

Pour décerner des récompenses éclairées, par des promotions à de meilleures places, le Gouvernement pourrait exiger de chaque nouveau commissaire, un état de situation du bureau de son prédécesseur, et des affaires de toute nature non jugées, avec indication des causes de retard, &c. Cet état serait à-la-fois la censure ou l'éloge du commissaire ancien. Il servirait de contrôle des comptes rendus par le préteur ; et, par là, nul fonctionnaire n'aurait la facilité de se dérober à la connaissance intime du Gouvernement ; nul ne pourrait se laisser impunément entraîner à la corruption ou à la négligence, ni jeter un voile dangereux sur l'inconduite de ses collègues ou de ses subordonnés.

Art. 775 et 776. *Voyez* l'observation sur l'article 781.

Art. 778. Pour l'exécution de l'article, les tribunaux criminels devront nécessairement siéger en la même ville que le préfet, ou le préfet se transportera pour procéder à l'installation, ce que l'article ne dit pas. Or, on sait que dans plusieurs départemens les siéges des préfectures et ceux des tribunaux criminels ne sont pas dans les mêmes villes.

Art. 779. Ici le raisonnement est simple : que le propréteur soit ou ne soit pas de l'avis du préteur, le jugement ne sera pas moins rendu selon l'avis du préteur. Si le propréteur ouvre un bon avis, le préteur pourra s'en approprier la gloire ; et si celui-ci veut faire le mal, le propréteur n'aura nul moyen de l'en empêcher !

Puisqu'il ne s'agira, après la déclaration du jury, que de prononcer la peine écrite dans la loi, opération *pour laquelle il ne faut que des yeux,* pourquoi adjoindre pour cela au préteur un simulacre vain et inutile !

Mais pendant le débat, des incidens peuvent naître, il peut se présenter des questions pour la solution desquelles il est difficile de ne pas sentir combien le concours de plusieurs opinions serait utile.

Je crois d'ailleurs qu'au lieu de ces mots, *Les jugemens du tribunal criminel seront rendus*, il eut fallu dire ; *les jugemens du tribunal criminel* AUX GRANDS-JOURS, *seront rendus, &c.* On va voir sur l'article suivant la raison que j'ai de proposer cette correction.

Art. 780. Dans les jugemens rendus aux grands-jours, l'article 779 attribue au préteur *voix prépondérante,* parce que là il ne siégera qu'avec le propréteur ; mais dans les affaires correctionnelles où le tribunal criminel sera composé du préteur et de deux propréteurs ou suppléans, le préteur devra-t-il encore conserver la voix prépondérante !

Au cas de l'article 779 il a été indispensable de lui attribuer la prépondérance, puisque c'était le seul moyen de vider le partage.

Il en est autrement là où il y a trois juges : si deux sont du même avis, ils doivent nécessairement l'emporter sur le troisième. Et c'est sur quoi l'article 780 eût dû s'expliquer, sur-tout d'après la disposition trop générale de l'article 779.

Laisser là où il y a trois juges, la voix prépondérante au préteur, ce serait lui donner deux voix qui, opposées aux deux autres, éléveraient chaque jour des partages que personne ne pourrait vider ; excepté que la voix du préteur n'en valût *trois* à elle seule, ce qui serait absurde et trop humiliant pour les autres juges.

Il faut donc corriger la rédaction de l'article 779, ou donner l'explication dans l'article 780.

D'autres inconvéniens résulteraient encore de l'article 780.

1.º En le rapprochant de l'article 785, il est évident que le propréteur de la ville où le tribunal criminel se trouvera placé, ne pourra siéger dans ce tribunal pour aucune des affaires sur lesquelles il aura fait un acte quelconque d'instruction et de renvoi. Alors en l'absence du préteur, le tribunal criminel ne sera ordinairement composé que des trois suppléans dont le premier fera nécessairement les fonctions de président.

2.º Mais si dans le cas de l'article 784, ce premier suppléant est déjà investi des fonctions du ministère public, il ne restera que deux suppléans qui ne pourront pas former le tribunal criminel, et qui ne pouvant appeler un homme de loi, puisque la loi ne le dit pas, seront, quelle que soit l'urgence, dans une inaction forcée, jusqu'à ce que le préteur ait déplacé un autre propréteur de son arrondissement, pour l'envoyer présider le tribunal criminel.

3.º Il faut d'ailleurs concilier ici l'article 780 avec l'article 556 et dire, comme la commission l'a nécessairement sous-entendu, que « *là où des* » *propréteurs des arrondissemens voisins auront été appelés pour concourir à la for-* » *mation du tribunal criminel, le suppléant qui remplacera, en cas d'empêchement,* » *le propréteur de la ville où le tribunal criminel est placé, laissera le fauteuil de* » *président au plus ancien des propréteurs arrivés des arrondisemens voisins.* »

4.º L'événement prévu au n.º 2 ci-dessus, peut se reproduire dans tous les cas de maladie, et même de récusation bien ou mal fondée que le prévenu hasardera toutes les fois qu'il aura à redouter une condamnation. Ce moyen remet ainsi à chaque prévenu, le choix des juges et de l'époque de sa mise en jugement : il lui remet même le pouvoir d'entraver à son gré, la marche de la justice.

5.º Qu'un propréteur qui, pour prendre séance au tribunal criminel, aura quitté son propre arrondissement y soit provisoirement remplacé, ou par un suppléant du tribunal criminel au désir de l'article 780, ou par un suppléant de première instance comme le permet l'article 555, il n'en sera pas moins vrai que ce nouveau venu ne sera pas du tout au cours des affaires, et qu'avant qu'ils s'y soit mis, il s'écoulera un temps précieux entièrement perdu pour le service. Et là se reproduit l'inconvénient majeur que le C.ⁿ *Oudart* n'a pu se dissimuler, à la fin de la page 47 et au commencement de la page 48 de ses observations.

6.º En effet, dans toutes les suppositions, il y aura perpétuellement des suppléans en activité, ou *au tribunal criminel,* ou *dans les arrondissemens,* *pour y remplacer les propréteurs* provisoirement déplacés. Dans l'un et l'autre

service, les suppléans seront toujours nouveaux pour leurs fonctions momen-
tanées ; ce qui, sur-tout pour l'exercice de la police judiciaire et la direction
du jury dans les arrondissemens, ne pourra que ralentir l'expédition des
affaires et occasionner des bévues irréparables.

Et quand je dis qu'il y aura *perpétuellement des suppléans en activité* au tribunal
criminel, je trouve mon appui dans l'art. 786 qui veut que « l'accusé soit
» entendu au moment de son arrivée dans la maison de justice, ou vingt-
quatre heures après, au plus tard » . Or, ce propréteur après que le préteur se
sera, à cet égard, subrogé pour les affaires qui pourront survenir pendant le
trimestre, ne pourra procéder à l'interrogatoire de ceux des accusés de son
arrondissement à l'égard desquels il aura fait un acte d'instruction. Il faudra donc que le suppléant se trouve là pour remplir, au-lieu du propréteur, les dispositions de l'art. 786. Et si, pour cela, on appelle le propréteur de l'arrondissement voisin, celui-ci devra être, à son tour, remplacé par un suppléant. Donc, ou ici, ou là, l'activité des suppléans sera
évidemment perpétuelle.

7.° Si d'ailleurs, dans les arrondissemens où ils seront provisoirement
de service, l'un ou l'autre de ces suppléans vient à être, ou récusé, ou
autrement empêché, ce sera une nouvelle cause de stagnation des affaires,
tandis que, d'un côté, les propréteurs seront continuellement en voyage,
et, de l'autre, l'État inutilement grevé de tous ces frais de déplacement.

8.° Un inconvénient non moins grave paraît résulter de la formation
des tribunaux criminels jugeant les affaires correctionnelles par appel, au
nombre seulement de trois juges. Ces trois juges pourront n'être et ne
seront, souvent, que les trois suppléans du tribunal criminel, qui, n'étant
qu'accidentellement en activité, seront, à coup sûr, moins experts dans
les matières criminelles, que les propréteurs constamment en exercice.
Les suppléans seront là, souvent, des apprentis.

Cependant ils pourront réformer les décisions de tous les propréteurs
du département, dans le cas d'appel ou pourvoi au tribunal criminel !

Ils pourront même, si l'art. 671 était maintenu, annuller les jugemens
auxquels les propréteurs auraient concouru avec le tribunal de première
instance jugeant correctionnellement !

Le tribunal criminel jugeant au nombre de trois juges, il pourra arriver
ce qui arrive souvent aujourd'hui, que *deux* voix l'emporteront sur *six*.
En effet, si le tribunal de première instance a acquitté tout d'une voix
et conformément aux conclusions du ministère public, voilà déjà quatre
voix pour l'acquittement. Au tribunal criminel, contre les conclusions du
commissaire et l'avis d'un juge, les deux autres juges pourront réformer
le premier jugement. Ces *deux* voix l'emporteront donc sur *six*.

Et quand, au tribunal criminel il n'y aurait à statuer que sur des intérêts civils, n'est-il pas extrêmement périlleux de confier à trois juges qui

prononcent en dernier ressort, une attribution illimitée , puisque les intérêts civils peuvent s'élever à des sommes non moins énormes que les
valeurs qui sont l'objet des décisions des tribunaux d'appel ! Pour les valeurs pécuniaires, les attributions ont la même étendue chez les juges civils
d'appel , et chez les juges *criminels.* Les uns et les autres, peuvent, par
une mauvaise décision , nous priver de la totalité de notre fortune quelconque. Mais les juges criminels peuvent, en outre, nous ravir l'honneur
et la liberté. Serait-il donc déraisonnable d'exiger que ces juges, sujets
comme tous les autres aux erreurs et aux passions, ne pussent rendre un
jugement, par voix d'appel, qu'au même nombre de voix , au moins,
qui sont requises pour les causes purement civiles !

9.° *S'il* est cependant décidé que les tribunaux criminels, même pour le
jugement des affaires correctionnelles par appel, doivent continuer de n'être
composés que de trois juges, alors j'avoue que la disposition de l'art. 780
sera d'une exécution facile *à Paris et même dans toute ville où siégeront ensemble
trois propréteurs.* Il paraît que les rédacteurs du Projet ont ici principalement considéré la localité de Paris, où il pourra y avoir jusqu'à douze
propréteurs, et où, par conséquent, sans déranger le service des arrondissemens, il sera aisé d'extraire, tous les trois mois, le nombre de propréteurs nécessaire au tribunal criminel. Mais est-ce assez de consulter les
convenances de Paris, et ne faut-il pas aussi étendre sa vue sur les départemens !

Art. 781. « Tous les ans, les préteurs se réuniront à Paris, et rendront
» au Gouvernement un compte commun, &c. »

Mon avis serait d'ajouter vingt-quatre juges au tribunal de cassation ,
et de tirer, tous les ans, de ce tribunal, le nombre nécessaire, pour leur
déléguer les fonctions de préteurs.

Il en résulterait,

1.° Une extrême facilité pour tous les préteurs de s'éclairer mutuellement
dans le foyer des lumières où ils viendraient se retremper après la tenue
des grands-jours ;

2.° Une uniformité nécessaire dans la forme de procéder ;

3.° Les questions imprévues par la loi, dont la solution aurait pu embarrasser dans les départemens, seraient référées à l'assemblée des vingt-
quatre préteurs, lors de leur réunion à Paris ; et la décision qui en émanerait , obtiendrait un plus grand respect par cette solennité ;

4.° Les vingt-quatre préteurs, puisant eux-mêmes leurs principes dans
le sein du tribunal régulateur, et y reportant, chaque année, le résultat
de l'application de ces principes et le fruit de leurs propres observations ,
il est évident que cette réciprocité de rapports et de lumières donnés et
reçus, aiderait infiniment à la perfection, autant que possible, de la législation criminelle ;

5.°

5.° Les préteurs acquerraient par là plus de droits à la considération publique, et d'autant plus, qu'ils appartiendraient au premier corps de la magistrature immédiatement placé sous les yeux du Gouvernement, et que l'on pourrait sans cesse réparer les mauvais choix et les vices de l'incapacité, par des délégations toujours plus éclairées par l'expérience du service et des lumières.

Tout cela ne ferait, comme on le voit, que faciliter la reddition du compte annuel de l'administration générale de la justice criminelle, exigé par l'article 781 ; et rien n'empêcherait, au surplus, l'exécution de l'art. 776.

Art. 786. Ici revient l'inconvénient remarqué sur l'art. 780, n.° 6.

J'ajoute que ces mots, *de convoquer les jurés,* sont en contradiction avec l'article 910, qui charge le *préfet* de la convocation. Le préteur ne peut donc ni *convoquer,* ni *déléguer au propréteur la convocation des jurés.*

Art. 787. Qu'arrivera-t-il, si, au moment des débats, ou pendant la session, un accident, une indisposition mettent le préteur hors d'état de continuer ses fonctions ! Ne pouvant ici déléguer ses pouvoirs, comme au cas de l'article 786, il faudra nécessairement renvoyer les témoins, les jurés : ce qui occasionnera des frais inutiles et des retards contraires à la nécessité d'un prompt exemple, mais terribles, sur-tout pour un accusé innocent.

Le Premier Consul pourra, il est vrai, remplacer provisoirement le préteur malade ou empêché. Mais ce ne sera qu'à Paris et pour les environs, que ce remède sauvera les frais et les renvois. Dans les départemens éloignés, quelle que soit la célérité de l'avis donné au Premier Consul sur l'accident survenu, il ne faudra pas moins, en attendant ses ordres, interrompre la session, et renvoyer les témoins et les jurés.

Art. 788. Cet article place tous les propréteurs sous la surveillance du préteur, et l'article 801, tous les officiers de police judiciaire sous celle du commissaire du Gouvernement. Mais aucun article ne met les greffiers sous la surveillance de personne. On conçoit que la disposition de l'article 788 s'étend sur les suppléans, dans les cas où ils sont appelés à remplacer les propréteurs. Je crois cependant qu'il eût été plus convenable de rédiger ainsi le texte :

« *Tous les propréteurs et les suppléans, lorsqu'ils en rempliront les fonctions,*
» *sont placés sous la surveillance du préteur.*

» *Les greffiers sont sous la surveillance du tribunal et de chacun de ses*
» *membres.* »

Art. 789, 790. Voilà un terrible pouvoir confié à un homme qui agit, délibère et prononce seul.

Pourquoi ne soumettre d'ailleurs à cette censure, que les propréteurs, et se taire sur les suppléans ! Ceux-ci en seraient-ils à l'abri, lorsqu'ils auront commis une faute ou une négligence hors des cas auxquels ils devraient remplacer les propréteurs : comme, par exemple, s'ils négligeaient ou se refusaient de venir siéger au tribunal criminel, pour le jugement des appels correctionnels ! Là en effet, le suppléant, directement désigné par le préteur, d'après l'art. 780, ne représente personne : il remplit sa propre place.

Art. 792. Le préteur pourra-t-il *appeler toute personne, et se faire apporter toute nouvelle pièce*, même pendant les débats, et après l'examen commencé ! En ce cas, la séance devant être interrompue, pour donner à l'accusé le temps de préparer sa nouvelle défense, je demande ce que deviendront les jurés, avec lesquels l'affaire aura été entamée et suivie ! Si ces jurés ne sont pas, dès-lors, renfermés à huis clos, sera-t-il impossible aux amis de l'accusé de les pratiquer !

Le préteur devant encore mettre en usage tous les moyens d'éclaircissemens, *de quelque part qu'ils lui soient indiqués*, et nul terme n'étant limité à cet égard, n'arrivera t-il pas qu'un accusé, qui, par la tournure des débats, ou la composition du jury, pourra prévoir le danger d'une condamnation, provoquera, par un éclaircissement dont il fera valoir la nécessité, l'interruption de la séance, et se ménagera, par-là, les moyens de se tirer d'embarras ! Or, le préteur ne pourra se dispenser de prononcer sur la réquisition de l'accusé, sous peine de nullité, et d'avertissement officiel. *Articles 934, 939 et 941.*

Le pouvoir discrétionnaire peut-il, au surplus, s'étendre jusqu'à ordonner ce qui est défendu par la loi, ou ce qui pourrait circonscrire la latitude que l'accusé doit avoir pour sa défense !

Art. 795. Cela ne suffit pas. Il faut le soumettre à accuser réception dans le jour même ; sans quoi, il lui sera libre de ne pas agir, en prétextant que rien ne lui est parvenu.

Art. 797. Ce registre doit être coté et paraphé par le préteur, comme tous les autres registres du greffe ; et ni l'article, ni nul autre n'en disent rien. On sent de quelle importance il est de réparer cette omission.

Les décisions devraient être signées par tous les juges qui y auront concouru. Elles peuvent être de la plus grande conséquence, donner lieu à la prise à partie, à la forfaiture, ou à d'autres peines et réparations contre les juges qui les auront rendues. Il importe à la société, à l'accusé, d'avoir, par les signatures de tous les membres, une garantie incontestable de ce qui aura été fait ou décidé à leur préjudice.

D'autre part, si la décision est contraire à la loi, à la Constitution ; s'il y a excès de pouvoir ; si elle peut donner lieu à des peines, à des censures contre les juges, ne serait-il pas cruel pour ceux qui auront été d'un avis contraire, de se trouver liés par la signature du président seul ; sur-tout si l'avis erroné ou illégal est le sien ; et sur-tout encore s'il avait eu lieu sur des incidens élevés pendant les débats, où le préteur, opinant *seul* avec le propréteur, a cependant voix prépondérante qui, nécessairement et toujours, si l'article 779 était maintenu, ferait *seule* le jugement !

Il faut donc que non-seulement toute décision soit signée, à peine de nullité, par tous ceux qui y auront concouru ; mais encore que, dans tous les cas possibles, il soit libre à tout juge de manifester son opinion contraire, lorsqu'il le croira utile pour garantir sa responsabilité, et n'être pas solidaire des torts d'autrui.

Cette dernière mesure est même commandée par l'intérêt public. Par elle, nul n'osera se permettre de dévier des règles de l'honneur et de la justice ; par elle le Gouvernement sera toujours à portée d'apprécier chaque magistrat, et de distribuer la récompense ou le blâme à qui s'en sera rendu digne. Je sais que plusieurs s'élèveront contre cette opinion ; mais ce n'est pas pour eux que je l'énonce, et nous n'avons plus, grâces à notre expérience, de révolution à recommencer. Tout homme intègre avouera que la pratique de cette mesure, si la loi l'eût prescrite, aurait prévenu des milliers de mauvais jugemens qui souillent les annales de la magistrature.

Que la loi ordonne donc l'établissement, dans chaque tribunal, d'un registre particulier pour l'insertion de toute opinion que chacun des juges trouvera convenable de constater ; et que ce registre soit encore assujetti au paraphe sur tous les feuillets, par le chef du tribunal, et transmis par copie au grand-juge ministre de la justice.

Repousser l'adoption de ce registre, c'est vouloir museler les juges, et leur ôter le premier des attributs d'un être essentiellement libre ; c'est les réduire à n'être que des machines entre les mains d'un homme osé ou injuste, et cependant non moins sujet que les autres à erreur.

Art. 818. Qu'importera, pour le commissaire, la peine de *déchéance*, s'il n'est personnellement responsable de rien ! Il faut donc ajouter que dans le cas où la déchéance serait encourue par sa négligence, il sera tenu, si le jugement ou la procédure sont, en conséquence, cassés ; savoir, pour la première fois, à une amende et à l'avertissement officiel ; pour la seconde fois, à une amende double et à la censure ; pour la troisième fois, à la destitution ; et, dans tous les cas, aux dommages-intérêts des parties civiles, et aux frais de la procédure envers l'État.

Art. 819. C'est la communication prématurée de l'accusé avec ses conseils, ses amis, ses complices, qui dénature les preuves, arrête des aveux qui s'échapperaient et qui conduiraient très-souvent aux découvertes les plus précieuses pour prévenir de nouveaux crimes et purger la société. Mais comment empêcher les communications, là où la maison d'arrêt est peu spacieuse et les détenus entassés les uns sur les autres ! Le seul moyen est de les tenir au secret pendant tout le cours de l'instruction, et jusqu'après l'interrogatoire devant le président du tribunal criminel. Mais, dans les procédures d'une longueur souvent énorme, il répugne à l'humanité de retenir, pendant plusieurs mois, des accusés, quels qu'ils soient, dans des cachots malsains, et toujours infects. C'est torturer des malheureux, souvent des innocens ; et ce n'est cependant que par cet affreux moyen que les combinaisons peuvent être rompues. Rien de plus aisé que d'empêcher les communications , même entre les coaccusés à Paris et dans les villes où il y a plusieurs maisons de justice et d'arrêt ; mais là où, sous le même toit , se trouvent ces deux maisons, et encore celle de correction, les prévenus , les accusés , les condamnés sont confondus ; et , se trouvant ensemble , les anciens de la maison, au défaut même de tout conseil, s'emparent du nouvel arrivé , lui dictent un cours de droit criminel , et lui prescrivent ses réponses.

Je pense, du reste, que l'article doit être rectifié et rendu en ces termes :

« Les conseils *et amis* de l'accusé *ne* pourront communiquer avec lui
» qu'après son interrogatoire. Jusqu'alors l'instruction sera secrète.

*» Les coaccusés du même fait ne communiqueront entre eux qu'au moment
» de la séance pour la formation du tableau des jurés et l'examen.*

» Après l'interrogatoire de l'accusé , ses conseils pourront prendre, *sans
» frais*, communication de toutes les pièces, sans déplacement et sans retarder l'instruction.

« *Tout greffier qui , par lui-même ou par ses commis ou autres intermé-
» diaires , contreviendra aux dispositions du présent article , soit en recevant
» un salaire pour la communication des pièces , soit en donnant à des personnes
» quelconques, ou laissant prendre, avant l'interrogatoire , vision ou copie des
» pièces , sera destitué et mis sous la surveillance du Gouvernement. Il devra
» être provisoirement suspendu de ses fonctions par le tribunal , et , en outre , con-
» damné à une amende de 1000 francs envers la République et à la restitution
» des frais de la procédure en cas d'acquittement de l'accusé. Le préteur,
» le propréteur et les officiers du ministère public sont tenus , à peine d'avertis-
» sement officiel pour la première fois , et de censure pour la seconde , de tenir
» sévèrement la main à l'exécution du présent article. »*

Art. 822. Ce n'est pas assez de dire : « Il fera recommencer l'instruc-
» tion par *d'autres fonctionnaires publics ;* » il faut dire quels seront ces fonctionnaires. *Voyez* mon observation sur l'art. 714, n.° 2.

Art. 827. La première partie de cet article est une répétition de la deuxième partie de l'art. 819. Ce double emploi doit disparaître.

Sur le mode de communication des pièces , j'observe que lorsqu'il s'agira d'une pièce fausse, il ne doit pas être libre au greffier d'en laisser prendre copie, ni même vision , sans la présence du propréteur ou son suppléant, ou de l'officier du ministère public.

Il est aisé de sentir combien, sans cette précaution, il serait dangereux que le conseil de l'accusé obtînt d'un greffier complaisant et avide, des facilités pour dénaturer la pièce ou pour faire disparaître, par un trait de plume , par un point , ou par tout autre moyen qui aurait l'air d'un accident le plus imprévu , la preuve du faux ou le point même sur lequel l'accusation aurait toute sa base.

Art. 829. Dispositions illusoires. — Le commissaire doit rendre compte des causes du retard, et s'il n'y en a pas de légitimes, il doit être tenu envers l'accusé , d'une indemnité pour l'injuste prolongation de sa détention, et encore du tort fait à la partie civile et à la société, qui n'obtiennent qu'une demi-justice quand elles ne l'obtiennent pas promptement.

Je connais tel tribunal criminel , l'un des plus chargés de travail , où cependant l'on en expédie le moins, et qui peut-être occasionne le plus de dépenses inutiles. La maison de justice y est toujours pleine , et plusieurs accusés y meurent après une détention souvent de plus d'un an, sans avoir été mis en jugement, sans même qu'aucune instruction ait été faite à leur sujet. Tantôt l'affaire sera renvoyée dès l'ouverture des débats, parce que des témoins essentiels n'auront pas comparu ; et si l'on veut savoir pourquoi, on trouve que le témoin n'a pas été cité, ou ne l'a pas été légalement. Tantôt le renvoi aura pour cause l'inexactitude de la liste prescrite par l'art. 842, où le commissaire inattentif aura , au hasard, attribué au témoin essentiel des nom , prénoms ou qualifications autres que ceux exprimés dans la citation donnée au témoin même , et tout cela parce qu'au lieu de faire sa besogne, le commissaire s'en sera rapporté aux opérations irréfléchies d'un secrétaire ou des huissiers auxquels il aura remis la rédaction de la liste. Aussi voit-on arriver aux débats cinquante témoins dont les neuf-dixièmes avaient déjà déposé par écrit, *ne rien savoir,* et qui n'ont été cités que parce que les huissiers, rédacteurs de la liste , ont eu intérêt de les appeler pour multiplier leurs voyages. Peu leur importe le résultat, puisque les frais des procédures ne pèsent ni sur eux, ni sur le commissaire convocateur , mais sur le trésor public pour la presque totalité, comme l'a très-justement remarqué son excellence le grand-juge dans son compte rendu, page 226 du projet de Code.

A l'appui de tout cela , je me borne, sur mille faits, à citer le premier qui tombe sous ma main.

Une procédure contre une femme et son fils, prévenus de parricide, fut portée à la session de thermidor an 10 , où se trouvèrent les jurés et quarante témoins. Ce ne fut qu'au moment de faire conduire les accusés à l'audience, que le commissaire s'aperçût d'une maladie déjà ancienne qui retenait l'accusée au lit. On renvoya.

En fructidor, seconde convocation des quarante témoins et des jurés. Nouveau renvoi , parce que le commissaire avait omis de faire citer trois des jurés.

A la session de vendémiaire, le commissaire ne fît comparaître que vingt-sept témoins à charge, *attendu,* dit-il, *l'inutilité des treize autres.* Ce motif eût pu le dispenser de les appeler aux sessions précédentes.

Les débats furent ouverts avec les vingt-sept témoins et vingt autres à décharge. Pendant l'examen, le tribunal, malgré la formule *la loi autorise*, découvrit trois nullités radicales dont le commissaire n'eût pu manquer de s'apercevoir, s'il eût pris la peine de vérifier la procédure. Cette découverte ne permit pas de passer outre, et on renvoya pour recommencer l'instruction. Troisième taxe inutile des voyages des huissiers, des jurés et des témoins, dont chacun reçut une indemnité de 30 francs, ce qui, pour les trois sessions, éleva à plus de 4,000 fr. les frais perdus de cette procédure.

Une douzaine de pareils renvois dans l'année, coûtent à l'État plus de 40,000 francs. Qu'est-ce donc lorsqu'il y a, dans le même tribunal, trois ou quatre renvois par chaque mois !

Or, ces abus sont de nature à n'être extirpés, que lorsque l'insouciance sera sérieusement contenue par la crainte de la responsabilité.

Art. 836. En Angleterre, à l'ouverture des grands-jours, une foule de citoyens notables, d'hommes de loi, et même d'aspirans du barreau, appelés, les uns par l'intérêt que l'affaire inspire, les autres par le desir d'acquérir des connaissances, vont, à la suite du grand-juge, prendre place aux assises, sur des bancs séparés du public, des jurés et des témoins. Ils assistent à l'examen, et peuvent faire au juge leurs observations et demander des éclaircissemens, tant sur les motifs de culpabilité que sur ceux de l'innocence de l'accusé. Le juge est tenu de satisfaire aux demandes, de résoudre les difficultés proposées. Les élèves du barreau en tiennent note ; c'est pour eux une école de procédure ; souvent pour les jurés et le juge lui-même, un préservatif contre des méprises, et, toujours pour l'accusé et la société, un nouveau motif de rassurer sur la conviction ou la justification : car, la discussion ainsi engagée, éclaircit absolument tout ; et ce qui pourrait échapper à l'attention des uns, est nécessairement relevé par la sagacité des autres ; et si le juge pouvait avoir l'intention de dévier de ses devoirs, ou de donner une mauvaise décision, il serait contenu par la crainte de la censure du public, plus redoutable pour le magistrat, que celle des supérieurs.

Où serait, je le demande, l'inconvénient de nous approprier aussi cet usage !

Art. 841. L'appel nominal des témoins, tant à charge qu'à décharge, devrait *précéder* la lecture de l'acte d'accusation, afin de ne pas s'exposer à lire une seconde fois cet acte, si tous les témoins ne s'étaient pas trouvés présens à la première lecture ; et cependant, l'art. 842 veut que l'appel des témoins n'ait lieu qu'*après la lecture de l'acte d'accusation*.

Dans l'ordre que je propose, et après cette lecture, le commissaire exposerait le sujet de l'accusation, les témoins se retireraient alors, et avant d'en entendre aucun, le préteur demanderait à l'accusé de s'expliquer, mais sans le ministère de son conseil, sur la vérité des faits énoncés en l'acte d'accusation.

Art. 842. Ici reviennent mes réflexions sur l'art. 829.

A l'égard du témoin qui n'aurait pas été indiqué ou clairement désigné dans l'acte de notification de la liste énoncée en l'art. 842, ajouter au texte que « l'accusé et le commissaire seront déchus de tout moyen de » nullité à cet égard, s'ils ne se sont pas opposés à son audition. »

Art. 848. Ainsi resterait irrésolue la grande question qui a si souvent mis les tribunaux dans l'embarras ; savoir : Si le dénonciateur qui ne s'est plaint que du tort personnel, et qui n'a en vue que la restitution, par exemple, de ce qui lui a été volé ; le dénonciateur qui s'est, dans les vingt-quatre heures, désisté de sa dénonciation, et qui d'ailleurs n'est et n'a pu espérer d'être récompensé pécuniairement par la loi, peut ou ne peut pas être entendu comme témoin, lorsque les poursuites ne sont faites que par le ministère public et pour la vindicte publique seulement. Il est temps que l'on sache s'il est des circonstances où celui qui se plaint ou qui dénonce, peut, par son assertion, concourir à la formation des preuves ; ou si, au contraire, il doit, dans tous les cas possibles, produire des témoins autres que lui-même. Dans un code nouveau, on doit saisir l'occasion de résoudre les doutes sur un point aussi important. Or, par la disposition de l'art. 848, les jurés se retrouveraient dans la même perplexité qui a si long-temps divisé les opinions ; et elle arrêterait souvent les opérations, ou porterait les jurés, pour en finir, à prendre une détermination contraire à celle qu'ils eussent prise, s'il n'y eût pas eu de difficulté.

Art. 852. Cela ne suffit pas : il faut alors 1.° que tout ce qui sera dit en l'absence de l'accusé, soit écrit exactement ; 2.° Que le témoin qui aura fait une déclaration, ou donné des explications, soit interpellé de répéter immédiatement, *en présence de l'accusé*, tout ce qu'il aura dit *en son absence*. Ensuite le préteur instruira l'accusé de tout ce qui se sera fait en son absence, et de ce qui en sera résulté. Cette répétition de témoin, en la présence de l'accusé, est indispensable. Il est des hommes à qui la présence d'un autre ferme plus ou moins la bouche. Un témoin est osé lorsqu'il parle en l'absence de l'accusé ; en sa présence, il reste souvent muet. Est-ce l'effet de la timidité ou des remords !

Art. 855. La disposition de la première partie de l'article doit recevoir des modifications indispensables Dans l'intervalle de la déclaration écrite du témoin, au jour des débats, une maladie, un accident par force majeure, le débordement d'une rivière, peuvent l'empêcher de comparaître ou d'être transporté à l'auditoire. Il peut être décédé ou frappé de mort civile, ou avoir passé les mers, ou chez l'étranger. Si la déposition d'un tel témoin est essentielle, pourquoi ne pas suppléer à sa déposition orale par la lecture de la déclaration écrite, sauf aux jurés et au tribunal à y avoir tel égard que de raison ! Pour ne pas favoriser l'impunité, la loi doit donc ordonner que cette déclaration sera lue publiquement aux jurés, sauf à être débattue par l'accusé et par ses conseils, dont, en ce cas, procès-verbal sera dressé pour constater ce qui aura été dit, ou contre le témoin, ou contre sa déposition.

Art. 856. Mais après avoir rempli, à l'égard du faux témoin, les fonctions, l'un de *magistrat de sûreté*, l'autre de *propréteur*, le commissaire et le préteur devront-ils, après l'acte d'accusation dressé, retenir ce faux témoin par devant eux, comme membres du tribunal qui doit le juger ; ou bien devront-ils le renvoyer, pour être jugé, devant le préteur le plus voisin ! L'article n'en dit rien, et cela ne peut pas rester indécis. Il paraît que celui qui a exercé les fonctions d'*officier de police judiciaire*, et ensuite de *directeur du jury* dans une affaire, ne peut demeurer juge de la même affaire au tribunal criminel où, ne pouvant se réformer lui-même, il se verrait contraint de ratifier, quelque vicieuses qu'elles fussent, ses premières opérations.

Art. 861. Dans le cas de cet article et des articles 863, 875, 889, 890, 932, &c., le préteur, en cas d'inobservation, est assujetti à l'avertissement officiel. Mais pour que la disposition de la loi ne fût pas illusoire, il faudrait, 1.° que la peine de nullité fût expressément attachée à l'inobservation ; 2.° que, sous peine d'amende, de suspension, ou même de destitution en cas de récidive, le greffier fût tenu de dresser procès-verbal du débat, énonçant toutes les réquisitions qui seraient faites, les décisions intervenues, et l'observation de toutes celles des formalités prescrites à peine de nullité, qui auraient été remplies. La nécessité de ce procès-verbal ne laisserait aux tribunaux aucun pouvoir de commettre des infractions qui ne fussent solennellement constatées. Il faudrait, 3.° que, dans ces cas, la nullité fût *d'ordre public*, en cette sorte que le commissaire du Gouvernement se vît tenu, à peine de perte de son emploi ou de forfaiture, de donner au grand-juge ou au tribunal de cassation, par la nécessité du recours, connaissance de la violation de la loi.

Sans cela, quelle sera, dans les départemens, l'homme qui osera avertir le grand-juge des écarts que le préteur pourra se permettre ! Qui voudra se mesurer avec un fonctionnaire revêtu d'un grand pouvoir, qui, chaque année, ira rendre compte au Gouvernement de ce qu'il voudra, et qui pourra donner des impressions, bonnes ou mauvaises, sur tous les fonctionnaires de sa division, sans excepter le commissaire du Gouvernement ! Si donc on veut savoir la vérité, il faut contraindre du moins celui-ci par des peines à la dire : alors pourront être sérieusement exécutées les dispositions des articles 939, 940 et 941,

Art. 864. « *L'unanimité*, a très-bien dit le C.^{en} Oudart, *est la seule* » *véritable justice.* » Sans cette règle, l'institution du jury est entièrement mutilée,

Nous n'avons jamais eu en France de véritable jury. Qu'on le compose

comme

comme il doit l'être , et alors la seule passion des jurés sera la justice , sans laquelle il ne peut y avoir de paix.

Les fonctions de juré ne doivent être confiées qu'à celui qui a personnellement intérêt au maintien de l'ordre social , puisque la science des gouvernans se réduit à mettre en action les intérêts privés pour concourir au bien général.

Les argumens proposés contre la règle de *l'unanimité ,* dans la décision des jurés , n'ont aucune base plus solide que l'exemple d'un accusé d'assassinat déclaré convaincu par onze jurés , tandis qu'après une longue résistance le douzième s'avoua lui-même coupable de ce crime.

Cet exemple prouve que l'institution du jury n'a pu , pour cette fois ,; garantir les hommes d'une erreur. Mais il ne prouve rien contre la règle de l'unanimité. Il ne s'agit pas tant de décider si cette règle est infaillible , que de savoir si elle n'offre pas contre l'erreur des préservatifs plus sûrs que toutes les autres manières de juger ; et là-dessus les annales des tribunaux en disent malheureusement plus que nous ne voudrions en savoir.

Sur les articles 899 , 902 et 903 , je dirai mon avis sur la composition du jury. Je me borne ici à la réflexion suivante :

Un fait devrait être pour tous les yeux tellement certain , qu'il ne pût jamais y avoir sur son existence deux avis opposés. Cependant il arrive tous les jours , lors des jugemens criminels par plusieurs juges ou par une assemblée de jurés non assujettis à prononcer *à l'unanimité,* que le même fait sera *constant ,* selon les uns , et *non constant* selon les autres : et il en est de même pour les circonstances aggravantes.

Ce mode de juger est une source d'erreurs. Le danger des illusions serait incontestablement moindre , si les juges ou les jurés étaient asservis à la règle de *l'unanimité ,* qui , empêchant toute pluralité d'avis sur l'existence ou les modifications du fait , rendrait du moins impossible le scandale des contradictions. Un exemple cent fois renouvelé sous mes yeux me fera peut-être mieux entendre.

Dans les tribunaux spéciaux institués par les lois des 18 pluviôse an 9 , 23 floréal an 10 et 26 vendémiaire an 11 , six ou huit juges opinent , actuellement , dans une affaire capitale. Tous sont d'avis de la peine de mort , mais chacun par un motif différent dont nul de ses collègues n'est frappé. Voilà donc un homme condamné *par l'avis d'un seul ,* puisque chaque juge ne s'est déterminé que par un fait *isolé ,* ou par une circonstance *particulière.* Chacun a pu se tromper sur cette circonstance , puisqu'il est évident que les sept autres juges sont en cela d'un avis opposé. Et cependant c'est par cette méthode vraiment alarmante que chaque jour on décide de la vie et de l'honneur de ses semblables !

Le tribunal de cassation , en matière criminelle , porte principalement ses regards sur les points de forme. Cela est très-important sans doute; mais peut-être faudrait-il aujourd'hui examiner s'il ne serait pas encore plus né-cessaire d'établir des tribunaux de révision qui , *dans les cas de diversité d'avis* sur les condamnations à peine afflictive ou infamante , s'occupassent quelquefois de l'examen du fonds. Eh ! puisque , par le nouveau sys-tème judiciaire , les moyens de cassation fondés sur les vices de forme , se trouveront presque entièrement élagués , qu'on daigne réfléchir sur le bien qui résulterait pour l'expédition de la justice criminelle , par l'établissement de six tribunaux de révision , à Bruxelles , Paris , Lyon , Bordeaux , Marseille et Turin.

Art. 876. A la suite de l'article , il importe d'insérer la disposition que voici , dont l'expérience a souvent démontré la nécessité.

« Lorsque, par la non comparution d'un témoin, l'affaire aura été ren-
» voyée , et que cette non comparution aura pour cause l'inexactitude de la
» citation qui aura dû lui être donnée , si la nullité ou le vice de la citation
» procèdent du fait de l'huissier ou du commissaire poursuivant, celui des
» deux qui aura à s'imputer le vice ou la nullité , sera personnellement
» tenu, savoir : envers l'État, des frais inutiles des voyages et séjour des
» autres témoins et des jurés ; et envers l'accusé , d'une indemnité à raison
» de la prolongation de sa détention.

» A cet effet, le montant du cautionnement de l'huissier sera affecté ,
» par privilége , aux restitutions ; et après l'épuisement dudit cautionne-
» ment, l'huissier sera contraignable par corps pour le paiement du surplus
» des condamnations. En conséquence , nul huissier ne pourra , à la cessa-
» tion de son service, retirer ledit cautionnement qu'en rapportant une
» attestation du tribunal auquel il était attaché, *qu'il n'a encouru, dans*
» *l'exercice de ses fonctions , aucun des cas de restitution ci-dessus énoncés.*
» Les attestans seront , à raison de leurs signatures, garans sur leurs biens ,
» de la vérité des faits attestés. »

Cette disposition paraîtra dure à ceux pour qui tout devoir est pénible. Mais , en salariant ses fonctionnaires , l'État a , au moins autant qu'un parti-culier , le droit d'exiger d'être servi ; et lorsqu'on sollicite, ou qu'on accepte un emploi, il est sous-entendu qu'on s'est cru capable de le remplir ; et lorsqu'en-suite on se laisse entraîner à la négligence , on doit en supporter la peine puisque cette négligence, dans l'homme public , n'est qu'une prévarication.

Ici reviennent mes observations sur l'article 829.

Art. 877. Je crois d'abord que la rédaction devrait être rendue en ces termes : « Lorsqu'un témoin *essentiel* qui aura été *régulièrement* cité , &c. »

J'ajoute que si l'accusé vient ensuite à être trouvé innocent, il n'en aura pas moins subi, par le fait du témoin dont l'absence aura occasionné le renvoi de l'affaire , une prolongation de détention peut-être de plusieurs mois. Il faut donc que l'accusé ainsi vexé , reçoive une indemnité à laquelle la loi doit assujettir le témoin récalcitrant ; et c'est ce que , ni cet article , ni nul autre n'ont dit. Il y a plus : la conduite du témoin présente ici le caractère du dol et du quasi-délit ; et , pour cela , il doit être contraint par corps pour le montant de l'indemnité ; et , en cas d'insolvabilité légalement constatée , il doit subir , par compensation , une détention proportionnelle, par exemple , d'un jour pour chaque 5 francs d'indemnité.

Art. 889. Rien de plus dur pour le juge et de plus cruel pour le condamné , que la prononciation d'un jugement de mort *en sa présence*. N'y aurait-il donc aucun moyen de concilier les devoirs de l'humanité et de la justice , avec les devoirs commandés pour l'exemple , envers ces hommes pour qui l'exemple est nécessaire !

Art. 890. Cet article et le précédent soumettent ,

1.° Le greffier à des amendes en cas d'inobservation. Il aurait fallu expliquer à la poursuite de qui , par qui , et comment le greffier sera condamné à cette peine , et par qui encore il sera averti officiellement. De pareilles menaces sont toujours vaines , et provoquent souvent d'autres attentats plus graves pour se soustraire à l'effet des menaces , lorsque la loi n'a pas pris tous les moyens de le rendre inévitable.

2.° Pourquoi accorder aux juges vingt-quatre heures pour la signature du jugement ! Il faut les soumettre à signer, du moins le dispositif , avant la prononciation. Cela est nécessaire pour prévenir des accidens qui pourraient *retarder* une exécution urgente. D'ailleurs peut-on dire qu'il y ait jugement avant la rédaction et la signature qui , bien mieux qu'une prononciation fugitive , en constatent l'existence ! Rien de plus aisé, si on le voulait, que de signer, non-seulement le dispositif , mais le jugement entier avant sa prononciation , et cela sans aucune prolongation dé la séance. Il ne faut qu'avoir un commis instruit et diligent qui , pendant les débats , rédigera le mécanisme du formulaire , tandis que le greffier tiendra lui-même note de ce qui se passera. Pendant la délibération des jurés et ensuite des juges , la rédaction peut être ainsi conduite jusqu'au dispositif du jugement que les juges dressent lors des opinions en la chambre du conseil. Pour tout cela , il ne faut que de la bonne volonté. Dispenser les juges de la *signature avant la prononciation* , c'est leur laisser la liberté de signer quand il leur plaira ; c'est les provoquer à la paresse. Qui pourra jamais constater qu'un jugement n'a été signé qu'après les vingt-quatre heures ! Qui osera entrer, à cet égard, en lutte avec le tribunal , avec le préteur ! On signera d'abord après les deux jours, puis plus tard ; puis le relâchement augmentera, et on signera, comme on l'a souvent vu, au bout d'un ou deux mois, et peut-être aux prochains grands-jours ! Voulez-vous prévenir les abus ! ne leur laissez aucune place. Encore n'en trouveront-ils que trop malgré votre vigilance.

Art. 893. Cet article ne peut subsister tel qu'il est. Il y aurait de la barbarie de vouloir différer , jusqu'à la réception du jugement du tribunal de cassation , l'exécution d'un condamné à mort, et cela parce que la partie civile aura seule recouru, quant à ses intérêts privés. Si le condamné et l'officier du ministère public acquiescent au jugement, n'est-ce pas assez pour la vindicte publique ! et alors, pourquoi torturer le condamné dans les angoisses d'une mort toujours présente , en retardant son supplice pendant un mois ou plus ! ⹁

Art. 895. Cet article ne peut recevoir son exécution, qu'autant que les grands-jours seraient tenus dans chaque ville chef-lieu d'arrondissement. *Voyez*, à ce sujet, mes observations sur l'article 31.

Art. 899. Au lieu du texte, je propose la rédaction que voici :

« Les citoyens admissibles aux fonctions de jurés d'accusation et de
» jugement seront inscrits sur une liste.

» Cette liste sera annullée dans tous les cas où l'une des règles ci-
» après prescrites aura été violée. Le tribunal criminel prononcera l'an-
» nullation de la liste selon les dispositions des art. 755, 817, 818 et sui-
» vans ; et le fonctionnaire qui l'aura présentée, sera, en ce cas, responsable
» envers l'État et envers les parties civiles, des indemnités et frais quel-
» conques que l'annullation aura entraînés. Il sera, de plus, officielle-
» ment averti par le grand-juge, auquel, à cet effet, le préteur et le com-
» missaire du Gouvernement, l'un au défaut de l'autre, sont tenus, sous
» leur reponsabilité , de transmettre incessamment un extrait du jugement
» qui aura prononcé l'annullation.

» Afin de mettre le tribunal criminel à portée de prononcer sur la léga-
» lité de la liste, elle devra énoncer, à peine de nullité ,

» 1.° Le jour et les lieux de naissance et des résidences successives de
» chacun des citoyens inscrits ;

» 2.° S'ils sont ou ne sont pas illitérés ;.

» 3.° S'ils sont pères de famille ou célibataires ;

» 4.° S'ils sont ou ont été , dans un autre département, sous le poids
» d'un mandat d'arrêt ou d'une accusation , ou condamnés pour crime ou
» pour délit, par un tribunal quelconque.

» A cet effet, le commissaire du Gouvernement près chaque tribunal
» criminel ou correctionnel , et le rapporteur près chaque conseil de guerre
» ou commission extraordinaire de terre ou de mer, sera tenu de trans-
» mettre, le premier de chaque mois, au préfet du département, un état
» certifié de tous les jugemens rendus, portant condamnation à une peine
» correctionnelle ou au-dessus. Cet état contiendra la désignation précise du
» condamné, sa profession, le lieu de son origine, celui de ses demeures
» précédentes et celui de sa dernière demeure, s'ils sont connus.

» La même liste, pour l'article seulement relatif à chaque condamné ,
» sera transmise en même temps, par les mêmes fonctionnaires, aux préfets
» des départemens , tant du lieu d'origine, que du lieu de la demeure

» habituelle ou momentanée du condamné , ou du lieu où il aura exercé
» des fonctions quelconques.

» Nul ne sera inscrit sur la liste des jurés , à peine de nullité ,

» 1.º S'il ne sait lire et écrire ;

» 2.º S'ils n'est âgé de quarante ans accomplis ;

» 3.º S'il n'est père de famille ou marié ;

» 4.º S'il n'est du nombre des citoyens désignés en l'article 902.

» Ne pourront être inscrits sur la liste des jurés , à peine de nullité ,

» Les parens ou alliés du préfet jusqu'au sixième degré inclusivement ,

» Les employés de ses bureaux ,

» Ses domestiques , commensaux et serviteurs à gages ;

» Cette exclusion cessera avec les fonctions du préfet ou celles des
» employés.

» Seront exclus des fonctions de juré ,

» 1.º Ceux qui sont sous le poids d'un mandat-d'arrêt ou d'une accu-
» sation pour crime ou pour délit prévu par le code pénal ; ceux qui ont
» été dans le même cas et qui n'ont pas été entièrement déchargés de
» l'accusation , ou qui n'ont été acquittés qu'à cause de l'insuffisance des
» preuves ; ceux encore qui ont été condamnés à une peine correctionnelle
» ou au-dessus , quand même , depuis leur condamnation , ils auraient
» obtenu leur grâce ou leur réhabilitation ;

» 2.º Ceux qui ont composé, à prix d'argent, pour quelque crime ou
» délit , qui , s'il eût été poursuivi , eût pu entraîner contre eux quelque
» peine correctionnelle ou une peine plus forte ;

» 3.º Celui qui a battu ou maltraité ses père, mère, ou autres ascen-
» dans , de manière à provoquer contre lui une plainte judiciaire ou une
» dénonciation par la clameur publique , quand même il n'y aurait eu ,
» pour ce délit, aucune poursuite ultérieure ;

» 4.º Ceux qui ont été, ou sont mariés à deux femmes vivantes ; ceux
» qui vivent en concubinage public ou dans des lieux de prostitution, ou
» qui tolèrent la prostitution publique de leurs femmes ou de leurs filles ;

» 5.º Ceux qui exercent des métiers infames, ou prohibés par les lois
» de police ; et ceux qui tiennent des maisons de prostitution publique , ou
» de jeux défendus ;

» 6.º Ceux qui ont été convaincus de parjure ou faux témoignage ,
» même au civil, quand même nulle poursuite judiciaire n'aurait eu lieu
» contre eux à ce sujet ;

» 7.º Ceux qui sont ou ont été en état de faillite ouverte , ou fils de
» débiteurs faillis , s'ils ne produisent les quittances authentiques et définitives
» de leurs créanciers ;

» 8.º Ceux qui ont été légalement frappés d'interdiction pour cause

» de démence, fureur, ou prodigalité, quand même ils auraient, depuis,
» été relevés de l'interdiction ;

» 9.° Les sourds, et ceux notoirement connus pour être habitués à
» l'ivrognerie.

» Tout citoyen convoqué pour remplir les fonctions de juré, sera tenu
» de déclarer, avant la formation des tableaux prescrits par les art. 914
» et 925, s'il est dans l'un des neuf cas d'exclusion ci-dessus énoncés. En
» cas de réticence ou de fausse déclaration reconnue avant le jugement
» prononcé, les débats seront annullés et recommencés avec un nouveau
» juré appelé en remplacement du juré exclu. Dans ce cas, celui-ci sera
» condamné à tous les frais de voyage, séjour, et autres occasionnés par
» sa réticence ou fausse déclaration, et aux iudemnités relatives tant en-
» vers l'accusé à raison de la prolongation de sa détention, qu'envers la
» partie civile. A cet effet, le juré condamné sera contraignable par
» corps. Il sera, de plus, condamné à trois mois de prison, en réparation
» de sa désobéissance à la loi.

» Si la réticence ou la fausse déclaration du juré n'est reconnue qu'*après*
» *le jugement de l'accusé*, mais *avant son exécution*, il y aura lieu à de nouveaux
» débats, comme il vient d'être dit, si l'accusé avait été déclaré convaincu et
» condamné. Dans le cas où l'accusé aurait été acquitté, rien n'empêchera
» l'effet du jugement; mais le juré coupable de réticence ou de fausse dé-
» claration, ne subira pas moins, dans les deux cas, les condamnations ci-
» dessus ordonnées; et s'il y avait eu condamnation à mort, exécutée, contre
» l'accusé, le juré serait poursuivi, en outre, comme complice d'assassinat.

» Tout citoyen convoqué pour remplir les fonctions de juré sera tenu,
» lors de la prestation de son serment et avant d'être admis à l'exercice de ses
» fonctions, de déclarer,

» 1.° S'il est parent ou allié du dénonciateur ou plaignant, ou de l'accusé,
» jusqu'au sixième degré inclusivement;

» 2.° S'il est ou a été ennemi de l'accusé ou de ses parens et alliés jusqu'au
» quatrième degré inclusivement, ou s'il s'est auparavant jacté de leur nuire;

» 3.° S'il est ou a été le commensal, l'avocat, l'avoué, le conseil, ou le
» chargé d'affaires de la partie civile, ou s'il a sollicité pour elle dans des
» causes même étrangères à l'accusé;

» 4.° S'il a eu procès criminel ou civil avec l'accusé ou l'un de ses parens
» et alliés jusqu'au quatrième degré inclusivement;

» 5.° S'il est créancier, débiteur, ou au service du dénonciateur ou plaignant,
» ou de l'accusé, ou de leurs père, mère, frères, sœurs, oncles et neveux.

» Si, sur l'une de ces cinq circonstances, la déclaration du juré est affirma-
» tive, il se retirera et sera à l'instant remplacé.

» Si la déclaration est négative, et que pendant les débats ou après le
» jugement rendu, mais avant son exécution, il soit reconnu qu'il y a eu

» fausseté dans la déclaration du juré, il sera condamné à une amende de
» deux mille francs, outre les frais frustrés envers l'État, et l'indemnité envers
» les parties civiles, et exclu à perpétuité des fonctions de juré.

» Si le jugement a prononcé l'acquittement de l'accusé, rien n'en em-
» pêchera l'exécution. Si l'accusé a été condamné, mais non exécuté,
» les débats seront recommencés ; et s'il y a eu exécution à mort, le juré,
» outre les peines ci-dessus prononcées, sera poursuivi comme complice
» d'assassinat, et il pourra y avoir lieu à la réhabilitation de la mémoire du
» condamné, si ses parens le requièrent. »

Je ne ferai pas un long raisonnement à l'appui de la rédaction que je
viens de proposer.

Si l'on ne veut l'institution du jury que pour la dénaturer par une
mauvaise composition, afin de s'ouvrir un prétexte de crier encore contre
elle et de la faire rejeter après une nouvelle épreuve de quelques années,
je déclare que je ne suis nullement partisan du jury à cette condition ;
parce qu'un tel jury peut et doit nécessairement faire plus de mal que de
bien.

Mais si l'on veut le jury tel qu'il est essentiellement, il faut le composer
comme en Angleterre, de citoyens *au-dessus de tout reproche, soit de partia-*
lité, soit d'infamie, soit de crime ; omni exceptione majores : alors nous aurons
véritablement un jury, et il ne pourra, chez nous, comme chez les Anglais,
produire que d'excellens résultats.

Alors les fonctions de juré seront respectables et honorées, et autant
il y a eu de l'éloignement pour les remplir jusqu'à ce jour, autant il y aura
d'empressement à participer à cette faveur.

Le mot *juré* signifiera désormais parmi nous un citoyen d'un mérite supérieur, d'une vertu reconnue, pur et irréprochable dans sa conduite publique et privée ; en un mot, le modèle d'un bon citoyen, d'un bon père,
d'un bon ami, d'un bon époux.

Il faut pourtant répondre à quelques objections.

1.º On se plaindra de l'exclusion donnée aux célibataires,

Réponse. L'homme n'est pas fait pour le célibat, et il est bien difficile
qu'un état si contraire à la nature n'amène pas quelque désordre public
ou caché, lorsque le célibataire n'est pas élevé par le puissant attrait de la
religion au-dessus des affections terrestres. A cette exception près le célibataire, est, en quelque sorte, étranger à la société ; rien ne le lie à la
patrie. Les affections les plus chères de la nature lui sont inconnues ; il
est à une trop grande distance des hommes pour connaître le cœur humain ;

2.º On dira que c'est trop reculer l'exercice des fonctions de juré, que
de n'y admettre que des citoyens âgés de quarante ans accomplis,

Réponse. Si des hommes que le ciel n'envoie qu'à de longs intervalles dans
les siècles, comme pour rappeler l'espèce humaine à la grandeur de sa

destinée, ont donné, avant l'âge de quarante ans, des preuves de la sublimité de leurs conceptions, et d'une sagesse consommée, ce n'est pas une raison d'en conclure qu'il en est ainsi des hommes vulgaires appelés aux fonctions ordinaires de la société. Ceux - ci, avant quarante ans, peuvent être vertueux, sans doute, et même éclairés, sans avoir encore la maturité de jugement que l'expérience seule peut donner. Quand il s'agit de prononcer sur la vie et l'honneur des hommes, il faudrait s'il était possible, n'appeler, comme les anciens, à ces fonctions augustes, que des hommes blanchis dans la sagesse et la prudence, et en qui la fougue de toutes les passions fût depuis long-temps amortie. Ce n'est qu'à quarante ans qu'on est homme; et s'il est vrai que quelques êtres privilégiés le sont beaucoup plutôt, il ne l'est pas moins qu'une foule d'autres ne le sont pas même à cet âge. Or, comme ce ne sont pas les hommes ainsi favorisés du ciel qui sont appelés aux fonctions de juré, j'ai cru que l'exception ne devait nullement former la règle.

Art. 900, 901. L'incompatibilité des fonctions de juré doit être étendue aux *commissaires particuliers de police, et à leurs agens et subordonnés.*

Art. 902, 903. Au lieu des conditions exigées par ces articles, je propose la rédaction suivante :

« Les citoyens admissibles, selon les règles précédentes, aux fonctions
» de jurés, ne pourront être inscrits sur la liste pour l'exercice desdites
» fonctions, dans le département de leur résidence, si, dans ledit départe-
» ment ou dans l'un des autres départemens de la République, ils ne sont
» compris sur les rôles des contributions foncière, mobilière et somptuaire,
» ou au rôle des patentes, pour les valeurs ci-après, selon la population des
» départemens, à peine de nullité de la liste ; savoir :

» Dans les départemens au-dessous de cent mille habitans, pour une somme
» totale de 100 francs.

» Dans ceux au-dessous de deux cent mille habitans, pour une somme
» de 150 francs.

» Dans ceux au-dessous de trois cent mille habitans, pour une somme
» de 200 francs.

» Dans ceux au-dessous de quatre cent mille habitans, pour une somme
» de 250 francs.

» Et dans les autres départemens, pour une somme de 300 francs.

» Les fonctionnaires publics nommés par le premier Consul, autres
» que ceux dispensés par les articles 900 et 901 ; les avocats, avoués, no-
» taires, médecins, hommes de lettres, membres d'une société littéraire
» approuvée par le Gouvernement, les anciens magistrats, les professeurs
» des lycées et écoles de droit, s'ils ont d'ailleurs les qualités requises, seront
» inscrits sur la liste des jurés et assimilés, à cet égard, aux contribuables
» ci-dessus désignés.

» Cette

» Cette exception n'est point relative aux greffiers près les tribunaux
» criminels, lesquels sont dispensés des fonctions de juré, ainsi que les
» huissiers desdits tribunaux et des tribunaux civils.

» La même dispense s'étend aux membres du corps de la gendarmerie,
» aux gardes champêtres et forestiers, et aux militaires en activité de
» service.

» Tous les jurés, tant d'accusation que de jugement, seront pris sur la
» même liste, selon les opérations qui vont être réglées. »

OBSERVATIONS.

Il est, je crois, assez reconnu que les départemens les plus populeux,
sont aussi ceux où il y a le plus grand nombre de citoyens aisés. Et si je
ne craignais qu'on ne me fît le reproche de trop dépopulariser l'institution
du jury, je dirais qu'à Paris le citoyen qui paie une contribution de 300 fr.,
n'est pas, dans cette ville, autant notable que l'est, dans son département au-
dessous de cent mille habitans, le citoyen qui ne paie que 100 francs d'im-
position. Il n'y a plus d'égalité de droits, lorsque l'égalité n'est pas relative à
la situation de chaque citoyen. Un cordonnier à Paris qui paie 100 francs
de droit de patente, n'offre pas plus de garantie morale, que son confrère
de la ville d'*Yvetot* qui ne paie, pour le même droit, que 5 francs. Les
lumières de l'un et de l'autre sont à-peu-près de niveau, et cependant la
patente de 100 francs donnera au Parisien les fonctions de juré, dans le
système du Projet, tandis que le même homme ne pourrait être appelé à
l'exercer, s'il transportait sa demeure à *Montmartre*. Cela étant, et pour
que la proportion fût exacte, il faudrait exiger à Paris, pour remplir les
fonctions de juré, une contribution au moins de 500 francs.

Malgré cette évidence, on dira 1.º que, dans mon système, les exclusions
sont tellement multipliées, qu'il en résultera une aristocratie de la classe des
jurés sur le reste des citoyens.

Cela est vrai; mais ce sera l'aristocratie des mœurs, de la probité, de la
justice; et malheur à qui pourrait, en ce moment, se défendre d'aimer cette
aristocratie là.

Je n'exclus, comme l'on voit, que le *vice*, le *crime* et la *partialité*. Les
lumières, les talens sans fortune, vont de pair avec elle.

Si d'ailleurs, les fonctions désormais respectables de jurés pouvaient être
confiées à tous les hommes, l'institution ne serait plus entre les mains des
pairs. L'homme qui n'a rien, pas même des mœurs, disposerait encore une
fois, parmi nous, de la fortune et de la vie de ceux qui ont les biens et
le mérite; et s'il fallait opter entre l'empire des uns ou des autres, il n'y
aurait plus, d'après notre expérience, à hésiter dans le choix. Celui qui n'a
rien, a intérêt au trouble; celui qui peut perdre, aime l'ordre et la paix,

et, par conséquent, la justice sans laquelle il ne peut y avoir de paix. Il est inaccessible à la corruption ; il n'est pas indulgent pour le crime, parce qu'il a un intérêt personnel à ce que les personnes et les propriétés soient respectées. Il n'est pas redoutable à l'innocence, parce qu'il est présumé avoir des lumières et des mœurs, et que si son éducation n'a produit qu'un effet contraire à son but, la voie de la récusation est-là pour l'exclure des fonctions de juré.

En un mot, le droit de juger ses semblables, est une arme qu'on ne peut confier qu'à des hommes qui aient et la volonté et l'intérêt de ne pas en mésuser ; et ces hommes, pour être ainsi constitués *les gardiens permanens de la paix du pays*, doivent être les mêmes auxquels le Gouvernement puisse demander, avec efficacité, une sorte de compte de leurs mauvaises décisions.

Le rédacteur du Projet de la commission l'a dit lui-même : « L'instruc-» tion par jurés doit être remise à la partie des citoyens la plus utile et la » plus éclairée. » Le principe est convenu ; il s'agit de ne pas dévier dans l'application.

On dira, 2.º que les jurés d'accusation ne doivent pas être pris sur la même liste que les jurés de jugement.

Cette objection a sa source dans une erreur qu'il importe de faire remarquer.

On a trop légèrement cru, en France, que les fonctions de *juré d'accusation* sont moins importantes que celles de *juré de jugement ;*

C'est précisément tout le contraire.

Les fonctions du jury d'accusation sont infiniment plus délicates que celles du jury de jugement. Ici, il ne s'agit que de se décider sur un fait profondément éclairci, en la présence même du juré, et, pour cela il ne faut qu'une raison droite, et le discernement naturel à tout homme qui a des sens.

Le juré d'accusation, au contraire, ne peut se décider que par la méditation et le raisonnement, et, souvent, il aura à combattre les argumens les plus subtiles. Il doit apprécier la nature de l'accusation ; les présomptions plus ou moins fortes ; la suffisance ou l'insuffisance des preuves apportées à l'appui de l'accusation ; et, pour tout cela, le juré n'a que des élémens imparfaits, un simple commencement d'instruction à consulter, qui peuvent aisément l'égarer.

Aussi la législation anglaise, qui n'a pas voulu qu'un citoyen pût être légèrement mis en accusation, a tellement senti la haute importance des fonctions du grand-jury, qu'elle ne les a confiées qu'aux hommes les plus expérimentés, les plus éclairés, les plus distingués, dont la plupart ont été membres du parlement, juges de paix ou employés aux affaires publiques. « Ils doivent être, dit *Blackstone*, citoyens bons, honnêtes et sans

» reproche; francs-tenanciers, et, pour l'ordinaire, gens vivant noblement et
» *qui figurent dans le comté;* au lieu que pour *le petit-jury* ou *jury de jugement,*
» on se contente d'hommes *honnêtes, raisonnables, et de la qualité la plus*
» *rapprochée de ceux qu'ils ont à juger.* »

On ne peut donc parmi nous, comme chez les Anglais, pour former le jury d'accusation, réunir trop de lumières pour ne pas s'exposer à frapper légèrement d'accusation un innocent, ou à renvoyer impunément un coupable.

Et d'ailleurs, pense-t-on que, malgré le secret des opérations et de l'accusation, elles ne puissent être pénétrées par les parens ou les conseils du prévenu! Ceux-ci ne peuvent-ils pas employer les sollicitations, les considérations en sa faveur! et, pour résister aux intrigues ou à la séduction, est-il besoin, en cette circonstance, d'hommes moins forts en lumières, en probité et en patriotisme que pour le jury de jugement!

Puisque c'est des Anglais que nous empruntons la procédure par jurés, nous devons donc, malgré la férocité de leur politique, qui n'a rien de commun avec les bonnes institutions, mettre leur expérience à profit. Il faut composer le jury d'accusation comme ils le composent eux-mêmes, *des citoyens les plus recommandables à tous égards.* On ne peut juger des effets d'une machine qu'en la mettant en jeu selon les règles que son inventeur en a prescrites.

Art. 904 et 905. D'après ce que je viens de dire sur les articles 902 et 903, *les jurés d'accusation* devant être non moins recommandables, à tous égards, que ceux de *jugement*, il en résulte nécessairement que les uns et les autres peuvent être pris dans la même classe de citoyens. Mais comment les jurés doivent-ils être désignés!

Les articles 904 et 905 remettent ce soin à la volonté arbitraire du préfet dans chaque département. Pourvu qu'il ne prenne les jurés d'accusation que *parmi les deux cents citoyens de l'arrondissement les plus imposés*, et les jurés de jugement *parmi les citoyens imposés au moins à 100 francs*, il est dispensé de toute autre règle. La somme de contribution serait donc l'unique mesure de la probité et du mérite!

Ainsi, les rédacteurs du Projet de loi ont aperçu les vices de l'institution précédente de notre jury ; ils ont même proposé quelques-uns des moyens qui peuvent concourir à sa régénération ; mais ils ont écarté celui de tous qui est le plus salutaire, et sans doute le plus puissant.

J'ai dit comment le jury, pour être réellement lui-même, me paraissait devoir être composé ; et peut-être devrait-on voir, qu'après les longues agitations qui nous ont déchirés, le maintien de l'ordre public ne peut souffrir un autre mode de composition.

Si celui proposé dans le Projet pouvait donner l'exclusion à tout autre, peu importerait, sans doute que les jurés fussent choisis par le sort ou par l'opération de l'homme. Le sort est plus aveugle , l'homme l'est moins ; mais il est sujet aux passions , et cet abus ne le cède pas au premier. Eh ! d'ailleurs, le préfet, fût-il toujours exempt de passions , pourrait-il ne pas faire quelquefois de mauvais choix ; puisque , circonscrit dans un cercle tracé au hasard et où la fortune pécuniaire a tout réglé d'avance , il est exposé à la même cécité que le sort !

Le choix de l'homme, dans le système du projet de Code, n'est donc ni plus salutaire , ni plus rassurant que la désignation par la voie du sort.

C'est actuellement , selon la composition que j'ai proposée , que je dois raisonner.

Ici, j'ai cherché à faire taire les passions, les préjugés, les abus de toute espèce. J'ai offert des jurés intègres , éclairés , intéressés au maintien de la paix , à la protection de l'innocent, à la punition du coupable quel qu'il fût.

La liste de tels jurés est déjà infiniment épurée. C'est là que *quelles que puissent être les récusations, il ne restera que des notables.*

J'ai donc le droit de conclure que quelle que soit, sur une telle liste, la désignation du sort, elle ne pourra être aveugle, et que les jurés ne pourront qu'être généralement *bons.*

«Quand le choix et le sort se trouvent mêlés , le premier doit remplir » les places qui demandent des talens propres , tels que les emplois mili- » taires ; *l'autre convient à celles où suffisent le bon sens, la justice, l'intégrité , » telles que les charges de judicature , parce que , dans un état bien constitué , » ces qualités sont communes à tous les citoyens. »* (Contrat social.)

En Angleterre , le shériff chargé de mettre ou faire mettre les jugemens à exécution , mais qui n'accuse pas , forme la liste des jurés ; mais le shériff est un magistrat *annuel ;* et, en France , un préfet ne l'est pas.

Il est même évident que, sur une liste d'hommes tous déjà épurés, tous également investis de la confiance publique, le choix du sort ne dépendant d'aucune volonté humaine, et laissant la condition égale pour tous, est in- contestablement préférable au tableau des jurés présenté en Angleterre par le shériff. Puisque la composition que j'ai proposée exclut tout ce qui n'a ni *bon sens,* ni *justice,* ni *intégrité ,* le sort ne .pourra désigner personne qui ne réunisse ces trois qualités qui suffisent à un juré.

Pourquoi donc le préfet serait-il chargé de la présentation des jurés, qui serait souvent l'ouvrage arbitraire d'un commis de ses bureaux, et peut-être le prix de la séduction ou de l'intrigue !

Pourquoi, d'ailleurs, donner à l'autorité administrative le droit de croiser, d'arrêter à son gré, les opérations de l'autorité judiciaire ! Et, tandis que la constitution a fait tous ses efforts pour élever entre ces deux autorités une barrière que l'une d'elles ne peut franchir qu'en encourant la peine de for- faiture , est-il donc raisonnable de chercher à les faire rencontrer dans des opérations fréquentes , qui ont une influence immédiate sur les décisions judiciaires : ou plutôt, qui sont à l'administration de la justice par jurés , ce que l'ame est au corps !

Si donc la voie du sort doit être préférée , pour la désignation des jurés , l'opération mécanique du tirage peut être confiée au préteur ou à celui des propréteurs qu'il déléguera. Il en résultera cet avantage, que le secret en sera mieux gardé que par les employés de la préfecture, qui pourraient le vendre et l'avantage encore d'une plus grande célérité dans les opérations que nul obstacle ne pourra croiser, puisque les combinaisons et l'impulsion de tous les mouvemens résideront dans la même main.

« C'est le préfet qui doit être chargé de former la liste générale des
» citoyens admissibles aux fonctions de jurés, selon les règles que j'ai ex-
» posées sur les articles 899, 900, 901 , 902 et 903. La formation de
» cette liste est une opération *purement administrative.*

» Avant le 15 fructidor, le préfet la fera parvenir au préteur, ou au pro-
» préteur qui, en son absence, préside le tribunal criminel, et à chacun
» des propréteurs des arrondissemens.

» Ce sera ensuite au préteur et aux propréteurs à procéder, à temps
» opportun, sur cette liste, au tirage par le sort, des noms des citoyens né-
» cessaires pour la formation du tableau particulier de chaque juré ; et ce
» sera le préteur encore qui fera immédiatement la convocation des citoyens
» désignés pour la tenue des grands jours. Les propréteurs convoqueront
» de même, immédiatement après le tirage, les citoyens appelés à la session
» du jury d'accusation.

» Pour la formation de ce jury, en séance publique, le sous-préfet, le
» maire et ses adjoints, présens ou convoqués, on mettra dans une urne
» les noms des citoyens de l'arrondissement qui se trouveront inscrits sur la
» liste générale.

» On en tirera cinquante noms.

» Les cinquante citoyens désignés seront convoqués à un jour fixe.

» Ce jour-là, en présence des cinquante citoyens, en séance publique ,
» et par la même voie, il sera procédé au tirage de quinze noms, qui
» formeront le jury pour la première affaire qui sera immédiatement entamée.

» Les cinquante jurés seront en réquisition permanente pour toute la
» durée de la session. Ainsi, pendant la délibération secrète sur la pre-
» mière affaire, les trente-cinq jurés restans ne pourront désemparer du
» lieu des séances ou de son enceinte.

» Pour la seconde affaire , nouvelle désignation par le même moyen ,
» de quinze jurés sur la totalité des cinquante présens, et ainsi successi-
» vement jusqu'à la clôture de la session.

» Alors, la liste des jurés qui auraient opéré pendant le cours de la
» session, serait transmise au préteur, avec énonciation de l'affaire dans
» laquelle chaque juré aurait été de service , afin d'empêcher que nul ne pût

» être appelé comme *juré de jugement* dans la même affaire où il aurait
» été *juré d'accusation.*

» Pour conserver une égalité de répartition dans les fonctions de juré,
» le nom du citoyen appelé par le sort à opérer dans la session, ne serait
» soumis au tirage pour les sessions subséquentes, qu'après l'épuisement
» de la liste entière des citoyens de l'arrondissement. »

Par ces moyens, il y aurait, ce me semble, dans les décisions du jury,
plus d'harmonie, plus d'esprit public ; jamais cet empressement scandaleux
d'en rechercher les fonctions, pour avoir des occasions d'appliquer une indulgence aveugle ou une sévérité encore plus funeste.

Enfin, plus de moyens de circonvenir les jurés, malgré la publicité de la
désignation et de la convocation, puisque nul ne pourrait connaître, avant
le moment de la mise en délibération de l'affaire, quels seraient, sur cinquante citoyens, les quinze que le sort devra désigner exclusivement. Pour
s'assurer des suffrages, il faudrait, ce qui est impossible, séduire ou corrompre cinquante citoyens des plus recommandables de l'arrondissement ;
et où serait l'homme qui oserait former un projet aussi insensé !

Voilà pour le jury *d'accusation.*

Si la publicité de la désignation et convocation des jurés d'accusation,
selon le mode que viens d'indiquer, ne présente aucun danger, ni pour la
société ni pour l'accusé, le danger sera bien mieux écarté dans le mode
que je conçois pour l'appel des jurés de jugement, qui serait voilé par le
mystère, bien mieux que s'il était laissé entre les mains des employés de
l'autorité administrative.

Ne perdons pas de vue que, selon les articles 904 et 905 du projet de
Code, se serait le préfet qui, seul, choisirait à son gré les jurés pour
chaque session. Ce serait le préfet qui donnerait donc aux citoyens leurs
véritables juges.

Dans mon système c'est le sort, mais *le sort éclairé par la justice,* qui fait
la désignation.

Mais les opérations du tirage par le préteur seraient suspectes, si, à leur
tour, elles n'étaient pas surveillées. Le préteur dirigerait aussi le sort s'il
pouvait opérer seul et dans les ténèbres.

C'est donc une autorité indépendante de la sienne qui doit remplir, à cet
égard, les fonctions d'observateur au nom de la société, et au nom de
l'accusé qui sont absens.

« Huit jours avant celui fixé pour l'ouverture des assises, le préteur
» ou le propréteur par lui délégué, procédera, en séance close, à laquelle
» assisteront le commissaire du Gouvernement près le tribunal criminel et
» le préfet, ou un conseiller de préfecture ou sous-préfet par lui délégué,
» au tirage au sort sur la liste générale à lui transmise, de quarante-huit

» citoyens pour remplir les fonctions de juré de jugement pendant la
» tenue des grands-jours.

» Le procès-verbal de ce tirage, constatant les noms des citoyens dési-
» gnés, sera signé en deux originaux par ceux qui y auront assisté. L'un
» des originaux sera déposé aux archives de la préfecture, l'autre sera
» inscrit sur un registre particulier du tribunal criminel.

» Le préfet ne pourra, sous aucun prétexte, se dispenser d'assister au
» tirage, ou de déléguer un fonctionnaire pour le représenter, à peine de
» forfaiture.

» Tous ceux qui auront assisté au tirage seront tenus d'en garder le
» secret.

» Tout tirage auquel il aurait été procédé hors de la présence du préfet
» ou de son délégué sera nul, et aucun citoyen ainsi désigné ne pourra être
» convoqué pour les grands-jours, à peine de forfaiture contre le fonction-
» naire qui aurait fait ou ordonné la convocation.

» Lorsqu'il y aura lieu à la tenue des grands-jours extraordinaires, le
» préteur en donnera avis au préfet quinze jours avant celui déterminé
» pour le tirage au sort des quarante-huit citoyens.

» Immédiatement après le procès-verbal du tirage, les quarante-huit
» citoyens désignés seront convoqués par ordonnance du préteur, qui sera
» notifiée à chacun d'eux ou à leurs domiciles, par des huissiers ou des
» gendarmes.

» Le jour de la convocation sera mentionné dans l'ordonnance du préteur.

» Au défaut de notification à la personne du juré, elle sera faite, en
» outre, à la personne du maire ou de l'adjoint du lieu qui mettra son vu
» sur le procès-verbal de notification, et sera tenu d'en donner connais-
» sance au citoyen convoqué, sous peine d'une amende de 500 francs,
» et du double, ainsi que de la destitution, en cas de récidive.

» Nul citoyen, ayant rempli dans une session les fonctions du juré, ne
» pourra être appelé à la session immédiatement suivante. Son nom sera,
» pour cette fois seulement, retiré du nombre de ceux soumis au tirage.

» Ne pourront être non plus soumis au tirage aucun des citoyens
» qui auront rempli les fonctions de juré d'accusation dans l'une des affaires
» à soumettre à l'examen pendant la tenue des grands-jours. »

Art. 906. Cet article ne présente rien d'incompatible avec le mode que
je viens d'exposer.

J'observe seulement que si le système du Projet de Code pouvait être
adopté, il faudrait ajouter au texte, qu'en cas d'annullation de la liste
par le motif énoncé en l'article, le préfet serait tenu, envers l'État,
des frais de voyage des jurés, des témoins et de tous les dommages-
intérêts des parties civiles, à raison du retard du jugement.

Sans cette précaution, un préfet négligent ou inattentif ou qui voudrait faire renvoyer une affaire, pourrait, impunément, dresser des listes illégales ou incomplètes, et entraver ainsi les opérations de la justice.

Art. 907, 908, 909. L'analyse de ces articles est déjà faite par ma discussion précédente : il ne peuvent aucunement s'accorder avec mon système.

Art. 910. Dans mon système l'envoi des listes ne pourrait être fait que par le préteur ou les propréteurs.

Pour le surplus des dispositions de l'article, je me suis expliqué sur les articles 904 et 905.

Cependant si le mode proposé dans le projet de Code était adopté, il faudrait ajouter au texte de l'article 910 une disposition pénale contre le préfet qui négligerait ou omettrait l'envoi des listes.

Art. 912. J'ai dit sur les articles 904 et 905, que le jury d'accusation devait être composé de quinze jurés désignés sur les cinquante formant la jurée.

Art. 913. Pourquoi ne pas convoquer le jury d'accusation pour le premier jour de chaque mois ou pour le second, si le premier se trouve jour de repos ou fête nationale ! Le dimanche n'est pas un jour de travail, et c'en est un très-essentiel que la tenue du jury d'accusation, où d'ailleurs plusieurs citoyens seraient éloignés de se rendre le dimanche. L'expérience l'a prouvé.

Art. 914. *Voyez* sur l'article 922.

921. Le but de l'article est de ne laisser à l'accusé et à ses amis, aucun moyen de connaitre à l'avance les jurés qui devront prononcer sur son sort, afin de lui ôter les moyens de les faire pratiquer ou séduire.

En Angleterre, la liste des jurés est notifiée à l'accusé dix jours avant le jugement, afin de lui donner le temps de préparer ses récusations.

Ce délai est inconciliable avec notre système. Il y aura peu et peut-être point de récusations, lorsque le jury sera composé de manière à rassurer les accusés, et à mériter l'estime et la confiance de tous les citoyens. En Angleterre, on use très-peu du droit de récusation. Il en sera de même en France, puisque d'ailleurs il n'y aurait, pour l'accusé, rien à gagner au changement des personnes.

Nul moyen, au reste, de pratiquer les jurés. Les quarante-huit qui doivent être de service pour l'entière session, ne seront connus que la veille de son ouverture, et comment séduire, sur quarante-huit citoyens tous vertueux et respectables, les quinze que le sort ne doit désigner, durant la session, qu'au moment où l'examen de chaque affaire devra immédiatement commencer !

Sur la rédaction du texte de l'article 921, je crois nécessaire d'observer que le cas de *nullité de la notification* de la liste, ne serait plus aussi important, si mon système était adopté.

En

En effet, si l'on suppose que dans le cours de la session, il ne sera jugé qu'une seule affaire, ou que, pour chaque affaire à juger, il y aura une liste différente de quarante-huit nouveaux jurés, autres que ceux convoqués pour la première affaire, je conçois qu'alors, pour laisser inconnus à l'accusé et à ses amis, les noms des quarante-huit jurés appelés spécialement pour lui, il est convenable de ne lui en notifier la liste que la veille du jour de l'examen.

Mais ce moyen est absurde et improposable pour tout département où il y aurait, dans chaque tenue des grands-jours, plusieurs affaires à juger. Ce moyen épuiserait encore les finances de l'État.

Je ne pense donc pas que ce mode ait été dans l'idée des rédacteurs du projet de Code; mais il paraît que l'inconvénient a échappé à leur attention.

Ainsi donc, les quarante-huit citoyens appelés à la session, devant être en réquisition permanente jusqu'à sa clôture, seront nécessairement connus de tous les accusés existans dans les prisons, dès le moment que l'un d'eux, dont l'affaire devra être examinée la première, aura reçu copie de la notification de la liste des quarante-huit citoyens convoqués pour la session.

Qu'importe donc que la liste des mêmes quarante-huit citoyens soit notifiée plutôt ou plus tard aux accusés impliqués dans la seconde affaire ou dans les affaires subséquentes à mettre aux débats !

La peine de nullité déclarée par l'article   , devient donc dérisoire et insoutenable.

Voyez d'ailleurs observations sur l'article 932.

Art. 922. Dans le cas de cet article et de l'article 914, il sera facile de compléter le nombre des jurés absens par un tirage subsidiaire fait en séance publique, sur la liste particulière des citoyens de la commune ou le jury sera assemblé, inscrits sur la liste générale énoncée dans mes observations sur les articles 899, 902, 903, 904 et 905.

Art. 932. D'après ce que j'ai dit sur l'article 921, il est sensible qu'il y a ici, dans le texte, une lacune des plus importantes.

Il fallait nécessairement ajouter :

« En conséquence, ceux des quarante-huit jurés qui ne se trouveront » point faire partie des douze appelés à siéger pendant les débats de la » première affaire, ne pourront se retirer de la ville, jusqu'à ce que le » préteur ait déclaré la clôture de la session, ou le renvoi aux prochains » grands-jours.

» La première affaire étant terminée, les quarante-huit jurés se réuni- » ront de nouveau aux jour et heure indiqués par le préteur, dans la » salle des séances, pour, en présence de l'accusé ou des accusés impli- » qués dans la seconde affaire, être procédé à la formation d'un nouveau

» tableau de douze jurés pour l'examen de cette seconde affaire, selon
» le mode prescrit par l'article 925. Les débats sur la seconde affaire,
» seront ouverts immédiatement après la formation de ce second tableau,
» et il sera procédé de même pour la troisième affaire et pour les affaires
» ultérieures, jusqu'à ce que les prisons soient vidées, ou que le préteur
» déclare que les grands-jours sont terminés.

» Si, pendant les débats, l'un des douze jurés qui auront pris séance,
» vient à être malade, et hors d'état de continuer l'examen, il sera,
» sans désemparer, procédé, toujours en séance publique, en présence
» de l'accusé et des jurés, autres que ceux qui auront été exclus par les
» récusations précédentes, au tirage, par la voie du sort, d'un juré pour
» remplacer celui qui sera forcé de se retirer.

» Ce douzième juré appelé en remplacement, ne pourra être récusé.

» Le même mode de remplacement sera suivi dans toutes les affaires où
» il y aura lieu. »

Art. 935. « Il y aura excès de pouvoir, dit l'article, toutes les fois que
» des juges auront procédé et jugé *sans réquisition du ministère public....* »

Ainsi l'officier du ministère public pourra suspendre à son gré la marche
de la justice, puisque rien ne pourra être fait ni jugé s'il ne lui plaît d'en
faire la réquisition.

Mais si cet officier veut favoriser l'impunité de celui qui l'aura fait corrompre; d'un parent, d'un ami, d'un client; où en sera donc le magistrat ou
le tribunal placé à côté de lui ! l'officier du ministère public ne trouvera-t-il
pas cent raisons pour éluder ses devoirs, sur-tout auprès de ceux que ses
réquisitions pourront faire mouvoir et qui n'auront aucun moyen de le contraindre lui-même à faire ce qu'il ne voudra pas !

Le crime restera donc impuni et la prescription pourra même s'accomplir,
si l'officier prévaricateur n'est pas stimulé par des peines inévitables, et
d'ailleurs périodiquement et nécessairement amovible. (*Voyez* mon observation sur l'article 482.)

Il restera dira-t-on|, la ressource de dénoncer sa conduite. Triste moyen
qui souvent ne réparerait pas le mal, et qui établirait une guerre permanente
dans le sein de chaque tribunal.

Eh ! ne voit-on pas combien cette mesure est humiliante pour la magistrature, et décourageante pour l'homme de bien, pour le fonctionnaire zélé
qui, placé entre deux écueils, préférera, pour vivre sans tracasserie et ne
pas trahir ses devoirs ou se compromettre par son silence, de renoncer à
ses fonctions, ou de provoquer sa translation ailleurs sans expliquer le véritable motif de sa pénible demande.

Veut-on maintenir l'harmonie et l'émulation dans les tribunaux, le Gouvernement veut-il être fidèlement servi; il ne faut pas donner à un seul
homme le droit exclusif de presser ou d'arrêter, au gré de ses passions,

l'administration de la justice. Il ne faut pas que les juges soient à la merci du magistrat chargé du ministère public, ou si celui-ci a inspection sur eux, il faut qu'il y ait réciprocité. Il faut que cet officier ne puisse pas plus que les juges, prévariquer impunément ; il faut le rendre comptable, même de sa négligence : il faut plus, l'exercice du ministère public *étant l'action même de la loi,* il ne doit pas être libre à un magistrat quelconque d'arrêter ou de suspendre son mouvement. *Au défaut, au refus,* par l'officier chargé de ce ministère, *d'agir selon le vœu de la loi,* le juge ou le tribunal qui l'assiste, doit avoir le pouvoir d'agir sans lui ; et pour ne rien livrer à l'arbitraire, la loi doit prévoir la possibilité de refus ou de résistance illégale, et désigner dès-à-présent, le magistrat auquel les fonctions du ministère public se trouveront alors forcément et provisoirement dévolues.

Je ne fais cette observation qne parce que le cas s'est souvent présenté, même sous mes yeux. On a vu les hommes, les agens du Gouvernement, trahir ouvertement ses intérêts et se liguer avec des accusés pour intercepter en leur faveur le cours de la justice, dans les matières les plus graves, les plus urgentes. On en a vu en connivence avec des faussaires des plus audacieux, et même avec des greffiers pour favoriser la soustraction des pièces de conviction.

En pareil cas espérera-t-on que l'officier du ministère public fera sa réquisition au juge, de procéder ! non : il suscitera, il conseillera, comme on l'a encore vu, des demandes *en récusation, en prise à partie,* dès le commencement même de l'instruction pour en empêcher le progrès. Il favorisera l'évasion des coupables, et au lieu de faire mettre à exécution les mandemens de justice, il fera secrètement et préalablement avertir ceux sur qui ces mandemens devraient frapper afin d'en rendre l'effet inutile.

Tout cela est récemment arrivé, non à Paris, sans doute, parce que le Gouvernement est là ; et ce qui est arrivé pourra arriver encore. Ne vivons-nous pas avec les mêmes hommes, et les passions sont-elles donc éteintes sans retour !

Art. 936. Dans le cas de la première partie de l'article, la loi doit alors déclarer responsables et punir les juges qui auront fait refus de donner acte à l'accusé de ses réquisitions tendantes à *assurer la manifestation des preuves à sa charge,* ou qui auront injustement refusé de les accueillir à temps utile.

Art. 991, 992 et 993. —— Mauvaise manière de procéder.

La décision de la commission de l'institut sera le thème du jury, et cette commission sera elle-même, en la plupart des circonstances, hors d'état de s'expliquer judicieusement et impartialement sur l'écrit, parce qu'elle ne sera pas à portée d'apprécier les circonstances des lieux et le génie des personnes auxquelles l'écrit aura été destiné. Tel écrit rédigé par un méridional, pour les Marseillais, ne serait qu'une facétie à Marseille, qui serait à Anvers regardé comme incendiaire.

Ce n'est pas non plus à un jury ordinaire qu'il faut déléguer ces sortes de décisions qui ne reposent pas sur des faits nus, mais sur des principes et souvent sur des abstractions philosophiques ou métaphysiques au-dessus de l'intelligence de la plupart des hommes, même lettrés.

Le meilleur mode de prononcer en pareil cas (et l'intérêt du Gouvernement et celui des prévenus le commandent) c'est par le moyen d'une commission extraordinaire déléguée, à cet effet, sur les lieux, ou par le Conseil d'état, ou, si l'on veut, par l'une des sections du tribunal de cassation.

Art. 995 et 998. Ni l'un ni l'autre de ces articles ne disent si l'omission de la signature et du paraphe des pièces arguées de faux ou de celles de comparaison, doit opérer le rejet de la pièce ou la frapper dé nullité. Il importe extrêmement que la loi s'explique sur ce point.

S'il est décidé que l'omission de la signature et paraphe, ou du procès-verbal détaillé que le greffier doit en dresser, entraîne la nullité ou le rejet de la pièce non régularisée, en ce cas, l'amende de 50 francs prononcée contre le greffier est une peine dérisoire qui, au lieu de le contenir, l'encouragera à la prévarication toutes les fois qu'il s'agira d'une récompense pour étouffer dès son principe une affaire importante, ou pour rendre nuls les résultats des poursuites, par cette omission.

La nécessité de réprimer sévèrement l'art, déjà trop profond, des faussaires, exige donc qu'ici le greffier infidèle ou négligent soit puni par le tribunal, pour la première fois, d'une amende au moins de 500 francs, du double en cas de récidive, et pour la troisième fois, d'une amende triple, outre la destitution. Il faut aussi le soumettre, dans tous les cas, au remboursement envers l'État, des frais de la procédure devenue nulle par son fait, et aux indemnités et restitutions envers les parties civiles. C'est ici le lieu ou jamais, de dire que le greffier *qui peut s'abuser deux fois en pareil cas, ne s'est pas même abusé la première.*

Art. 1005. L'article 538 de la loi du 3 brumaire an 4 disait que *l'accusé ne pourrait être contraint à produire ou former aucune pièce et preuve de faux.* Cette disposition importante paraît être sous-entendue dans le texte de l'article 1005. N'eût-il pas mieux valu s'expliquer d'une manière claire!

Art. 1008. On n'a sans doute pas assez réfléchi sur les attributions données ici aux maires, adjoints, &c. Quelle confusion n'y aurait-il pas, si les oreilles de tous ces fonctionnaires étant frappées de l'un des délits prévus par l'article, ils se mettaient à-la-fois tous en campagne pour procéder aux visites! Pense-t-on qu'un tel esclandre eût un meilleur résultat pour la découverte! Je crois qu'il donnerait au contraire l'éveil aux coupables. Il fallait au moins dire que le premier de ces fonctionnaires qui aurait prévenu, demeurerait exclusivement seul investi du droit de continuer les visites ; ou mieux encore, qu'en cas de concurrence du magistrat de sûreté ou du propréteur, avec l'un des autres fonctionnaires, ce dernier serait tenu de délaisser les poursuites.

Si cependant l'article pouvait être maintenu, il faudrait donc assujettir tous ces fonctionnaires à la responsabilité de leurs sottises, sur-tout lorsque la procédure sera viciée par leur omission d'avoir paraphé, fait parapher et signer, à l'instant de la saisie, les pièces et instrumens de faux.

Il est cependant vrai que nulle part le Projet ne frappe de nullité la pièce *non paraphée,* ni n'en ordonne le rejet.

Mais cette lacune laisse aux officiers de police toute la latitude de prévarication, puisque s'il n'y a pas peine de nullité *pour l'omission de la signature et paraphe des pièces au moment de la saisie,* la formalité pourra être négligée peut-être à dessein, et il deviendra facile de dénaturer et de substituer après-coup, comme l'expérience l'a prouvé, d'autres pièces aux pièces saisies, soit dans la vue de favoriser un coupable qui se sera racheté, ou de charger un innocent d'un fait qui lui sera étranger.

Il faut donc maintenir la peine de nullité existante dans le Code de l'an 4, et rendre les officiers qui auront fait l'omission, responsables des événemens, des indemnités envers les parties civiles, et des frais envers la République. Il faut les soumettre encore à une amende dans tous les cas, et à l'avertissement officiel pour la première fois, à la censure pour la seconde, et à la destitution pour la troisième.

Art. 1016. Le motif de la non-intervention des jurés dans le jugement des accusés contumax, est sans doute de ne pas éventer la connaissance des charges qu'il importe de tenir secrètes jusqu'à ce que l'accusé juge convenable de se remettre, ou soit saisi.

Mais, pour remplir le but, il faut donc ordonner aussi que l'examen des charges sera fait secrètement et dans la chambre du conseil, et que le tribunal ne reprendra sa séance publique que pour la prononciation du jugement.

Il faudrait aussi prendre des mesures pour empêcher un greffier ou ses commis de vendre la connaissance des charges à l'accusé ou à ses amis ; et, en cas de conviction, le soumettre à une peine infamante, comme ayant trafiqué de ses fonctions et trahi 'les intérêts de la société. Il faudrait même donner en ce cas au ministère public et au propréteur le pouvoir d'agir immédiatement contre le greffier à la première trace de la violation du dépôt à lui confié ; permettre en conséquence les poursuites, même la suspension et le remplacement provisoire, vu le péril auquel tout retard pourrait, dans des circonstances majeures, exposer la chose pu-blique.

Voyez observ. sur l'article 819, *in fine.*

Même, dispositions dans le cas où, avant l'époque déterminée par la loi, un propréteur, magistrat de sûreté ou greffier, donnerait furtivement copie ou connaissance des charges au prévenu, soit contumax, soit détenu, puisque le but de telle communication ne pourrait qu'être de faciliter au prévenu ses réponses.

Art. 1017. Ceci suppose qu'il y aura un exécuteur dans chaque chef-lieu d'arrondissement, ou bien que l'exécuteur établi dans le chef-lieu du département, se transportera pour afficher chaque jugement au chef-lieu de l'arrondissement. Dans les deux cas, les frais n'ont sans doute pas été calculés. *Voyez* l'observation sur l'art. 31.

Art. 1019. Ce procès-verbal doit être dressé en présence d'un juge. Il peut arriver, si l'accusé se remettait, que les pièces de conviction étant dénaturées, ce procès-verbal fût la seule preuve de leur préexistence, et alors ce procès-verbal, dans une procédure importante, serait d'un poids infini. Serait-il, en ce cas, convenable d'abandonner sa rédaction aux idées arbitraires du greffier qui pourrait le colorer au gré de la passion ou selon l'intérêt pécuniaire ! Il est d'ailleurs telles pièces de conviction dont il serait périlleux de faire la remise en aucun temps, et l'article aurait dû faire des distinctions à cet égard ou laisser ce soin à la prudence des juges.

Art. 1023. « .... Par les personnes lésées qui *exerceront,* à cet effet, » l'action en prise à partie. »

Le mot *exerceront* semble être ici impératif. Il faudrait ne pas avoir l'air de stimuler à l'exercice de la prise à partie, c'est bien assez d'en laisser la faculté. Alors, au lieu du mot *exerceront,* il faudrait dire, *qui voudront exercer, à cet effet, &c.*

Art. 1039. En détaillant les cas de la prise à partie, l'article suppose au n.° 5, *que la loi donne au juge la faculté d'accorder des sauf-conduits.* Si cette loi doit exister, où pourrait-elle mieux trouver place que dans le Code criminel où cependant on ne la voit pas ! et si elle vient à y être insérée, alors on doit déterminer les cas où le sauf-conduit pourra être accordé, et désigner les fonctionnaires qui en auront la faculté ; car si cette mesure est remise indistinctement à tous ceux que le Projet appelle à l'exercice de la police judiciaire, il ne pourra qu'y avoir abus de plus d'une espèce dans l'application.

Au n.° 7 il est indispensable de préciser les caractères de *l'inimitié.* Sans cette précaution, il n'y aura pas d'accusé, désirant se débarrasser de son juge, qui ne dise que ce juge, qu'il n'aura cependant jamais vu, est *son ennemi personnel.*

Le n.° 8 porte : « Lorsqu'il sera dans le cas de la forfaiture ou *de tout autre délit.......* » Ces derniers mots sont trop vagues. La prise à partie est un moyen trop rigoureux, trop violent pour que l'exercice en soit livré à l'arbitraire, au prétexte de tout ce qu'il plairait à l'homme passionné de qualifier de *délit commis dans l'exercice des fonctions de juge.* Ainsi, tout acte de procédure, toute mesure commandée par la nécessité de sonder les replis d'une conscience coupable ou de s'assurer des preuves, pourrait être et serait présentée comme un délit, comme une vexation! Peut-on imaginer un système plus décourageant, plus avilissant pour la magistrature, qui serait ici à la merci du justiciable et placée entre deux écueils également périlleux ; *prise à partie* contre le juge s'il fait son devoir; *forfaiture* s'il ne le fait pas !

Art. 1040. Il eût fallu prévoir en même temps un délit qui se présente quelquefois. La loi doit ouvrir un moyen de réprimer les outrages, les imputations calomnieuses, les injures grossières auxquels des hommes égarés ou audacieux peuvent se livrer envers le magistrat dans leurs requêtes en prise à partie. On en a vu qui sont des libelles infamans, et rien n'a vengé le magistrat ainsi outragé. Ce serait exciter à la licence que de ne rien statuer sur ce genre de délits. Plus le magistrat, comme tel, est élevé au-dessus du justiciable, et plus celui-ci doit être sévèrement puni lorsqu'il foule aux pieds la magistrature.

Art. 1050. On a vu des justiciables se permettre des injures et menaces contre les juges, dans les requêtes, pétitions ou lettres à eux adressées *ratione officii.* Y a-t-il, en pareil cas, lieu à une peine contre le pétitionnaire! quelle est cette peine! par qui et comment doit-elle être prononcée! c'est sur quoi la loi devrait ici s'expliquer.

Art. 1091. L'article doit ordonner que ce registre sera coté et paraphé par le président du tribunal.

Il devrait dire aussi comment et par qui l'omission du greffier sera constatée; comment et par qui la condamnation à l'amende sera requise et prononcée.

Art. 1092. Relativement à l'amende, même lacune que sur l'article précédent.

J'observe, d'ailleurs, que la copie du registre du tribunal de première instance, pour les individus condamnés à la détention ou autre peine correctionnelle, pourra être une source *d'erreurs* pour le grand-juge Ministre de la justice, puisque tel jugement dont la notice se trouvera sur ce registre, aura été réformé en tout ou en partie, sur l'appel porté au tribunal criminel.

Pour éviter les méprises, il faut donc ordonner que le greffier de première instance mentionnera, à peine de 50 fr. d'amende, les appels émis sur chaque jugement, ou dira s'ils ont reçu leur exécution.

Art. 1113, 1114. Les dispositions salutaires de ces deux articles existaient, en partie, dans les Codes de 1791 et de l'an 4; mais on sait que dans la plupart des départemens, elles n'ont jamais ou presque jamais reçu d'exécution : de-là, entre autres, l'abus que j'ai retracé sur l'article 707, et le tableau encore plus affligeant de la détention des prévenus pendant des années entières, *sans mise en jugement* et même *sans instruction;* des détentions illégales et arbitraires qui demeurent constamment impunies ; du dépérissement des preuves par le décès ou la séduction des témoins ; des transactions scandaleuses entre les amis, les émissaires des coupables et le magistrat chargé de les poursuivre ; des évasions multipliées ; du décès dans les prisons d'une foule de prévenus qui eussent pu faire des révélations importantes ; des intrigues, des séductions pratiquées envers les gardiens, pour faciliter les relations des détenus avec leurs complices au-dehors ; de la honte de la magistrature qui ose prendre du repos, tandis que les prisons regorgent de malheureux dont les plaintes sont étouffées ; d'innocens chargés de fers, qui demandent vainement des juges !

Il est des moyens de mettre un terme à ces désordres ; mais ce n'est pas assez de proposer l'impuissant curatif des articles 1113 et 1114 ; il s'agit d'en assurer sérieusement l'exécution. L'auguste chef de l'Empire veut fortement le bien ; il donne par-tout l'exemple du travail. Que faut-il de plus à un fonctionnaire pour s'enflammer de l'amour de ses devoirs ! Un juge peut-il dormir sans remords tant qu'il existe un accusé dans la maison de justice !

« Il faut que dans la semaine qui suivra chaque trimestre, le magistrat » de sûreté soit tenu, à peine de 3,000 francs d'amende et d'avertissement » officiel pour la première fois ; d'une amende du double et de la censure » pour la récidive, et de destitution pour la troisième fois, de transmettre » au grand-juge un état, par ordre *chronologique*, de tous les détenus existans » dans les *maisons d'arrêt* de son arrondissement ; lequel état sera dressé à » colonnes, et certifié par le gardien et par le magistrat qui en fera l'envoi, » responsables, l'un et l'autre, de son exactitude ;

» Que dans le même délai, le sous-préfet soit tenu, sous les mêmes » peines, de transmettre au même ministre un semblable état, mais sur » lequel les détenus seront classés par ordre *alphabétique ;*

» Que pour les détenus en la *maison de justice*, le commissaire du Gou- » vernement près le tribunal criminel, soit tenu des obligations imposées » au magistrat de sûreté pour les maisons d'arrêt ;

» Que pour la *maison de justice*, les préfets soient tenus de remplir aussi » les mêmes obligations imposées aux sous-préfets, relativement aux maisons » d'arrêt.

» Les titres des colonnes devront indiquer,

» Les noms, prénoms, lieux d'origine et de résidence des prévenus ;

» L'époque de leur arrestation ;

» Le jour de leur arrivée dans la maison d'arrêt ou de justice ;

» L'époque de leur translation dans un autre, s'il y a lieu ;

» Par

» Par qui la translation a été ordonnée;
» Par qui et à la réquisition de qui ils ont été écroués;
» Pour quel délit ils sont poursuivis ou détenus;
» Devant quel tribunal;
» S'ils ont subi de précédentes condamnations, ou, quand et pourquoi;
» Quel est l'état de leurs procédures actuelles, et quelles causes retardent
» leur mise en jugement;
» Et lorsqu'ils auront été jugés dans le trimestre, la date du jugement;
» le tribunal qui l'a rendu; la peine prononcée; si le jugement a été exécuté,
» ou pourquoi il ne l'a pas été. »

Il est évident que les deux états *chronologique* et *alphabétique*, partant de différentes mains, serviraient de contrôle l'un à l'autre, et que ce mode donnerait toute facilité pour vérifier, d'un coup d'œil, à côté du nom de chaque détenu, l'époque de sa détention et le motif pourquoi il n'est pas encore jugé.

La première ligne de l'état *chronologique* attesterait l'activité ou la négligence des tribunaux.

En observant que l'ordre *chronologique* ne fût jamais impunément interverti sur cet état, on trouverait à l'instant, par le moyen de l'état *alphabétique*, le nom du détenu cherché et l'époque de sa détention; et cette époque, reportée sur l'état *chronologique*, apprendrait aussitôt si ce détenu est ou n'est pas le plus ancien de la maison d'arrêt, s'il y est oublié, oui ou non, &c.

Les états des maisons d'arrêt attestant le départ des prévenus pour la maison de justice, et les états de la maison de justice constatant le jour de l'arrivée, il résulterait de ce contrôle respectif, une preuve de l'exactitude ou de la négligence des gendarmes lors de la traduction, et nulle évasion en route ne pourrait demeurer inconnue ou impunie.

De tous les états *chronologiques* et *alphabétiques*, le Grand-juge ferait former, dans le même ordre, pour chaque département ou division, deux états généraux, pour être, tous les trois mois, imprimés et mis sous les yeux du chef suprême de l'État.

Et par là, le chef suprême de l'État serait à portée de juger, bien mieux que par des rapports souvent erronés, du zèle de chaque fonctionnaire et de l'activité que chacun d'eux aurait mise à vider les prisons, c'est-à-dire, *à faire son devoir;* et l'innocence n'aurait plus à gémir, pendant des années entières, dans l'infection des cachots, pour attendre une mise en jugement.

Par ce double tableau, on aurait encore un répertoire complet de tous les détenus, de tous les malfaiteurs de la République; et la police générale y trouverait souvent le fil qui doit éclairer ses opérations; nul malfaiteur *en récidive* ne serait inconnu à ses juges ni au Gouvernement.

Ce tableau serait un contrôle, en cette partie, des opérations de la gendarmerie et de celles de la police dans chaque commune. D'un coup-d'œil, la situation de l'Empire, sous ce rapport important, serait parcourue, et le chef suprême, de qui tout, jusqu'aux extrémités de l'Empire, reçoit la vie et et le mouvement, verrait enfin, par lui-même, quel fonctionnaire mérite le blâme ou la récompense. Eh ! quel puissant motif d'émulation qu'un regard de BONAPARTE ! Quel serait le lâche ou le prévaricateur qui voulût être aperçu! Dans moins d'un an, il n'y aurait pas un seul détenu dans les maisons de justice ; et alors, que de tortures, que de larmes épargnées à l'opprimé ! Quelle économie pour le trésor public ! Que de moyens de sécurité, d'une part, contre le vagabondage et le crime, et, de l'autre, contre la vexation et l'abus de pouvoir !

Art. 1115. Il est indispensable de déterminer une peine contre le préposé aux subsistances prévaricateur. Le délit est souvent renouvelé par l'habitude de l'impunité, comme si fournir de mauvais alimens à de malheureux prisonniers, ou retrancher une partie de leur ration, n'était pas une horreur !

Art. 1123. Ajouter au texte :

« Auquel effet le gardien sera tenu, à peine de désobéissance, de faire, » en la chambre du conseil, l'apport de son registre au propréteur, à toutes » ses réquisitions. »

1162. Ce délai est trop long. Il autoriserait la négligence et la paresse des fonctionnaires. Les preuves ou dépérissent ou s'affaiblissent par une inaction de plusieurs années. Ce serait mieux, en abrégeant les délais, de stimuler les magistrats par une responsabilité, faute d'avoir agi dans le délai fixé, et sur-tout faire peser cette responsabilité sur leurs biens ou sur la privation de leur emploi. Celui qui manque de capacité ou de volonté pour servir l'État, doit avoir la probité de céder la place à un autre.

Si, d'ailleurs, les actes d'instruction ou de poursuite sont trouvés nuls, et par conséquent sans effet pour interrompre la prescription, il faut encore déterminer une responsabilité contre l'auteur de la nullité. Eh ! pourquoi le Gouvernement qui salarie un fonctionnaire n'aurait-il pas droit à une garantie de l'utilité ou régularité de ses opérations !

SUPPLÉMENT.

Autres dispositions essentielles entièrement omises dans le Projet de Code.

Le nouveau Code doit régler,

1.° Les titres d'admission et d'avancement dans les places judiciaires criminelles. Un ordre fixe, à cet égard, est indispensable pour exciter l'émulation , amener et maintenir l'épuration complète et si nécessaire du corps de la magistrature.

La loi devrait peut-être dire que les membres du tribunal de cassation ne pourront être pris que parmi les juges des tribunaux d'appel et criminels ; les préteurs, parmi les propréteurs ou commissaires du Gouvernement ; et ceux-ci parmi les magistrats de sûreté et suppléans. Il faut relire ici mon observation sur l'article 781 , où je propose , et pour cause, de prendre les préteurs dans le sein même du tribunal de cassation.

2.° Les principes généraux de discipline intérieure et extérieure.

Chez plusieurs nations le magistrat ne peut paraître en public qu'avec l'habit qui le désigne. En cela le but est peut-être autant de forcer le magistrat à se respecter lui-même que de s'attirer le respect du peuple.

La loi a déterminé en France le costume que le juge doit porter en ville ; mais elle ne l'y contraint pas ; et généralement, hors de la capitale, les magistrats courent encore les rues en habit de couleur. Ce n'est qu'aux cérémonies et visites solennelles que le juge se revêt de l'habit noir.

3.° La loi du 27 ventôse an 8 ordonne que les aspirans aux fonctions d'huissiers seront présentés par les juges ; mais rien n'est réglé relativement aux greffiers.

Ainsi, lorsqu'une place vient à vaquer, vingt ou trente concurrens, presque tous ineptes , se mettent sur les rangs. Chacun d'eux a son patron ; le Gouvernement n'en est que moins éclairé et infiniment plus gêné dans son choix , et les tribunaux se voient obligés de recevoir tel greffier qui méritait peut-être le moins d'obtenir la préférence.

Le Grand-juge demande , il est vrai, l'avis du président du tribunal ou du commissaire du Gouvernement ; mais ceux-ci ne consultent personne ; et chez eux aussi , très-souvent l'intérêt particulier, rarement l'intérêt public , désigne le candidat. Aussi le Gouvernement est - il tellement convaincu des mouvemens de l'intrigue à cet égard, qu'il n'accorde à ces présentations isolées, et qui, presque toujours s'entre-détruisent, que la mesure de de confiance qu'elles méritent.

Un greffier est cependant chargé d'un dépôt précieux ; il concourt à la rédaction des actes judiciaires les plus importans. Tout cela exige des lumières et de la probité ; et si les juges avaient du moins éprouvé ou examiné le candidat, ils pourraient être , avec quelque raison, déclarés responsables envers le chef suprême de l'État, non pas seulement du choix, mais, en quelque sorte, de la conduite du sujet ; et cette garantie offrirait certainement plus de solidité que des apostilles mendiées sur les pétitions du concurrent.

Qu'on suppose, si l'on veut , le corps de magistrature le plus gangréné , on peut être certain d'avance que si ce corps a le droit de présentation aux places de greffier, il n'osera, pour ne pas se décrier lui-même, proposer, de tous les aspirans, que le plus digne et le plus capable.

4.° La loi doit dire jusqu'à quel degré de parenté ou d'alliance divers citoyens pourront être ou demeurer simultanément membres du même tribunal.

Elle doit dire si l'officier du ministère public peut être parent ou allié de l'un des juges ou de l'un des suppléans, ou du greffier ou de son commis; et si le suppléant, le greffier ou ses commis peuvent être parens ou alliés, et jusqu'à quel degré, ou de l'officier du ministère public, ou de l'un des juges.

Là, on doit examiner s'il est de l'intérêt public qu'un juge ou propréteur soit membre d'un tribunal qui devra connaître, par appel, des décisions de son parent ou allié au degré prohibé, ou d'un tribunal inférieur, dont ce parent ou allié se trouvera membre; si, encore, deux parens ou alliés, au degré prohibé, peuvent être simultanément, l'un commissaire du Gouvernement, l'autre magistrat de sûreté, dans le même département.

On doit examiner si l'exercice des autorités *surveillante* et *surveillée* peut être remis à des individus unis par les liens du sang.

On doit dire, enfin, si le greffier pourra remplir ses fonctions ou même retenir, pendant l'instruction, le dépôt d'une procédure dans laquelle son parent, son allié ou son ami, ou ceux de son commis, se trouveront impliqués; et, en ce cas, on doit déterminer les mesures à prendre pour assurer le service, et les intérêts publics et privés.

Les art. 1079 et suivans, du projet de Code, ont prévu les cas où il y aura lieu de renvoyer d'un tribunal à un autre pour cause des parentés et alliances des juges, commissaires ou officiers de police judiciaire, avec les parties, &c.; mais le Projet n'a pas tout dit. Il est des circonstances où, sans qu'il soit nécessaire de prononcer le renvoi, la simple abstention du juge ou commissaire, pourra laisser toute liberté au cours naturel de la justice. On devrait donc préciser les cas particuliers dans lesquels on ne pourrait demeurer juge, et les cas pour lesquels, encore, le juge dont le ministère est de rigueur, ne serait pas libre d'abstenir.

5.° On n'a rien statué sur les récusations. Il importe de déterminer si les juges pourront être récusés, en quel cas, en quelle forme; s'ils pourront l'être pendant l'instruction, et pendant les actes conservatoires; s'il devra être sursis, en ce cas, à l'instruction; si le magistrat de sûreté et ses auxiliaires seront récusables, quand et comment; par qui les récusations seront jugées; si les parties pourront impunément se permettre, dans leurs requêtes, des injures, des outrages, des imputations calomnieuses envers les juges récusés, et quelles seront, en pareil cas, les peines et réparations qui devront être imposées à l'injuriant et à ses complices ou coopérateurs.

6.° L'art. 115 de l'ordonnance de Blois, faisait *défenses aux juges de*

s'entremettre, de postuler et consulter en leurs siéges, pour les parties, en quel-
que cause que ce fût, même étrangère à l'intérêt public, à peine de concussion,
dont les juges et officiers du Roi étaient tenus de donner avis à sa Majesté,
sur peine de privation de leurs états.

Cette loi n'est point abrogée, mais il importe de la renouveler, pour
mettre un terme au commerce scandaleux que des juges font journellement
de leurs fonctions de jurisconsulte, au détriment des devoirs de leur place,
qui devraient être sacrés et exclusifs.

Il est indispensable, dans le nouveau Code, de rappeler aux juges,
même criminels, qu'on doit cesser d'être jurisconsulte ou solliciteur de
procès civils, quand on a l'honneur, sous le Gouvernement de BONAPARTE,
d'être élevé à la magistrature.

On doit annoncer la privation de cet honneur, à quiconque oserait lui
préférer un sordide trafic des plus nobles fonctions.

Pour les juges criminels, la prohibition de consulter n'est pas moins nécessaire qu'à l'égard des juges civils. Comment un magistrat de sûreté,
un propréteur, un juge, pourrait-il rechercher, poursuivre, condamner
son client, ou le père, le frère ou l'ami de son client! Ne voit-on pas
combien le magistrat consultant aurait d'occasions, de facilités, de penchant
et d'influence, pour dénaturer chaque procédure, pour étouffer les preuves,
pour vendre l'impunité, ou assurer l'oubli à celui qui aurait eu la précaution
de s'emparer de lui par des consultations !

Il faut donc faire cesser un commerce aussi avilissant pour la magistrature, et flétrir du sceau de la réprobation tout magistrat déhonté qui oserait
s'y livrer.

7.° Il faut statuer que « tous les registres des tribunaux seront cotés et
» paraphés par le président, et que, sans cette formalité, rien ne pourra
» être inscrit sur ces registres, à peine de faux contre le greffier. »

Cette disposition est indispensable pour prémunir contre les infidélités
et prévarications. On a vu des feuillets enlevés sur des registres non cotés.
Le même abus pourrait se reproduire, et faire appliquer à un coupable, le
jugement qui acquitte l'innocent ; et *vice versâ.*

8.° « Le greffier ne pourra, à peine de désobéissance et de suspension
» de ses fonctions, outre les indemnités des parties civiles, refuser au pro-
» préteur, au juge, à l'officier du ministère public, l'exhibition et même la
» remise, sous chargement, des procédures, pièces de conviction, et
» registres déposés au greffe, nécessaires à l'instruction.

9.° » Dans tous les cas où le greffier sera trouvé en prévarication dans
» ses fonctions ou relativement à leur exercice, le tribunal ou le propré-
» teur près lequel il sera placé, et l'officier chargé du ministère public,
» seront tenus, à peine de responsabilité comme fauteurs ou complices, de
» faire, contre le prévaricateur, toutes poursuites et procédures que le cas

» exigera, même de prononcer la suspension provisoire de ses fonctions
» s'il y a lieu, ou l'exclusion des commis et employés qui auraient connivé
» ou participé à la prévarication. Dans ces cas, les juges et l'officier du
» ministère public, et l'un d'eux au défaut ou refus des autres, seront tenus
» de constater les faits par procès-verbaux, et d'en donner avis au préteur
» et au Grand-juge Ministre de la justice. Le Grand-juge surveillera les
» poursuites, se fera rendre compte des résultats, et proposera, s'il y a lieu,
» au Chef suprême de l'Empire, la destitution ou la révocation du cou-
» pable. »

Voyez observations sur les articles 558 et 1016.

Mais *quid* si l'officier du ministère public est lui-même surpris en prévarication, comme livrant au prévenu ou à ses émissaires, les pièces de
conviction, ou les dénaturant, &c.? Quelles mesures le préteur ou le propréteur pourrait-il prendre, même d'urgence, à son égard? Faudra-t-il
qu'il laisse consommer la prévarication, et quels moyens aurait-il de l'empêcher?

10.° Les articles 804, 805 et suivans du projet de Code, ont prévu
les cas où il y aurait lieu, pour délits de toute espèce, de poursuivre les
juges criminels, propréteurs, suppléans, officiers du ministère public, et
même les préteurs; et *le mode des poursuites* est réglé;

Mais aucun article du Projet n'a statué sur *le mode de poursuivre* les juges
civils, et ceux du tribunal de cassation, pour les délits par eux commis,
soit dans l'exercice, soit hors de l'exercice de leurs fonctions. Cette lacune
ne doit pas exister dans le Code criminel. Il ne suffit pas d'y avoir déterminé
les peines, il faut dire encore *par qui et comment elles seront appliquées.*

11.° Les articles 1047 et suivans établissent des moyens répressifs
de délits contraires au respect dû aux autorités constituées, commis dans
la salle d'audience ou dans la maison où siége le tribunal;

Mais les juges, en nom collectif ou individuellement, peuvent être,
ailleurs que dans la salle d'audience ou que dans le prétoire de justice,
injuriés, outragés et menacés à raison de leurs décisions ou jugemens.
Un magistrat, revêtu de son costume, peut même être insulté hors du
palais, et allant à l'audience, ou à son retour, et nul article du projet
de Code n'a prévu ces sortes de délits.

12.° La loi doit régler la forme des mandats d'arrêt, des ordonnances
de prise-de-corps, &c.

13.° La loi doit dire si l'acte d'accusation doit être littéralement trans-
crit dans l'ordonnance de prise-de-corps.

Et si la transcription littérale doit avoir lieu, on doit examiner s'il ne
serait pas superflu, lorsque l'accusé aura reçu une première copie de
l'acte d'accusation, de lui donner une seconde copie du même acte dans
celle qu'il recevrait de l'ordonnance de prise-de-corps.

Il paraît que ce double emploi serait onéreux au trésor public et sans utilité pour l'accusé.

14.° Le projet de Code n'a rien réglé sur le mode de procéder contre les *sourds-muets* ni contre les *muets volontaires.*

A l'égard des premiers, on a à Paris, au moyen des établissemens formés en leur faveur, des ressources qui manquent dans le plus grand nombre des départemens, et c'est des départemens dont il faut aussi considérer la position et les besoins.

A l'égard des *muets volontaires,* la loi doit régler, pour toute l'étendue de l'Empire, une même forme de procéder, et cette omission importante doit être réparée.

Les lois anglaises ont, à cet égard, outré peut-être la sévérité. Celui qui s'obstine au silence subit la peine *forte et dure.* « On le renvoie dans la » prison ; on le fait descendre dans un cachot obscur ; on l'étend nu » sur la terre, couché sur le dos; on le charge d'une masse de fer tant » qu'il en peut porter et au-delà ; on lui donne, pour toute nourriture, » trois morceaux de pain le premier jour, et le second trois verres d'eau » stagnante, et ainsi alternativement, de jour en jour, jusqu'à ce qu'il » *meure.* » (Blackstone, chap. 25.)

15.° Dans les cas prévus (observation sur l'article 707), le Code doit établir une peine contre les juges qui, pour couvrir les torts de leur propre négligence, oseraient, en condamnant un accusé à la détention, faire courir cette peine du jour de l'emprisonnement, ou de l'écrou en la maison d'arrêt. Cet abus qui établit la rétroactivité de la peine, doit entièrement cesser ; et, comme la mauvaise foi ou l'insouciance peuvent seules se le permettre, il faut les contenir par la crainte de l'avertissement officiel, de la censure, &c.

16.° Il est convenable de déterminer si la déclaration d'un accusé ou complice, peut faire charge contre son coaccusé, et jusqu'à quel point; si, sans autres indices, elle devrait suffire pour autoriser le mandat d'amener, le mandat d'arrêt, &c.

17.° Le projet de Code n'a rien réglé dans le cas de la *transaction sur crime entre la partie civile et le prévenu.*

Les lois romaines considéraient comme coupable celui qui avait transigé sur l'accusation. *Intelligitur confiteri crimen, qui paciscitur* L. 5. ff. *de his qui notant. infam. L. in fisci* 4, L. *imperatores* 35 *ff. de jure fisci.*

Il importe de s'expliquer sur ce point important de la législation.

18.° L'art. 123 du projet de Code suppose que le préteur et le propréteur ont la faculté d'inscrire sur les registres des maisons d'arrêt et de justice, l'ordre de tenir le détenu au secret.

Mais aucune peine n'est établie contre le gardien qui enfreindra cet ordre et qui laissera communiquer le détenu.

19.° Le projet de Code devrait présenter les dispositions suivantes :

« Le greffier ne pourra refuser son ministère dans les actes pour
» lesquels il en sera requis par le propréteur ou par l'officier du ministère
» public, sous les peines portées par les art. 187 et 189 du Code.

» Le préteur, le propréteur, l'officier du ministère public pourront
» refuser le ministère du greffier, même celui de son commis, et en
» nommer provisoirement un autre spécial, dans toutes les affaires et
» pour tous les actes dans lesquels ils jugeront que le greffier est, ou
» peut se trouver impliqué ou suspect, soit à raison de son intérêt per-
» sonnel, soit comme parent, allié, commensal, créancier ou débiteur
» de l'une des parties.

» Dans tous les cas où un greffier, ses commis, ou un huissier, se
» seront rendus coupables de désobéissance, d'injures ou de menaces
» envers un des membres du tribunal, il en sera tenu acte sur les registres,
» et outre les poursuites et peines prescrites par la loi, il sera, sur le
» champ, par le commissaire du Gouvernement, donné connaissance des
» faits au Grand-juge Ministre de la justice, à peine d'avertissement officiel
» contre le commissaire. *Voyez* observation sur les art. 187, 189. »

20.° Pour mettre entre les mains de tous les fonctionnaires qui concourent à l'administration de la justice criminelle, les moyens de faire le
bien, et même d'empêcher le mal auquel les autres voudraient se livrer,
il serait convenable d'ordonner,

1.° « Que dès qu'un délit sera commis ou venu à la connaissance
» des officiers de police judiciaire, ceux de ces officiers qui seront dans
» le cas de faire les premières recherches ou poursuites, seront tenus
» d'en donner aussitôt avis au commissaire du Gouvernement près le tri-
» bunal criminel, lequel recueillera et inscrira à l'instant tous ces avis sur
» un registre à ce destiné, coté et paraphé par le préteur, et divisé par
» colonnes indicatives des noms, prénoms, qualités et demeures des pré-
» venus, de l'époque, du lieu, et de la nature du délit, du résultat des
» premiers actes, procès-verbaux et poursuites; s'il y a, ou non, partie
» civile poursuivante; et si les prévenus avaient déjà été repris de justice.

» Une copie de ce registre sera, le premier jour de chaque mois, trans-
» mise au Grand-juge Ministre de la justice, à peine, contre le commis-
» saire du Gouvernement, d'avertissement officiel pour la première omission,
» de censure pour la seconde, et de destitution pour la troisième.

2.° » Que le commissaire du Gouvernement fût tenu sous les mêmes
» peines, d'adresser au Grand-juge, à la fin de chaque trimestre, l'état par
» colonne des jugemens rendus et des affaires non jugées, avec mention des
» noms, prénoms et domiciles des prévenus, de la date de l'arrestation et
» de la remise de la procédure au greffe du tribunal, de la nature des délits,
» de l'époque de la mise en jugement, des causes qui l'ont retardée, et

» ses

» ses observations présentant la situation du département sous le rapport
» judiciaire.

» Ce compte rendu, qui serait un second contrôle des tableaux que
» j'ai proposés sur les articles 1113 et 1114, sera exactement consigné sur
» un registre particulier, coté et paraphé par le préteur, et transmissible
» par le commissaire à son successeur.

» *3.°* Le registre de correspondance du commissaire sera de même coté
» et paraphé par le préteur.

» Aucune lettre ne sera envoyée par le commissaire du Gouvernement
» aux ministres ou aux autres autorités, qui ne porte, en tête, le numéro
» selon lequel elle sera désignée sur ce registre. Pareil registre, en la même
» forme, sera tenu par les magistrats de sûreté, pour régulariser et constater
» leur correspondance avec le commissaire du Gouvernement et les autres
» fonctionnaires.

» *4.°* Défenses aux commissaires, aux magistrats de sûreté, aux préteurs,
» aux propréteurs, aux greffiers d'enlever, lors de la cessation de leurs fonc-
» tions, aucun registre de leur correspondance, ni autres papiers dépen-
» dant de leur emploi, à peine d'etre poursuivis comme voleurs d'effets
» appartenant à l'État.

» Seront réputés tels ceux de ces officiers qui seront reconnus, après la ces-
» sation de leurs fonctions, avoir écrit des lettres qui n'auront pas été
» inscrites, en leur entier, sur le registre de correspondance par eux laissé
» à leur successeur.

» *5.°* Toutes les dénonciations même officielles, que les commissaires du
» Gouvernement et magistrats de sûreté seront dans le cas de faire, ceux-ci
» au commissaire, et ce dernier aux ministres et aux autres autorités, de-
» vront être inscrites sur un registre de même paraphé par le préteur, et
» rappeler en tête le numéro de ce registre dont elles seront extraites, ou
» auquel elles seront corrélatives ; et ce, à peine de rejet de la dénoncia-
» tion, et d'être, s'il y a lieu, poursuivis comme calomniateurs.

» Seront inscrites, sur le même registre, par ordre de dates, les dénon-
» ciations qui seront faites aux commissaires ou magistats de sûreté par les
» parties civiles ou par des fonctionnaires quelconques.

» *6.°* Si, même après la cessation de leurs fonctions, il est reconnu,
» par le moyen de ces registres, que l'un de ces officiers se soit permis une
» dénonciation calomnieuse contre qui que ce soit, le fonctionnaire ou
» citoyen calomnié ou lésé pourra les poursuivre en réparation de la calomnie
» et du préjudice causé. L'action à cet égard, ne prescrira que par le laps
» de trois ans après la cessation des fonctions du calomniateur.

» *7.°* Dans le cas où, par négligence, faveur, ou esprit de partialité,
» un commissaire du Gouvernement, magistrat de sûreté, ou autre officier
» de police judiciaire, ne mettrait pas, dans le délai fixé par le présent

» Code, en état d'être instruite ou jugée, une affaire quelconque, ou se
» refuserait à la remise des pièces et procès-verbaux, ou aux actes de son
» ministère indispensables pour la régularité ou l'activité des poursuites
» ou de l'instruction, le fonctionnaire supérieur, après l'avoir averti officiel-
» lement, en rendra compte au Grand-juge, et inscrira l'avis officiel sur
» le registre à ce spécialement destiné.

    » En cas de persévérance dans son refus ou de récidive, le fonction-
» naire négligent ou refusant, sera cité devant le tribunal criminel qui
» prononcera contre lui la censure en la chambre du conseil, et le con-
» damnera, par forme de discipline, aux frais de la citation, de l'expédi-
» tion et notification du jugement; sans préjudice, dans tous les cas, des
» dommages-intérêts envers les parties lésées par le refus ou retard. »

IIe PARTIE.

EXAMEN DE CETTE QUESTION.

    « *En supposant toute exclusion de la procédure par voie de jurés, comment*
» *établir en France des tribunaux criminels exempts des vices qui ont infecté et*
» *les anciens tribunaux, et ceux actuellement existans, et qui par conséquent ne*
» *puissent nuire, ni à la puissance impériale, ni aux intérêts des justiciables!* »

Ce que je viens de dire sur les moyens de perfectionner la procédure
par jurés, atteste mon respect pour cette institution.

Au criminel, le jugement par jurés est peut-être le seul qui convienne
à un peuple éclairé; il honore le Gouvernement; il en proclame la force
et la justice; il est le garant de la liberté publique.

Je ne puis donc être ici contraire à moi-même.

Mais il faudrait des *anges* pour juger les hommes, parce que les hommes
sont tous sujets aux passions.

La question n'est donc point de savoir quelle est l'excellence de la procédure par jurés; mais si, dans l'état actuel de l'Empire français, cette
forme de procéder peut nous convenir.

Si quelques voix se font encore entendre en sa faveur, une grande majorité s'élève pour la repousser.

Nous terminons une révolution dont le souvenir ne s'effacera jamais. Et
c'est pendant les crises les plus fortes de la révolution, que l'on a voulu
essayer de la procédure par jurés. On ne pouvait, certes, mieux choisir
l'occasion de la faire détester.

Ce n'est point dans les mêmes circonstances que les Anglais l'ont introduite chez eux; elle fut l'ouvrage de plusieurs siècles et d'une longue expérience, qui, de leur aveu, n'a pu la porter encore à toute la perfection
dont elle est susceptible.

L'exemple des États-Unis ne peut être invoqué. Un peuple nouveau à qui on présente une institution essentiellement bonne, s'identifie avec elle, précisément parce qu'il n'en a pas eu d'autre. Les lois qu'il consent, l'intéressent à leur conservation, parce qu'elles resserrent les liens sociaux entre des familles éparses qui cherchent à se réunir. Ces lois font le bonheur commun, parce qu'elles dirigent les premières inclinations, forment les habitudes, et donnent à ce peuple une patrie et des mœurs.

Mais les États-Unis et l'Angleterre sont en quelque sorte séparés des autres nations.

L'Empire français est au centre de l'Europe, et l'Europe n'a que des tribunaux sans jurés. La révolution n'a fait que développer et fortifier le caractère national; elle ne l'a point changé. Les Français ne cesseront jamais d'être ce qu'ils ont toujours été, galans, belliqueux, spirituels et légers.

Que l'institution des jurés soit analogue à la constitution de l'Angleterre, cela doit être, parce qu'ils l'ont fondée sur leur constitution même. Elle est le contre-poids essentiel de la prérogative royale, des distinctions d'ordre, des priviléges, et de la féodalité qu'ils ont voulu conserver.

Par la même raison, les jurés qui eussent été nécessaires en France avant l'abolition des trois ordres et de la féodalité, y sont peut-être devenus inutiles depuis que tous les citoyens y sont devenus égaux devant la loi.

Ainsi, s'il y avait eu des jurés en France avant 1789, nous n'eussions pas eu de révolution, puisque la cause déterminante fut le double despotisme exercé sur le peuple, par les deux ordres privilégiés.

L'exemple de l'Angleterre ne prouve donc rien pour nous qui ne sommes plus, et ne serons sans doute jamais dans une situation semblable.

En France, malgré la révolution, l'institution du jury eût encore pu s'affermir, si pour l'introduire on eût attendu à avoir les bases solides d'une constitution à laquelle on eût dû l'amalgamer. Mais c'est dans le feu des discordes civiles, et lorsque le mot *constitution* était dans toutes les bouches, et son sens hors de toutes les têtes, qu'on voulut remplacer, par des jurés pris au hasard, un pouvoir judiciaire qui s'était détruit par ses propres excès.

On ne l'ignore plus. En politique, les grands exemples ne sont bons à suivre que quand on se trouve placé dans les mêmes circonstances. Ainsi, on métamorphose les principes les plus sages en erreurs nuisibles, lorsqu'on veut les appliquer à tous les temps et à tous les peuples. Lorsque deux nations n'ont ni les mêmes institutions, ni le même droit politique, le législateur qui veut porter de l'une chez l'autre la même loi civile, s'expose à la faute de donner à celle-ci des lois contraires au but même qu'il s'était proposé.

Nous avons sous les yeux les preuves de cette vérité. L'institution des jurés, quoique peu épurée, produisit en France quelque bien, jusqu'à l'abolition de la royauté et du régime féodal; dès cette époque, elle a toujours plus dégénéré, malgré les améliorations qu'on crut faire par la loi du 3 brumaire an 4, et par plusieurs lois subséquentes. En voulant rendre plus populaire cette institution, on la dégrada, on la perdit.

Il ne suffit pas en effet de porter des lois; il faut changer, dans les citoyens, la manière de voir, de sentir et de penser, ou leurs anciens préjugés triompheront de la sagesse des législateurs, sur-tout, lorsque les nouvelles lois ne seront pas circonscrites à une poignée d'hommes renfermés dans une même ville, mais devront régir trente millions d'habitans d'un vaste Empire.

Ce n'est pas non plus au moment où toutes les passions sont remuées par la plus violente des révolutions, qu'on peut espérer d'assujettir l'opinion comme le territoire. Les hommes ne changent pas d'idées en un jour. « Les passions, a dit un publiciste, ont leurs habitudes qu'on ne détruit que » très-lentement. Les progrès vers le bien doivent être souvent interrompus. » Vouloir arracher brusquement les hommes à leurs habitudes et à leurs » préjugés, c'est les révolter au lieu de les éclairer. Il ne s'agit pas de » leur donner alors des lois parfaites en elles-mêmes, mais les meilleures » qu'ils puissent supporter. Il faut n'être sage qu'autant qu'il le faut pour » être utile. »

Si, à l'exemple des Anglais, nous eussions réintroduit, avec notre nouvelle constitution, les distinctions d'ordre, les priviléges, ou même la féodalité, nul doute que, pour contrebalancer tout cela, pour empêcher le retour des abus qui forcèrent le peuple de s'insurger en 1789, il eût été indispensable d'opposer une digue puissante, et cette digue n'eût pu se trouver que dans l'institution de la procédure par jurés, seule capable, dans une telle situation, d'assurer à chacun le droit naturel d'être jugé par ses *pairs*. C'eût été le seul moyen d'empêcher l'envahissement par la classe privilégiée, du plus redoutable des pouvoirs, celui de disposer de la vie et de l'honneur des citoyens.

Mais en France, tous les hommes sont aujourd'hui *pairs*, et le seront sur-tout d'après les mesures constitutionnelles prises pour rendre à jamais impossible le retour de la féodalité, des distinctions, des priviléges, et même de la vénalité et de l'hérédité des places, dont la nomination est réservée au chef suprême de l'Empire. Les vertus et les talens étant les seuls titres d'admission, il est parfaitement libre à tout citoyen d'aspirer à être, à son tour, le dépositaire du pouvoir de juger ses concitoyens, tandis que la très-grande majorité de la nation, quels qu'eussent été ses mérites et ses services, se trouvait privée de cet espoir sous le Gouvernement antérieur à 1789.

En cet état, devons-nous, comme des enfans, rester éternellement frappés d'une terreur, dont aujourd'hui la cause n'existe pas plus que la possibilité de son retour! Et parce que des abus ont amené des secousses, faut-il, actuellement qu'un régime robuste, dont les forces ne peuvent que s'accroître par le temps, a pris la place des abus, adopter un remède désormais inutile contre un mal à jamais extirpé !

N'est-il pas évident que si les distinctions, les priviléges, la féodalité, devaient un jour tenter en France leur rétablissement, ils auraient à renverser des barrières infiniment plus puissantes que l'institution du jury ! Et si cette première digue pouvait être insuffisante, si les premiers pouvoirs étaient envahis, pourrait-on raisonnablement espérer que les droits du peuple fussent respectés au point qu'on lui laissât le pouvoir de juger !

Il serait injuste d'apprécier l'institution du jury par les effets qu'elle a produits parmi nous, puisque les mauvaises décisions qui l'ont décriée, ne peuvent être attribuées qu'aux vices de sa composition.

Mais en ramenant, par de meilleurs choix, cette institution à son but primitif d'utilité, en ne la confiant même qu'à la classe la plus pure de la nation, je doute qu'on dût, *dans notre situation actuelle ,* en espérer des avantages plus réels que ceux qui pourraient résulter d'une composition des tribunaux criminels, purgée des abus justement reprochés à l'ancienne forme de procéder.

S'il est en effet démontré que tous ces abus peuvent disparaître, pourquoi s'obstinerait-on à vouloir substituer à une bonne administration de la justice, une forme étrangère, au prétexte qu'elle serait plus raprochée de la perfection !

Ne sait-on pas que le mieux est souvent l'ennemi du bien ! Que le pire des abus est celui de prétendre les réformer tous ! Et qu'il ne faut que le moins possible changer les institutions d'un peuple ancien !

Ne voit-on pas que les plaies de la révolution sont encore saignantes ! Que si un grand homme a pu faire taire les passions, le souvenir des offenses reçues n'en est pas moins resté dans le cœur, et que l'honneur même de la procédure par jurés, demande, de toutes parts, que du moins son rétablissement soit ajourné pour plusieurs années ! Est-il donc enfin si nécessaire de lui porter le coup mortel par une résurrection prématurée !

Cela est tellement vrai, que si, pour l'organisation du jury, on suivait le mode que j'ai développé, ceux qui se trouveraient écartés par les exclusions, ne manqueraient pas de dire que c'est remettre le pouvoir de juger dans les mains d'une nouvelle aristocratie ; et voilà de nouveaux mécontens.

Mais ce serait bien pis, s'il n'y avait pas d'exclusion. Alors, malgré la vigilance du génie protecteur de la France, le droit de vie et de mort serait infailliblement livré, comme il le fut, à l'empire des passions, à des hommes intéressés au trouble, enflammés de la soif des vengeances ; et, pour éviter de plus grandes calamités, le seul remède serait encore une fois , de suspendre la procédure par jury.

« Les passions , a dit un politique sensé , sont des coursiers fougueux

» que l'autorité voudrait en vain calmer; mais elle peut diriger adroitement
» leur marche ; et c'est cette habileté qui a caractérisé, dans tous les temps,
» les grands législateurs, et qui a produit les institutions durables. »

Au lieu de franchir brusquement les intervalles que nous sommes con-damnés à parcourir avec patience, sachons faire le bien lentement et par degrés. Au lieu de heurter l'opinion, sachons d'abord affermir le Gouver-nement qui est l'appui et la base des lois ; et laissons à la lime du temps à ronger les abus qui ne peuvent lui résister.

Laissons à la main du sage que le ciel place à la tête de l'Empire, le soin de cicatriser toutes les plaies, de faire oublier tous les maux. Déjà des siècles paraissent en avoir entraîné le sentiment, et cinq ans de bienfaits et d'expérience éclairée ont prouvé, bien mieux que les raisonnemens, le danger des illusions en politique.

Rien de plus aisé que d'établir des tribunaux criminels purgés des deux espèces de vices qui ont infecté les tribunaux anciens et modernes. Il n'est pas un de ces vices qu'une composition analogue à notre situation politique et civile, ne puisse faire disparaître.

Le despotisme de la magistrature a cessé par l'uniformité de la législa-tion ; par la défense d'examiner, d'enregistrer la loi et de faire des réglemens; par l'abolition de la vénalité et de l'hérédité des offices.

Les corps de judicature ne sont plus les intermédiaires entre le peuple et le chef de la nation; ils ne peuvent plus lutter contre lui ; ils ne sont ni législateurs, chacun, pour son ressort, ni des *états - généraux raccourcis au petit-pied.* Ils ne sont que des *jugeurs.*

La loi n'établit que des juges *à vie.* Le Chef de l'Empire a le droit exclusif de proposer et de proclamer la loi ; les tribunaux n'ont d'autres fonctions que celles de l'appliquer séparément sur chaque affaire : ils sont soumis à la discipline, à la censure solennelle, à la suspension, à la des-titution même, dans le cas où ils méconnaîtraient les bornes de leurs attributions ; et le tribunal régulateur des autres tribunaux est lui-même immédiatement sous les yeux du Gouvernement.

La nouvelle magistrature, liée de toutes parts par la loi, ne peut devenir redoutable à personne. Bien différens des anciennes cours, les tribunaux à établir n'auront de force que contre le crime, aucune contre les individus, aucune contre la Nation, aucune contre son Chef auguste qui, ne pouvant lui-même ravir au magistrat le titre qu'il lui a donné, lui laisse toute la liberté d'opérer le bien, et ne lui permet pas de faire impunément le moindre mal.

Avant 1789, la procédure était secrète : elle est publique.

L'accusé n'avait point de conseil . . . . . : il peut s'en choisir autant qu'il voudra ; il ne peut être jugé sans être solennellement défendu.

Il n'avait aucune communication des charges : aujourd'hui tout lui est communiqué, et plusieurs jours avant le jugement. Si les juges s'étaient trompés, il n'y avait, le plus souvent, aucun remède; le mal devenait affreux, parce qu'il était irréparable.... : aujourd'hui l'accusé peut recourir en cassation.

Il ne pouvait point exclure des juges qui lui étaient suspects : on ne lui donnera pas, sans doute, le pouvoir de les choisir ; mais la liberté de faire des exclusions fera cesser ses inquiétudes et rassurera son innocence.

Des hommes libres doivent être jugés par leurs *pairs.* Avant 1789, ils n'en trouvèrent aucun parmi leurs juges ; mais dans le nouvel Empire français, selon le système judicieux remarqué par le Grand-juge (Compte rendu, *page 215*), les juges sont, comme les jurés, *les vrais pairs des accusés, et ils ont par-dessus les jurés, l'étude, l'instruction et l'expérience des affaires.* Et cette expérience qui , aux yeux du public, n'accorderait aucune indulgence à leurs erreurs, est une garantie de plus contre les séductions de l'éloquence , de la pitié, de la faiblesse ou de la peur , qui , tour à tour , et souvent toutes ensemble , ont assiégé les jurés.

Qui pourrait d'ailleurs se persuader que l'opinion publique , la crainte du blâme et l'œil du Chef de l'Empire (*voyez* observ. sur les art. 797, 1113 et 1114 ci-devant), soient désormais des ressorts impuissans pour régler la conduite du magistrat !

Mais les juges sont à vie, est il et impolitique et dangereux de perpétuer, dans les mêmes mains, les fonctions criminelles. L'ame du juge s'endurcit; l'habitude de voir toujours des crimes use la sensibilité. Est-il donc si difficile de provoquer le délassement de l'imagination du juge , sans que ni l'accusé ni la société perdent rien de l'utilité des nouvelles institutions !

Ici je ne propose pas l'établissement de *sections tournaires.* Ce serait, à mon avis, confier au hasard, peut-être aux passions, la composition des tribunaux criminels. Il faut que la loi fasse tout , et que si , parmi des juges honorés de la confiance du Chef de l'Empire, il y a des exclusions à faire , l'accusé soit seul libre de les exercer.

Je ne propose pas non plus d'éloigner périodiquement le magistrat des fonctions criminelles ; ce serait reproduire cet abus dont nous avons été les témoins, qui forçait le juge criminel et le directeur de jury de quitter leurs fonctions précisément lorsqu'ils étaient un peu plus en état de les remplir , et appelait , pour les remplacer , celui qui ordinairement s'y trouvait le moins propre.

Plus le juge civil vieillit dans ses fonctions, plus il fortifie ses connaissances dans la manière de résoudre les questions de *droit,* c'est-à-dire celles qui l'embarrassent le plus. L'expérience le familiarise avec les difficultés et lui donne , chaque jour plus de facilité de les surmonter.

Au criminel, c'est tout le contraire, nul embarras pour l'application de la peine , puisqu'elle doit être clairement déterminée par la loi. Ce sont le questions de *fait* qui sont la partie délicate des fonctions de juge. Ici ce n'est point le sens de la loi, mais le cœur de l'homme qu'il faut scruter; et autant le juge civil trouve, dans la loi, ou dans sa raison, des moyens de se guider dans la partie difficile de ses fonctions, autant le juge criminel est abandonné à l'arbitraire, à l'influence des passions ei des prestiges.

En matière criminelle, les faits sont toujours nouveaux, parce que les passions présentent, dans chaque individu, d'autres nuances et d'autres caractères. Deux délits de même nature, seront punissables de deux peines très-différentes, à cause des circonstances du temps, du lieu, des personnes, &c. Là, pour se décider, les juges n'ont souvent d'autre règle que leur conscience; et de-là, cette disparité d'opinions où, dans le même cas, l'une est pour l'acquittement, l'autre pour la condamnation.

Mais si les fonctions du juge criminel sont perpétuelles, le danger sera bien plus grand, puisqu'il se laissera insensiblement entraîner à la routine, et qu'un temps arrivera où ses jugemens seront l'effet de l'habitude, au lieu d'être l'effet de la réflexion.

Peu d'hommes aiment le travail, peu se livrent aux opérations de l'esprit; très-peu ont l'aptitude et le goût de la réflexion. Les opérations tristes, sèches et monotones de la justice criminelle endurcissent l'ame du magistrat qui est perpétuel, parce que son imagination est sans cesse fatiguée par l'idée sombre des crimes et des accusés.

Pour conserver d'ailleurs son indépendance, le juge est forcé de roidir son caractère.

Ainsi l'habitude de juger dégénère chez lui en un véritable métier; et tel, dont les sens furent glacés lorsqu'il prononça, pour la première fois, une condamnation à mort, a fini par en prononcer mille avec froideur et tranquillité.

Ici le juge et le peuple se façonnent de même; ils éprouvent les mêmes impressions. Elles se gravent profondément dans le cerveau de ceux qui assistent pour la première fois à une exécution; mais si on réitère long-temps les exécutions dans la même ville, le peuple continuera de courir à ce spectacle, mais il cessera d'en être ému. Ce ne sera plus pour lui qu'une comédie.

Et voilà comment les lois qui devraient être les plus salutaires, ont jusqu'ici manqué leur but.

Cherchons donc les moyens de ne pas éloigner les juges civils de leurs opérations, et d'écarter deux maux également redoutables; 1.° l'abus du pouvoir, par la perpétuité des fonctions criminelles entre les mêmes mains; 2.° la corruption et la vénalité des suffrages lors des jugemens, ou, pour mieux dire, l'influence des passions et de l'intrigue.

Tous les inconvéniens paraissent devoir céder à une organisation selon le mode simple que voici:

«Nul

« Nul ne pourra être appelé aux fonctions de juge de première instance,
» ou du ministère public, sans avoir rempli celles de suppléant.

» Tout juge d'appel sera nécessairement pris parmi les juges de première
» instance ou les officiers du ministère public.

» Les membres du tribunal de cassation ne pourront être choisis que
» parmi ceux des tribunaux d'appel. (*Voir* cependant l'observ. sur l'art. 781.)

» Les tribunaux criminels actuels sont supprimés ; les membres qui les
» composent sont réunis aux tribunaux d'appel.

» Par ce moyen, nul tribunal d'appel ne pourra être composé de moins
» de vingt-deux juges, divisés en deux sections.

» Réduction du nombre des tribunaux de première instance, qui, par-
» là, seront composés au moins de huit juges pour une section.

» Près chaque tribunal de première instance il y aura, selon les localités,
» un ou plusieurs magistrats de sûreté, chargés de la recherche et poursuite
» des affaires criminelles et correctionnelles, et un commissaire impérial pour
» veiller à l'intérêt public dans les causes civiles.

» Ce commissaire assistera à toutes les audiences, et, dans les tribunaux
» divisés en deux ou plusieurs sections, il aura un nombre de substituts
» civils égal au nombre des sections, la première exceptée.

» Près le tribunal d'appel il y aura, pour la première section, un commis-
» saire impérial, et pour chacune des autres sections, un substitut.

FORME DE PROCÉDER.

PREMIÈRE INSTANCE.

» La répression des simples contraventions sera dévolue au tribunal de
» police, en la forme réglée par le projet de Code.

» L'un des juges du tribunal de première instance sera chargé de l'ins-
» truction sur les crimes et délits de toute nature.

» Par une ordonnance de compétence sur les conclusions du magistrat
» de sûreté, il renverra l'affaire devant le tribunal qui devra en connaître.

» L'instruction sera secrète jusqu'à ce que le prévenu soit remis ou
» représenté.

» Jusqu'alors les déclarations des témoins seront reçues en présence de
» deux des citoyens notables inscrits sur le tableau dont il va être parlé,
» domiciliés depuis dix ans dans la ville où siégera le tribunal.

» A cet effet, dans les quinze premiers jours de l'année, il sera, par le
» conseil général de la même ville, formé un tableau de cinquante citoyens,
» dont vingt-cinq seront pris parmi les plus imposés, et vingt-cinq parmi
» les avocats, médecins, gens de lettres, anciens magistrats, avoués et
» fonctionnaires publics.

Bouches-du-Rhône. L

» Les deux citoyens premiers inscrits sur le tableau, seront appelés pour
» assister à l'information sur la première affaire qui se présentera; ils ne
» pourront s'y refuser que dans le cas de suspicion ou d'empêchement légi-
» time légalement constaté, à peine de 300 francs d'amende.

» Le citoyen absent ou excusé, sera remplacé par celui qui le suivra
» immédiatement selon l'ordre du tableau; les citoyens premiers inscrits
» seront appelés de nouveau après le premier épuisement du tableau, et
» ainsi de suite. Jamais cet ordre ne pourra être interverti, à peine, contre
» le juge, d'avertissement officiel pour la première fois, et de censure pour
» la récidive.

» Dès l'instant de la représentation de la personne du prévenu, les
» témoins seront entendus en sa présence, et il sera interrogé portes ou-
» vertes, excepté que le prévenu ou le magistrat de sûreté qui pourra
» assister à l'instruction, ne demandent qu'elle soit continuée en secret. En
» ce cas, l'assistance des deux notables sera de nouveau requise, à peine de
» nullité.

» Le prévenu présent aux déclarations des témoins, ne pourra les inter-
» rompre; mais; après leurs dépositions, il aura le droit de faire ses obser-
» vations et de proposer ses moyens de reproche, et les témoins seront
» interpellés de lui répondre. Il pourra répliquer. Procès-verbal sera dressé
» de tous les dires respectifs.

» Les témoins qui auront donné leurs déclarations hors de la présence du
» prévenu, lui seront nécessairement confrontés quinze jours au moins
» avant celui fixé pour les débats.

» Après son interrogatoire, le prévenu fera choix d'un ou plusieurs
» conseils, ou le juge lui en nommera un d'office. Dès ce moment, le pré-
» venu ou son conseil pourront prendre ou faire prendre vision et copie,
» *sans frais* et *sans déplacer*, des pièces de la procédure.

» Le jour des débats sera fixé par le tribunal de première instance. L'ac-
» cusé en sera averti dix jours à l'avance; il sera procédé publiquement à
» l'audience à la réaudition des témoins et au jugement, selon les formes
» prescrites dans le projet de Code, articles 683 et suivans. Procès-verbal
» sera exactement tenu des diverses variations, aveux et dénégations des
» témoins et de l'accusé, de ses moyens de défense, et de toutes les dis-
» cussions, observations et réquisitions qui seront faites.

» Aucun jugement de première instance ne sera rendu que par sept juges
» et à la majorité des suffrages. Le juge instructeur n'assistera point au
» jugement.

» La solennité des débats, la faculté donnée à l'accusé et à ses conseils
» de faire toutes réquisitions, et l'obligation imposée au tribunal de leur en
» donner acte et d'en délibérer, rassurent entièrement l'accusé et le public,
» sur l'observation des formes et sur la pleine liberté de la défense.

» Pour les matières correctionnelles, l'appel sera facultatif, selon les
» règles tracées par le projet de Code, articles 700 et suivans. L'appel sera
» en ce cas porté à l'une des sections du tribunal d'appel, et jugé confor-
» mément aux articles 705 et suivans. Le recours en cassation pourra avoir
» lieu, selon les articles 717, 943 et autres.

» En matière criminelle, tout jugement rendu en première instance,
» même *en cas d'acquittement*, sera *nécessairement* sujet à l'appel. »

TRIBUNAL D'APPEL.

Sans l'augmentation du nombre des magistrats actuels, on a tous les
élémens nécessaires pour composer des tribunaux d'appel de vingt-deux
juges au moins.

Dans les tribunaux actuels qui n'ont qu'une section, il y a dix juges,
outre les présidens des tribunaux criminels, ce qui porte le nombre des
juges à treize ou quatorze, qui, avec les deux juges et le commissaire de
chaque tribunal criminel, formeraient précisément le nombre de vingt-deux
juges au moins, nécessaires pour les nouveaux tribunaux.

Pour me faire mieux entendre, je vais supposer la conservation des trente
tribunaux d'appel, selon leur territoire actuel.

« Les vingt-deux juges, divisés en deux sections, concourront simul-
» tanément à l'expédition des procès *civils*, sans aucun retard des affaires
» criminelles, puisque le tribunal criminel le plus occupé, celui de la Seine
» excepté, a constamment perdu dans l'inaction au moins les deux tiers
» de l'année.

» Les deux sections donneront audience tous les jours, l'une de neuf
» heures à midi, l'autre de midi à trois heures ; et par-là, double expédition
» des affaires civiles.

» Les appels, en matière *correctionnelle*, pourront être ou répartis par la
» voie du sort entre les deux sections, ou attribués à chacune d'elles par
» semestre.

» Ces appels ne pourront être jugés que par dix juges.

» Aux opinions, après la délibération sur les points de fait, il sera, en
» cas de *non-acquittement*, délibéré pour l'application de la peine la plus
» grave. Si trois voix s'élèvent en faveur de l'accusé, le président mettra
» aux voix l'application de la peine immédiatement suivante. En ce cas,
» la délibération sera prise à la simple majorité.

» S'il y a partage, l'avis le plus doux prévaudra.

» En toutes matières emportant peine de *forfaiture*, peine *infamante* ou
» *afflictive*, il sera, pour le jugement de l'appel, procédé comme il suit.

» L'entière procédure, le jugement et le procès-verbal des débats tenus
» devant le tribunal de première instance, seront envoyés au greffe du
» tribunal d'appel, et l'accusé en la maison de justice.

» Dans les vingt-quatre heures, l'accusé sera sommairement interrogé par
» l'un des juges, qui lui désignera un conseil, s'il n'en choisit un lui-même.

» Ce juge sera indiqué par le tour de rôle, selon l'ordre du tableau,
» les présidens exceptés.

» Le juge avertira, en outre, l'accusé qu'il devra dans les cinq jours
» suivans, sous peine de déchéance, quand même il n'aurait point fait
» appel, attaquer, s'il le veut, les actes de poursuite ou d'instruction, ou
» le jugement, en tout ou en partie pour cause de nullité, d'incompétence
» ou d'excès de pouvoir.

» Le commissaire impérial sera tenu de proposer, dans le même délai et
» sous la même peine de déchéance, les nullités, les excès de pouvoir,
» les moyens d'incompétence qu'il aura remarqués dans l'instruction, et le
» jugement de première instance.

» Les deux sections d'appel auront chacune un président.

» Nul ne pourra présider, pendant deux années consécutives, l'une ni
» l'autre des sections du tribunal d'appel. Les deux présidens seront né-
» cessairement renouvelés tous les ans.

» L'une des sections sera chargée alternativement, pendant trois mois,
» de procéder, immédiatement après l'interrogatoire de l'accusé, à l'exa-
» men des pièces de sa procédure.

» A cet effet, sur les conclusions du commissaire impérial, la section
» de service rendra, en séance publique, en présence de l'accusé, de son
» conseil, du commissaire impérial, et de la partie civile, si elle se pré-
» sente, un premier jugement qui déclarera la procédure régulièrement
» instruite, ou annullera les actes vicieux; et dans le cas où la nullité
» ne pourrait être réparée par le tribunal, elle ordonnera que l'instruction
» sera recommencée, à partir du plus ancien des actes annullés, par
» d'autres fonctionnaires publics que ceux qui auront commis la nullité.
» Si l'acte annullé n'entraîne pas l'annullation de la procédure, le tri-
» bunal substituera un acte régulier à l'acte nul. Si l'instruction de pre-
» mière instance est reconnue régulière, le jugement de la section d'appel
» déclarera que le tribunal est compétent et la procédure en état de
» recevoir jugement.

» Ce jugement préliminaire sera motivé; il en sera donné copie à
» l'accusé.

» Sur le vu de sa notification, et trois jours après, le président de
» la même section de service désignera un jour pour les débats, qui ne
» pourra être avant le sixième jour suivant.

» L'ordonnance de fixation de ce jour sera, à l'instant, notifiée à l'ac-
» cusé qui, dans les cinq jours intermédiaires, aura la faculté de déclarer
» ou faire déclarer, par acte au greffe, qu'il exclut péremptoirement l'un
» des deux présidens du tribunal.

» En cas d'exclusion, le président non exclu, présidera nécessairement
» lors des débats concernant l'accusé. Ce président ou celui des juges
» qui le remplacera, selon le tableau, ne pourra être exclu que par une
» récusation motivée et légalement admise.

» En cas de non exclusion d'aucun des présidens, le président de la
» seconde section siégera lors des débats.

» A cet effet, au jour fixé, il sera, en séance publique, les deux
» sections réunies, procédé, en présence de l'officier du ministère pu-
» blic, de l'accusé et de son conseil, à la désignation, par la voie du
» sort, de onze juges sur tous les membres du tribunal, dont les noms,
» à l'exception de ceux des deux présidens, et de ceux qui se trouveraient
» créanciers, débiteurs, commensaux, parens ou alliés de l'accusé, ou de
» la partie civile, jusqu'au sixième degré inclusivement, auront été publi-
» quement jetés dans une urne.

» Sur le nombre des onze juges désignés par le sort, l'accusé pourra
» en exclure *deux*. Sa déclaration sera reçue par le greffier, sans désem-
» parer, dans une des salles du prétoire, où, à cet effet, l'accusé sera
» à l'instant conduit.

» En cas de non exclusion sur les onze juges, les *neuf* premiers dési-
» gnés par le sort, réunis au président non exclu, resteront sur les siéges.
» Tous les autres se retireront, et immédiatement les pièces seront lues
» publiquement, et les débats ouverts à peine de nullité.

» Dès ce moment, les dix juges formant le tribunal criminel, ne pour-
» ront désemparer, ni avoir communication au dehors jusqu'après le juge-
» ment prononcé, à peine de forfaiture.

» Procès-verbal sera encore dressé de tout ce qui se passera aux débats,
» et des principaux moyens de défense et réquisitions de l'accusé et de son
» conseil.

» Si, dans les trois jours qui auront suivi la notification du jugement
» de compétence, l'accusé ou l'officier du ministère public ont déclaré leur
» intention de faire comparaître, en tout ou en partie, aux débats pro-
» chains, les témoins déjà entendus lors du jugement de première instance,
» ou des témoins nouveaux, tant à charge qu'à décharge, ils en remettront
» la liste au greffe avant l'ordonnance à rendre pour la fixation du jour des
» débats, afin que les témoins puissent être cités à temps utile.

» Ces témoins seront introduits aux débats, assisteront à la lecture des
» pièces, autres que leurs déclarations écrites, dont lecture, en ce cas, ne
» sera point faite ; et seront entendus en la forme ci-devant prescrite pour
» le tribunal de première instance.

» Lorsque ni l'accusé, ni le commissaire impérial n'auront réclamé l'au-
» dition orale d'aucun témoin aux débats, le tribunal, après avoir entendu

» l'accusé, son défenseur et l'officier du ministère public, prononcera sur
» la procédure écrite.

» L'accusé et ses conseils auront toujours la parole les derniers.

» Le conseil de l'accusé aura, devant le tribunal d'appel, la pleine liberté
» de prendre au greffe, avec ou sans son assistance, vision et copie, sans
» déplacer et sans frais, de toutes les pièces de la procédure. Mais lorsqu'à
» cet effet, l'accusé assistera son conseil, l'officier du ministère public
» devra être présent aux opérations, et procès-verbal en sera dressé par le
» greffier en présence de l'un des juges.

» Aux opinions relativement à l'application de la peine, si trois voix
» s'élèvent en faveur de l'accusé, on passera à la délibération sur l'appli-
» cation de la peine moins sévère, immédiatement suivante.

» A ce second tour, la délibération passera à la majorité de *six voix
» contre quatre.* En cas de partage, il sera vidé en faveur de l'accusé.

» La même règle de la majorité de *six voix contre quatre,* sera suivie
» dans toute délibération sur les questions relatives au fait ou aux circons-
» tances aggravantes et atténuantes.

» Après la signature, au moins du dispositif et des motifs du jugement,
» par tous les juges, le jugement sera immédiatement prononcé publique-
» ment, portes ouvertes, en présence de l'officier du ministère public, mais
» hors de la présence de l'accusé.

» Cette règle sera suivie, même par les tribunaux de première instance,
» pour tous les jugemens *nécessairement sujets à l'appel.*

» Le greffier du tribunal, assisté de deux huissiers, se rendra, dans le
» jour, aux prisons, pour donner au condamné lecture du jugement, et
» lui déclarer que la loi lui accorde un délai de deux jours pour se pourvoir
» en cassation.

» Pendant ce délai, il sera sursis à l'exécution du jugement.

» L'accusé acquitté, sera sur-le-champ mis en liberté, si, dans les
» vingt-quatre heures, le commissaire impérial ne déclare recourir en cas-
» sation.

» Dans le cas de non-recours en cassation, ni par le commissaire im-
» périal ni par l'accusé, le jugement sera mis à exécution immédiatement
» après le délai de sursis, excepté que les juges ne fussent unanimement
» d'avis de recommander le condamné à la clémence du Chef de l'Empire,
» pour causes de grâce découvertes pendant ou depuis les débats.

» Ce cas excepté, le jugement sera mis à exécution immédiatement
» après la réception du jugement confirmatif du tribunal de cassation,
» lorsqu'il y aura eu pourvoi.

» Procès-verbal séparé du jugement sera, dans tous les cas, dressé des
» opinions des juges, si l'un d'eux le réclame, et inscrit sur le registre à ce
» destiné ; et l'envoi au Grand-juge d'une copie du jugement et de ce

» procès-verbal, instruira le Chef de l'Empire, des lumières et du zèle de
» chaque juge pour l'accomplissement de ses devoirs. » — *Voyez* les observations sur les articles 771 et 797 du projet de Code.

OBSERVATIONS.

1.° On conçoit que cet envoi tiendrait lieu des rapports annuels exigés
de chaque préteur par l'article 781 du projet de Code.

2.° On vient de voir que le renouvellement annuel des présidens des
deux sections, et, d'autre part, le tirage au sort des autres juges, qui,
chaque jour et pour chaque affaire, composeraient, d'élémens nouveaux ou
d'élémens toujours différens, le tribunal criminel, rendraient impossible
tout abus du pouvoir judiciaire, et écarteraient toute pratique et l'effet des
sollicitations, même pour les procès civils, puisque très-rarement *au civil,*
et jamais au *criminel*, les mêmes juges ne se rencontreraient ; ainsi, plus
de nécessité de rendre les sections *tournaires*, ni de faire passer les juges
d'une section dans une autre.

3.° Ce mode de composition des tribunaux n'exclut rien de ce que j'ai
dit, en analysant les articles du projet de Code, ni sur la nécessité de
rendre périodiquement amovibles les officiers du ministère public, ni sur
les abus à réformer dans les autres parties de la législation criminelle,
sur lesquels je crois avoir porté la démonstration jusqu'à l'évidence.

Je puis être dans l'erreur ; mais je persiste à penser que si, en l'état
actuel, la France ne peut supporter la procédure par jury, le mode d'organisation des tribunaux criminels, tel que je viens de l'exposer, est le
seul qui doive mériter la confiance du peuple et du Chef de l'Empire,
et le seul qui puisse rassurer l'innocence, déconcerter les intrigues, faire
taire les passions, et trembler les coupables.

Dans le doute du succès d'une nouvelle épreuve du jury, je crois même
qu'il est dangereux de la tenter ; parce qu'en fait de lois, il ne faut pas
changer, lorsque les inconvéniens égalent les avantages, et moins encore,
lorsque les avantages sont douteux, et les inconvéniens à-peu-près infaillibles.

Je n'ai eu, du reste, que le temps d'ébaucher rapidement mes idées.
Si elles renferment quelques vues utiles, rien de si aisé que de les perfectionner. J'ai indiqué les maux et le remède ; j'ai dit l'austère vérité ;
je l'ai dite au Gouvernement qui aime à l'entendre. — Il suffit.

Signé D'AYZAC.